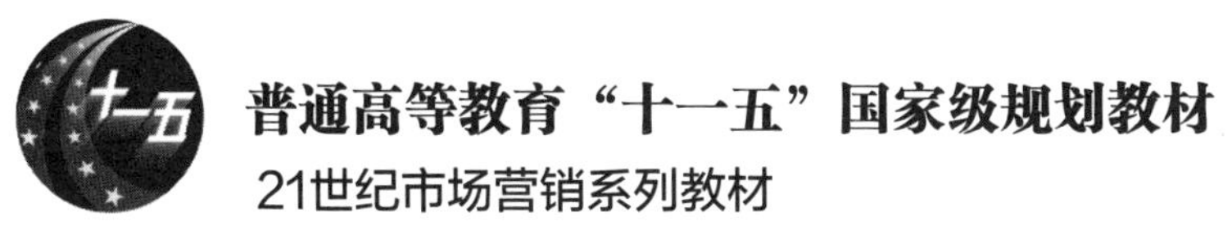

MARKETING
PLANNING FOR FIRMS

企业营销策划

（第4版）

主编　叶万春　叶　敏

中国人民大学出版社
·北　京·

图书在版编目（CIP）数据

企业营销策划/叶万春，叶敏主编．—4 版．—北京：中国人民大学出版社，2018.8
21 世纪市场营销系列教材
ISBN 978-7-300-25908-6

Ⅰ.①企… Ⅱ.①叶… ②叶… Ⅲ.①企业管理-营销策划-高等学校-教材 Ⅳ.①F274

中国版本图书馆 CIP 数据核字（2018）第 127548 号

普通高等教育“十一五”国家级规划教材
21 世纪市场营销系列教材
企业营销策划（第 4 版）
主编　叶万春　叶　敏
Qiye Yingxiao Cehua

出版发行	中国人民大学出版社			
社　　址	北京中关村大街 31 号	**邮政编码**	100080
电　　话	010－62511242（总编室）		010－62511770（质管部）
	010－82501766（邮购部）		010－62514148（门市部）
	010－62515195（发行公司）		010－62515275（盗版举报）
网　　址	http://www.crup.com.cn		
	http://www.ttrnet.com（人大教研网）		
经　　销	新华书店		
印　　刷	北京溢漾印刷有限公司	**版　　次**	2004 年 1 月第 1 版
规　　格	185 mm×260 mm　16 开本		2018 年 8 月第 4 版
印　　张	19.75 插页 1	**印　　次**	2020 年 4 月第 3 次印刷
字　　数	443 000	**定　　价**	45.00 元

前言

PREFACE

本书是对2004年由中国人民大学出版社出版的国家“十五”规划教材《企业营销策划》的第三次修订。

《企业营销策划》是适应有关专业开设与市场营销相关的主干课程的需要而编著的教材。营销策划最早起源于20世纪五六十年代的美国，中国“企业营销策划”课程开设于20世纪90年代中期，20多年来，由于工商管理、物流管理、市场营销、国际贸易、金融、艺术、新闻传播、会展经济、体育经济等专业发展的需要，全国众多高校不约而同地开设了“企业营销策划”这门课程。根据课程设置产生了相应的教材或讲义，这些教材或讲义各具特色，从内容到体例差别甚大。本教材既非首部，也不希冀全国归于一统，只想以一家之言抛砖引玉，为全国同行在探索“企业营销策划”课程教材的科学性和完备性中做一箭靶，借此推进同行对“企业营销策划”课程教材的建设，使之丰富起来、成熟起来、规范起来。基于我国对市场营销专业人才的需求的迫切性和需求量的增大，发展市场营销专业及相关的工商管理、物流管理、市场营销、国际贸易、金融、艺术、新闻传播、会展经济、体育经济等专业是时代的要求。这些专业的发展亟待大力拓宽专业人才的知识面，启迪他们的智慧，培养他们的决策运筹能力和实战能力，本书正是在这样的背景下应运而生的。

众所周知，市场营销学在我国经济生活和高校相关专业发展中起了巨大的作用。市场营销学作为一门综合性、边缘性、应用型的学科，其研究内容之丰富、适用对象之广泛，是举世公认的。时代在发展，企业管理层对专业知识的需求更加多样化、更具前瞻性，许多高层人士不满足于事到临头再寻找解决方法，也不满足于对市场营销理念和行为的一般了解和运用，他们更渴求在企业采取市场营销行动之前就能对未来的情况加以预测，并对其行动步骤有更深层次的科学设想，适应这类要求正是企业营销策划的任务。作为市场营销专业应用性极强的必修课程，企业营销策划与市场营销学、市场调研与预测、推销学、商务谈判学、服务营销学、广告学和消费者行为学等课程一起构成一个完整的学科体系。经过20多年的发展，企业营销策划的研究从理论、方法、策略过渡到通过结合中国的实际情况为企业解决具体问题。它从企业的角度出发，探讨企业如何适应宏观环境的变化，研究如何设计和规划产品与市场定位、服务、创意、价格、渠道和促销等一系列策划工作内容。凡事预则立，不预则废。当代社会是信息社会、知识经济社会，事物凭借信息得以飞速发展，企业的行为举措必须适应社会的发展态势，这就要求企业在采取每一行动步骤之前都能成竹在胸，朝明确的目标前进。为此，企业家和管理人员需要掌握企业营销策划的知识、方法和操作程序。

企业营销策划建立在市场营销学的理论基础之上。市场营销学是建立在现代市场经济的基础上，以行为科学的方法来研究管理科学的一个重要学科，已形成对企业营销行为的分析、计划、执行、控制等一系列理论构架，创造性地使用了营销理念、营销组合、市场定位、市场细分、目标市场、营销战略、营销策略等独具特色的理论元素。企业营销策划是对市场营销学重要的理论和元素进行再创造、再深入、再发展的学科。企业营销策划并不是市场营销学的翻版。尽管企业营销策划离不开企业营销行为，但是企业营销策划不是复制市场营销学，而是对市场营销学的延伸和拓展。总的来说，我们编写本书的基本原则是，对市场营销学不离不弃，若即若离。所谓“不离不弃”，就是不违背、不舍弃市场营销学的基本原理和学科特点；所谓“若即若离”，就是在忠实于市场营销学基本理论的基础上，广泛汲取新学科的精华，立足于强化思辨性和操作性，形成有别于市场营销学的新体系和新构架。

本书以企业营销过程为经，以策划所涉及的方方面面为纬，构成基本体例；在内容上则拓宽视野，吸收企业管理学、经济学、行为学、语言学、美学、逻辑学、艺术设计等相关学科的精粹，把企业营销行为所涉及的方方面面尽收其中。古人云：授人以鱼，不如授人以渔。本书在给广大读者献上众多“鱼”的基础上，还要帮助大家掌握捕鱼的方法，即经营企业的正确思路和方法。

本书具有以下特色：

1. 经纬分明。全书紧密结合企业营销实践，以企业营销过程为经，以策划内容为纬。此次修订运用了大量企业策划和实施的案例，将理论与实践相结合，教授学生如何根据企业营销的不同环节进行理性思维，掌握指导营销策划的操作规程，引导学生依据营销理论对企业营销活动进行具有前瞻性、可行性的设计和谋划。

2. 启智驱行。全书通过理论阐释，结合具体案例，既启迪才智，又兼顾实际操作，引导学生动脑与动手相结合，由模拟到实践，掌握策划的程序，解决好怎样思维、怎样寻找切入点、怎样谋求创新突破、怎样获取完善的表达效果、怎样使企业立于不败之地等一系列问题。

3. 集彩成锦。本教材极具综合性，不仅以市场营销学理论为基石，而且大量吸收企业管理学、经济学、行为学、语言学、美学、逻辑学、艺术设计等学科的精华。企业营销策划不是一门一般的学科，而是一门艺术，要突出富有创新性、内容丰富、理论与实践相结合的特色。

此刻，新书已散发着墨香呈现在读者面前了，我们与广大读者一同分享喜悦，期待读者细细评点。鉴于篇幅限制，附录“学生获奖策划案例”可登录人大经管图书在线（www. rdjg. com. cn）查看。

参加本教材讨论、撰稿的有：叶万春、万后芬、叶敏、陈可、李文晶、张莉、唐文伟、容庆、陈少群、彭显琪、叶岚、成韵、王军等，全书由叶万春策划并总纂。

囿于作者的学识和经验，书中难免有错误和疏漏之处，敬请读者不吝赐教。最后，感谢中国人民大学出版社编辑的辛勤劳作。

叶万春

目录

CONTENTS

第1篇　营销策划流程

第2篇　企业行为策划

第 3 篇　营销管理策划

M

第1篇

营销策划流程

第 1 章

营销策划引论

营销策划是策划活动的一个方面。策划专指各项事业或活动决策前的谋划、构思和设计活动。营销策划则是对企业开办、发展的整个经营活动进行必要的规划、安排。营销策划是现代企业进入市场自主经营不可忽视的重要举措。

第 1 节　策划与营销策划

一、策划的基本界定

（一）策划的概念

策：古代的一种马鞭子，头上有尖刺，通常指计谋、计策等。在中国古代科举中，策指的是“策问”“对策”。它是殿试的主要内容，“策问”与“对策”就成为出题与应试的两个部分。“策问”一般是以皇帝的口吻发问的，内容主要是治国安邦、国计民生的政治大事。士子们在应试的过程中针对“策问”的内容作出回答，也就是所谓的“对策”。说得通俗一点，“策”在某种程度上相当于时事论文。

划：从画（划分），从刀。“画”兼表读音。其本义是：割开，分开。“划”和“劃”在古代是意义不同的两个字。“划”读作 huá，是个从戈、从刀的形声字，意思是“拨水前进”，如“划舟”“划桨”等。而在表达“割开”“分开”等意义时，古代写作“劃”。现代汉语中“劃”字简化为“划”。

“策划”之说古已有之。策划一词最早出现在《后汉书・隗嚣公孙述列传》中“是以功名终申，策画复得”之句。其中“画”与“划”相通互代，“策画”即“策划”，意思是计划、打算。“策”最主要的意思是计谋，如决策、献策、下策、束手无策。“划”指设计、计划、筹划、谋划。《淮南子・要略》中有“擘画人事之终始者也”，“擘画”即“策划”之意。古语中的“策画”“擘画”均有打算、计谋、安排之意，与现在使用的“策划”语义相通。

策划活动也可以从传统的企业经营中找到源头。《诗经・大雅・灵台》中有“经始灵台、经之营之”的表述，“经之营之”即有精心营造、谋划、筹措、拓展之意，策划活动寓于其中。

面对错综复杂、变化频繁的环境，人们常常需要策划。策划也是现代社会最常见的经济活动之一。随着社会的发展，人们对策划的认识逐步深化。日本策划家和田创认为：策划是通过实践活动获取更佳成果的智慧或智慧创造行为（见图 1－1）。

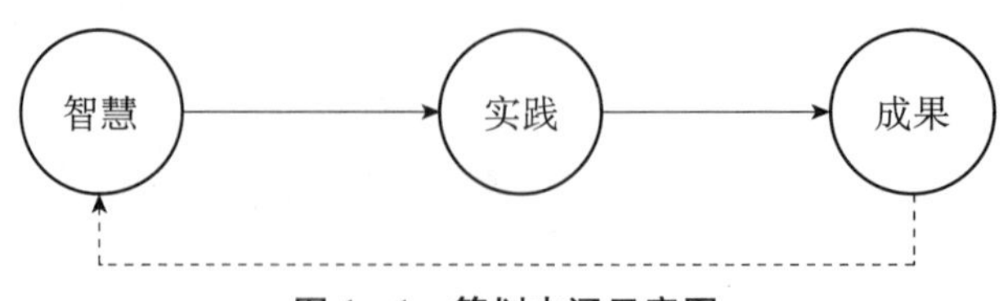

图1-1 策划内涵示意图

策划就其广义而言是社会组织和个人对未来活动进行的计划、打算、筹划、谋划，是制定计谋和办法的过程，是对一项活动或行动的方向、目标、内容、程序等进行的全面周详的预先安排和设计。

菲利普·科特勒对策划的解释是：策划是一种程序，在本质上是一种运用脑力的构思和理性行为。策划是针对未来要发生的事情做的决策。换言之，策划是找出事物的因果关系，衡量未来可采取的措施，作为目前决策之依据，即策划是事先决定做什么，何时做，谁来做。策划如同一座桥，连接着人们的目的地和要经过之处。

（二）策划的特性与对象

1. 策划的特性

策划不等同于人们常说的点子，它具有以下特性：

（1）策划是一门思维的科学。要求定位准确、审时度势、把握主观与客观，辩证、客观、发散、动态地把握各种资源。

（2）策划是一门设计的科学。必须根据企业的需要来设计项目，策划的目标是衡量一个企业项目是否成功，看它是否“出成果、出机制、出人才、出品牌”。

（3）策划是一门监理的科学。就是要在事先设计好的前提下对企业营运过程实施监督与管理。

2. 策划三要素

从现代经济、管理角度赋予策划更具时代特色的内涵。现代策划包含三个要素：崭新的创意；与企业目标一致的明确方向；人、财、物资源实现的可能性。

（1）崭新的创意。孙武在《孙子兵法》中有一句名言——“凡战者，以正合，以奇胜”，“正”就是艰苦奋斗，“奇”就是锐意创新。“奇”字是上面一个“大”字，底下一个“可”字，“大”就是要超出常人的想象，“可”就是要在常人的情理之中。新的创意就是想到常人所不能想的地方，说出来的道理又能让常人理解。

（2）与企业目标一致的明确方向。策划要有明确的主题目标，并且策划目标要与企业目标一致。

（3）人、财、物资源实现的可能性。策划方案要有可行性，并且对企业有价值。

3. 策划对象的选择

策划不是一种随意的行为，必须选准策划对象。策划公司对策划对象的选择主要考虑以下条件：

（1）策划对象的企业领导人是否认同策划，或者说，被策划企业的领导人是否具有战略眼光和策划意识。只有确立明确的发展战略的企业才有引进策划的需要。

（2）企业的产品是否适销对路，或者是否具有发展潜力和开发价值。只有具有发展潜力的产品，才有策划的价值，也才能收到策划的效果。

（3）企业是否定位于领先者或挑战者，企业是否实施名牌战略。只有具有发展冲动的企业和准备创名牌的企业，才有引入策划的意识。

总之，策划业不能无视服务对象的态度，从某种意义上说，服务对象的态度是决定策划业能否开发市场、拓展市场的关键。策划活动的开展首先要了解、分析和掌握服务对象的态度和认识。

二、营销策划

营销策划，在日本称作企划，在我国港台地区称作营销企划。营销策划是指在对企业内外部环境予以准确分析并有效运用经营资源的基础上，对一定时间内的企业营销活动的行为方针、目标、战略以及实施方案与具体措施进行设计和计划。显然，营销策划不是策划的全部，而是策划的一个分支。

（一）营销策划的类型

营销策划依据不同的条件分为以下几种类型：

（1）按营销策划起作用时间的长短可分为：过程策划，贯穿于企业营销的全过程，属中长期策划；阶段策划，贯穿于企业营销的不同阶段，属短期策划；随机策划，在企业营销的某一时点随时策划，属更短期策划。

（2）按营销策划的组成部分可分为企业形象策划、企业营销组合策划、产品服务开发策划、市场拓展策划、营销诊断策划等。

不论哪种类型的策划，策划活动总体都可以分为两大部分，即市场环境分析和营销活动设定。前者为营销策划的基础，后者为行动方案，二者相辅相成。营销策划的最终表现形式为文字报告，即营销策划方案或营销策划书。与营销策划活动相对应，营销策划书主要由市场环境分析和营销活动设定两大部分构成。

（二）营销策划的时限

营销策划是有时限的。营销策划的时限长短因产品生命周期的长短和营销策划的目标、营销策划的类型不同而异。一般而言，时尚品、季节性产品，营销策划的时限短；技术性产品、高档产品，营销策划的时限长。战略规划类的营销策划一般时限为3～5年或 5～10 年，随机性策划为 3～6 个月。美国市场学者霍普金斯曾对营销策划的时限问题做过调查，调查结果见表 1－1。

表 1－1　　不同产品、服务的营销策划时限表（%）

时限	生产资料	消费品	服务
1 年之内	1	6	0
1 年	80	79	72
1 年以上	19	15	28

（三）营销策划成功的前提条件

营销策划成功的前提条件是：

（1）设定企业的营销目标，即企业欲达到的理想目标。

（2）研究企业的营销现状，即企业所处的营销环境和营销状况。营销策划是为消除营销目标与营销现状之间的差距所做的努力。通过对企业的整体营销活动进行谋划、构想、设计的创造性思维过程，确保营销策划的程序化、理智化、效能化。

（3）明确策划的承担者，并强调策划者的素质、策划者的文化取向的正确性以及策划者对企业的了解程度。

（4）策划过程中策划者掌握的资料的充分性。

（5）备选方案的齐全性。

（6）策划书的准确性、规范性。

营销策划既可由企业自己组织力量进行，也可聘请专门的策划公司承担。由于大多数企业尤其是中小企业不具备从事营销策划的各方面人才，且缺乏经验，因此邀请专业策划公司较为普遍。我国企业中大多数为中小企业，这就为策划业的发展提供了广阔的市场。不论是专业策划公司，还是需要进行营销策划的企业，都需要具备营销策划的一般知识。

第2节　企业营销策划的原理与主题

一、营销策划的原理

营销策划的原理是指营销策划活动中通过科学总结形成的具有理论指导意义和行为规律性的知识。营销策划的原理应该具有客观性、稳定性、系统性。营销策划所依据的是整合原理、人本原理、差异原理和效益原理。

（一）整合原理

营销策划人员要把所策划的对象视为一个系统，用集合性、动态性、层次性、相关性的观点处理策划对象各个要素之间的关系，用正确的营销理念将各个要素整合统筹起来，形成完整的策划方案并达到优化的策划效果。整合原理要求营销策划围绕策划的主题把策划涉及的方方面面以及构成策划文案的各个部分统一起来，形成独具特色的整体。

同时，整合原理强调策划对象的优化组合，包括主附组合、同类组合、异类组合、信息组合等。用整合原理指导营销策划会产生产品功能组合、营销方式组合、企业资源组合、企业各种职能组合等策划思路和灵感。

（二）人本原理

人本原理是指营销策划以人力资源为本，发掘人的积极性和创造性作为企业进步的动力。这里涉及的人既包括企业内部的管理者和员工，又包括广大的消费者。人本原理要求营销策划人员在拟定策划方案时兼顾两个方面：一方面要调动和激发企业人员的积极性和创造性，要有“以人为本”的理念，即企业的行为是企业人员的行为，不能撇开人孤立地设计企业活动；另一方面要体现“以消费者为中心，为消费者服务，令消费者满意”的理念，把企业行为与销售对象的利益紧密地联系在一起，使营销策划方案有利于培育忠诚的顾客群。

同时，人本原理还崇尚“天人合一”的观念，即营销策划要把企业发展、社会发展、生态发展统一起来，达到绿色营销策划的最高境界，以维护全球的可持续发展这项全人类的根本利益。

（三）差异原理

差异原理是指在不同时期对不同主体视不同环境作出不同的选择。营销策划没有固定的模式，营销策划工作也不能一味地生搬硬套。不同的策划主体和客体、不同的时间和环境形成的策划文案应该是千差万别的。那种无视客观环境的变化盲目照搬照抄别人的创意或模式的营销策划是不科学的、不道德的行为。对于初学者而言，可能会有一个模仿学习的过程，但是真正实战不能停留在模仿的水平上，而必须创造。

检验营销策划文案优劣的标准只能是实践。只有在实践活动中提炼的素材才是属于该企业的，才会在此基础上产生新的创意，形成新的有别于其他企业的营销策划文案。从这个意义上讲，差异就是创新，就是创造。

营销策划的差异性是由策划文案的特色体现的。体现营销文案特色的因素很多，诸如企业的形象塑造、理念创新、产品特色、营销举措、价值取向、情感倾向、视觉设计、市场运营方式等。形成差异化的因素很多，它们为企业营销策划提供了巨大的空间，为策划人提供了施展才干的广阔舞台。

（四）效益原理

效益原理是指在营销策划活动中，以成本控制为核心，以追求经济效益和社会效益为目的。营销策划效益是策划主体和对象谋求的终极目的。企业之所以要进行营销策划，就在于谋求企业的经济效益和社会效益。不论企业是采用成本最小化途径，还是市场占有率最大化途径，都无一例外地是为达到提高效益的目的。营销策划主体的行为也是以营销策划对象能获取较佳的效益为前提条件的。营销策划如果不能给企业带来效益，又有谁会去请策划公司进行策划呢？而如果策划公司的业务无人问津，策划公司还有存在的可能和必要吗？

二、营销策划的主题

营销策划的主题是营销策划活动的中心内容，是营销策划文案所要表达的中心思想，是企业进行营销策划的目标指向。

营销策划的主题是多级的、多层面的。它表达的可能是企业发展战略的大主题，也可能是企业实施某方面活动、推行某种营销策略和具体举措的小主题。一个综合性的大型策划活动的主题可能是单一的，也可能是多层次的。

（1）营销策划涉及的企业发展战略主题有：市场开发、市场拓展、产品开发、企业入市、企业拓展、企业形象、跨国营销。

（2）营销策划涉及的营销策略主题有：营销广告、产品延伸、多品牌、包装改进、商标设计、商标注册、产品认证、渠道选择、营销方式选择、商品定价调整。

不论是企业战略性主题，还是营销策略性主题，都可归结为提高市场占有率、降低营销成本、推动企业的成长和发展、获取更大的经济效益和社会效益这一最终目的。

营销策划主题的表达必须集中、突出。营销策划文案要视其具体目标来确定明确的主题。主题不要多义。主题的表达要有简明扼要的文字叙述，更重要的是通过营销创意和设计实现形象化的表达，起到扣人心弦、潜移默化的作用。主题的表达要准确、鲜明、生动，以提高营销策划的质量。

◎小　结

策划是各项事业或各项活动决策前的谋划。营销策划是有关企业营销活动的事前策划，只是策划的一个方面。营销策划可依据不同的标准进行不同的分类。营销策划的成功取决于营销目标的确定以及对营销状况分析的准确程度等。

营销策划要依据整合原理、人本原理、差异原理和效益原理。策划活动要有明确的主题，主题不要多义。

◎习　题

1. 解释下列基本概念：策划、营销策划、策划业、整合原理、人本原理、差异原理、效益原理。
2. 策划包括哪三个要素？策划具有哪些特性？
3. 营销策划分为哪几种类型？
4. 营销策划要依据哪些原理？为什么？
5. 营销策划的主题有哪些？

◎案　例

壁纸先生新零售规划——六步走战略

一、壁纸先生新零售规划的战略目标和方案

（一）壁纸先生新零售规划的战略目标——成长为产业孵化器

山东中冠新材料科技有限公司（简称中冠），主要从事新材料装饰产品的研制、开发、生产、销售和服务，是一家以环保新材料墙纸、墙布、墙板为主，涉足软装领域的综合性现代化企业，被称为壁纸先生。该公司现有达到世界先进水平的多功能环保装饰材料生产线10条，配置功能齐全的生产车间、原材料及成品仓库、综合楼办公中心等基础设施，总建筑面积50 000平方米，可生产不同规格的环保墙纸、环保墙板等多种新型装饰材料产品，是当今国内规模最大的现代化装饰装潢材料生产基地。中冠新材料科

技有限公司是一家实业型公司，后来成功转型为“实业＋互联网”的契合时代发展的零售创新型公司。

（二）壁纸先生新零售规划——六步走

1. 第一步——联动

通过零售类型的开店模式，打造线下壁纸体验中心，通过线上线下的联动，增强消费者的体验感和参与度，在壁纸消费上与消费者进行更多的互动。

2. 第二步——数据

通过体验店以及线上线下的联动，积累大量的消费者原始数据，包括时间、地域、人群、消费频次等各类大数据。

3. 第三步——壁垒

通过大数据的积累形成强有力的竞争优势，与竞争对手逐渐区分开。能够快速响应消费者的需求，以此进行产品升级换代；能预测消费者的需求变化，提前打造“爆款”。

4. 第四步——平台

建立交易平台。在数据积淀的优势下建立合作平台，无论是多产品战略还是家装行业一体化战略，一群人的力量永远大于一个人。

通过平台积累更丰富的数据并且吸引更多的合作伙伴，为共享经济体打下基础。

5. 第五步——共享

建立行业的共享经济体，与家装行业的各位同行一起玩转家装市场，让它们在中冠建立的平台上运作，将各路碎片化的资金集合起来，为中冠的发展服务。

6. 第六步——孵化器

成长为产业孵化器，在共享经济体的基础上，孵化出有利于家装行业发展的各种经济型企业、科技型企业、文化型企业等，以此促进未来家装行业的发展。

二、壁纸先生新零售规划的时间安排和意义

（一）壁纸先生新零售规划的时间安排

第一步——联动：1～2年；第二步——数据：3～5年；第三步——壁垒：1～2年；第四步——平台：1～2年；第五步——共享：1～2年；第六步——孵化器：3～N年。

（二）壁纸先生新零售规划的意义

1. 做产业的路由器

中冠通过建立共享经济体打造产业路由器，连接壁纸产业上下游合作伙伴；通过产业链大数据和人工智能算法，将碎片化的需求与上游闲置的碎片资产智能配对，实现传统制造企业向工业4.0时代的制造企业转变。

2. 实现商业模式的四大转变

从传统的壁纸制造企业升级成为共享经济体，中冠要进行四大转变才能符合共享经济体的四大组织特征。

转变一：从重资产组织到轻资产组织

从商业模式来说，中冠将不再是一个纯产品类公司，除新品研发和软件平台开发，产品的生产全部众包出去，这样就能够确保零库存、零供应链成本。

转变二：从交易型组织到赋能型组织

为确保市场长期繁荣，未来的中冠作为一个B2B共享经济体，必须从交易型组织转变为经营生态圈和生态共建的赋能型组织，重视物流赋能、IT赋能、金融赋能等。

转变三：从控制型组织到赋权型组织

从对内的角度来看，要确保市场长期繁荣，未来的中冠必须从传统的控制型组织转变为让一线指挥炮火的赋权型组织。很多不确定的业务让一线指挥炮火，快速迭代。未来的中冠要从一个串联的组织变成一个并联的组织，从集权走向赋权。

转变四：从线性增长到指数增长

未来的中冠作为共享经济体，把壁纸产业链里的上下游所有弱势群体团结起来。通过平台的这种汇聚效应产生规模的议价能力，这种议价能力可以进一步解放生产力，导致成本指数递减，甚至边际成本趋近零，实现利润的指数增长。

未来的中冠要把存货和资金分解给上下游，自己提供品牌管理、供应链管理和营销网络管理，将供应商、加盟商和公司三者捆绑成利益共同体。未来的中冠要成为一个高度扁平化的共享经济平台，像一个产业路由器一样，把各种资源组织起来，形成一个独特的产品和品牌。它自己不占有太多资源，但是各种资源在这里都发挥了最大的作用。

在整个产业链中，壁纸先生主要负责上游供应链共享平台的建设，产品设计研发，品牌的引导、把控及筛选，下游门店的统一运营管理和营销渠道建设。这个模式的优势主要表现为以下四点：轻资产、库存零风险、深度赋能、重经营，后面三点是与其他壁纸品牌拉开差距的关键。

第 2 章

营销策划理念

在当代社会，企业面临着复杂多变的市场，所承担的发展经济、推动社会进步、保护自然环境的职责远非以前所能比拟。企业用以指导自身生存和发展的理念不能定格在历史的某一时刻，而必须随着时代的进程不断创新，适应变化了的现实需要。企业营销理念的更新尤其要运用辩证思维方式，以期营销理念能反映客观现实，适应客观现实，并指导企业管理工作。

企业营销的成功取决于其营销理念是否正确和明确。企业在确立营销理念时无不需要贯彻从实际出发、全面看待问题、动态处理问题等一系列辩证思维方式。在确立营销理念时运用辩证思维方式，既是企业行为的客观反映，又是企业可持续发展所必需的。

第 1 节　知识营销理念

一、知识营销理念是新时代的主导理念

知识营销理念是市场营销理念和社会营销理念的发展，是以知识经济作为企业营销活动的指导思想的理念。知识经济是建立在知识和信息的生产、分配和使用基础上的经济，其中信息是知识经济的燃料和动力，创新是知识经济的灵魂，知识是主导资本，是经济发展最重要的生产力。以知识营销理念作为新时代的主导理念，就是引导企业紧跟知识经济时代的步伐，适应知识经济时代的要求，实现营销活动的全面创新。

（一）知识营销理念的指导意义

知识营销理念从以下几个方面指导企业营销行为：

（1）促使企业认识到知识是资本，不是一般资本，而是主导资本。知识不仅是生产力中最活跃的因素，而且是最重要的因素，知识的生产和再生产是企业生产活动和营销活动的核心，因此企业要重视知识、重视科研、重视教育、重视人才。

（2）促使企业认识到知识经济导致社会分工。知识经济促使知识武装的行业和企业成为“头脑单位”，专门向其他行业和企业提供知识、技术、智能和理念；其他不能进入知识形态的行业和企业将成为“躯干单位”，专门依赖“头脑单位”提供的知识、技术、智能和理念进行物质生产。在这样的背景下，先进与落后泾渭分明。

（3）促使企业全面调整营销活动的各个环节。从收集信息、产品设计到工艺流程、4P（产品、渠道、定价、促销）组合、信息反馈、全面服务等环节都要进行适合知识经济要求的调整，使企业在营销活动的各个环节增加信息、技术、智能的含量，并依靠知

识来提高产品的附加值，促进产品适销对路。

（4）促使企业认识到要全面实施管理和管理手段的创新。变工业经济时代的硬性管理为知识经济时代的软性管理，即以人性化管理为主要方式。强调实施以思想、作风、理念、价值取向为内容的教育、培训、引导等手段的人本管理，取代以制度、法规、行政等手段为主的硬性管理。这要求企业在提高人的思想素质、健全人的心智和提高人的情操上全面下功夫。

（二）知识营销理念的特点

知识营销理念的形成不是某个人的发明和倡议的结果，而是客观促成的，是现实在人们头脑中的反映。相对于市场营销理念，知识营销理念有如下特点：

（1）高屋建瓴般的宏大气势。知识营销理念让人感到精神境界更上一层楼，对世界的理解更加高超睿智，其来势如大军压境，威猛异常，让人产生紧迫感和奋进感。

（2）水银泻地般的渗透力。知识营销理念将主宰营销行为的方方面面，无时不在、无所不及地左右着企业的营销活动，渗透到营销的各个层面、各个环节。

（3）精金美玉般的高水准。知识营销理念建立在时代发展的制高点，只有拥有知识经济时代所要求的营销产业、营销业态、营销能力的企业，才会要求具备知识营销理念。知识营销理念的前瞻性、高超性、精确性、深刻性是其他理念难以企及的。

知识营销理念是新时代的主导理念，它作为时代发展的特色和象征，从宏观层面上树立了新的里程碑。它是对市场营销理念、社会营销理念的延伸与拓展，发生了质的飞跃。知识营销理念与原有理念的根本不同点在于源泉导向，即知识营销理念从营销活动的本源就起着导向作用。知识营销理念强调知识是生产力之本，信息是资源，营销活动自始至终都要贯穿知识，营销的方式和手段也以知识为主宰。知识营销理念是从人类对生产认识的最高层面上进行的革命。过去，人们只认识物质资料的生产与经营活动，知识营销理念则强调非物质的知识产品及知识化过程的物质生产和营销，这是全新的境界、全新的思维方式和经营哲学。

二、企业营销理念的多侧面出新

菲利普·科特勒将营销理念划分为生产理念、推销理念、市场营销理念和社会营销理念，这显然是从宏观角度把握的。事实上，企业营销理念在主导理念的统驭下，并不意味着企业在经营的各个领域、各个环节，产品生命周期和企业成长周期的不同阶段的理念都是一样的，而是呈现复杂的状态。

（1）企业营销的主辅业理念存在差异。企业发展到一定的程度会实行多角化经营，但任何一个企业的多角化经营都不是齐头并进的，而是有主有从、参差不齐的。有的是主业超前发展，辅业滞后；有的是个别辅业超前发展，主业和其他辅业滞后。企业在营销活动中，对这种差别会自觉不自觉地运用不同的理念，用先进的理念指导超前发展的业务，用传统理念维持滞后发展的业务，但企业的主导理念应是主业发展的理念。理念的多元性与主导性是并存的。

（2）企业营销不同阶段、企业成长不同时期的理念存在差异。企业的发展过程分为幼稚阶段、成长阶段、成熟阶段。由于各类企业所处的行业不同、生存环境不同，其成长过程中各个阶段的时间长短有所不同。企业在各个阶段为了适应市场形势的变化和企业的发展态势，其理念也会不同，甚至各个阶段的主导理念会发生更替，但主导理念的变化不会排斥其他处于辅助地位的理念。

（3）产品生命周期的不同阶段及长短也影响着营销理念。在产品的投入期，由于产品供不应求，技术不完备，经营方式滞后，企业需要改进生产管理、改进技术、提高产量，企业营销往往滞后于生产理念。当产品进入成长期或成熟期时，需求由功能型转变为非功能型，市场出现供大于求的状况，企业营销会由生产理念转向推销理念，进而转向市场营销理念。产品生命周期的长短受多方面因素影响，就企业而言，市场的经营方式属垄断性或竞争性是重要的前提条件，竞争性经营迫使企业不断更新理念。

（4）企业营销活动是一个系统，它的不同子系统在运行过程中具有不同的特点，企业针对这些各具特色的子系统会有相应的理念。因此，企业的营销理念也应该是一个系统。企业的主导理念处于何种状态是一回事，企业行为活动中各自不同的理念呈现何种特色则是另一回事。企业在整体理念上要依据时代的要求不断更新，同时在各子系统的具体行为理念上不断出新、不断纳新。经营成功的企业都以某侧面的理念出新为世人所欣赏和崇敬，如：

- 表现企业科技水平的理念："世界失去联想，人类将会怎样"（中国联想）。
- 表达社会责任感的理念："以振兴民族工业为己任"（中国长虹）。
- 表达人本管理的理念："创造人与汽车的明天"（日本日产）。
- 表达服务宗旨的理念："为顾客创造价值，为员工创造机会，为社会创造效益"（中国格力）。
- 强调创新精神的理念："没有最好，只有更好"（中国澳柯玛）。

只有多侧面地使理念出新，才能不断赋予主导理念以新的光彩，不断把企业的主导理念推向更高层次。

第 2 节　辩证营销理念

一、应用辩证营销理念的意义

企业在营销活动中的哲学思想和运作方法充满了辩证思维，这种辩证思维的应用，可以营造企业旺盛的销售势头，使企业始终保持主动，不为同行所左右，不为现象所迷惑，不为教条所束缚。企业营销的成功离不开营销决策以辩证思维做指导。

（一）辩证营销是企业驾驭市场的法宝

辩证营销就是在企业制定营销战略和策略的过程中，始终以辩证思维做指导，来推动营销的发展。

市场如同波澜起伏、变幻莫测的大海，驾驭市场容不得因循守旧、刻舟求剑，而要运用辩证思维。企业运用辩证营销理念主要表现在以下方面：

（1）辩证营销敢于和善于正视市场的发展变化并采取相应举措。我国市场正经历着从与小商品生产相适应的零星分散的市场到与社会化大生产相适应的大市场、从分割的市场到统一市场的过渡，市场的结构、市场组织的发展状态、市场的规模在不同时期都呈现不同的特点。国际市场的重新聚合所表现出来的一体化、区域化的特点，在各个时期、各个侧面呈现纷繁复杂的状态。企业辩证营销就是对市场的变化洞察入微并采取相应的措施。

（2）辩证营销在强调事物共性的同时能敏锐地捕捉到事物的个性，在充分利用个性特点中创造营销机会。例如，福特汽车公司采取单一化方式营销自己的T型黑色轿车，独领美国汽车市场数十年；通用汽车公司则反其道而行之，以产品多样化的策略一举超前。当众多企业采取对抗性竞争时，另辟蹊径会柳暗花明；当竞争激烈，降价成为通用手段时，逆向提价也许可以获胜；当某些产品以增加功能成为潮流时，反潮流地减少功能会受较低层次的消费者欢迎；当众多广告宣传以哗众取宠、过分夸张的语言推销产品时，某种产品平实、朴素的广告词反而能赢得好感。企业辩证营销就是在充分显示个性特色的前提下，形成魅力，扩大影响，创造市场机会。

（3）辩证营销不把市场看成铁板一块，不把营销手段视作亘古不变的东西，不囿于某种固定的营销模式。营销者十分清楚市场是变化的，今日之市场不同于昨日之市场，此地市场不同于彼地市场，市场的结构、组合状态、特征也是不断变化的。市场的差异性是存在的，市场的变化是永恒的。因此，对市场的考察和对策必须是动态的。市场营销理论只是历史经验的总结和升华，不是企业创造性地运用各种营销手段的桎梏。营销手段应该针对不同的情况灵活运用。当年燕莎友谊商城以高价推出精品而享誉京城，外地企业依葫芦画瓢却难以成功，其原因就在于市场环境、购买力等诸多条件不同。辩证营销就是依条件变化而采取相应的策略。

市场是动态变化的，企业营销的指导思想和运作方法固定了、陈旧了就难以适应客观形势。面对这种形势，企业运用辩证营销就能以动制动，以变应变，主动地驾驭市场。不善于运用辩证营销方法，企业就难以认清市场的本质，难以把握市场机会，难以驾驭市场。

（二）辩证营销是企业营造旺盛势头的利器

企业成功驾驭市场集中表现为产品销售呈现旺盛的势头。从这个意义上讲，辩证营销的目标就是为企业营造旺盛的销售势头。

产品销售的旺盛势头是企业提高产品市场占有率、赢得消费者青睐的一种景象。销售势头旺盛，表明企业及其产品的知名度、美誉度和信誉度与日俱增，表明企业营销事业兴旺发达、蒸蒸日上，同时也反映了消费者对该企业及其产品的信赖度、忠诚度的提高。

旺盛势头的出现不是轻而易举的，它有赖于企业战略决策的正确和各种策略手段的得当、有力。采取恰当的战略，以最恰当的方式实施战略，必须以辩证思维做指导。

企业销售旺盛势头的出现要抓住三个环节，即初始阶段的推进、逆境阶段的转化和顺境阶段的保持。有了辩证营销作武器，就能很好地把握这三个环节，推动销售旺盛势头持续下去。

在企业产品进入市场的初始阶段，企业辩证营销的重点是分析市场威胁和市场机会。辩证营销既不是孤立地分析市场威胁和市场机会，也不是笼统地分析市场威胁和市场机会，而是分别把市场威胁与市场机会依据条件和程度分成几种情况，然后进行综合分析，形成机会-威胁矩阵。

企业营销通过辩证分析后，最佳选择是理想型，以促进销售势头的形成；在一定的条件下也可以选择冒险型，只要准备好对付各种威胁的防范措施，冒险也可以促进销售势头的形成。

当销售处于疲软状态时，企业辩证营销的重点是促使矛盾转化。销售疲软除了宏观上银根紧缩等原因外，对于企业来说无非有以下原因：

- 产品花色、款式过时；
- 定价过高，价格不合理；
- 分销渠道不通畅，新的渠道未开通；
- 促销手段单一、程式化，缺乏针对性；
- 企业形象陈旧，缺乏吸引力，等等。

转化矛盾使销售疲软转化为销售旺盛，关键是找准问题的症结，找准问题的突破口。比如，金利来领带最初销售不旺的原因就在于其原来的品牌名为“金狮”，这在粤语中谐音“光输”，不吉利，后更名为“金利来”，便财源滚滚来，更名成为该企业的突破口。

企业营销的旺盛势头还需要长期保持，但保持不是静止、消极、被动的行为。保持旺盛势头是对业务的发展趋势而言的，要保持这一发展态势，就得处理好静与动的关系，即在审时度势的基础上，始终以清醒的头脑加大销售力度，以动求静，在不断更新营销手段和技巧中实现企业销售旺盛势头的延续。

加大销售力度可采取下列措施：

- 加强对热销产品的宣传，提高服务质量，以产品质量与服务质量双优取胜；
- 拓展营销的覆盖面，或密集营销，或产供销一体化营销，或多角化营销，增强后劲；
- 改变促销中的短期行为，着眼于树立企业形象来加大促销力度。

（三）辩证营销的核心是倡导创新

企业营销要善于驾驭市场，促进旺盛的销售势头，归结到一点即要观念新、手段新，倡导创新正是辩证营销的核心。

辩证营销强调观念更新要有超前意识，观念滞后是营销决策者的大忌。21 世纪进步的营销者开始对营销进行反思和修正，并提倡新的社会营销观念。人们把改善企业与消费者、企业与竞争对手、企业发展与社会生态平衡的矛盾关系作为企业营销成败的重要因素，以此指导自己的实践。企业产品要领导时代新潮流，营销者的观念必须领导新潮流。

辩证营销提倡营销的灵活性。竞争是市场经济的基本规律之一，企业不能不正视竞争，竞争是处于一个市场的不同企业的存在状态。企业在介入竞争的程度和手段上是可以选择的。硬碰硬的方式是不可取的，以远离竞争为战略，采取“人无我有，人有我优，人优我廉，人廉我转”的灵活措施，不失为保存自己、争取市场主动权的有效方式。

辩证营销强调依据企业在市场上的地位和自身实力来制定企业营销发展计划和创造适应自身发展的组织形式，大型企业可以走跨国集团、综合商社的道路，中小企业则可以走连锁经营的道路；生产企业可以采取直销方式，经销企业则可以通过超级市场、电视购物、上门服务等形式不失时机地使出营销新招，在减少销售环节上创新。

辩证营销对商业欺诈行为予以彻底否定。商业欺诈是小商品经济的残余，其表现极为顽劣，以次充好、以劣充优、牟取暴利、欺骗招徕等行为在现实生活中屡见不鲜。辩证营销视欺诈为自毙，以诚信图自强。

辩证营销更强调营销手段上的创新。产品设计要翻新、企业形象要标新、包装商标要创新、促销方式要更新。企业营销尽管有一般规律可循，有一定的模式可供借鉴，但又不应拘泥于固有的模式，而要因时、因地、因条件而异。只有十分灵活又不违背客观规律地处理营销中的定位、组合、选择等，才能实现营销成功。营销的战略和策略作为理论知识是完善的，但营销者在运用这些理论知识时不应拘泥于固定的模式。用辩证思维来指导行动，才能把握营销学的精髓，取得更好的成效。

二、企业行为应以顾客满意为终极目标理念

顾客满意是企业追求的目标，顾客满意与否是企业经营成败的标志，企业经营行为应该以提高顾客满意度为指针。企业在长期的经营活动中要讲究营销道德，通过提高道德水准来达到使顾客满意的目的。

（一）顾客满意理念的内容

顾客满意（CS）是以顾客为中心的理念的发展。顾客满意理念是把顾客的现实需求和潜在需求作为企业开发产品的源头，在产品功能及价格设定、分销促销环节建立、售后服务系统完善等方面，最大限度地使顾客满意。企业还要及时跟踪研究顾客购买产品后的满意度，有针对性地设立改进目标，调整企业经营环节，稳定老顾客，并通过老顾客逐步扩大顾客队伍。顾客满意理念要求企业的全部活动以不断提高顾客满意度为行动指针，切实考虑和分析顾客的需求。

1. 顾客满意理念形成的背景

顾客满意理念的形成基于以下背景：

（1）市场竞争打破了地域、时间局限，形成了高强度、全方位的竞争之势，企业营销战略也变幻莫测。顾客满意是从企业营销的最终效果入手的理念，有助于企业制定战略时运用逆向思维，由果及因谋划正确决策。

（2）市场竞争从生产率竞争转向服务质量竞争，能否令顾客满意成为竞争的焦点。20世纪80年代初，斯堪的纳维亚航空公司率先提出企业的成功取决于服务与管理的观点，把服务与管理视为市场竞争的关键，从而揭示了市场竞争的新趋势，这种趋势呼唤企业行为要重视提高顾客的满意度。

（3）许多发达国家由于经济增长放慢，企业利润缩水，企业保持技术和生产率领先越来越不容易，于是聚焦在顾客身上，纷纷把顾客满意作为评估条件。社会新闻媒体发布商品满意度的排行榜，敦促企业提高顾客满意度。

2. 顾客满意理念指导企业营销行为

用顾客满意理念指导企业营销行为可采取以下措施：

（1）站在顾客而不是厂商的立场去研究和设计产品，尽可能预先在产品设计、制造和供应过程中去掉顾客不满意的因素，并顺应顾客的需求趋势。通过发现顾客的潜在需要并设法满足这些需要，使顾客感受到意想不到的满意。

（2）不断完善产品服务系统，最大限度地使顾客感到安心和便利。

（3）重视顾客的意见，让用户参与决策。把处理好顾客的意见视为创造顾客满意的一种方式。据美国斯隆管理学院的调查，成功的技术革新和开发的新产品中，有60%～80%来自用户的建议。美国宝洁日化产品公司首创顾客免费服务电话，对每一个来电给予答复，对电话内容进行整理分析与研究，该公司许多产品的改进设想都源于免费电话。

（4）千方百计留住老顾客。给老顾客以优惠是常见的做法，而给老顾客以关怀更能打动他们的心。从产品和服务中获得满意的顾客是最好的推销员。据美国汽车业的调查，一个满意的顾客会带来8笔潜在的生意，其中至少有一笔会成交。一个满意的顾客会影响25个人的购买意愿。争取一位新顾客所花的费用是保住一位老顾客所花费用的6倍。

（5）厂商与顾客彼此友好和忠诚，服务手段和过程处处体现真诚和温暖。

（6）按照以顾客为中心的原则，建立富有活力的企业组织。首先，组织要具有对顾客的需求作出快速反应的机制；其次，要形成鼓励员工创新的组织氛围；最后，组织内要保证顺畅的沟通。

（7）分级授权。这是及时做到令顾客满意的重要一环。如果服务人员（从一线经理到售货员）没有充分的处理决定权，什么问题都要等待上司的指令，那么顾客满意是无法保证的。虽然授权不同于分权，权责不能匹配，但通常获得授权的人在执行过程中会增强责任意识。

顾客的需求是无止境的，顾客对企业及产品的要求也是无止境的。顾客对众多的产品和服务有满意的，也有不满意的；对同一产品的不同方面有满意的，也有不满意的；一个消费者群认为满意的，另一个消费者群可能不满意。企业的职责是千方百计地研究不满意之处并及时加以改进。顾客会不断提出新的不满意的问题，企业要不断地研究、解决这些新问题。为提高顾客满意度而努力，应该是企业永远的追求。

（二）顾客满意度与企业营销道德

顾客满意度的高低与企业营销道德的优劣有着直接联系。营销道德水平高的企业，必然赢得较高的顾客满意度，反之，顾客满意度就低。

营销道德是人们在营销活动中应该遵循的，靠社会舆论、传统习惯和内心信念来维系的行为规范的总和。

企业营销道德与顾客满意是因果关系，只有企业营销道德完善，才会获得顾客满意。二者之间的关系可从以下三方面加以考察：

（1）规范企业营销道德可以维护消费者的根本利益。市场竞争已由价格竞争转向非价格竞争，非价格竞争包括品牌、商誉、融资、售后服务等方面的竞争。规范企业营销道德既是提高企业信誉的途径，又是分担社会责任的行为。企业所承担的社会责任实质上是维护消费者的根本利益。

（2）规范企业营销道德是保障市场经济健康发展的条件。由于我国尚处于市场经济初级阶段，损害消费者和社会利益的现象大量存在并不断变换方式出现，这不利于市场经济的有序发展，给消费者带来无序的市场环境。规范企业营销道德，既可消除不正当营销的滋生条件，又可以正确地引导和指导消费，保障市场经济健康发展，使顾客有满意的购物环境。

（3）规范企业营销道德有利于社会进步与人类的长远利益。企业营销道德不应局限于人与人的营销关系，还应包括营销活动对社会和生态环境的广泛影响。无节制地消耗人类的有限资源、破坏生态环境等应视为不道德行为。规范企业营销道德，对于维护生态平衡、维护社会进步及人类的长远利益具有重要意义。

企业营销活动违背营销道德是让顾客最不满意的。企业营销活动中的不道德行为表现为：

- 不真实的甚至是具有欺骗性的广告；
- 交易活动中的贿赂问题；
- 销售不合规格产品；
- 欺骗性的有奖销售；
- 诋毁竞争对手，以排挤对手为目的的降价；
- 牟取暴利的阴谋定价、无理宰客；
- 窃密行为；
- 破坏环境，危害消费者身心健康等。

企业营销行为必须遵守自愿、公平、诚实、信用这些基本的道德要求。

● 自愿，即买者有挑选权和退换权，视强买强卖、不准挑选、不准退换、搭售等为不道德行为。企业要力求做到让顾客选得遂心、买得放心、退换顺心、服务舒心。

● 公平，即购销双方互利互惠，商品与货币的价值相当；企业间要公平竞争，共谋发展，视哄抬售价、贿赂、窃取商情、贬低竞争对手为不道德行为。

● 诚实，即保护消费者知晓真实情况的权益，虚假的特价、减价销售，过分夸张的广告，隐瞒产品的缺陷或副作用等都是不道德的。

● 信用，即双方信守承诺，严格履行合同或口头约定，毁约或违约均为不道德行为。

企业营销活动既要不违法，又要不违反道德规范。法与道德并没有隔着遥远的距离，往往是近在咫尺。《公司法》《反不正当竞争法》《消费者权益保护法》《商标法》《广告法》《反垄断法》等法律法规是规范企业行为的准则，营销道德原则是企业自我约束的准则，法与道德都是规范企业行为的准则。企业营销活动和行为只有既符合法律规范，又符合道德准则，顾客才会完全满意。

（三）顾客满意的联结纽带——让渡价值

要做到以消费者为中心，使消费者满意，企业必须向顾客让渡价值。顾客购买商品时，总是从价值与成本两方面进行比较分析，选择最大的价值，这个最大的价值取决于企业的让利。让渡价值就是企业所提供的使顾客感到满意的价值，它是顾客购买的总价值与顾客总成本之间的差额。让渡价值是企业与消费者联结的纽带。

（1）顾客购买的总价值或称顾客整体价值，是顾客从给定产品和服务中期望得到的全部利益，包括产品价值、服务价值、人员价值和形象价值。

1）产品价值是由产品的功能、特性、品质、品牌、式样等所体现的价值。顾客对产品价值的需求及其评价受经济发展阶段和消费者个性的影响。

2）服务价值是企业伴随产品实体的出售或单独向顾客提供的各种服务所体现的价值。服务价值由服务质量、服务态度、服务文化的内涵体现。

3）人员价值是企业员工的经营思想、知识水平、业务能力、工作效益与质量、经营作风、应变能力等所体现的价值。

4）形象价值是企业及其产品在公众心目中形成的总形象所体现的价值，包括视觉形象价值、行为形象价值、理念形象价值。视觉形象价值是由产品、包装、商标、工作场所等构成的为公众感官所把握的有形形象所体现的价值。行为形象价值是公司及员工道德表现、经营行为、工作作风、待人接物的态度等所体现的价值。理念形象价值是企业的价值观念、经营哲学所形成的价值。

（2）顾客购买的总成本是顾客购买商品过程中所花费的各种成本的总和，包括货币成本、时间成本、精神和精力成本。货币成本是顾客购买商品时支付的货币总量。时间成本是顾客购买所期望的商品或服务而必须等待的时间。精神和精力成本是顾客为搜寻商品和购买商品所耗费的精神和精力。

企业要加强与消费者的联系，就要致力于使顾客获得尽可能多的让渡价值。提高让渡价值，一方面，要大力创造顾客整体价值，把产品创新放在首位，不断提高人员素质、改善形象、完善核心服务和追加服务；另一方面，要尽可能降低顾客在购买中付出的全部成本，提高顾客的满意度。让渡价值大，顾客满意度就高，企业与顾客的联系就紧密，企业就可以稳住老顾客，争取新顾客。

第 3 节　可持续发展理念

人类文明几千年创造了前所未有的物质财富，极大地推动了社会的进步。然而，在文明的背后却隐藏着忧患与不安：资源短缺、环境污染、生态破坏、臭氧层空洞、温室效应、人口剧增等。面对这些严重问题，人们不得不对产业革命以来的工业化发展道路、经济增长方式进行重新审视，试图寻找一种不同于传统工业化发展方式的新的发展模式，确立一种全新的社会营销观念，这就是可持续发展营销理念。

一、可持续发展营销理念的界定

（一）可持续发展的定义

可持续发展营销理念是以可持续发展作为企业营销的指导思想的一种新理念。可持续发展的定义有 100 多种，其中具有代表性、影响较大的有：

Barbier（1989）："在保护自然资源的质量和其提供的服务的前提下，使经济发展的净利益增到最大限度，以维持最多数人的生存。”

Redelift（1987）：“可持续发展的本质在于寻求经济与环境之间的动态平衡。”这种观点认为要保持和加强环境系统的生产和更新能力，即可持续发展是不超越环境系统再生能力的发展，是寻求一种最佳的生态系统以支持生态的完整性和人类愿望的实现，使人类的生存环境得以持续。

Brundland（1987）：“既满足当代人的需要，又不对后代人满足其需要的能力构成危害的发展。”这个定义在国际上得到普遍认同和广泛引用。

Tietenberg（1988）：“可持续发展的核心在于公平性，使后代的经济福利至少不低于上一代。”

（二）可持续发展营销理念的特征

可持续发展营销理念有如下特征：

（1）企业经营的目标是在保证人类生存的前提下获得自身的发展与壮大。

（2）企业经营重视研究资源的最优利用和可持续利用，表现在具体经营活动中，即重视技术的革新和新产品的研制开发。

（3）国际企业重视通过寻求经济行动与环境之间的动态平衡，使环境得以保持。

（4）企业经营活动恪守公平性的原则，不仅要满足当代人的经济利益，而且要维持后代人的经济利益。

（三）可持续发展是人类的共同需要

（1）自然环境的恶化给人类敲响了不可持续发展的警钟。全球自然环境恶化，表现为森林毁坏、水土流失、温室效应、酸雨增多、臭氧层破坏、环境污染加剧等。汽车排放的铅、一氧化碳、二氧化硫毒害人的呼吸道、心血管、神经系统；新型反光材料造成的光污染，伤害人的角膜、虹膜，引起视力下降；合成纤维服装诱发心律失常、皮肤病等。这一切表明环境的恶化极为严重，人类赖以生存的环境受到极大威胁，人类难以在这种恶劣的环境下持续发展。

（2）工业文明带来的不可持续发展的经济问题加剧了人类生存危机。工业文明带来的经济问题主要有：

1）对资源的掠夺性开发。发达国家对资源的开发近乎竭泽而渔的地步，占世界1/5的人口却消耗了世界资源总量的2/3。

2）工业发展对资源的索取、掠夺、污染、破坏循环往复，不仅危及当代人的生态环境，而且危及子孙后代资源需求的满足。

3）社会财富分配不均，贫富两极分化加剧，极度贫穷的国家丧失了经济活力。贫富两极分化加剧了人类的生存危机，加剧了社会环境的恶化。

（3）可持续发展战略是人类针对环境恶化提出来的。可持续发展战略是针对上述不可持续发展的自然现象和社会现象提出来的。可持续发展战略的酝酿经历了几十年。

早在1962年，美国海洋生物学家R. 卡逊就在她的著述《沉默的春天》中揭示了人类与自然的矛盾，提出“人与自然不应对立而应和谐，‘人主宰自然’的思想必须摒弃!”

1972 年，英国经济学家 B. 沃德在其著作《只有一个地球》中呼吁："目前人类生活的两个世界——他们所继承的生物圈和他们所创造的技术圈——业已失去平衡，正处在深刻的矛盾之中……我们要承担保护人类环境的责任，学会明智地管理地球。"

人类正是在不断吞下破坏环境结下的苦果的情况下逐步警醒，逐步要求自身合乎环境要求地发展，进而实现可持续发展。

1987 年，挪威前首相格·布伦特兰向联合国环境委员会提交了倡议实施可持续发展战略的报告，对可持续发展战略做了这样的界定：既满足当代人的需要，又不对后代人满足其需要的能力构成危害。这一界定被联合国环境委员会所采纳而成为诠释可持续发展战略的权威性论述。可持续发展战略要求社会经济发展必须同自然环境及社会环境相联系，使经济建设与资源、环境相协调，使人口增长与社会生产力发展相适应，以保证社会实现良性发展。可持续发展战略是生态持续、经济持续、社会持续的综合发展战略，是全人类的共同需要。

二、绿色营销是可持续发展理念的实施

（一）可持续发展战略呼唤企业实施绿色营销

绿色营销是一种化危机为商机的营销趋势，英国威尔斯大学的肯·毕教授将它定义为："一种能辨识、预期及符合消费者与社会需求并且可带来利润及永续经营的管理过程。"绿色营销中的"绿色"意为保护环境、崇尚自然、促进可持续发展。

绿色营销是企业以保护环境为经营哲学，以绿色文化为价值观念，通过制定与实施绿色营销策略，满足消费者的绿色需求，实现企业经营目标的一种营销行为。

绿色营销以消费者的绿色意识的觉醒和绿色消费的形成为前提，通过发展绿色产品和绿色产业，坚持适度消费、清洁生产，以谋求人类行为与自然界的融合，实现人类社会的共同愿望——可持续发展。

绿色消费是一种适度节制型的消费，以避免或减少对环境的破坏、崇尚自然、返璞归真为特征的消费。包括消费无污染的物品，消费过程中不污染环境，自觉抵制和不消费那些影响生态的物品，不食用珍稀动物，不造成水资源浪费等。

绿色营销是可持续发展战略的一个方面，绿色消费要求企业实施绿色营销，绿色营销是人类社会可持续发展战略对企业提出的要求。

（二）可持续发展理论是绿色营销活动的依据

可持续发展战略是一个理论体系。发展是人类永恒的主题，可持续发展是当代人类的主题。现代经济社会的可持续发展是面向 21 世纪人类发展的基本趋势。在当代建设中国特色社会主义，把我国建设成为富强民主文明和谐美丽的社会主义现代化强国，实现人口、经济、社会与资源、环境、生态协调发展，走可持续发展之路，这是我国实现跨世纪发展的自身需要和必然选择，也是我国在 21 世纪发展的主旋律。这个主旋律始终是以现代经济的可持续发展为中心，中国特色的可持续发展理论是中国经济发展伟大实践的结晶，是中国现代化建设坚持走可持续发展道路的依据。

可持续发展理论由以下基本因素构成：

（1）发展是硬道理。强调常规产业与环保产业同步发展，常规农业与生态农业相融共生，城建工程、人口工程、生态工程彼此协调。

（2）发展的持续性。当发展与环保构成矛盾体时，要摒弃“先污染，后治理”的错误观念，减少对环境的危害，要发展更要加强环境保护。

（3）享有环境和保护环境的统一观。每个人、每个企业既有享用环境的权利，也有保护环境和因破坏环境而加以补偿的义务。

（4）改善生产方式和生活方式。改变传统的破坏环境的生产方式和生活方式，把生产方式和生活方式限制在生态环境可支撑的范围内。

可持续发展理论的这些基本精神已成为绿色营销行为、活动的指导思想。绿色营销的一系列行为和活动无不来源于可持续发展理论。

（三）绿色营销与可持续发展紧密相连

绿色营销包括引进绿色技术、实施绿色设计、生产绿色产品、引导绿色消费、实行绿色4P组合、加强绿色营销管理等诸多方面，所有这些方面都与社会可持续发展相关联。

1. 引进绿色技术

企业营销过程中离不开引进技术。绿色营销就是要引进绿色技术，创造一个极少浪费的产业网络，为人类提供高效率和生产力，减少对环境的负面影响，降低原材料的消耗，更好地利用废弃物。例如，减少用碳量，尽量利用非碳能源如核能、太阳能、水能，以减少温室效应。

2. 实施绿色设计

企业在设计产品及包装时，应减少材料的使用，减少商品包装物或使用后的残余物。如研制设计以太阳能为动力的新型节能无公害汽车等。设计环保型建筑材料，把对人体有害的物质控制在一定量之内。

3. 生产绿色产品

绿色产品是安全、无公害的产品。绿色食品是优质、营养、无污染的食品，对添加剂、防腐剂等化学合成物有严格的限制。绿色服装是以天然动植物为原材料并以手工处理保持原色的服装。绿色用品应以减少森林砍伐、节能、无公害为前提。绿色住房是远离喧嚣、减少化学建材的使用、充分利用太阳能和风能的生态建筑。绿色交通工具以降低油耗、不使用含铅汽油、不排污、降低噪声为特征。在美国，绿色产品占产品总量的5%～10%，每年约有6 000种新的绿色产品问世。

4. 引导绿色消费

在商品消费过程中，企业设法引导消费者降低对环境的破坏及对他人的危害。推行绿色环保标志是引导绿色消费的手段之一。绿色环保标志是由政府的管理部门依据有关标准给某些产品颁发的一种特殊标志，它表明该产品从生产、使用到回收处置的整个过程符合特定的环保要求。消费者使用这类商品既有利于自身健康，又对生态环境无害或损害极小，并利用了再生资源。

5. 实行绿色4P组合

市场营销的4P组合即产品（product）、渠道（place）、定价（price）、促销

(promotion)，每一个环节都体现绿色营销的内涵，使绿色营销融入营销活动的各个方面。

6. 加强绿色营销管理

对绿色营销活动的管理除制定专门法规加以约束外，还可委派专职生态经理，建立保证绿色营销的组织系统。

三、推进绿色营销和可持续发展的举措

（一）国际社会采取重大行动

国际社会为谋求企业、环境和社会的和谐、均衡、共生而采取了重大的行动。

（二）各国增加环保投入

各国增加对环保的投入，努力为绿色营销的实施提供良好的环境。

（三）推行环保标志和 ISO 14000（企业环境管理体系）认证制度

环保标志包括许可性标签、证明性标志和环境信息标签三类。环保标志将同质量、价格一样成为 21 世纪市场竞争的重要因素。我国于 1993 年正式决定实施环保标志制度。

ISO 14000 是国际标准化组织从 1993 年开始制定和实施的一系列环境管理国际标准。该标准向各国政府及各类组织提供统一的环境管理体系、产品的国际标准和严格规范的审核认证办法。中国环境管理体系认证指导委员会于 1997 年 5 月成立，具体指导 ISO 14000 系列标准的实施工作。

推进绿色营销和可持续发展只有从硬件（环境的治理、设施的改善）和软件（法律、法规、制度的制定和实施）两个方面全力下功夫，政府、企业和消费者个人一起行动，才能取得成效。

（四）推行联合国可持续发展委员会（CSD）及中国的可持续发展指标体系

1. CSD 的可持续发展指标体系

该指标体系试图适应不同国家的国情和发展条件以及不断变化的需要，采用开放的菜单形式，使得各国在实际应用中做到指标、概念、定义、分类的标准化，维持一定的国际可比性，同时指标选择又具有较大的灵活性和通用性。该指标菜单分为社会、经济、资源环境和机构制度等方面，共包括 147 个指标。

2. 中国的可持续发展指标体系

中国国家统计局统计科学研究所和全国 21 世纪议程管理中心依据我国国情，提出了国家级的可持续发展统计指标体系，分为经济、社会、人口、资源、环境和科技六大子系统，对中国可持续发展状况实施全方位的统计描述、监测和评价，为中国可持续发展的宏观管理和决策提供依据。

营销学界认为，绿色营销在中国的实施是合乎潮流的，也是实施可持续发展战略的基本途径，必将成为 21 世纪营销的主流。但必须看到，绿色浪潮在给我们带来机遇的同时也给我们提出了严峻的挑战。如对外贸易方面，许多国家利用 ISO 14000 环境管理标准来拒绝或限制进口，使我国一些出口产品遭受威胁。

◎小　结

理念即观念，或指导思想。营销策划需要正确的指导思想，需要不脱离时代特色的指导思想。知识营销理念虽具有超前性，但它无疑是引导企业营销行为的最新理念。营销策划以知识营销理念为指导，就能高屋建瓴地使企业行为与时俱进，紧跟时代的变迁和发展。

辩证营销理念强调企业营销策划的实践性，强调营销策划应因时、因地、因企业的情况不同而具体问题具体分析，不囿于某种固定的模式，不墨守成规，以顾客满意作为企业行为的终极目标。

可持续发展理念强调企业营销策划要适应全球可持续发展的大方向，企业营销策划要着力于规划企业绿色营销的具体实施。

◎习　题

1. 为什么说知识营销理念是新时代的主导理念？
2. 营销策划时怎样根据不同的要求表达不同的理念？
3. 确立辩证营销理念对企业营销活动有何意义？
4. 为什么说顾客满意是企业行为的终极目标？
5. 企业营销策划为什么要强调树立可持续发展理念？
6. 怎样在可持续发展理念下实施绿色营销？

◎案　例

康乐绿色食品有限公司营销策划书

一、背景

目前市场上的普通蔬菜因为化肥、农药、催熟剂、保鲜剂的大量使用受到了严重污染。有些菜农为了减少虫害，竟然用农药浸泡过的种子培育幼苗，这不仅使得蔬菜表面附着一层厚厚的有害物质，而且使得蔬菜本身就含有有害成分，这对消费者的健康是无形的杀手。另外，一些超市和菜摊上出售的纯天然蔬菜由于土壤等因素的污染也不全是无害蔬菜，对人类的健康有很大的影响。“癌”字的结构清楚地告诉我们病从口入，因此，预防疾病，应该把好入口关。蔬菜是人们每天饮食的一部分，注意蔬菜安全势在必行。随着经济水平的提高，人们的消费需求朝着健康的方向发展，绿色蔬菜作为一种绿色食品（通过应用无公害技术进行生产，经专门机构检测认定，允许使用无公害农产品标志的蔬菜），迎合了人们的这种需求。

目前武汉市场还没有形成绿色蔬菜的规模经营，康乐公司的绿色蔬菜在武汉市场可以说处于产品导入期，人们对它的认知度、重视度、接受度还不够。如何让更多的武汉市民接受绿色蔬菜这种健康产品，如何开拓武汉市场成了康乐公司面临的问题。

二、策划的目的（1～3 年）

（1）提高武汉市民对绿色蔬菜的消费意识，使绿色蔬菜的消费量达到武汉市民蔬菜消费总量的 70％～80％。

（2）使 90％～95％的中高端消费者购买绿色蔬菜。

（3）提高低端消费者对绿色蔬菜的认知度。

三、现状分析

通过问卷调查得出如下结论：

（1）对绿色蔬菜的认知度：50％的人无法确定何为绿色蔬菜；30％的人认为颜色是绿色的即为绿色蔬菜；10％的人没有听说过绿色蔬菜；10％的人在市面上没有见过绿色蔬菜。

（2）购买蔬菜时的影响因素：50％的人看重新鲜度；30％的人看重营养价值；15％的人看重污染程度；5％的人看重价格。

（3）潜在需求度：71％的消费者不放心现在购买的蔬菜，希望买到安全可靠的蔬菜。

（4）购买渠道选择：57％的消费者希望在超市买到绿色蔬菜；24％的消费者希望在绿色蔬菜专营店买到；19％的消费者希望在菜场买到。

（5）市场所能接受的绿色蔬菜的价格：大多数消费者希望绿色蔬菜的价格高于普通蔬菜的幅度小于 10％。

（6）对包装的需求度：42％的人对包装无要求，38％的人觉得需要包装，20％的人觉得不需要包装。

（7）对脱水蔬菜的需求度：54％的人愿意购买脱水蔬菜，33％的人愿意购买新鲜的蔬菜，13％的人持无所谓态度。

（8）消费者的年龄分布：40％的购买者是老年人，年龄在 50 岁以上；38％是中年人，年龄在 30～40 岁；22％是青年人，年龄在 20～30 岁。

（9）消费者的文化程度：56％的消费者为大专及以上学历，31％的消费者为高中学历，13％的消费者为初中及以下学历。

（10）采购用途：84％的人购买蔬菜是自己食用，16％的人是集体采购。

（11）消费者的家庭收入情况：40％的家庭月收入在 8 000 元以上，48％在5 000～8 000元，12％在 5 000 元以下。

四、SWOT 分析

（一）优势（strengths）

（1）技术含量高，对手难以模仿。

（2）无污染，健康安全。

（3）产品特征迎合消费潮流。

（二）劣势（weaknesses）

（1）成本高，售价高。

（2）不易保鲜，生产周期长。

（3）市场秩序混乱，价格没有统一标准，不容易形成规范经营。

（4）绿色蔬菜生产的环境和技术要求高，难以大批量生产。

（5）目前康乐公司品牌在武汉没有知名度。

（三）机会（opportunities）

（1）市场上同类产品没有形成规模，没有强势的竞争对手。

（2）城市居民整体素质较高，便于宣传和理解。

（3）城市民居不满足于现状，对绿色蔬菜有很高的潜在需求。

（4）收入增加引发市场需求的变化，安全优质的绿色蔬菜日益受到消费者的欢迎。

（5）绿色蔬菜定位于时尚消费，有望引起从众效应和消费热潮。

（6）中部崛起，国家投资力度加大，人们生活水平有待提高。

（7）武汉饮食文化浓厚，人们注重饮食质量。

（四）威胁（threats）

（1）市民对绿色蔬菜认识不足。

（2）消费者对新生事物接受度低。

（3）外观上难以区分，消费者仍会购买价格低廉的普通蔬菜，菜贩可能以假乱真。

（4）对绿色蔬菜的鉴定技术不成熟，难以形成统一标准，容易出现假冒产品。

五、营销策略

（一）产品策略

绿色蔬菜不易储存，营养成分易流失，生产周期长，应该注意如下方面：

（1）考虑到绿色蔬菜相对于普通蔬菜的认知度和信任度比较低，我们可以与某个农业研究机构合作，利用其高科技进行种植，达到高质量和多产的效果。这样做也容易使消费者信任公司的产品，从而乐于购买。

（2）蔬菜种类虽然繁多，但调查资料显示，应集中力量生产消费者最喜爱的蔬菜，如黄瓜、西红柿、豆角、冬瓜、花菜等。

（3）顾客购买蔬菜时最关注的就是蔬菜的新鲜度，应每天按时向各销售点供应当天的蔬菜，确保新鲜，从而使消费者相信产品质量。

（4）据调查，20％的消费者认为不需要包装，42％的人对包装无要求。由此可知，我们的产品不需要特别包装，这样可以方便消费者根据自己的需要购买。若给产品加上包装会出现两个方面的问题：其一，每个消费者的需求量不一样，不容易根据数量来包装。若包装内产品的数量过大，反而会影响销售。其二，给产品加上包装会增加成本，提高价格。与普通蔬菜相比，绿色蔬菜的科技含量高，成本本来就高，而大多数消费者认为绿色蔬菜的价格最多应比普通蔬菜高10％。因此，增加包装会增加消费者的负担。

（5）采用统一商标策略。公司的商标在其他市场上已经获得了较高声誉，统一商标策略有利于公司利用已经取得声誉的商标将绿色蔬菜带入武汉这一新市场，同时为公司创造品牌忠诚者，增加重复购买的消费者。该策略还有利于树立公司形象，使公司获得经销商和消费者的信任，从而更容易推出新产品。

（6）根据消费者的口味和市场环境及季节的变化增减产品项目，改进原有产品或增减产品的生产量，不断适应市场变化。

（二）价格策略

（1）渗透定价：问卷显示大多数人能接受高于普通蔬菜10%的价格，我们的产品刚刚进入武汉市场，应以低于这个预期价格的价格销售，力争获得最高销售量和最大市场占有率。

（2）数量折扣：当用户购买我们的绿色蔬菜达到一定数额或者有团购时，给予一定的折扣。

（3）季节折扣：由于蔬菜具有很强的季节性，我们对时令蔬菜适当地降价，对反季节的蔬菜稍微提高价格出售。

（4）尾数定价：尾数定价指企业利用消费者求廉、求实心理，有意使价格带有尾数。消费者对蔬菜价格的尾数具有这样一种心理，会觉得低一分比高一分要便宜些，如1.99元比2.00元便宜很多。

（5）在超市和专营店根据具体情况灵活定价。

（三）渠道策略

1. 分销渠道类型

绿色蔬菜由于其生产过程中的严格工艺，可以说是一种技术含量较高的产品，而且不易储存、营养成分易流失、生产周期长、单位价值低、附加服务少、购买批量小而分散。根据我们的调查，50%的人在购买蔬菜时最看重新鲜度，这要求我们每天按时上新货并收回前一天的剩余蔬菜以保证新鲜度。这些特点也要求我们选择一种直接营销和以超市为零售商的间接营销相结合的渠道。我们采取的具体形式为：

（1）接受消费者的电话订货或者网上订购。提供送货上门服务，既能保证蔬菜的新鲜，又能提高顾客忠诚度。

（2）设立绿色蔬菜专营店。这一销售形式具有购买方便、可信度高的特点，减少了销售环节，降低了营销成本。由于集中营业利润率高，可适当降低价格。

（3）让产品进入武汉的大型超市。调查显示，57%的人希望在超市购买绿色蔬菜，仅有19%的人希望在菜场购买绿色蔬菜。

2. 渠道管理

（1）分销商选择：

- 有实力进入大型超市；
- 具有较强的配送能力；
- 有丰富的农产品或快速消费品营销经验。

（2）分销商激励：独家分销，保证较高利润。

（3）分销商工作评价：根据合同要求进行周、月、季度及年度考核，如设定销售额、销售量、退货率、供货质量、与公司合作效率等指标，根据考核结果进行奖惩并调整考核指标。

（四）促销策略

总体思路：

- 在前期密集型广告宣传后全面上市；
- 上市后利用媒体报道跟进宣传；
- 利用展览会等方式补充宣传；
- 根据市场反应调整广告及促销策略。

资料来源：由中南财经政法大学王慧丽、易晓芳、詹丽琼、夏小莉、王丽、陈玉娥、王丽芳、刘铭眠、张轲、周心元、王剑峰等策划整理。

讨论题：

试分析该策划的理念，策划如何体现该理念？

第 3 章

营销策划创意

营销策划是根据企业营销的历史、现状而谋划未来的行为。营销策划是一种创新行为，要创新，就要把创意贯穿于营销策划的过程之中，创意成功与否是营销策划能否出新的关键，从某种意义上说，创意是营销策划的灵魂。

第 1 节 营销策划中创意的运用

一、创意的内涵与特征

（一）创意的内涵

“创意”一词是在特殊范围内使用的概念，它适用于企业形象设计与策划、广告艺术创作、市场营销技巧以及现代文化娱乐活动等。创意是人们在经济、文化活动中产生的思想、点子、主意、想象等新的思维成果，或是一种创造新事物、新形象的思维方式和行为。前者是名词性的应用，后者则是动词性的应用。如“有什么好创意”，这是名词性的应用，表明创意是点子、思想；“要塑造好这个企业形象，我们要好好进行创意”，这里的创意显然是指进行创造性的思维，具备设计思想和设计策略。因此，创意的核心是创造性思维。

创意是人们主体的意象与客体的表象的结合。客体的表象是感性认识的产物，不具备理性的内容，表象可分为回忆性表象和想象性表象。当人们的表象转化为意象，即作为意念、思绪、情感深深地印在人们的脑海里，它就变成意象。这个由表象向意象的转化过程完成后，进一步进行创造性思维，就可以形成创意。这种创意一旦作用于企业形象策划或其他有关领域，就可以形成别具一格的方案。

创意产生于创造性思维。创造性思维是一种辩证思维，即认为事物是运动、变化、发展的，要用逻辑思维去把握、驾驭万事万物的变化，而不是以形式逻辑的静态固定要领进行推理。

创意来源于生活的积累。创意要求人们深入观察生活、积累资料、提高知识素养，文学的、美学的、经济学的、管理学的、工艺学的、结构学的、心理学的知识要全面涉及，处处留心，事事思考，日积月累，厚积薄发。

（二）创意的特征

创意作为一种辩证思维，具有不同于其他思维的特征。

（1）积极的求异性。创意思维实为求异思维。求异性贯穿于整个创意形成的过程，表现为对司空见惯的现象和人们已有的认识持怀疑、分析和批判的态度，并在此基础上探索符合实际的客观规律。企业形象策划既是一种创意活动，也是一种求异活动，只有建立在积极的求异思维基础之上，才能独树一帜，引起公众广泛的关注和支持。

（2）睿智的灵感。灵感是人们受到外界的触动而闪现出的智慧火花，它是人们在平时知识积累的基础上，在特殊情况下受到触动而迸发出的创造力。灵感是随意迸发的，不可刻意乞求，但灵感是思维的积累，有知识、材料的积累，才有灵感的迸发。灵感产生于有准备的头脑。

（3）敏锐的洞察力。洞察力是以批判的眼光，准确入微、入木三分地观察并认知复杂多变的事物之间关系的能力。敏锐的洞察力是创意者提出构想和成功解决问题的方案的基础。缺乏洞察力就会遗弃和漏掉大量的创意资源。

（4）丰富的想象力。想象是表象的深化，想象力是人们凭借感知而产生的预见、设想。想象力是发展知识的源泉，也是推动创意发展的源泉。想象力包括联想、设想、幻想，它是思维的自由驰骋，也是智慧的发散和辐射。想象应该奇妙，只有出奇，才能在“山重水复疑无路”时“柳暗花明又一村”；只有美妙的想象，才能产生色彩斑斓的世界。

创意是企业形象策划的生命。没有创意的策划是生硬的拼凑或无趣的模仿，只有蕴涵创意的策划，才是富有鲜活个性和持久影响力的策划，才是真正意义上的策划。

二、创意在营销策划中的作用和表现形式

营销策划及其实施的过程是企业与公众相互沟通的过程。公众印象、公众态度、公众舆论对企业形象起着重要的作用。创意则是左右公众印象、公众态度、公众舆论的源泉。

（一）创意的作用

（1）创意直接影响公众对企业的印象。印象是客观事物在人们头脑中的折射。印象的好坏取决于企业形象的好坏，企业形象的好坏最初是由创意塑造的。只有当好的创意塑造出良好的企业形象，才能在公众头脑中形成良好的印象。印象是公众对企业的初步认识，印象与形象可能一致，也可能不一致。印象所反映的可能是实态形象，也可能是虚态形象。实态形象是企业实际的经营成果、产品质量、利润和规模。虚态形象只是社会公众的主观印象。实态形象和虚态形象可构成三种状态，即实态形象等于虚态形象，公众印象与企业形象重合；实态形象大于虚态形象，公众对企业的了解流于表面；实态形象小于虚态形象，公众对企业估计过高。创意就是要通过视觉识别系统、理念识别系统和行为识别系统的统一，使企业的实态形象得到准确的传达，并与公众的印象重合。

（2）创意可以影响公众的态度。态度是人们主观的内在意向，其主观性远胜于客观性。态度的倾向性较强，会引起模糊的印象，更具稳定性。态度由认知因素、情感因素和行为因素构成，其中情感因素起主导作用。创意就是要影响公众的态度。创意影响公众态度的关键就是掌握公众的情感因素，托物寄情、借物传情、以情感人、以情动人，从而影响公众对企业态度的倾向性，使公众对企业形成良好的态度。

（3）创意是引导公众舆论的依据。舆论是社会大多数公众的看法和意见，是在社会上公开发表的言论。如果说印象只是嵌于人脑的初步认知，态度只是公众个人的情感表

露，那么舆论则是社会公众彼此之间的交流和传递，因此更具有影响力和煽动性。创意更应面对社会公众舆论，并充当引导公众舆论的依据。

（二）创意在营销策划中的表现形式

创意寓于营销策划之中，是企业营销策划的灵魂。创意在营销策划中的表现形式如下：

（1）理论思维。理论思维是指理性认识系统化的思维方式。企业形象策划中事物发展的规律和企业形象整体要求对策划对象进行系统思维。理论思维具有科学性、真理性，它要避开情感因素和主观愿望，对客观环境造成的机会和威胁、对企业发展的起点和可能达到的目标、对企业已具备的条件和不完善的因素都要进行理论思维。

（2）直观思维与逆向思维。直观思维是指人的大脑对外界事物所产生的直接感觉，它具有具体性、生动性、直接性的特点，是触发创意的基础。直观思维取决于人的观察力、记忆力和想象力。企业形象策划中对企业的发展历史和生存现状的认识就是一种直观思维。

逆向思维是指人们的思维循着事物的结果逆向追溯事物发生的本源。它引导人们透过事物的现象探究其本质，然后根据事物本质发展的逻辑作出与原发展态势截然相反的判断，为创意者标新立异甚至反其道而行之开拓新的思路。

（3）形象思维与抽象思维。形象思维是创意者对现实生活中的各种现象加以选择、分析、综合，然后进行艺术塑造的思维方式。生动性、具体性、艺术性是这种方式的特点。在企业形象策划中，企业视觉形象系统的创意、产品品牌的确定、企业的广告用语等都需要形象思维。

抽象思维则是用科学的抽象概念揭示事物的本质，表达认识事物的结果。它是人们在认识过程中，借助概念、判断、推理反映现实的过程。抽象思维要求把具体问题抽象化后再去思考，以便突破具体问题的束缚，打破层层障碍，在意想不到之处加以发掘。企业形象策划中，企业良好形象的树立必须依赖抽象思维，以突破常规的窠臼，另辟蹊径，别开洞天。

（4）联系思维与倾向思维。联系思维是指运用事物存在普遍联系的哲学观点，努力发现事物之间的联系，寻求新的发展机会。企业形象策划中有关企业行为识别系统的创意，就要运用联系思维。市场的开拓、广告效应、公共关系的运用、企业的拓展等无不需要联系思维。

倾向思维是指人们常常依据一定的目标和倾向进行思维。在企业形象策划中，创意人往往沿着如何提升企业形象，如何美化企业视觉识别系统，如何使企业的理念识别系统更具有号召力、吸引力，如何使企业的行为识别系统更具有影响力等思路进行思维，反复思考，有时会在有意或无意中突然开窍，获得灵感，找到最好的创意。

第 2 节　营销策划创意过程

一、创意的基本步骤

创意既是思维创新，也是行为创新。创意本质上应该是丰富多彩、灵活多样、不受拘束的，它不应该墨守成规和固守某种模式。为了便于初学者领会创意过程，学者们归纳了若干步骤，以下介绍日本学者、中国台湾学者和中国大陆学者的创意步骤。

（一）日本学者的创意步骤

（1）发现创意对象；

（2）选出创意对象；

（3）明确认识创意对象；

（4）调查掌握创意对象；

（5）描绘创意的轮廓；

（6）设立创意目标；

（7）探求创意的出发点；

（8）酝酿创意，产生构想；

（9）整理创意方案；

（10）预测结果；

（11）选出创意方案；

（12）准备创意提案；

（13）提出提案；

（14）付诸实施；

（15）总结。

（二）中国台湾学者的创意步骤

（1）界定问题。将问题弄明白并界定清楚。

（2）收集资料。从书刊、政府文件、企业档案、财务报表中获取信息，形成创意的基础。

（3）市场调查。明确目的、对象、方法、工作程序。

（4）资料整理。对资料进行分析、加工，转换为情报。

（5）产生创意。在对各种资料分析的基础上，寻找灵感、深入思索，形成符合实际的创意。

（6）实施与检验。实施创意方案，并对创意的结果进行评价。

（三）中国大陆学者的创意步骤

（1）明确目标。创意者必须弄清委托者的本意、要求并从中提炼出主题，避免产生歧义或南辕北辙。

（2）环境分析。企业的内外部环境是创意的依据，因此要将企业的内外部环境分析透彻，以产生合乎环境的正确创意。

（3）开发信息。创意者要对企业提供的二手资料和亲自深入企业所取得的一手资料进行认真分析，从而获取、开发信息。开发信息要借助电脑对信息的量化分析和人脑对企业的感性分析，去粗取精，去伪存真。在反复调研、探究、切磋的过程中，创意者不仅对情况把握得十分清楚，而且产生了强烈的创意冲动，这时可进入下一步骤。

（4）产生创意。创意既是一个灵感闪现的过程，也是一种需要组织的系统工作。产生创意一般要具备以下条件：

1）即刻反应的能力；

2）卓越的绘图能力；

3）丰富的情报信息量；

4）清晰的系统概念和思路；

5）娴熟的战略构造和控制能力；

6）良好的抽象能力；

7）敏锐的关联性反应能力；

8）丰富的想象力；

9）广博的阅历与深入的感性体验；

10）多角度思考问题的能力；

11）同时进行多种工作的能力。

（5）制作创意文案。创意文案（或称创意报告）可分为以下几个部分：

1）命名。命名要简洁明了、立意新颖、寓意深远、画龙点睛。如“虎跃计划”“蒲剑计划”“大话长寿之安利保健品”等。

2）创意者。说明创意人的单位及主创人概况。注意适度体现创意者的名气与信誉，并提供主创人的经典作品，使人产生信任感。

3）创意的目标。突出创意的创新性、适用性，目标概述的用语力求准确、肯定、明朗，避免概念不清和模糊表达。

4）创意的内容。说明创意的依据，以及创意者赋予创意的内涵及创意的特色。

5）费用匡算。说明创意计划实施所需的各项费用及可能获得的效益，以及围绕效益进行的可行性分析。

6）参考资料。列出完成创意主要参考的资料。

7）备注。说明创意实施要注意的事项。

（6）总结。创意文案付诸实施半年或一年后要进行总结，对执行文案的前后资料进行对比分析，总结经验、吸取教训。

二、创意的激发

激发创意是企业形象策划活动的关键。激发创意的途径如下：

（1）培养创意意识，克服惰性思维。人的创意意识有习惯性创意意识和强制性创意意识之分。习惯性创意意识是指不需要主体的干预就能有效支配创意活动的意识。这种创意意识一经形成，就具有稳定持续的特点，因此要从小培养。强制性创意意识是指创意意识的产生必须有主体的强制性干预，它受创意主体目的性的支配，当创意活动的目的性达到后，这种创意意识多归于消灭。培养创意意识要从培养习惯性创意意识和强化强制性创意意识两个方面着手。

（2）突破思维定式，训练发散思维。思维定式是一种巨大的创意障碍。思维定式总是不知不觉地把人们的思维引到旧的逻辑链上，并确信这是唯一正确的选择，表现在生活中即循规蹈矩、墨守成规，唯书唯上、迷信权威，人云亦云、步人后尘，理性至上、囿于逻辑，谨小慎微、追求完美等。

突破思维定式的途径之一就是训练发散思维。发散思维是指人们的思维不是沿着一个确定的方向展开，而是不受限制地向四面八方任意展开。发散思维也称辐射思维，它是收敛思维的对立面。发散思维和收敛思维都是创意性思维的一部分。

发散思维的最大特点是思维的流畅性、变通性和创新性。流畅性是指从一个思路转向另一个思路的阻力很小，因此在单位时间内获得的思路很多。变通性是指思路的种类变化灵活，易于获得种类繁多的设想。创新性则是指提出的想法是前人不曾有过的新颖的思路。

(3) 寻求诱发灵感的契机，提高想象力。灵感是人类心灵深处的一种体验。人的思维有理性状态和非理性状态之分，理性状态是思维受主体意识支配的状态，是一种有控状态；非理性状态则相反，可称为无控状态。灵感是人在非理性状态下，受外界的触动而产生的突如其来的感觉。

当人的思维处于有控状态时，理性和逻辑占主导地位，人脑表现为清醒；相反，如果大脑处于非理性的无控状态时，就有可能突破思维定式，产生许多颇有价值的创意，但这些创意会由于缺乏理性的梳理而稍纵即逝，因此把心态调整到理性与非理性共存的临界状态才有可能诱发灵感，如图3-1所示。

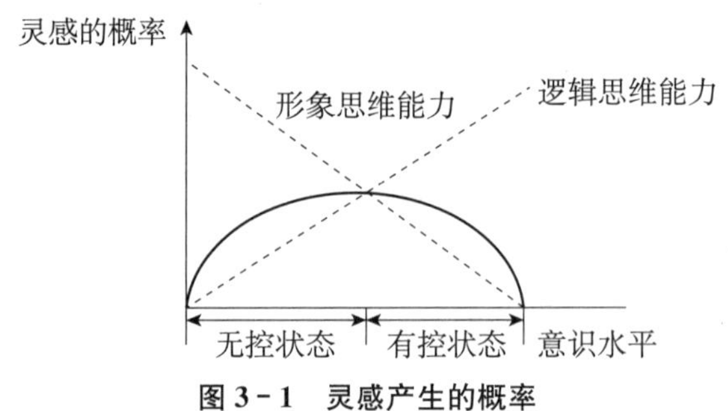

图3-1 灵感产生的概率

灵感的触发与丰富的想象力是分不开的，人们要获取灵感就要提高想象力，想象力是创造性思维的核心。爱因斯坦认为：想象力比知识更重要，因为知识是有限的，而想象力囊括世界上的一切，推动着进步，并且是知识进化的真正源泉。

第3节 营销策划创意的技法和效果测定

一、创意的技法

创意的常用技法由易到难有以下五种。

（一）模仿创造法

模仿创造法是指通过模拟仿制已知事物来构造未知事物的方法。模仿创造法又分为仿生法和仿形法。仿生法中被模仿的事物是我们熟知的某种生物。仿形法是指仅仅模仿已知事物的形状。

模仿创造法是人类创造性思维常用的方法。当人们欲求未知事物的原理、结构和功能却又不知从何入手时，最便捷易行的方法就是对已知的类似事物进行模仿再创造。几乎所有创意者的行为最初都是从模仿创造法入手的。

模仿创造法不是抄袭、照搬，而是因时、因地、因物、因势而异采取最适合的创意，对已知事物的模仿只是借鉴，是基础，需要在此之上作出适合未知事物的选择、再造。模仿只是入门的钥匙，紧接着必须致力于创造。齐白石曾说“学我者生，似我者死”，一针见血地说明了模仿创造法不是生搬硬套地依葫芦画瓢，而是要立足于创造。

模仿创造法的应用途径包括：

（1）原理性模仿创造，即按照已知事物的运作原理来构建新事物。例如，人工智能就是模仿人脑神经元设计而形成的。

（2）形态性模仿创造，即对已知事物的形状和物态进行模仿而形成新事物。例如，深圳世界之窗、锦绣中华等微缩景观是按照世界各国的自然和人文景观修建的；军人的迷彩服是对大自然色彩的模仿性创造。

（3）结构性模仿创造，即通过从结构上模仿已知事物来创造新事物。例如，复式住宅来自对双层公共汽车的结构模仿，决策树方法是对自然界中树干与树枝结构的模仿。

（4）功能性模仿创造，即从某种功能要求出发模仿类似的已知事物。例如，人们受傻瓜相机的启发，试图研制出全智能操作的傻瓜电脑、傻瓜汽车。

（5）仿生性模仿创造，包括原理性仿生、技术性仿生、控制性仿生、信息性仿生等。

（二）移植参合法

移植参合法是指将某一领域的原理、方法、技术或构思移植到另一领域而形成新事物的方法，它是人的思维领域的一种嫁接现象。生物领域的嫁接或杂交可以产生新的品种，科技领域的移植、嫁接可以产生新的科技成果，同样，企业形象策划可以通过对不同领域、不同行业企业的某些方面进行移植、嫁接，从而形成新的企业形象，蕴涵新的创意。

移植参合法包括如下类型：

（1）原理性移植，即把思维原理、科学原理、技术原理、艺术原理移植到某一新领域的方法。如把反馈原理应用于电子线路中，形成了系统控制论；把价值工程应用于市场营销实践，形成了营销价值分析法；把社会化大生产原理应用于改造传统零售商业，创造了连锁经营的形式等。

（2）方法性移植，即把某一领域的技术方法有意识地移植到另一领域的方法。如模糊数学的产生便是美国数学家把经典数学统计理论的研究方法移植到对模糊现象的研究之中的结果；各种戏剧相互移植，如意大利歌剧《图兰朵》被移植成中国川剧《中国公主杜兰朵》等。

（3）功能性移植，即把某种技术或艺术所具有的独特功能以某种形式移植到另一领域的方法。如将电视机的音像功能移植到计算机领域；戏剧舞台常常采用电影蒙太奇的手法，立体地进行时空转换；电影导演设计画面时往往移植油画的凝重特色或图画的写意技巧等。

（4）结构性移植，即把某一领域的独特结构移植到另一领域的方法。如蜂窝是一种用料少但强度高的结构，把这一结构用于制砖，做成的蜂窝砖既能减轻墙体的重量，又能保温、隔音；把诗歌的韵律结构用于理念识别系统，能使提炼出来的企业理念产生韵律美。

（三）联想类比法

联想类比法是指通过对已知事物的认知而联想到未知事物，并根据已知事物的属性去推测未知事物的属性的方法。例如，有A与B两个事物，A具有a，b，c三个属性，B有a，b两个属性，通过联想类比，可推断B或许有与A类似的属性c。维纳的《控制论》一书的副标题“关于在动物和机器中控制和通讯的科学”，就是为了揭示动物和机器这两类看似相去甚远的事物之间的联系。

联想类比法包括以下类型：

（1）直接类比，即简单地在两事物之间直接建立联系的类比方法。如鲁班因野草的边缘割破手指而发明锯子；高尔基的《海燕》，以阴霾的乌云、浓重的天空、高傲的海燕使人联想到十月革命前俄国沙皇统治的严峻形势与无产阶级英勇奋斗的情景。

（2）拟人类比，即将问题对象同人类的活动进行类比的方法，赋予非生命的具体事物以人的生命、思维和想象。企业形象设计就是把企业比作人进行设计和策划，赋予人的理念和行为方式，使社会公众产生美好的印象。

（3）因果类比，即根据已知事物的因果关系同未知事物的因果关系的相似之处寻求未知事物的方法。如鸟类飞行距离与其翼长有关，信天翁的翼长达4米，故可连续飞行数月，于是人类研制出远距离飞行的U-2型飞机。

（4）结构类比，即由未知事物与已知事物在结构上的某些相似之处而推断未知事物也具有某种属性的方法。如把经济运行结构与城市交通运行结构进行类比，就可以由信号灯对车辆的管理推及国家宏观调控与市场运作的关系。

（四）逆向思维法

逆向思维也叫求异思维，它是将司空见惯的似乎已成定论的观点反过来思考的一种思维方式；它敢于“反其道而思之”，让思维朝对立面的方向发展，从问题的相反面深入地探索，树立新思想，创立新形象。当大家都朝着一个固定的思维方向思考问题时，你却独自朝相反的方向思索，这样的思维方式就叫逆向思维。逆向思维法是指按常规思维去解决问题不见效时，反其道而行之，以获得意想不到的效果的方法。

逆向思维法有以下三大类型：

（1）反转型逆向思维法，指朝已知事物的相反方向思考，产生发明、创意的途径的思维方法。常常从事物的功能、结构、因果关系等三个方面做反向思维。比如，市场上出售的无烟煎鱼锅把原有煎鱼锅的热源由锅的下面安装到锅的上面，这是利用逆向思维对结构进行反转型思考的产物。

（2）转换型逆向思维法，指在研究问题时，由于解决问题的手段受阻而转换成另一种手段，或转换角度思考，以使问题顺利解决的思维方法。如固定的8小时工作制改为非固定的弹性工作制；到商店购物改为送货上门；传统的汽车用金属材料制造，而现代的有些汽车则采用非金属材料制造。

（3）缺点逆用思维法，指将缺点变为可利用的东西，化被动为主动，化不利为有利的思维方法。这种方法不以克服事物的缺点为目的，相反，它化弊为利，找到解决方法。例如，金属腐蚀是一件坏事，但人们利用金属腐蚀原理进行金属粉末的生产，或进行电镀等其他活动，无疑是缺点逆用思维法的一种应用。

逆向思维法为改变人们的固定思维模式提供了全新的途径和切入点，这无疑拓宽了创意的渠道。逆向思维与顺向思维往往交替进行，在交替使用这两种思维方法时，需要不断变换解决问题的途径，这就要求人们灵活地、变通地思维并寻求最恰当的方法，此路不通，另谋他途，不钻牛角尖。

（五）组合创造法

组合创造法是指通过建立某种关系将多种因素组合在一起从而形成组合优势的方法。组合创造法是现代生产经营活动中常用的方法。如计算机辅助设计系统是把工程绘图技术、几何造型技术、有限元计算方法及仿真技术组合在一起的结果；市场营销学是哲学、数学、经济学、行为学、社会学等众多学科组合而成的新学科；市场营销行为则是产品、定价、渠道、促销等可控因素的组合；产品是核心产品、形式产品和延伸产品的组合。

组合的基本前提是各组成要素必须建立某种关系。没有规则约束即为堆砌，有了规则约束才会形成新的事物。

企业商号和产品品牌是由词来体现的，词是词素的组合，两个毫无关系的词素组成的词是没有意义的，只有在含义、平仄等方面建立关系的词素组合起来才能表情达意而又优美响亮，如长虹、海尔、方正、联想、太和、索尼、奔驰等。

组合同样可以是原理组合、结构组合、功能组合、材料组合、方法组合。不论什么组合，一是要考虑能否组合，二是要考虑组合是否有更好的效果。

二、创意的应用效果测定

（一）创意效果测定的原则

创意效果是指创意应用以后对生产、销售、管理等各方面产生的影响，是通过劳动消耗和劳动占用而获得的成果和效用。

创意效果按内容划分，可分为经济效果、心理效果、社会效果。

创意效果按产品生命周期划分，可分为导入期的创意效果、成长期的创意效果、成熟期的创意效果、衰退期的创意效果。

创意效果按活动程序的测定划分，可分为事前测定的创意效果、事中测定的创意效果、事后测定的创意效果。

创意效果按活动周期的长短划分，可分为短期、中期、长期三种类型。

创意效果的测定应遵循以下原则：

（1）目标性原则。在进行创意效果评价时，必须以创意目标为准则。事前评价，主要考虑目标的可行性与可用性，如果创意目标根本不可能实现，或者即使能实现，也对企业毫无用处，这种创意应予否定。事中评价，看创意是否朝着既定目标前进，如果出现偏差，应及时纠正。事后评价，看创意的效果是否达到既定目标，达到了就是成功的，否则就是失败的。

（2）可靠性原则。可靠性原则即保证评价方法和手段的可靠性以及资料的可靠性。因此，对创意效果的评价应由有关专家进行，以避免非专家的误导。

（3）综合性原则。评价创意应综合考虑创意的经济效果、社会效果和心理效果以及影响这些效果的各种相关因素，包括企业可控因素和社会不可控因素，以便准确地评价创意的效果。

（4）经济性原则。企业是以盈利为目的的组织，企业行为应考虑经济性原则，进行创意效果评价也不例外。

（二）创意效果测定的方法

1. 创意经济效果的测定

创意经济效果事后测定可采用以下指标：

（1）经济收益额，即创意后的经济收益与创意前的经济收益的差额。

经济收益额＝创意后的经济收益－创意前的经济收益

（2）成本利润率，即企业利润额与创意成本之比。

$$成本利润率=\frac{利润额}{创意成本}\times 100\%$$

（3）经济收益率，即企业经营收入总额与创意成本之比。

$$经济收益率=\frac{经营收入总额}{创意成本}\times 100\%$$

除了事后测定之外，还可进行事前预测和事中测定。事前预测主要是研究创意的可行性，以企业目标为准则，以实现经济效益最大化为标准，运用各种手段进行综合分析。事中测定是为了检验创意是否按计划实施并取得预期进展，以定性分析为主。

2. 创意社会效果的测定

创意的社会效果是指创意实施对社会环境的影响，包括法律规范、伦理道德、文化艺术、自然环境。一般采取定性分析的方法。

创意的社会效果测定如能运用实物佐证、图表说明、相关群体评价等方法会更有意义。

◎ 小　结

营销策划过程是对企业整体或局部营销行为进行创造性谋划的过程，创意正是开启策划人的智慧为企业设计鲜活个性和鲜明形象的关键活动。创意通过理论思维、直观思维与逆向思维、形象思维与抽象思维、联系思维与倾向思维等方式表现出来。创意既是思维过程也是行为过程。创意有模仿创造法、移植参合法、联想类比法、逆向思维法、组合创造法等技法。创意应讲究应用效果。创意效果的测定要坚持目标性、可靠性、综合性、经济性原则，创意的效果要从经济角度和社会角度进行测定。营销策划的创意要力求创新，收到良好的经济效果和社会效果。

◎习　题

1. 解释下列概念：创意、理论思维、直观思维、逆向思维、形象思维、抽象思维、联系思维、倾向思维、创意效果。
2. 创意的基本步骤有哪些？
3. 创意的激发有哪些途径？
4. 创意有哪些技法？
5. 创意效果测定的原则是什么？
6. 创意效果测定使用哪些方法？如何测定？

◎案　例

生活方式新思维——极简主义网站成功之道

爱因斯坦曾说："凡事力求简单，直至不能再简。"生活像一团麻，兜兜转转，纷繁复杂。有时候去繁求简恰恰是快乐的秘诀。

约书亚·贝克尔是典型的高富帅，他在读大学时就定下生活目标："富裕就是每年挣 5 万美元。"毕业后，他很快拿到了 5 万美元。"但我并不觉得富有。"这时，他觉得富裕是每年挣 8 万美元。一年后，他的年薪达到 9 万美元。"但我还是不觉得富有。"之后，他觉得富裕是拥有一辆豪车。就这样，他一山望着一山高，觉得富有了就会幸福。于是约书亚成了工作狂。一周工作 80 小时，一年工作 362 天。他将一个个愿望变成现实，终于买了豪宅、名车，开始享用奢侈品，总是用着最新款电子产品。他以为拥有这些后生活会更幸福，但幸福感好像并没有增加。

28 岁时，约书亚成了高管，拿着 7 位数薪水，掌管 150 家店铺。在别人眼里，他是那么成功，拥有想要的一切。但实际上，他的生活非常糟糕。他身体不好，每天需要服药入睡。妻子抱怨："你还像个丈夫吗？"儿子抱怨："为什么总不带我出去玩？"母亲不抱怨，因为生病进了医院。除了赚钱，他完全成了家庭的局外人。那一年，一个月内，约书亚的家里发生了两件大事。先是他母亲去世了。"心痛自责，觉得愧对母亲。"接着，另一件大事来了，妻子向他提出离婚。"我不需要这样的丈夫。"约书亚感到无比伤心和挫败。但失去让约书亚开始反思："过于追求物质，我不但没有得到幸福，反而失去了真正的幸福。"于是他决定改变。

他开始丢弃东西。他试着在 30 天里丢弃 30 个物件，丢掉没穿过的衣服，丢掉没用过的器皿。这一丢，他竟然上了瘾，于是开始在家里挨屋搜集那些用不着或不需要的东西，然后捐献给慈善商店。当把第四车东西运到慈善商店时，约书亚开始反省自己的购买动机，"自己购买这些物品的原因说起来真是可笑：买东西只不过是因为别人买了，或者广告上说应该买，或者只是为了让别人羡慕，或者是为了让别人高看一眼，或者是害怕失去可能需要的东西”。过多的物质不但没带来幸福生活，反而成为约书亚的负担。“买了十个杯子，常用的只有那一个，每隔一段时间还得清洗所有杯子。买了很多衣服，但从来不穿，不但找衣服麻烦，整理也费工夫……”

一番反思后，约书亚决定彻底“断舍离”，开始过“极简主义”生活。断，就是不购买不需要的东西；舍，就是舍弃多余没用的东西；离，就是放下对物质的执念。他丢掉了家中90%的物品，不再购买别人羡慕之物。最后，他生活里只剩288件物品。“留下来的每一样都是不可或缺的。”面对这样的极简生活，约书亚不但没感到空虚，反而觉得内心越来越充实。他放弃了7位数薪水的工作，但从此拥有大把时间：精心做一份美食，约朋友喝下午茶，来一场说走就走的旅行。“小时候，我的梦想是当作家，现在，我终于拾起那支笔。”两年后，约书亚成了畅销书作家。“我丢掉了90%的东西，生活却变得幸福起来。”

从小一块长大的哥们儿瑞恩看出约书亚的变化，“你现在为什么这么快乐啊?”这时，瑞恩刚从高管位置上被辞退，抑郁苦闷得“不想活了”。约书亚就把自己的极简生活推荐给了他。速度派的瑞恩立马决定：“21天内过上极简生活。”

在约书亚的帮助下，瑞恩花8小时清空了壁橱，并把所有物品打包放在盒子里。每一天开始时，只拿出这一天所需要的东西。21天结束后，未拿出的那部分就是需要舍弃的东西。第一天，瑞恩拿出了床单及洗漱用具，之后是一些衣物。从第11天起，瑞恩没再拿出任何东西。生活21天后，竟然80%的盒子都没打开，瑞恩把这些东西统统出售或捐赠。在全新的生活里，瑞恩重新找到了激情，现在最让他快乐的事情是：三明治，乌龟，温蒂的咖啡。“我竟然第一次感觉到了富有。”

一天，约书亚在报纸上看到一个调查报告：美国家庭平均拥有超过30万件物品。该调查报告还提到：当面临两份工作——一份工作时间长但工资高，另一份挣钱较少但拥有更多时间时，大多数被调查者会选择第一份工作。这让约书亚非常震惊：“大家都低估了生活历练的价值，而痴迷于追逐金钱，认为物质能带来幸福。”约书亚想把自己的亲身经历告诉这些人。他找到瑞恩说道：“一起做个极简生活网站吧!”两人一拍即合。

2011年，The Minimalists网站诞生了。第一个月，只有52个人访问。“一开始，网站好像并不引人注意。”但是，两人并没放弃。很快，奇迹发生了：52个读者变成500个，500个又变成5 000个，5 000个又变成50 000个……“现在，我们拥有400万粉丝。”五年里，他们还出了四本畅销书。

他们的极简生活方式改变了很多人，从美国一直传播到整个欧洲。他们住在美国明尼苏达州的圣保罗，从豪宅搬到了公寓。“约书亚和瑞恩让我明白了物质对生活的改善有一个临界点，超过这个点，物质就成了我们的主人，”英国人弗朗辛说，“极简生活让一直没时间的我在两年里游历了十几个国家，并还清了以前欠下的所有债务。”

但极简并不代表苦行，因为你仍然可以拥有自己认为值得拥有的东西，只需舍弃无用的物品，不买不需要的东西。“你看，我们依然用着好手机、好电脑，穿着好皮鞋。在无用的物品上省下钱，就可以在认为值得的地方多花一些。”约书亚这样诠释“极简主义”。之所以倡导极简主义生活方式，约书亚是想让大家从物欲中解放出来。“我们拥有太多物质，于是染上各种各样的瘾，上网成瘾、打游戏上瘾、购物上瘾、看电视上瘾……如果没有这些瘾，我们该活得多自在啊!”所以，约书亚和瑞恩在网站上倡导：“丢弃生活中那不重要的90%，剩下的10%会让我们收获更多。”

1845年，美国著名学者梭罗只带了一把斧头到瓦尔登湖边建了一间小木屋，独居了2年2个月零2天，以验证他所悟出的人生真谛：“如果一个人能满足基本生活所需，便可以更从容、更充实地享受人生。”体验结果正如他所说的：一个人放下越多，就越富有。

而后，他写出了著名的《瓦尔登湖》：“我们每一天努力忙碌，用力生活，却总在不知不觉间遗失了什么。这是隐居者的寂寞日记，却将浮世与人生看得真真切切。有时，我们需要的只是一颗静下来的心。”面对人们不断膨胀的物欲，梭罗说：“多余的财富只能买多余的东西，人的灵魂必需的东西是不需要花钱购买的。”拿起该拿的，放下该放的，不让俗世里多余的事物来侵占我们的时间与经历。丢弃不重要的90%，简单才是完美的状态。

极简才是极美。如何过上极简生活?

● 欲望极简：了解自己的真实欲望，不盲从，不跟风。把精力全部用在自己最迫切的欲望上，如提升专业素养、关心朋友、追求美食。

● 精神极简：专注于一两项自己真正想从事的精神活动，充分学习、提高，不三天打鱼两天晒网，不朝三暮四。

● 物质极简：将家中超过一年不用的物品丢弃或送人。明确自己的欲望和需求，不买不需之物。确实有必要的物品，买最好的，充分使用它。不囤积东西，不用次品。

● 信息极简：减少使用社交网络，少看微博、朋友圈。不关注与己无关的娱乐、社会新闻。App使用少而精，删除长期不使用的应用软件。

● 表达极简：写东西、说话简单、直接、清楚，多用名词、动词，少用形容词、副词。

● 工作极简：使用有效的GTD（Getting Things Done，把事情做完）方法，不拖延。一次专注做一件事，做到最好。

● 生活极简：享受慢生活。不做无效社交。坚持锻炼身体。少吃垃圾食品。穿着简洁、不花哨。

资料来源：www.360doc.com/content/16/1014/16/35290800_598412468.shtml.

讨论题：

1. 试分析极简主义网站推崇的极简主义生活方式与原有生活方式的差异。

2. 极简主义新思维为什么会得到欧美国家大部分消费者的青睐?我们从中能得到什么启示?

第 4 章

营销策划造势

营销策划是一个系统工程，需要各部分有机组合才能产生最佳效果。在营销策划实施之前，进行必要的宣传与造势既有利于策划方案的有效执行，也有助于提升企业的形象与凝聚力。本章从营销策划的访问调查、宣传造势以及企业渗透三方面来分析。

第 1 节　营销策划的访问调查

在实施营销策划之前，进行一些关于营销策划的访问调查是必要的，我们可以通过这一过程了解各利益相关者（包括所有者、管理层、员工、消费者，还有上游的供应商、下游的批发商或零售商，甚至包括政府部门、有关的民间组织等）对企业营销工作的看法，看看有哪些方面需要改进，哪些方面值得保留发扬，这样才能做到有的放矢。企业所有者或管理层要求进行营销策划，但他们的看法不一定符合实际情况，通过访问调查可以准确了解企业的优势、劣势，还能向有关各方表明企业的态度。从一定意义上说，市场调查的情况直接决定了营销策划的成败，错误的调查结果必定导致不成功的策划。因此，我们有必要认真分析在营销策划前应进行哪些调查以及如何进行这些调查。

一、访问调查的内容

不同的营销策划目的决定了访问调查的内容各异，但总的来说，企业的市场调查研究不外乎如下内容：

（1）企业外部的宏观环境。外部的宏观环境影响企业的生产经营活动，也影响营销策划采取的手段和达到的效果，具体包括经济环境、政治环境、法律环境、文化环境和自然环境。

1）经济环境。主要包括国家的经济发展状况、发展前景、经济体制和经济政策等，这些都是企业需要了解的。

2）政治环境。主要包括国家的政治体制、政治主张、政治制度以及政府的更迭与制度的稳定性等。

3）法律环境。主要包括法律法规及规章制度等。

4）文化环境。主要包括社会的风俗习惯、伦理道德、宗教信仰、主流文化以及世界观、价值观等。

5）自然环境。主要是指企业所处的地理环境、生态环境，面临的自然资源。

（2）企业内部的微观环境。内部的微观环境直接影响着企业的生产经营活动，决定了市场营销策划的目标与方向。具体包括企业的组织形式、企业的经营状况、企业文化、企业面临的市场状况及竞争者状况等。

1）企业的组织形式。主要包括企业的性质、治理结构、部门设置、部门间的职能设置与协调等。

2）企业的经营状况。主要包括企业的生产情况、销售状况、产品的技术特点、定价及品牌形象等。

3）企业文化。主要包括企业所倡导的人文价值观、企业的规章制度、管理手段、企业形象及理念等。

4）企业面临的市场状况。主要包括企业生产的产品所处的生命周期阶段、市场容量的大小、消费者的收支状况及偏好等。

5）竞争者状况。主要包括企业竞争对手的数量、规模、产品特色、价格、促销策略等。

二、访问调查的方法与对象

（一）访问调查的方法

访问调查按照形式的不同，可以分为以下几种：

（1）电话访问调查。电话访问调查是通过电话对受访者进行调查的一种方式。这种方法的特点是反应快，节省时间，费用较低，但是不能对未安装电话的调查对象进行访问，并且容易遭到拒绝，另外，由于通话时间不宜过长，无法进行深入调查。

（2）邮寄访问调查。邮寄访问调查是将问卷邮寄给受访者，要求他们填好后再寄回来的一种调查方式。这种方法的特点是范围广，费用低，获得的信息比较客观，但是问卷回收率低，所需时间较长，还有可能造成对问题的误解。

（3）面谈访问调查。面谈访问调查是调查人员与受访者直接接触以了解所需信息的一种调查方式。这种方法的特点是直接、灵活，能深入探讨问题，但是费用较高，花费的时间也较长，调查人员的素质会影响调查结果的客观性。

（二）访问调查的对象

营销策划调查的对象十分广泛，既包括企业的利益相关者，又包括与企业无直接关系的对象，具体来说有：企业的所有者、经营管理人员、企业员工、现实的与潜在的消费者、供应商与销售商、政府财税部门、会计师事务所、营销管理专家等。这些人的意见对企业的生产经营活动都有重要的意义，其中消费者的意见至关重要，是市场营销调查的主要对象，本章所讨论的主要是针对消费者的访问调查。

三、访问调查的步骤

企业可以利用二手资料，也可以通过实际调查获取资料。访问调查是收集一手资料的主要方法，具体步骤见图 4－1。

（一）制定访问调查方案

首先根据客户的意向与要求制定一个访问调查方案的草案，送客户审定，经确认后

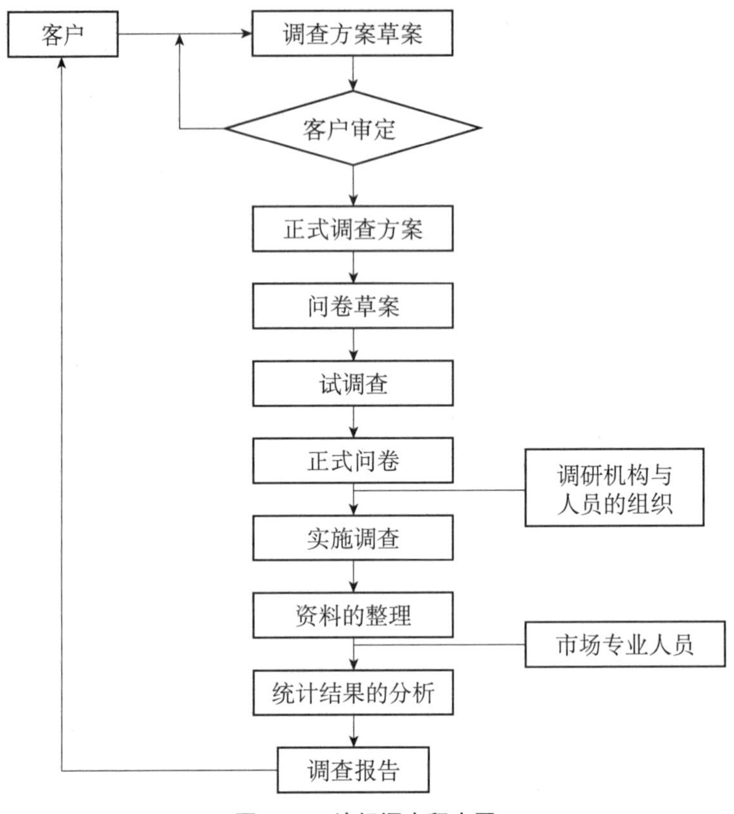

图 4－1　访问调查程序图

正式形成调查方案。调查方案是整个访问调查活动的纲要，要全面地给出访问调查的方法、时间安排、对象范围、具体实施步骤以及经费预算等，描述出整个调查活动的大体轮廓。市场状况瞬息万变，调查方案既要具体化，又要有一定的弹性，便于安排。

（二）问卷设计

问卷设计是整个访问调查活动的载体。应根据调查的目的确定问卷的大体内容，并仔细推敲问卷的问题设置、语句语气等，以保证调查得到的结果真实可信、客观准确，同时应尽量让受访者易于作答。在完成问卷草案之后，可以进行试调查。对试调查得到的结果进行分析研究，找出问卷设计中存在的问题，进行修正，然后形成正式问卷。

（三）实施访问调查

问卷设计好以后，就可以进行访问调查了。首先应建立一个完善而有效率的组织机构，由富有市场调研经验的人员负责。具体的调查人员可以使用经过短期训练的非专业人员，以节省经费，但必须保证其基本素质，要求具有认真负责的精神和与人交流的基本技巧，对调查活动的目的有较深的认识。调研负责人应详细安排调查活动，并在调查过程中根据反馈信息进行适时的修正。

（四）整理资料，形成调查报告

问卷回收上来以后，剔除不合格的问卷，再进行资料的整理与统计，然后由浅入深、由表及里，对调查结果进行具体分析，最终形成调查报告。调查结果的分析十分重要，是整个活动的最终成果，必须由具有一定知识水平和经验丰富的专业人员来完成。相同的统计结果由不同的人来分析，可能得出完全不同的意见，因此有必要选择专业的市场调研人员来承担这项工作。

四、访问调查中的几个重要问题

（一）调查范围的确定

调查范围的确定包括调查地点的选择、样本数量及抽样方法的确定，它直接决定了资料的来源和调查的结果。

1. 调查地点的选择

选择在什么地方、多大区域内进行调查主要取决于消费者的分布情况。如果消费者分布相对集中，地点选择就相对容易一些；如果消费者分布较为分散，就需要选取几个有代表性的地方进行访问调查。例如，对私人购车市场进行调查，就应集中力量对北京、上海、广州、武汉这些大城市进行调查；对彩电市场进行调查，就要考虑选取地点的代表性，可以在东部、中部、西部各选取一两个城市进行调查，在费用允许的条件下还应对农村市场进行调查。

2. 抽样计划的确定

首先要确定样本量。一般来说，大样本比小样本具有更高的可靠性，若能对市场进行普查，得出的结果是最准确的。对于一般的产品或服务来说，普查是不现实的，也是不必要的，如果采取可靠的抽样方法，抽取少于 1%的样本就能获得让人满意的准确性。

根据统计学的原理，抽样方法及其特点见表 4－1。

表 4－1　　抽样方法列表

抽样方法		含义	特点
概率抽样	简单随机抽样	总体中每一个成员被抽中的机会均等	费用高，时间长，可以判断误差
	分群随机抽样	把总体按某一特性分成不同的组，然后在每个组内进行简单随机抽样	
	等距抽样	把总体成员按某种特征排队，然后按相同的间隔数抽样	
非概率抽样	任意抽样	任意选择样本	费用低，耗时短，不能判断误差
	判断抽样	判断并选择总体中能提供准确信息的成员	
	配额抽样	按照规定人数来选择样本	

在进行精度要求不是很高的市场调查时，可以选用非概率抽样，其中又以任意抽样法成本最低，操作最方便。在需要运用概率抽样方法时，一般可考虑使用分群随机抽样。比如对城市居民空调消费状况进行调查，就可以把所有居民按收入分为几个类群，再在每个类群内采用简单随机抽样抽取若干个体，形成样本。

（二）问卷设计

问卷是与被调查者直接交流的工具，通过问卷可以获得市场调研所需要的信息，问卷必须经过认真的设计、测试与调整才能得到满意的结果。

1. 问卷设计的方法

问题是问卷的基本要素，问卷设计的方法主要是指问题（包括答案）的设计方法，总的来说，应以目的需要和统计方便为准则，一般分为三类：

（1）封闭式问题。这种方法在提出问题后给出几个答案，由答卷人从中挑选合意的答案，具体可分为：

1）两分法。一个问题提出两个答案供选择，非此即彼。

2）多项选择法。一个问题提出三个或更多答案供选择。

3）程度量法。提问者在两个极端回答之间设置了一系列不同程度的答案，答卷人可以选择符合自身条件的一个答案。例如：

问：您觉得这种牌子的彩电价格如何？

答：A. 很贵　B. 贵　C. 适中　D. 便宜　E. 很便宜

4）排序法。这种方法先列出一系列项目，然后由答卷人排出各项目的位次。例如：

问：在下列彩电品牌中，您最常听到的是：________、________、________。

答：A. 长虹　B. 康佳　C. TCL　D. 海信　E. 海尔　F. 小米

（2）开放式问题。这种方法在提出问题后并不给出答案，由答卷人自由作答，开放式问题常常能披露更多的信息。例如：

问：您对本品牌彩电有什么意见？

答：____。

（3）半封闭式问题。这种问题是封闭式问题的延伸，在问题之后给予一系列答案，并允许答卷人补充自己的意见。例如：

问：您购买这种保健品的原因是什么？

答：A. 电视广告说得合情合理　B. 朋友、家人推荐
C. 医务人员推荐　D. 电视保健专题介绍
E. 自己身体需要　F. 其他________

2. 问卷设计的原则

（1）科学性原则。科学性原则是问卷设计要遵循的首要原则，它包括以下几方面的含义：

1）问卷的设计要有针对性，即问题的设置必须与调查主题相关，不能游离于目标之外，纯趣味性的问题应删除。

2）问题的设置要有逻辑性，即问题与备选答案本身应具有严密的逻辑性和完整性。例如：

问：您的婚姻状况是：

答：A. 已婚　B. 未婚

这个问题在网上调查和平时问卷调查中经常碰到，但事实上答案并不完整，还应该

包括“离婚”和“丧偶”两种状况。

3）问题的组织要有整体性，即系列问题的设置要注意顺序和搭配。例如：

问：您每天看电视吗？

答：A. 每天都看　B. 经常看　C. 偶尔看　D. 不看

问：您经常看哪些节目？

答：A. 新闻　B. 体育节目　C. 娱乐节目　D. 电视剧　E. 其他________

问：您一般看哪些电视台的节目？

答：____。

这样设置问题就显得紧密相关，被调查者能逐渐深入问题，自然而然地作出回答。

（2）客观性原则。客观性原则要求问题与答案的设置排除主观诱导性，不能为了刻意得到某种结论而有意引导被调查者。例如：

问：您认为这种电视的吸引力体现在哪里？

答：A. 低廉的价格　B. 方便的功能　C. 良好的质量
D. 清晰的画面　E. 新潮的设计

这样的问题设置就违背了客观性原则，具有访问者的主观色彩，可能会误导被调查者。

（3）简便性原则。简便性原则是指问卷的设计要尽量给答卷人以方便，让答卷人能很轻松地完成问卷，在可以使用客观选择的时候不要使用主观问题的形式。例如：

问：您每天用多长时间来看电视？

这样的问题让答卷人要先考虑一下大致时间，再写在问卷上，延长了答卷时间，不如在下面设置几个选项：

答：A. 半小时以内　B. 半小时至 1 小时
C. 1 小时至 2 小时　D. 2 小时以上

（4）易分析性原则。这是对于调查者本人而言的，问卷的设计要考虑调查结果的整理与分析。这就要求问卷中的指标是可以累加的，以使统计工作简单化，不能累加的指标没有意义。同时还要求指标能够简洁明了地说明问题，形成的数据具有说服力。

（三）调查人员的素质要求

调查人员的素质直接影响调查活动的结果，因此一定要认真选派。一名合格的调查人员应具备以下素质：

（1）态度认真负责，不敷衍了事、草草应付。

（2）热情大方，善于与人交际，能使被访者对调查的问题感兴趣。

（3）有一定的语言技巧，促使被访者说出心中的感受，但要注意不能诱导对方。

（4）心理素质好，做好被人拒绝的准备，并能实时想出解决的方法。

（5）对所调查的问题有充分的认识，调查中能有的放矢。

第 2 节　营销策划的宣传造势

营销策划方案实施前和实施过程中，企业要注意对外宣传造势，这样能够扩大影响，提升企业形象，改善公共关系。

一、营销策划宣传的意义

（1）促进营销策划方案的顺利实施。不同的营销策划方案所要解决的问题不同，根据策划方案的目的进行各具特色的宣传造势，有利于处理好外部关系，促进策划方案的顺利实施。对于产品品牌的策划，宣传造势有利于品牌影响力的提升；对于价格策划，宣传造势有利于突出产品的市场定位；对于顾客满意度策划，宣传造势有利于体现企业为顾客着想的形象。无论是哪一种营销策划，对外的宣传造势都是必要的。

（2）传播信息。传播信息是策划宣传的立足点。营销策划中的宣传造势就是要向有关方面传播企业的相关信息，向目标顾客传送产品、价格信息，向销售商传送企业销售方面的信息，向社会大众传送企业形象与理念方面的信息。

（3）有助于提升企业形象。营销策划的宣传展现了企业为提高自身的经营管理水平而作出的努力，对于塑造企业良好的形象、提升企业的知名度与美誉度有促进作用，能够改善企业的公共关系。当然，企业形象是日积月累形成的，并非一时的宣传就能树立起来，而且如果宣传的内容与实际不符，言过其实，会适得其反。因此，策划宣传对于企业形象的作用是双方面的，应注意把握。

（4）促进产品销售。营销策划的宣传将企业的产品信息传播出去，提高了产品的知名度，吸引了目标消费者群，使其有了尝试消费的愿望，有利于建立企业与顾客的关系，促进产品的销售。过度的宣传可能会引起顾客的逆反心理，产生负面影响，应注意适度原则。

（5）有利于改善公共关系。公共关系是指企业与社会有关方面的联系，公共关系已成为企业管理中的一个重要部分，包括企业与消费者、供销商、政府部门及民间组织等方面的关系。营销策划的宣传造势展示了企业改善经营管理和公共关系的决心与努力，显示了企业为消费者、供销商、社会大众服务的态度，有利于改善公共关系，有利于企业发展。

二、营销策划宣传的原则和对象

（一）营销策划宣传的原则

营销策划宣传必须遵循一定的原则，否则可能适得其反，不但不能达到预期效果，而且不利于营销策划方案的实施。

（1）准确性原则。这是营销策划宣传的首要原则。真实是新闻报道的生命，对于宣传而言也是极为重要的。言过其实的宣传不仅无助于企业营销策划的顺利实施，而且会令社会公众产生不信任感，有损企业形象，不利于企业的发展。虽然虚假宣传为企业带来了短期利益，但是从长远来看不利于企业发展。

（2）及时性原则。及时的宣传才是有效的宣传，在宣传工作中时间就是效果，过早或过迟的宣传都不能达到预期的效果。应根据整个营销策划活动的实施过程适时地进行宣传，精确地安排时间表，以最少的花费达到良好的效果。

（3）针对性原则。宣传工作一定要有的放矢，对不同的对象采取不同的方法。营销策划宣传的对象也就是策划活动所要影响的目标，促销策划的宣传应针对现实与潜在的顾客，企业形象策划的宣传应针对社会大众。营销策划的宣传不能漫无目的，或者想“一锅端”，必须针对特定对象采取特定方法，才能达到理想的效果。

（4）适度性原则。一般人都有这种感觉，某个广告刚推出时觉得新鲜，经过一段时间的重复就麻木了。在营销策划的宣传中要尽量避免产生这种情形，这就要求坚持适度性原则，既要让目标对象熟知将要或正在进行的活动，又不引起反感。

（5）反馈性原则。营销策划的宣传要注意反馈，了解目标对象对策划活动的看法与认识，进行适时的修正与补充，使活动的开展更符合目标对象的意愿，同时也能重新确定宣传的重点，突出活动的主题。

（6）创造性原则。创造性原则是指营销策划的宣传要有创意，不能人云亦云，毫无新意。个性化的宣传才能吸引人们的注意，为企业的营销策划活动创造良好的外部环境。创造性原则既要体现在宣传的内容上，又要体现在宣传的形式上，做到内容与形式的个性化。

（二）营销策划宣传的对象

营销策划宣传是为整个策划活动服务的，策划活动的对象也就是宣传的对象，总的来说就是企业外部的有关各方，包括：

（1）消费者，包括现实与潜在的消费者，这是策划宣传的主要对象；

（2）社会公众；

（3）供货商；

（4）销售商；

（5）政府部门；

（6）民间社团组织等。

不同的营销策划有不同的对象，相应的宣传工作所针对的对象也就不同。促销策划的宣传对象是消费者；分销策划的宣传对象是销售商；产品、价格策划的宣传对象包括消费者和销售商；企业形象策划和公共关系策划的宣传对象则包括以上所有对象。营销策划的宣传造势应根据对象的不同采取不同的方法。

三、营销策划宣传的信息传播

（一）信息传播的媒介

营销策划的宣传造势是通过信息的传播来实现的，传播信息的媒介包括：报纸、杂志等公开出版物，企业的宣传手册，广播，电视，网络。前两种方式为印刷媒介，后三种方式为电子媒介。也可把前四种方式统称为传统媒介，而把网络称为新兴媒介。企业在宣传过程中可以交替使用这些媒介，以达到理想的效果。

（二）信息传播的形式

无论通过何种媒介来传播信息，信息本身的编写都是至关重要的，企业在营销策划的宣传造势中可以运用以下形式。

（1）广告。这是最常使用的一种形式，可以通过各种媒介进行传播，影响范围最广。广告也是要求最高的信息传播方式，因为它要求用最简洁的语言表达最核心的含义。最少的广告语反而能让消费者记得最多。“真诚到永远”“原来生活可以更美的”这些广告语已经为广大消费者所熟知，它们体现了简洁的威力。

广告的另一个要求是有创意。在广告满天飞的今天，人们对不好的广告会反感，对有创意的好广告还是乐于观赏的。可口可乐有这样一个广告：在洒满阳光的沙滩上，一只可爱的企鹅躲在躺椅后偷喝别人的可乐，躺在椅子上的男士伸手却落了个空，说道：“咦，我的可乐到哪里去了?”炎热的海滩上出现企鹅自然让人感到不可思议，再加上人格化的企鹅形象和戏剧化的场景，令这个广告趣味盎然，让人百看不厌。

（2）新闻稿。这是利用大众传播媒介向公众传送信息的重要手段，也是企业与新闻界保持密切联系的方式。新闻稿可以由企业内人员编写，也可由新闻记者撰写。利用这种方式传播信息更具有说服力和可信度。新闻稿的首要要求是真实准确，虚假的新闻稿不仅使企业形象受损，而且会影响企业与新闻界之间的关系。新闻稿的另一个要求是及时，迟到的报道无助于企业营销策划方案的实施。

（3）对外宣传册。这也是常用的信息传播方式之一。宣传册包括海报、传单、小册子、产品说明书、专题报告等，常见的是海报和传单。海报和传单的制作一定要新颖，能够引起观看者的好奇心，否则就不能达到理想的效果。如果运用得当，就能以极低的代价获得良好的效果。

（4）宣传性的文学作品。这种形式较少使用，宣传文字主要是应用性的，但也不排斥用文学作品的形式表现出来，这种方式具有潜在影响力，能激起公众的兴趣。

（5）多媒体作品。这是一种日渐兴起且具有发展前景的宣传形式，包括歌曲、MTV、影视短片、动画等。多媒体作品可以借助电子媒介传播，对年轻人的吸引力最大，是最具潜力的传播形式。一些广告的制作越来越倾向于使用这种形式，将纯粹的商业性广告转化为具有一定艺术性和观赏性的多媒体作品。

第3节　营销策划的企业渗透

营销策划的造势工作不仅体现在对外宣传上，对企业的内部渗透也是必要的环节。只有企业内部认识统一了，员工齐心合力，才能实现企业营销策划的目标。

营销策划的企业渗透是指在企业营销策划方案实施前和实施过程中，通过各种方式使企业全体员工了解策划方案，理解策划活动的必要性，支持并认真执行企业营销策划方案。

一、企业渗透的作用

企业渗透具有如下作用：

（1）统一内部认识。这是企业渗透最主要的作用。营销策划是对企业经营管理中存在的问题进行纠正与改善，充分挖掘企业潜力的过程，必然会影响到企业的方方面面，触动原有的利益关系，带来一些误解、不满和抵触。企业渗透的实质就是要协调这些关系，使企业员工深刻了解策划的必要性和可行性，保证策划方案顺利有效地实施。

（2）了解员工意见，对策划方案进行必要的修改。企业员工（包括管理层和普通员工）是最了解企业的人，他们从各自的角度对企业经营管理过程中的一些问题有自己的认识，对营销策划方案有不同的看法。如果能够详细地收集员工对策划方案的意见并进行分析，一定能发现有益的意见和建议，将其吸收到策划方案中，可以使策划方案更符合企业的实际情况，更有利于员工接受并认真执行方案。

（3）增强企业凝聚力。通过营销策划的企业渗透，管理层和普通员工之间、各个部门之间都进行了信息的交换和意见的交流，这有利于企业内部关系的协调，从而增强企业的向心力和凝聚力。在企业渗透的过程中一定要充分重视各具体职能部门和员工的意见，将其有益部分消化吸收。不能只做表面文章，看起来很重视，实际上并未认真对待，这样不仅会影响策划方案的实施，而且有可能让员工觉得自己不受重视，加大了离心力。

（4）提高企业的经营管理水平。企业渗透的过程也就是上情下传、下情上达的过程，企业员工通过这个过程理解了策划案的意图，自然会更积极地实施，管理层也可通过这个过程了解平时忽略的东西并接受新的经营管理思想和方法，这有助于企业经营管理水平的提高。

（5）有利于塑造企业文化。企业文化逐渐成为企业的核心竞争力，未来的企业竞争很可能表现为文化的竞争，但是国内很多企业缺乏这种理念。营销策划的企业渗透过程无形中加强了企业员工之间的沟通，形成了良好的氛围，同时也疏通了渠道，使企业文化的建立有了良好的基础。

（6）更新企业经营理念。营销策划的企业渗透过程也就是将策划案中包含的经营理念传播给企业员工的过程，让他们充分理解并认识到实施的必要性，这有利于更新企业的经营理念。顾客满意策划要求企业员工接受顾客满意理念，价格策划、促销策划则要求员工接受市场观念、竞争观念。先进的经营理念随着企业渗透的深入被人们接受并用于实践。

（7）企业渗透本身就是营销策划方案实施过程的一部分。在企业形象策划、公共关系活动策划中，企业员工也属于策划案的实施对象，这时的企业渗透不仅是为营销策划造势，而且成为活动的一部分，企业员工接受和理解营销策划方案的过程也就是其实施过程。

二、企业渗透的操作方法

营销策划的企业渗透可以通过以下方法进行：

（1）印发内部刊物。内部刊物是企业内部传递信息的重要媒介，分为报纸和杂志两种。策划人员可以通过内部刊物向企业员工解释说明策划活动，企业员工可以通过这种形式反馈意见。这种方式的花费低，覆盖范围广，但效果有限。

（2）举行报告会。这是策划人员通过做报告来影响企业员工的一种方式，在需要传达新理念、转换员工观念时有一定效果。

（3）进行培训。这是一种较为有效的方式，通过培训可以深入解析策划案，同时收集学员意见，但是培训的成本高，时间长，范围有限。

（4）召开座谈会。这是较常使用的一种方式，通过召开座谈会或者讨论会可以让员工充分地交流意见，营造出平等民主的氛围，但是涉及的人员有限，只能由企业员工代表出席并与策划人员交流。

（5）填写调查表。通过发放、回收调查表的方式来收集企业员工的意见，可以较为客观地获得信息，但是员工对调查表的内容可能产生误解，从而影响调查结果。

（6）进行非正式沟通。策划人员不是通过正式的场合和方式与企业员工交流意见，而是以一种比较随便的方式造访员工，与之交谈。这种方式容易让员工说出自己的心里话，沟通的效果较好，但是沟通范围有限，耗时太长。

无论是哪一种企业渗透方法，都各有优缺点，策划人员要考虑综合使用，取长补短，和员工沟通，获得员工的支持，保证策划方案顺利、有效地实施。

三、企业渗透的程序

营销策划的企业渗透实际上是信息在企业内部传播的过程，信息的传播方向有三组（见图4-2）。

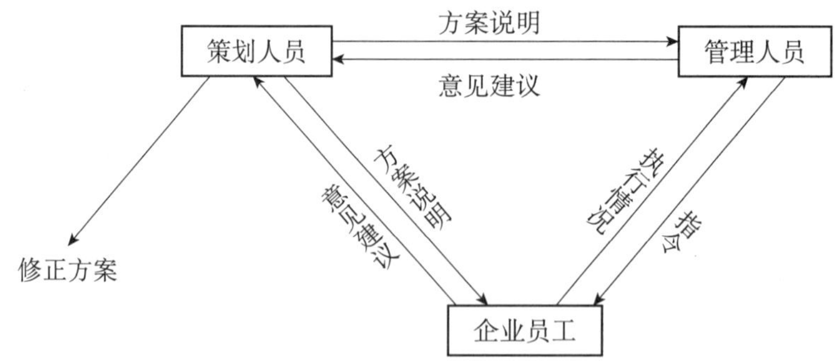

图4-2 营销策划企业渗透的一般程序

（一）策划人员与企业管理人员之间的信息传递

策划人员完成策划方案后，会将其交给企业评审委员会，由其确定是否具有可行性。方案通过评审并得到适当修改后，策划人员会与企业管理人员沟通，让其了解策划方案的目的、程序、方法等，并寻求管理层的合作。因为策划方案最终要由各个部门实际执行，所以各部门的管理者必须有充分的认识和积极的态度，否则就难以真正实施。管理人员也会对策划方案提出自己的意见和建议，从各部门的角度来衡量策划方案的优劣。策划人员一方面要认真听取意见，另一方面对不得不触动部门利益之处要做好解释、说服工作，让其负责人了解活动的必要性，最后形成一个策划修订案。

（二）策划人员与企业员工之间的沟通

企业员工是策划方案的具体实施者，如果不能得到他们的支持，即便在管理层的要求下执行了方案，也达不到理想的效果，因此，策划人员与普通员工之间也要做好信息的沟通工作。策划人员可以通过印发内部刊物、举行报告会等形式来传达、解释策划方案，通过调查表的形式来收集信息，还可以通过座谈会、讨论会等形式交流意见和看法。总之，要使企业员工认识到策划方案实施的必要性以及自己可以在其中发挥的作用，并使策划方案更加完善。

（三）管理人员与企业员工之间的沟通

在策划方案被管理层和员工广泛接受后，管理人员根据方案的程序与步骤下达相应的指令，由员工具体执行。执行过程中遇到的问题和情况应反馈给管理层，由其整理后再反馈给策划人员，由策划人员分析并找出原因，对方案进行必要的修正，再经由管理层传递给具体执行人员。

信息传播的这三个方面缺一不可，它们之间互相联系、互相作用，使信息迅速有效地传播，达到企业渗透的目的，为营销策划方案的实施营造内部氛围。

◎小　结

营销策划造势是企业营销策划前期的重要环节，包括访问调查、宣传造势、企业渗透诸环节。

营销策划造势要把握好分寸，收集准确的信息，对外传播的信息也要准确，不要虚张声势和妄加炒作。

营销造势的对外宣传和对内渗透都要按一定的程序展开，要紧密地围绕营销策划的主题进行。

◎习　题

1. 营销策划造势包括哪几个方面？
2. 营销策划的宣传应遵循哪些原则？
3. 营销策划对内渗透可采取哪些步骤？
4. 营销策划对内渗透有什么作用？
5. 设计一份产品市场推广调查问卷。

◎案　例

wy 市场调研报告及品牌营销诊断

wy 企业将像素艺术、拼创文化与传统箱包相结合，首创了像素拼图箱包产品并获得了海内外消费者的广泛认可。wy 品牌自建立以来，秉持把“生活用品”变为“生活顽品”的理念，倡导“顽趣生活”。经过五年的发展历程，wy 完成了品牌在中国的初步发展，但面对海内外广阔的市场，wy 在品牌运作和营销策略上一直没有找到适合的、行之有效的战略方向。本案基于对企业、市场、消费者全方位系统的诊断分析，希望为 wy 品牌确定发展方向和发展思路。

一、wy品牌营销调研报告的整体思路

（一）调研工作的流程

（1）调研方案确认：研究企业信息—搜集二手资料—编制调研方案—编制调研各类提纲、问卷。

（2）调研执行：企业内部中高层深度访谈—渠道终端走访—经销商深度访谈/电话访谈—店员访谈/终端消费行为观察—消费者定量问卷调查（400例）。

（3）研究策划：企业内访资料整理分析—外部调研资料整理分析—调研数据的录入及分析—消费者定量/定性研究—报告思路的讨论、策划、创意。

（4）报告撰写及审核：确定报告大纲—撰写整体报告—报告的审核及修改—报告出品。

（二）调研工作的主要内容

1. 市场走访

（1）相关品牌信息调研；

（2）区域市场调研，包括渠道商深度访谈、市场走访。

2. 企业内访及资料研究

（1）wy企业内部深度访谈；

（2）wy相关资料的认真研读；

（3）与wy企业的员工深度沟通、探讨。

3. 市场及消费者研究

（1）行业的分析研究；

（2）消费者问卷调查及数据定量分析；

（3）市场资讯中心行业数据分析；

（4）大量二手资料的整理与研究；

（5）项目小组数次封闭讨论会。

（三）研究对象及样本量

研究对象及完成样本情况见表4C-1。

表4C-1　调研样本及完成情况

<table>
<tr><th>项目</th><th>调研对象</th><th>调研方法</th><th>实际完成量</th><th>有效样本量</th></tr>
<tr><td>内部访谈</td><td>中高层管理者</td><td>深度访谈</td><td>12例</td><td>12例</td></tr>
<tr><td rowspan="7">外部调研</td><td rowspan="2">经销商</td><td>深度访谈</td><td>3例</td><td>3例</td></tr>
<tr><td>电话访谈</td><td>6例</td><td>6例</td></tr>
<tr><td>终端店员</td><td>深度访谈</td><td>5例</td><td>5例</td></tr>
<tr><td>消费者</td><td>问卷调查</td><td>430例</td><td>412例</td></tr>
<tr><td>消费者</td><td>深度访谈</td><td>5例</td><td>5例</td></tr>
<tr><td rowspan="2">终端</td><td>终端走访</td><td>5例</td><td>5例</td></tr>
<tr><td>精品店、创意店走访</td><td>5例</td><td>5例</td></tr>
</table>

二、调研结果及关键问题界定

（一）以下五大现象表明 wy 没有创造出有竞争优势的品牌价值体系

现象一：产品思维导向不明晰

（1）国内主要采取代理商经销的形式，有一些买赠活动和节庆活动。整体销售占 3 成左右。

（2）国内市场对像素包、像素文化的认知度较低，很多消费者认为是乐高的产品。

（3）国外市场采取订单式，根据国外经销商的需求，进行产品的设计、生产、发货等。一般还会参加一些展会性质的活动。

（4）国外市场整体接受度比较高，像素认知也比国内成熟，整体销售占 7 成左右。

国外市场开拓的思维在国内市场出现“水土不服”。wy 产品远销海外 30 余国，出口订单式销售占近 7 成，表现突出。国内外消费习惯和消费认知的差异性，wy 以产品为核心的操作模式和思维惯性，造成国内市场开拓较为缓慢。

现象二：市场定位策略混乱

wy 产品包含学生书包、手拿包、休闲双肩包、3C 配件等产品，产品涉及 6 岁以上小学生到 30 岁左右的中青年群体。从销售数据来看，小学生群体产品销量占比较高；从传播调性与物料表现来看，以青年群体为主。

部分公司高管和经销商对市场定位的看法如下：

（1）公司产品大致可分为四大系列：双肩包、单肩包、手拿包、3C 产品。公司没有说什么是主力产品和辅助产品，但卖得好的是双肩包和手拿包。——某高管

（2）核心产品不清晰，什么都做，但量都不是很大，产品多而杂，这增加了生产压力和生产成本。——某高管

（3）卖得比较好的是学生书包（209/329 款）、笔袋，主要消费群体还是学生，手拿包主要是家长（家庭主妇）购买。——某经销商

（4）卖得好的是小学生书包，但是 wy 给的活动物料和画册风格一般没有针对小孩的。——某经销商

现象三：竞争定位不清晰

wy 没有明确的竞争定位。wy 将像素文化、拼创文化与生活用品（箱包）相结合，开创了像素包的细分品类，但是缺乏清晰的市场竞争定位，导致竞争策略方向模糊。

（1）很多消费者以为 wy 是竞争品牌——乐高的产品；

（2）竞争对手是那些传统的箱包企业，但 wy 的产品更有创意，比它们有优势；

（3）竞争对手还包括国内外的潮牌箱包企业，但 wy 更强调拼图的创造和动手能力；

（4）wy 的产品拥有全球专利，市场没有同类产品，所以严格来说没有竞争品牌。

现象四：品牌定位策略模糊

wy——像素包首创者！wy 从专利优势出发，希望在消费者心中形成“像素包＝wy”这一市场认知。但国内市场对“像素”的认知模糊，而且像素包简单粗暴地传递产品价值的特点并不能引发消费者购买的需求。

现象五：品牌价值体系缺乏规划和提炼

品牌价值是一个品牌差异化的独特表现，也是品牌溢价的核心要素，品牌定位是品牌价值体系中最关键的一个要素。定位的差异化和独特性，是企业品牌价值、产品价值区隔于市场上其他品牌或产品的重要指标，定位问题直接导致品牌价值体系问题的出现。wy 缺少真正的价值利益输出：wy 模糊的品牌定位、未明确的品牌核心价值，导致在实际的营销层面，如产品 USP、渠道铺设、传播策略、宣传活动等，缺少与类似创意产品品牌的真正价值利益区隔。

（1）产品 USP（Unique Selling Proposition，独特的销售主张）没有得到有效挖掘。wy 向消费者输出的仅仅是产品物质利益（质量好，新颖，产品有个性），缺乏品牌核心价值与品牌文化的进一步聚焦和细分，导致消费者仅仅认为 wy 是一个比较好的产品品牌，第一联想停留在产品层面，无法表达出品牌具象化的特征。

（2）缺乏品牌定位的有力支撑，品牌呈现空心化。企业内部和渠道商仅仅知道自己产品的价格定位，由于缺乏品牌定位及品牌核心价值的有力支撑，品牌概念、产品开发、品牌形象、传播活动、产品组合等呈现空心化、表面化，导致在消费者层面缺乏有效的价值利益输出。

（二）以下五大现象表明 wy 产品的价值提供体系缺乏系统的产品战略规划

现象六：产品系列组合划分不合理

从产品满足消费者需求的某种使用价值来看，单纯地以品类进行产品划分无法引导消费者的购买需求，也不能营造出使用场景。市场及人群定位的缺乏导致 wy 只能依据产品类型划分产品系列。wy 有比较成熟的产品系列，也有不断推出的新款，但明星产品缺失。

现象七：产品研发缺乏系统的策略支撑

从内访以及经销商的反馈来看，目前 wy 的产品研发策略主要依据的是零散的市场信息和短期的市场销售数据。wy 的产品研发缺乏系统的策略支撑，导致研发体系与市场需求存在出入，产品更新和迭代出现混乱。

现象八：缺乏产品包装策略

包装策略性和品牌化不足。好的包装有利于产品的营销，包装要素一经确定，不建议随意更改，统一的包装形象是品牌化的一种体现。好的包装可以吸引消费者的注意力，给消费者留下清晰的印象。良好的包装策略可以减少营销成本。

（1）品牌化不足。wy 的品牌定位和价值体系的构建不完善，导致包装要传递的品牌价值和调性有所缺乏。

（2）随意性太强。经销商反馈 wy 经常随意更换包装。包装策略是品牌策略的直接体现，包装的更换一般是营销策略调整的体现。

现象九：产品价格缺乏支撑

从市场反馈来看，wy 的产品比市场上同档次产品的价格要高。wy 确定了溢价的价格策略，但对品牌价值和产品价值的提炼不足，导致价格支撑体系不足，给消费者价格虚高的错觉。

wy 的产品价格定位在 200 元以上，但是品牌价值与同档次品牌有一定差距。

市场上 100～200 元档次产品多为中小品牌，知名度不高，质量中等，款式比较新潮，分布在步行街、购物中心等实体店。

市场上 200 元以上档次产品多为知名品牌（如阿迪达斯、迪士尼等），质量很好，紧跟时尚潮流，分布在购物中心、百货商场、专卖店等。

现象十：产品卖点诉求缺乏系统提炼

目前来看，wy 品牌向市场输出的仅仅是产品的物质属性（包）和基础特点（拼图），由于未构建品牌核心体系，更高层次的品牌价值和品牌文化提炼不足，仍然是在卖产品而非卖品牌。品牌的价值和产品的独特性需进一步挖掘。

（三）以下五大现象表明 wy 品牌的价值提供环节出现系统性的问题

现象十一：营销模式简单粗暴且品牌拉力不足

代理模式简单（直营专柜 2 个，销量较少），给代理商的销量目标施加压力，但是企业的品牌塑造和品牌传播滞后，不能给代理商提供动销拉力。

(1) 简单的代理关系，先打款再发货。收到货基本上厂家就不用管其他的，每年会有一些销售返利。

(2) 基本上没其他的支持，但是有销售目标的约束。

(3) 销售目标定得有点高，有时候代理商为了完成目标会多备货，导致第二年拿货少，目标完不成，压力大，动力不足。

现象十二：渠道管理及终端建设基本为零

wy 基本上没有对渠道系统的管理，对渠道控制力极其薄弱，对终端标准化形象建设和管理处于初级阶段。对渠道和终端的建设和管理不足，导致 wy 的终端品牌化效应很弱，难以提升品牌终端对消费者的影响。

现象十三：组织体系不匹配，服务支持体系不完备

wy 企业的组织体系需要进一步完善，目前人才储备较为欠缺，职能分工不够明确，服务支持体系尚未搭建。

(1) 服务支持体系不完备。

退换货政策：基本上没什么服务支持，售后方面目前只可以换货，滞销产品一般不能退。

发货：厂家发货周期比较长，旺季时常出现爆款断货，严重影响销量。

新品上市：代理商希望新品上市时厂家可以先铺货，因为不知道新品好不好销，所以不敢盲目进货，需要观望一段时间，好销再进货。

物料支持：物料支持并不总能满足需求，经常出现物料供应严重滞后的情况。

(2) 组织体系不匹配。

品牌组织缺乏：目前主要是销售型组织，没有品牌管理组织。

人才储备不足：各部门人才储备有限，比如市场部只有两三个人，造成职能分工不明确。

组织体系不匹配：以订单模式构建的组织体系不适合 wy 在国内市场品牌化营销的要求。

现象十四：品牌传播策略缺乏，无系统整合传播策略

wy目前的主要传播方式为自媒体（产品层面）及口碑传播（产品层面），品牌价值传播策略缺乏，终端品牌化传播效应尚未建立。

在国外见过wy的产品，但不知道是什么牌子，现在才知道是wy。 ——某店员

很多消费者以为是乐高的产品，介绍后才知道是wy。大多数消费者没听过这个牌子，我们一般介绍时会说wy是深圳的牌子，产品卖到全球很多国家。 ——某店员

wy在品牌传播方面做得比较少。希望wy可以定期推送一些公众号的文章，这样经销商转发就方便很多。不然，我们自己去编辑，内容不一定与品牌调性一致，况且也没时间去做这些。 ——某经销商

wy在终端物料支持上做得比较少，终端货架这块一般都是经销商自己去做。希望厂家可以提供统一的终端展示的标准和相关支持政策。 ——某经销商

现象十五：促销活动形式单一，促销配套服务体系不完善

wy专柜的促销形式一般是给予一定的价格优惠和赠送像素方块，代理商的促销活动也是赠送像素方块。促销活动的形式较为单一，配套服务有待进一步改善。

做过的大型推广或者促销活动基本都是提供一些折扣或者赠品。 ——某店员

厂家每年会有几次统一的促销活动，但促销形式都是买赠，没什么新意。在物料的支持上有时候很不及时，有一次活动时间都到了，物料还没送到，无奈只能将活动推迟，导致活动效果大打折扣。 ——某经销商

整体来说，目前促销活动还是以产品销售为主，品牌宣传推广的效果一般。另外，促销活动的连续性不够，需要系统规划一下。 ——某经销商

通过以上分析可以界定关键问题：营销定位方向不明确和营销战略方向决定产品战略总结为营销定位问题（卖给谁）；缺乏成熟的可复制的营销模式总结为营销模式问题（如何卖）。

三、关键问题研究及解决思路

制定核心目标：确定调研群体，研究消费群体的特点，界定wy品牌的核心消费群体，开展品牌核心指标测试和品牌定位策略方向研究。

（一）确定调研群体

根据在国内外市场销售情况及内访情况可知，wy产品适用的消费者群体跨度较大。为了对不同群体进行细分研究，本次调研采取分层抽样的方法，以求调研的全面性和系统性。已确定wy产品的核心消费群体，具体调研样本见表4C-2。

表4C-2 wy产品的核心消费群体调研样本基本情况

群体	人群类别	年龄段	样本量（例）	访问对象
群体一	小学生	12岁及以下	100	小学生家长
群体二	中学生	13～18岁	100	中学生
群体三	大学生	19～23岁	100	大学生
群体四	工作3～5年的白领	24～30岁	100	白领

（二）研究消费者群体的特点

（1）购买决策：小学生群体由家长决策，主要考虑的是“趣味、动手以及益智”；其他群体自主决策，主要考虑的是“创意、个性”。

（2）消费痛点：市面上的产品同质化严重，对创意性和个性化产品的需求较为强烈且尚未得到较好的满足。

（3）消费痒点：多数消费者认为箱包是自身个性、生活态度以及兴趣爱好的体现。

（4）卖点测试：创意、有趣、好玩、动手、个性是消费者喜欢wy箱包的重要原因。

（5）关注因素：外观款式是消费者购买箱包时最关注的因素，wy除了保留自身“创意、个性、趣味”的特点外，还需要在产品外观款式上追求个性。

（6）购买渠道：KA（Key Account，重点零售客户）渠道和线上渠道是主要的购买渠道。在线下以品牌专柜的形式为主，注重展示和体验；在线上以品牌旗舰店的形式为主，以展示为主，同时考虑微商。

（7）媒介接触点：终端展示是消费者最主要的信息来源，其次是线上媒体，再次是口碑传播。

（8）促销偏好：消费者最喜欢的促销方式是“买产品送像素方块”，消费者希望通过自己的创意不断更换图案。

（三）界定核心消费群体

（1）整体对wy产品的喜欢程度：“非常喜欢和比较喜欢”的消费者超过60%，整体接受度较高。

（2）不同群体对wy产品的喜欢程度：小学生家长对wy产品的喜欢程度最高（“非常喜欢和比较喜欢”的消费者占75.2%），其他群体对wy产品的喜欢程度较高（“非常喜欢和比较喜欢”的消费者占比都超过50%）（见表4C-3）。

表4C-3　不同消费者群体对wy产品的喜欢程度

喜欢程度	小学生家长	中学生	大学生	工作3～5年的白领	整体
非常喜欢	8.9%	8.8%	12.7%	5.0%	8.9%
比较喜欢	66.3%	52.9%	47.1%	50.5%	54.2%
一般	19.8%	26.5%	28.4%	32.7%	26.8%
不太喜欢	4.0%	8.8%	6.9%	7.9%	6.9%
非常不喜欢	1.0%	2.9%	4.9%	4.0%	3.2%

（3）多数群体喜欢wy产品的原因：消费者需要有创意的、有个性的产品，而市面上的产品不能满足消费者的需求。wy产品“有创意、有趣、好玩、可动手、可获得成就感”的特点刚好可以满足消费者的需求，因此接受度更高，接受面更广。

（4）不同性别群体对wy产品的喜欢程度：女性的喜欢程度略高于男性，但两个群体“非常喜欢”和“比较喜欢”的人都超过50%，说明对wy产品的偏好没有明显的性别差异。

（5）经销商及店员的反馈：目前小学生群体占比最大，中学生/大学生以及年轻白领群体也有较高需求，但是由于产品本身等多方面的原因，这几类人群的购买不多。

（6）公司的观点：小学生（家长）是wy产品最核心的消费群体，中学生/大学生以及年轻白领群体为次核心消费群体。

（四）开展品牌核心指标测试

（1）品牌联想及形象测试："wy"这个名称取自"顽意"两字的拼音首字母，首先可以让人联想到"好玩，有趣"；其次会让人联想到"创意者，创造者"。多数消费者认为wy的品牌形象是"个性趣味箱包创意者"。

（2）品牌定位及个性测试：多数消费者认为wy的品牌定位首先是"趣味像素个性箱包"，其次是"玩转想象的创意箱包"，集中体现为"创意、个性、趣味"。消费者认为wy的品牌个性应该是"青春、个性"及"创意、趣味"。

（3）品牌核心价值及品牌广告语测试：多数消费者认为wy的品牌核心价值是"创意、趣味"，其次是"潮流、个性"。"wy，每个人都不同"是消费者最认可的品牌广告语，从侧面反映出消费者追求个性和与众不同。

（五）研究品牌定位策略方向

品牌定位是占领核心消费者的心智，因此，定位的策略必须从目标消费者的核心诉求出发，占领目标消费者的心智资源。

策略方向一：聚焦小学生（家长）群体。

研究结果表明，小学生（家长）群体对wy产品的接受度最高（非常喜欢和比较喜欢的人超过70%）。可以将像素文化、动手特点与"益智和激发想象力"诉求结合，制定wy的营销定位策略。

策略方向二：以品类作为切入点，将wy打造成像素文化品类产品的代表。

研究结果表明，wy产品在四大群体中接受度都超过50%，说明wy产品的市场接受度比较高，接受面比较广，可以以像素文化产品品类作为品牌策略核心，以品类带动wy品牌发展，同时为wy未来的产品延伸和扩展奠定基础。

四、营销模式问题研究及解决方案

（一）研究维度

（1）企业现状：根据企业目前的现象分析营销模式的核心问题。

（2）营销模式缺陷：通过分析营销模式的核心问题，找出企业营销模式的关键缺陷。

（3）终端市场表现：结合渠道及终端市场表现，验证分析的营销模式缺陷。

（4）渠道及市场反馈：结合渠道及终端市场意见反馈，验证分析的营销模式缺陷。

（二）企业现状研究

（1）营销阶段：wy处于企业发展的"产品＋渠道"的初级阶段，未来必须升级到"品牌＋营销＋服务"阶段。

访谈表明：wy目前注重渠道的开发，重点还是放在市场上；wy目前还谈不上品牌营销，主要是在做市场上的工作；wy 主要以业绩为考核指标，对品牌还不那么重视。

(2) 品牌现状：缺乏清晰的品牌战略定位及品牌战略规划。

(3) 企业导向：以产品为导向的市场决策思维导致 wy 在渠道及终端难以突破。

产品导向的市场决策思维是导致认知度、忠诚度、进店率、单次购买率、重复购买率、渠道成本等诸多方面不理想的根本原因。

(4) 营销组织：重销售轻市场职能，专业营销人才缺乏，导致产品销售缺乏品牌及市场的推拉动力。

(三) 营销模式的缺陷

(1) wy 四大产品现状决定了其市场呈现自然销售的特点。

(2) 市场开拓难度增大，市场开拓速度较慢，缺乏成熟可复制的模式。

(四) 终端市场的表现

(1) 品牌价值在消费市场难以体现，品牌发展缓慢。wy 的终端表现呈现三大核心问题：产品以零售姿态呈现，终端服务缺失，终端布局缺乏生动化。根本原因是缺乏在成熟的体系化营销模式下的终端销售模式。

(2) 品牌化终端可以提升 wy 的品牌形象，建立消费者信心。

(五) 渠道市场的反馈

终端体验性、互动性不足，吸引力弱，造成动销能力弱。

意见反馈：经销商认为，wy 的核心消费群体是 95 后追求个性的年轻一族，以学生群体为主（包括小学生）；店员认为，小学生（家长）是主要的消费群体，中学生/大学生群体也不能忽视。

(六) 营销模式的策略方向

在完善的品牌价值体系下，构建一种可以复制的标准化的营销模式。

建议：以消费者需求为思考原点，系统构建品牌价值体系，并通过打造品牌化终端及构建系统的支撑体系提供并输出品牌价值。同时，在终端生动化、主题化等方面进一步探索。

五、总结及下一阶段工作安排

(一) 关键问题研究

通过对品牌及市场的系统研究发现，要实现品牌和市场的双重突破，wy 必须解决营销定位和营销模式的问题，也就是解决“卖给谁”和“如何卖”的问题。

卖给谁：wy 的核心群体是谁？核心群体有哪些特点？wy 如何占据核心群体的心智？

如何卖：wy 如何搭建品牌体系？如何构建营销体系？

(二) 定位策略方向

策略方向一是聚焦小学生（家长）群体，策略方向二是以品类作为切入点，将 wy 打造成像素文化品类产品的代表。建议采取第二种策略方向。

（三）营销模式方向

核心策略：以终端“品牌化＋主题化”为核心手段，打造可复制的营销模式。

具体思路：以定位为核心，构建wy的品牌价值体系，通过打造品牌化终端及构建系统的支撑体系提供并输出品牌价值。

品牌化终端：价值构建部分包括品牌价值体系构建、产品战略规划、样板市场打造；价值落地支撑部分包括品牌组织搭建、标准化服务体系构建、标准化管理培训体系构建。

讨论题：

1. 试分析该调研报告的特点。
2. 该调研报告的要点是什么？怎样通过调研找到问题并提出解决方案？

第5章

营销策划分析

企业总是处在一定的内外环境之中，环境影响着企业的市场营销活动，进行营销策划时必须考虑企业所面临的内外环境，否则，营销策划案就如同建在流沙上的房子，再精美也没有意义。对企业内外环境的分析方法很多，SWOT分析是常用的一种。

第1节　企业营销的机会与威胁分析

企业营销的机会与威胁分析又称外部环境分析，是指对影响企业业务发展和市场营销活动的各种外部因素进行分析，找出有利因素和不利因素，确定企业的机会与威胁。

一、外部环境因素的分类

影响企业市场营销活动的外部环境因素主要分为宏观环境因素和行业环境因素两大类。

（一）宏观环境因素

宏观环境因素具体分为经济因素、法律因素、人口因素、文化因素、自然因素和技术因素这六个方面。

（1）经济因素。这是宏观环境中的首要因素，包括国家经济增长率、人均国民生产总值、人均可支配收入、储蓄倾向、收入结构以及个人消费信贷等。

（2）法律因素。主要是指各级政府所制定的与企业有关的法律法规、政策条文等，例如《反不正当竞争法》。这些法律法规规定了企业营销活动的范围。

（3）人口因素。主要包括目标市场的人口规模、增长率、性别比例、年龄结构、受教育水平以及人口流动情况等，这直接决定了目标市场的容量。

（4）文化因素。主要包括人们的人生观、价值观、宗教信仰以及风俗习惯等。文化因素的影响没有其他因素表现得那么明显，其影响是潜在的、长期的，有时甚至是偏执的，不了解目标市场的文化环境，就有可能栽大跟头。

（5）自然因素。主要是指目标市场的气候、自然资源、地理环境以及生态状况等，这些因素对企业市场营销活动的开展也有重要影响，比如对原材料价格、运输成本等有影响。

（6）技术因素。技术是企业发展的一个永恒话题，技术因素主要是指技术的革新。在一定时期内，技术因素对企业营销活动的影响似乎并不大，但一次技术革新可能会给企业以致命的打击，传统行业甚至会完全消失，因此必须重视技术因素的影响。

（二）行业环境因素

关于行业环境的内容，美国战略专家迈克尔·波特提出了五个方面的因素：行业的新进入者、替代品、买方、供方和行业中原有的竞争者，如表 5－1 所示。

表 5－1　行业环境因素

<table>
<tr><td>行业的新进入者
● 实力强弱
● 成本优势
● 产品特色
● 销售渠道
● 商标、商誉
● 政府政策</td><td>供方
● 要素的差异性
● 厂商的集中程度
● 供应量
● 供应价格</td></tr>
<tr><td>替代品
● 种类的多寡
● 相对价格水平
● 替代倾向</td><td rowspan="2">行业中原有的竞争者
● 竞争者数量
● 实力强弱
● 商标、商誉
● 产品差异性
● 行业增长率
● 行业的退出障碍</td></tr>
<tr><td>买方
● 需求量
● 需求价格
● 买方的集中程度</td></tr>
</table>

二、外部环境资料的收集与整理

（一）收集资料的方式

资料既可以通过一手方式获得，也可以通过二手方式获得，在一般的环境分析中，两种方式都是必需的。

二手资料是别人收集并整理好的信息，由于获得二手资料的费用较低，而且一般比较系统，企业应首先收集二手资料，看其能否满足分析的需要，缺省的资料可通过一手方式获得。

（二）二手资料的收集

在企业机会与威胁分析中，由于分析的对象是宏观因素和中观因素，二手资料占了相当重要的地位，有些宏观资料是无法通过一手方式获得的。

二手资料可以从如下途径获得：

（1）政府出版物。各级政府会对全国或某个地区的经济、人口、政策、文化等方面的情况进行调查和监控，并在一定时间公布数据信息，各行业部门每隔一段时间会公布本行业的资料。这些数据可靠性强，是获取二手资料的途径之一。

（2）商业出版物。在各种营销杂志、协会刊物或统计刊物中，都可以找到所需要的环境资料。

（3）商业资料。这是指商业调查公司或咨询公司通过市场调研获得的资料，也是企业收集二手资料的主要途径之一。

（三）一手资料的收集

通过二手资料无法获得的信息就必须通过一手方式来取得，一手资料主要是通过市场调研来获得的，在第 4 章中讲到的营销策划的访问调查方法是适用的，除此之外还可以使用观察法、讨论法和实验法等。

（四）资料的整理

资料收集上来以后，要对其进行整理，剔除虚假的、不合适的信息，并按资料的特性进行分类，形成一个完整的体系，为企业的机会与威胁分析做好准备。

三、企业的机会与威胁分析

企业在收集并整理了所需的外部环境资料后，就可以开始进行机会与威胁分析。

（一）机会分析

机会分析是企业通过对外部环境的分析，找出有利于企业营销活动的因素，具体分析其影响强度和成功可能性的过程。

我们可以通过机会矩阵图（见图 5－1）来分析外部环境为企业提供的每一个机会，将其恰当归类并制定适当的策略。

吸引力 \ 成功概率	大	小
大	1	2
小	3	4

图 5－1　机会矩阵图

第 1 类机会是企业最向往的。它的吸引力大，对市场营销活动的影响很大，同时企业成功的可能性也很大，企业应抓住这样的良机来加速发展。

第 2 类机会是企业应谨慎考虑的。虽然这类机会的吸引力很大，但企业成功的可能性小，不宜盲目跟风行动。

第 3 类机会是企业要着力分析的。虽然这类机会的吸引力不大，但成功的可能性大，企业应做好效益分析，如果发现获得的收益大于付出的成本，可以考虑利用这类机会，促进企业营销活动的开展。

第 4 类机会是企业不应考虑的。这类机会对营销活动的影响不大，企业利用这类机会成功的概率小，因此不应采纳。

机会所处的位置是变化的，第 2 类机会可能因企业自身的改变而进入第 1 类，第 1 类机会也可能因环境因素的相互作用而掉到第 3 类。企业应做好环境监测，更好地利用机会，推动企业的发展。

（二）威胁分析

威胁分析是企业通过对外部环境的分析，找出对企业营销活动不利的因素，具体分析其影响强度和发生可能性的过程（见图5－2）。

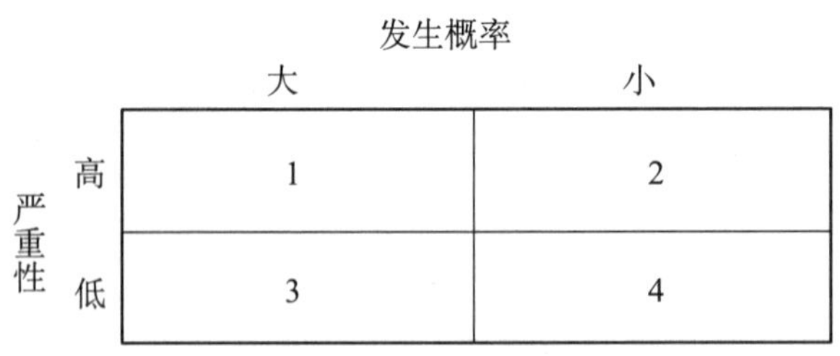

图5－2　威胁矩阵图

第1类威胁是企业要高度重视并着力化解的。这类威胁对企业营销活动的影响很大，同时发生的可能性也很大，企业一方面要密切监控，另一方面要形成一套良好的常备反应机制，在威胁来临时迅速化解，将损失降到最小。

第2类威胁对企业营销活动的影响很大但发生的可能性小。企业对这类威胁要有一套灵敏的预警机制，不能因为其发生的可能性小而忽略它，同时还要有良好的应对措施。

第3类威胁是企业在生产经营过程中经常遇到的，它对企业营销活动的影响很小，但是发生的可能性大。企业要及时消除这类威胁，不能因为其影响力不大而搁置起来。

第4类威胁对企业营销活动的影响不大，发生的可能性也不大。对这类威胁，企业要做的是注意其动向，一旦发现就及时处理，避免其转移为其他形式的威胁。

与机会一样，威胁也是会发生变化的。第3类威胁可能因企业不予理睬而变为第1类，第2类威胁可能因为企业应对措施得当而转化为第4类。

（三）综合分析

我们将机会分析与威胁分析结合起来，用到企业的某项业务上，就可以了解这项业务所处的外部环境，从而为企业的决策提供依据（见图5－3）。

机会＼威胁	少	多
多	1	2
少	3	4

图5－3　机会-威胁分析矩阵图

很明显，第1类业务是理想的业务，拥有的机会多，受到的威胁少，是企业应着力发展的业务。

第2类业务所拥有的机会虽多，受到的威胁也多，是风险类业务，企业应慎重考虑，做好风险收益分析。

第3类业务所面临的机会与威胁都很少，一般是已经成熟的业务。企业的这类业务所占的市场份额如果较大，则可加快发展，但不适宜作为新加入者开展这类业务。

第 4 类业务是企业不愿沾手的业务，面临的威胁很多，拥有的机会却很少，是企业经营中比较棘手的业务，企业可以考虑从这类业务中撤出。

通过机会与威胁分析，策划人员能够清晰地了解企业所处的外部环境，根据企业的情况进行恰当的营销策划，推动企业营销活动的开展。

第 2 节　企业营销的优势与劣势分析

企业的优势与劣势分析又称为内部环境分析，是企业对自身的审视，是企业通过对影响其市场营销活动和业务发展的各种内部因素进行分析，找出其优势和劣势，确定市场地位的过程。

一、优势与劣势分析的意义

企业对自身内部环境的审视十分重要，如果对自身的优势与劣势不清楚，面临的市场机会再好，也不可能取得成功。企业在进行优势与劣势分析后，就可以在市场营销活动过程中扬长避短，充分发挥优势，克服或避开劣势，在市场中占据有利地位。

对于策划人员而言，了解企业的内部环境是首要的条件，是科学策划的基础。在点子策划的时代，策划人员在不了解企业内部情况下拍脑袋想出的点子，之所以其中有一些能够取得成功，是因为当时企业的营销理念普遍落后，促销方法也很不成熟。到了科学策划的时代，国内企业的营销理念已经上了一个台阶，一些先进企业拥有一流的营销理念与实践水平，在这种情况下就必须通过科学策划来为企业出谋划策。而要科学地进行策划，知己知彼是必不可少的。前一节的机会与威胁分析针对的是企业的外部环境，本节则对内部环境因素进行分析，只有同时做到这两方面，才能真正实现知己知彼。

二、企业内部环境资料的收集与分类

（一）资料的收集

同外部环境资料的收集一样，内部环境资料也可以通过一手和二手两种方式获得。

二手资料的获得主要是翻查企业过去的会计报表和会计账簿，从中了解企业的生产销售规模、增长率、成本费用支出、利润水平、产品价格、市场分布、财务结构等方面的情况。

一手资料则可以通过调查获得。访问法是最常用的方法，除此之外，还有观察法、讨论法和实验法等。调查的对象包括企业投资者、经营者、企业员工、中间商、供应商及顾客等，通过调查来获得二手资料中缺乏的信息。

（二）资料的分类

资料收集完成之后，先要进行分类整理。企业内部环境信息按其反映的企业实力可以分为：

（1）制造能力指标。这类指标用来反映企业的生产能力，包括设备、制造费用、产品质量、废品率、技术水平和及时交货情况等。

（2）营销能力指标。这类指标用来反映企业开展市场营销活动的水平，包括市场份额、市场覆盖区域、服务水平、定价效果、广告效果和公关效果等。

（3）盈利能力指标。这类指标用来衡量企业的盈利水平，包括销售利润率、总资产报酬率、资本收益率及资本保值增值率等。

（4）抗风险能力指标。这类指标用来反映企业对营销环境变化的承受能力，主要包括企业信誉、弹性管理水平、资产负债率、流动比率、速动比率、应收账款周转率和存货周转率等。

（5）组织能力指标。这类指标用来反映企业生产经营活动的计划、实施和控制水平，主要包括管理层水平、员工协作精神和创业导向等。

（6）发展能力指标。这类指标用来反映企业后续发展与可持续发展的能力，主要包括研发开支占销售收入的比重、技术人员占企业员工的比重、员工的受教育程度以及培训费用等。

三、企业的优势与劣势分析

对收集上来的信息进行分类整理后，就可以进行企业的优势与劣势分析了。如表5-2所示，我们可以将企业的各项能力用分值表示，从而了解企业的优势与劣势所在。

表5-2 企业优势与劣势分析表（一）

项目		评分	权数	结果
制造能力	设备			
	技术水平			
	产品质量			
	制造费用			
	及时交货情况			
营销能力	市场份额			
	市场覆盖区域			
	服务水平			
	定价效果			
	广告效果			
	公关效果			
盈利能力	销售利润率			
	总资产报酬率			
	资本收益率			
	资本保值增值率			

续前表

项目		评分	权数	结果
抗风险能力	企业信誉			
	资产负债率			
	流动比率			
	应收账款周转率			
	存货周转率			
	弹性管理水平			
组织能力	管理层水平			
	员工协作精神			
	创业导向			
发展能力	研发开支比例			
	技术人员比重			
	员工受教育程度			
	培训费用			

第一列项目栏列出了企业内部环境的主要因素。企业可以根据行业情况和自身情况进行增减，要注意分类列出。

第二列评分栏是企业对各个项目的评价。把评价结果量化，以百分制的形式给出，分数越高，表示评价越好。比如企业的设备，如果是处于同行业领先地位，就可以给 80～100 分；如果是一般水平，可以给 60～80 分；如果是落后于一般水平，可以给 40～60 分；如果是即将报废的设备，就应在 40 分以下。

第三列权数栏则表明了各个项目的重要性。权数应在 0～1 之间，项目的重要程度越高，权数应越大。权数应该根据企业所处行业的情况、企业自身情况决定，同时受到分析人倾向的影响。权数的给定还有一个限制，就是每一类的各项目权数之和为 1。

第四列结果栏表示各个类目的最终得分。类目得分＝$\sum$（各项目评分×对应权数）。

有时企业进行优势与劣势分析是为了明确企业在市场中所处的地位，即企业在市场竞争中是处于优势还是劣势。根据表 5－2 得出的各类得分再计算表 5－3 的数据就可以得出企业的综合值。

表 5－3　企业优势与劣势分析表（二）

类目	得分	权数	综合值
制造能力			
营销能力			
盈利能力			
抗风险能力			
组织能力			
发展能力			

表5-3中各个类目权数的确定与表5-2中各个项目权数的确定一样，受行业特点和企业状况的制约，还受分析人倾向的影响。如果分析人属于谨慎型，抗风险能力的权数就会设得高一些；如果分析人敢于冒风险，该权数就会低一些。各类目之和为1。

最后得出的综合值就是企业的市场得分，企业的综合值＝$\sum$（各类目得分×对应权数）。

四、企业优势与劣势分析中要注意的几个问题

企业进行优势与劣势分析后得出的结果在一定程度上表明了企业的市场地位和优劣势所在，但要注意以下问题：

（1）这种分析方法虽然比较全面地考虑了企业内部环境的各个方面，但是没有考虑到各个因素之间的关系和相互作用。这种分析方法使用的是加权平均法，其结果必然是优势类（项）目弥补了劣势类（项）目，使综合值趋于平均，但是有时候一些劣势类（项）目的存在会使优势类（项）目无法发挥作用，这时平均值就没有意义了。根据“木桶效应”，木桶的盛水量由最短的木块决定，企业的实力可能由处于最劣势的类（项）目决定。比如，企业的制造能力很强，营销能力较差，分析得出的结果是一个平均水平，但事实上企业在市场上的表现可能很差。

（2）企业在各个方面都具有优势的情况下，也可能表现不佳。有时，企业各个部门的工作能力都很强，但总体效益却不佳，问题在于各部门间缺乏协调与合作。因此，企业内各部门的关系评估也是一项非常重要的内容。

（3）企业在有些方面处于劣势时，也可能表现出良好的态势。十全十美总是很难达到的，在认识到企业存在暂时无法弥补的劣势时，应该积极发挥优势，以弥补不足。比如，企业由于经费问题无法设立足够的维修点时，就应努力发挥产品质量和服务态度方面的优势。

（4）企业认识到自己的优势与劣势后，不应埋头于处于优势的业务，放弃处于劣势的业务。在充分认识自我之后，企业要做的是审慎考察各项业务，有优势的要继续保持，没有优势又无机会的可以放弃，对有可能获取优势的业务要着力分析，把握机会，发展新的优势。

第3节　企业营销的SWOT分析

企业仅仅进行机会与威胁分析、优势与劣势分析，是无法全面了解企业的营销环境的。没有做到知己知彼，策划人员就不可能作出令人满意的策划方案。只有在全面分析企业的内外环境以后，才能有的放矢，针对企业的问题提出解决方案。对企业内外环境进行综合分析的方法很多，最常用的方法之一就是SWOT分析，除此之外，还有波士顿矩阵法和通用电气公司矩阵法等。

一、SWOT分析的含义与意义

把对企业的机会、威胁、优势和劣势的分析综合起来，全面考虑和评估企业营销环

境就是 SWOT 分析。S 表示优势（strengths），W 表示劣势（weaknesses），O 表示机会（opportunities），T 表示威胁（threats）。这四方面结合起来全面分析了企业的内部环境和外部环境，为企业制定营销计划提供了参考依据。

SWOT 分析的意义可以概括为扬长避短、趋利避害、丢掉包袱、加速发展，具体表现在：

（1）能够揭示企业的优势与劣势所在，使企业在营销活动中扬长避短。企业在市场营销过程中应做到以己之长克敌之短，充分发挥自身的优势与长处，避开自身的劣势和弱点。

（2）能够明确企业面临的机会与威胁，使企业在营销活动中趋利避害。抓住市场营销环境中的机遇，避开对企业有威胁的因素，这是企业在市场营销过程中竭力追求的。

（3）能够让企业认识到应放弃的业务，丢掉包袱。对于既处于劣势又充满威胁的业务，企业应果断放弃，以免影响其长远发展。

（4）能够让企业把握住要重点推动的业务，加速企业的发展。既充满机会又处于优势地位的业务是企业应着力发展的业务。

二、SWOT 分析的步骤

企业进行 SWOT 分析的具体步骤如下：

（1）收集信息。SWOT 分析实质上是机会与威胁分析、优势与劣势分析的综合，信息的收集也就是外部环境资料和内部环境资料两方面的收集，可以分为三个部分：

1）宏观环境信息的收集；

2）行业（中观）环境信息的收集；

3）微观环境信息的收集。

前两节已经详细介绍了信息收集的内容、方法、来源等，这些也适用于 SWOT 分析中信息的收集。

（2）信息的整理与分析。把收集到的信息分别归类到宏观环境、行业环境和微观环境后，再分析信息的含义，看其表明企业面临的是机会还是威胁，企业的优势和劣势是什么。

（3）确定企业具体业务所处的市场位置。资料收集整理完毕后，再看看企业某一项业务面临的环境是机会多于威胁还是威胁多于机会，企业在这项业务上是处于优势还是处于劣势，在 SWOT 分析象限图中标出其市场地位。

（4）拟定营销战略。企业某项业务的市场位置确定后，就可以根据其具体情况制定相应的营销战略和策划方案，决定是否应加大对这项业务的投资，产品组合、促销组合等方面有哪些要改进的具体问题等。

三、企业的 SWOT 分析

企业制定营销方案需要充分利用优势，克服或避免劣势，抓住面临的机会，避开威胁或尽量使损失最小，可以通过象限法来确定企业的营销战略（见图 5－4）。企业的每一项具体业务都能在图中找到相应的位置，可以根据它所处的象限制定相应的营销战略。

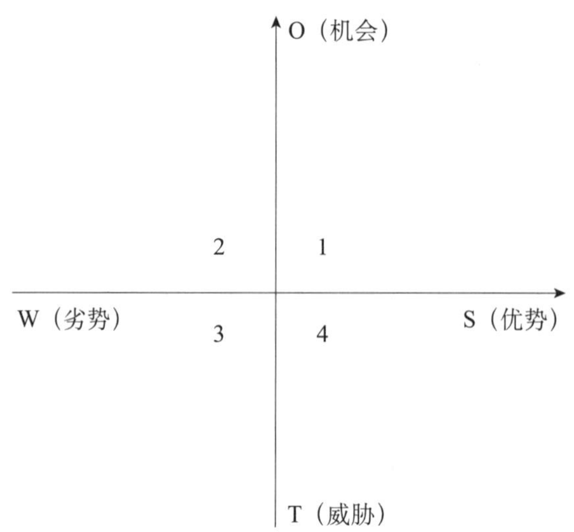

图5-4 企业SWOT分析象限图

（一）扩张战略

在第1象限中，企业的外部环境中机会很多，威胁较少，同时企业在市场中具有竞争优势，这时企业应果断采取扩张战略。

企业可以考虑将资金与人员集中起来，在这项业务上进行重点扩张，以超常规的速度发展。在不能及时筹集所需资金和招聘所需人员时，可以通过与其他企业进行合并来扩大市场份额，取得进一步的优势。企业还可以通过兼并的方式迅速扩张，获得现成的设备与人员，加速业务的扩大。

（二）防卫战略

第2象限中的企业业务面临的外部环境中机会多于威胁，但企业在市场中没有竞争优势，这时企业应采取防卫战略。

由于这一业务存在着巨大的市场机会，企业在处于劣势的情况下，一方面应努力克服自身的弱点，争取化劣势为优势，另一方面可以考虑与优势企业合并以获得优势，或者与同处于劣势的企业合并，互相取长补短以形成优势。

（三）退出战略

在第3象限中，企业业务所处的市场环境中威胁多于机会，同时企业在市场竞争中处于劣势，在这种情况下，企业应采取退出战略。

在这种很难获得发展的条件下，企业应果断地选择退出该项业务，将资金与人员撤出，投入到其他业务，退出障碍较大的业务可以转卖给其他企业，进行资产重组。

（四）分散战略

处于第4象限的企业业务所处的外部环境较差，威胁多于机会，但企业在市场竞争中处于优势地位，这种情况下企业应采取分散战略。

由于市场环境中威胁因素占主要地位，企业应采取多角化经营战略来分散风险。此外，企业还可以通过合并或兼并来扩大实力，获取规模经济，提高抗风险能力。

总之，企业通过 SWOT 分析可以确定各项业务所处的具体位置，从而采取相应的对策，促进企业的发展。

四、运用 SWOT 分析要注意的问题

SWOT 分析要将机会与威胁分析、优势与劣势分析结合起来运用，才能全面地剖析企业的内外环境。SWOT 分析存在两点不足：

（1）将机会与威胁对立起来。外部环境中的机会与威胁并非互相对立、非此即彼的两个极端，两者可以共存。SWOT 分析将其作为企业外部环境的两极，忽略了机会与威胁因素都很多或都很少的情况。

1）机会与威胁因素都很多。如第 1 节中分析过的，这是风险型业务。企业在处于优势的情况下应着力扩张，通过合并扩大规模，提高抗风险能力。企业处于劣势时要做好风险收益分析，如果发现风险收益率可以接受，则应采取防卫战略，通过合资与合并的方式获取优势，如果发现风险收益率不能接受，应采取退出战略。

2）机会与威胁因素都很少。如第 1 节中分析过的，这属于成熟型业务。企业在处于优势的情况下应采取扩张战略，在处于劣势的情况下则应采取防卫战略。

（2）不能详细列出企业的优势与劣势所在。SWOT 分析是综合性分析，不能详细列出企业的优势与劣势，这样就不利于企业采取相应措施化劣势为优势，在市场竞争中获得有利位置。

◎小　结

企业总处在一定的内外环境之中，环境影响着企业的营销活动，企业营销策划应当把对企业营销环境的分析作为前提和基础。

企业营销的外部环境须从宏观环境和行业环境两个层次着手，分别从经济因素、法律因素、人口因素、文化因素、自然因素、技术因素几个方面加以分析。企业营销的机会与威胁可运用机会矩阵、威胁矩阵或将二者结合起来进行分析。

企业营销的优势与劣势可以从企业的制造能力、营销能力、盈利能力、抗风险能力、组织能力、发展能力几个方面进行分析。

企业的 SWOT 分析是将优劣势与机会、威胁综合在一起进行分析，依据象限图确定营销战略。以上分析要彼此结合才能做到准确全面。

◎习　题

1. 企业宏观环境的分析要考虑哪些因素？
2. 企业行业环境的分析要考虑哪些因素？
3. 如何运用机会矩阵进行企业营销机会的分析？
4. 如何运用威胁矩阵进行企业营销威胁的分析？

5. 机会和威胁综合分析中有哪几类业务？
6. 企业营销的优势分析主要对企业哪些方面的能力进行量化评价？
7. 企业营销的SWOT分析如何展开？
8. 试对某企业的实际情况进行SWOT分析。

◎案　例

中国电信天翼“飞Young”体验卡上市的SWOT分析

一、电信行业现状分析

（一）背景介绍

2016年，由于移动通信市场趋于饱和，中国三大运营商的厮杀异常激烈。中国移动一直处于行业龙头地位，中国联通在更换领导层后进入绝处逢生的状态，中国电信一直是稳中求赢，步步为营，稳扎稳打地扩张自己的市场。

1. 中国移动

中国移动通信集团公司（简称“中国移动”）于2000年4月20日成立，是一家基于GSM，TD-SCDMA和TD-LTE制式网络的移动通信运营商，是在原中国电信通信资产总体剥离的基础上组建的国有骨干企业，拥有全球第一的网络和客户规模，2000年5月16日正式挂牌。2008年5月23日，中国铁通集团有限公司并入中国移动，成为其全资子公司，保持相对独立运营。

2. 中国联通

中国联合网络通信集团有限公司（简称“中国联通”）于2009年1月6日在原中国网通和原中国联通的基础上合并而成，主要经营GSM，WCDMA，TD-LTE和FDD-LTE制式的移动网络业务。

3. 中国电信

中国电信集团有限公司（简称“中国电信”）成立于2000年，作为中国主体电信企业和最大的基础网络运营商，拥有世界第一大固定电话网络，覆盖全国城乡，通达世界各地。2011年3月29日，中国电信天翼移动用户破亿，中国电信成为全球最大的CDMA网络运营商。

（二）三大运营商数据对比分析

2016年三大运营商主要营业数据分析如图5C－1所示。

整体来看，三大运营商的竞争格局没有发生太大改变，中国移动依然领跑中国通信行业；中国电信的表现中规中矩，实现了收入、利润的双增长；中国联通在新任董事的带领下，渐渐走出泥潭，但处境依然艰难。2016年，中国联通开始进行跨界合作，分别与BAT（百度、阿里巴巴、腾讯）三家公司进行强强联合，试图另辟蹊径找到一条新的发展路线。

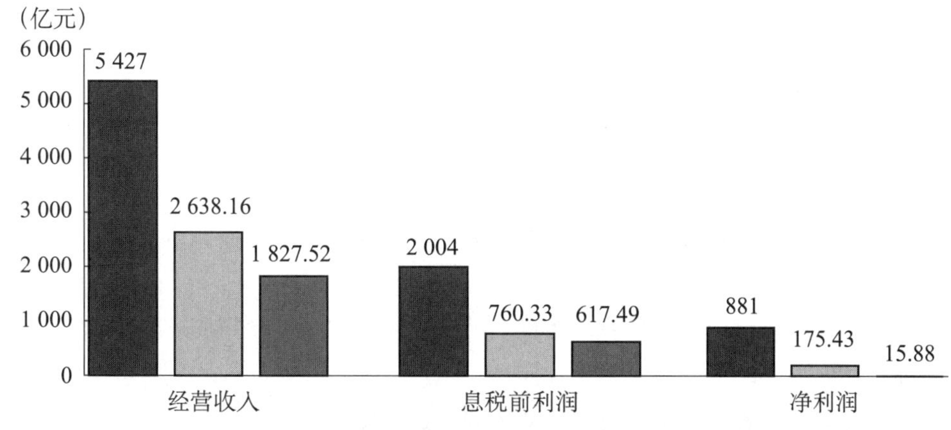

图 5C－1　2016 年三大运营商营业数据分析图

对比三家企业，中国移动无疑是行业的领头羊，收入占全行业的 55%左右，净利润占全行业的 82.2%。中国移动 4G 用户占全网 4G 用户的 70%以上。

（三）中国电信的发展现状

中国电信集团有限公司成立于 2000 年 5 月 17 日，是我国国有特大型通信企业，上海世博会全球合作伙伴，连续多年入选世界 500 强企业，主要提供固定电话、移动通信、卫星通信、互联网接入及应用等综合信息服务。中国电信作为中国主体电信企业和最大的基础网络运营商，拥有世界第一大固定电话网络，这一网络覆盖全国城乡，通达世界各地。中国电信的成员单位包括遍布全国的 31 个省级企业，在全国范围内经营电信业务，占有中国大部分固定电话市场及一定比例的移动电话市场，近些年获得多项国家级及世界级荣誉奖项。2011 年 3 月 29 日，中国电信移动用户破亿，中国电信成为全球最大的 CDMA 网络运营商。中国电信集团公司旗下有三大上市公司——中国电信股份有限公司、中国通信服务股份有限公司和号百控股股份有限公司。2011 年中国电信全面启动“宽带中国·光网城市”工程。2015 年 2 月 27 日，工信部宣布，向中国电信发放 FDD-LTE 牌照。2015 年 5 月 15 日，中国电信采取了提速降费举措。2015 年 7 月 1 日，中国电信面向所有已开通国际、港澳台漫游服务的 245 个国家和地区，大幅下调数据流量、通话和短信资费。2015 年 7 月 3 日，中国电信发布品牌“天翼 4G+”。2016 年 5 月，中国电信入选国务院首批双创“企业示范基地”名单。中国电信集团公司在“2016 中国企业 500 强”中排名第 17 位。中国电信一直以来秉承“让客户尽情享受信息新生活”的企业使命，致力于服务和改善人们的信息生活。

（四）中国电信天翼“飞 Young”体验卡简介

中国电信天翼“飞 Young”体验卡分为以下两种：

日租卡：19 元/月，每天 1 元/G 校内流量。

月租卡：39 元/月，内含 1.5G 全国流量，28G 校内流量（超出的流量按正常标准计费）。

二、SWOT 分析

（一）优势

（1）企业实力强，是具有卓越信誉的大型国企。

（2）品牌优势明显，品牌效应好。

（3）产品线长，产品内容丰富，创新业务不断涌现，品牌业务突出。

（4）网络覆盖面广，稳定性强。

（5）支付安全性高，人脸识别及身份实名认证保护个人隐私信息。

（二）劣势

（1）管理不够完善，营业厅经营管控不到位，客服质量低。

（2）渠道覆盖面不足。

（3）携号转网成本大。

（4）缺乏个性化、创新的套餐优惠活动。内部创新能力的缺失很可能导致企业不能进一步开拓国内市场，不能推出客户所需要的特色产品。

（5）促销宣传和推广方式单一。

（三）机会

（1）政策方面：中国政府大力推进国民经济和社会信息化的战略决策，为中国电信的发展创造了机会。

（2）法律方面：电信业法律法规的不断健全和完善，使得中国电信的发展拥有有序的竞争环境。

（3）科技方面：信息产业的不断壮大、科技水平的提高、4G 智能时代的来临，使得通信行业有了快速发展的机会。

（4）经济方面：经济快速发展、人们的收入水平提高，使得购买力持续增长。

（5）产品方面：全网通手机的推出和普及解决了电信专机专卡的弊端。

（6）价格方面：漫游资费取消，资费降低，价格更具吸引力。

（7）消费者群体方面：90 后、00 后年轻消费主力军的兴起扩大了市场需求。

（四）威胁

（1）政策方面：我国电信行业监管政策日益严格。

（2）安全方面：网络安全成为开发新用户的隐患，不利于品牌形象的树立和品牌价值的传播。

（3）竞争者方面：中国移动和中国联通两家运营商所带来的一系列激烈的市场竞争使中国电信面临威胁。

三、SWOT 战略分析

（一）SO 战略

（1）利用市场优势和宽松的政策，企业管理者结合自身广泛的人脉与管理优势，进一步拓宽国内市场。

(2) 利用新的公平有序的竞争环境，给品牌树立良好的形象。

(3) 充分利用 90 后消费主力军的兴起等机会，加强产品组合创新，凸显差异化，立足各大高校市场，布局全国。

(4) 积极与外资企业合作，进一步拓宽国际市场，把中国电信打造成世界品牌。

(二) WO 战略

(1) 加大个性化终端销售模式的创新和宣传推广力度，针对新老大学生用户推出专项定制、差异化的服务，比如有吸引力的定向流量服务、流量跨界（如与游戏的跨界、与共享单车的跨界）营销等。

(2) 充分利用新媒体的营销渠道、O2O 的创新业务模式，提高用户的线上参与感和线下体验感，进行校园的跨界营销。

(三) ST 战略

加快信息化、电商化进程，巩固中国电信的品牌地位，积极推进互联网化转型，加快 5G 的普及速度。

(四) WT 战略

针对电信诈骗，制定一整套完备的惩治措施；深入解读相应的电信监管政策；根据不同用户群体特有的通信需求打造精细、个性化的服务；加大网络安全监管力度，努力成为一流的综合智能信息服务运营商。

资料来源：由湖北经济学院何喆、孟莹、刘丹丹、许凌云、龚伟鉴、朱鸿博、徐龙等策划整理。

讨论题：

1. 试说明中国电信天翼“飞 Young”体验卡 SWOT 分析和 SWOT 战略分析是否合理。

2. 试对中国移动、中国联通进行 SWOT 战略分析。

第 6 章

营销策划作业

营销策划作业是营销策划的总体系统流程，或理解为具体操作过程。营销策划是科学的策划、规范的策划。营销策划的科学性和规范化主要通过完整、有序的程序来实现。营销策划的科学性和规范化要有一定的组织作保证，置身于营销策划组织中的人员要具备一定的素质和能力。营销策划文案是营销策划活动和行为的固化，是营销策划活动的结晶。

第 1 节　营销策划组织与策划人

一、营销策划组织的构成

营销策划是一个系统工程，是集思广益、广纳贤才产生创意与设计的过程，因此营销策划组织必须在充分发挥主创人员智慧的基础上形成团结合作的组织系统。当然，这种组织机构只是临时性的，即在从事企业营销策划的时段内加以组织并行使职责，一旦营销策划任务完成，可由企业的常设组织机构如企划部或企业管理部（科）负责营销策划组织的后续任务，如营销策划案的实施与监督、管理等。

营销策划组织一般称作营销策划委员会或营销策划小组。该组织设主任（或组长）1 名，副主任（或副组长）2～3 名，成员若干名。营销策划小组包括以下几类人员：

（1）策划总监。如果营销策划主任由企业总经理担任，那么策划总监由企业营销副总经理担任比较合适。其职责和任务是领导、保证、监督营销策划委员会（小组）的全盘工作，协调和安排营销策划委员会与企业各部门、各方人士的关系，掌握工作进度和效率。

（2）主策划人。主策划人应是营销策划组织的业务核心，相当于节目编导，负责指挥各类策划人员进行业务调研，牵头组织业务人员进行创意活动，最后负责拟定策划文案。主策划人应有良好的业务素质和各方面的业务能力，要熟悉企业营销行为，富有经验和责任感。

（3）文案撰稿人。营销策划文案的撰稿不应是主策划人的个人行为，在主策划人的领导下，要有若干撰稿人参与工作。这些撰稿人有可能只撰写文案中的一部分内容，但他们必须对营销策划的全过程非常熟悉。撰稿前的调研工作应该是全面和系统的，这样才能做到胸中有全局，笔下有特色。对这类人员而言，文字表达娴熟是最起码的要求，认识问题深刻和富有创新思维则是衡量一个文案撰稿人水平的主要标准。

（4）美术设计人员。营销策划中常涉及企业视觉形象、商标、广告、包装等方面，营销策划的过程也是对商品、企业进行美化包装的过程。美术设计人员可依据美学原理对上述各方面进行创新性设计，以增强营销策划文案的吸引力与感染力。

（5）高级电脑操作人员。电脑操作人员不仅要收集资料、存储资料和随时输出资料，而且要进行适应多媒体需要的、能进行动态链接和形成互动效应的高难度的操作，以备营销策划之需。

总之，营销策划组织是由多方人员组成的富有创造性的机构。营销策划组织应该是开放的组织，要善于网罗人才，开发智力，这样才会有活力。

二、策划人的素质与能力

（一）社会对策划人素质的一般要求

策划作为一门有着 300 多年历史的学科，作为一个推动企业发展、社会进步的知识产业，发展至今已是无所不包、无处不在、无事不为，其服务对象包括政府部门、机关团体、各类企业及家庭个人等在内的整个社会，其服务范围既有政治、文化领域，也有社会经济活动。仅就为企业服务而言，既可为企业的发展战略进行策划，也可为企业的形象确立、品牌创优、产品推广、市场营销、广告宣传等进行策划。

策划人的行为不是短期行为，不是偶尔为之的卖点子、卖理念的行为。凭几个点子就想包打天下的时代早已一去不复返。策划人的行为必须融入市场化的过程和体系，这样才能培养自身的素质。

社会对策划人的素质要求主要体现在以下几个方面：

（1）集理论与实践于一身的复合型人才。策划人首先要有广博的知识，包括经济学、社会学、美学、管理学、语言学、逻辑学、哲学等各方面的综合知识。对这些知识要能融会贯通，并在已有知识的基础上产生联想，形成新的创意。

同时，策划人还必须有广博的社会阅历、丰富的实践经验。一个不了解国情、不熟悉企业、不能把握经济和社会发展走势和各阶段特点的人，无法做到真正的策划。

（2）敏锐的观察力、判断力和驾驭市场的能力。没有准确、科学、超前、精确的预测，就不是成功的策划；同样，没有特色、创意、独到性的思路和对策，也不是成功的策划。预测的科学性与策划案的新颖性、针对性来自策划人对企业的内外部环境、优劣势条件的敏锐洞察和分析判断。具体问题具体分析是策划成功的指导思想。那种靠某种套路去满足不同企业需要的策划是无效的策划。策划人要想策划成功就要培养和训练自己的观察、判断和分析能力。

驾驭市场首先是认清市场，把握市场的态势、流行的时尚、产品卖点、市场发育程度、行业特色、区域市场的变化趋势等，只有认清市场才能采取恰当的战略和策略驾驭市场。

（3）良好的社会公德、职业道德。策划人应有以天下为己任的博大胸怀，有全心全意为社会造福的精神境界，不把策划行为当作纯商业行为，更不能搞商业欺诈。不是按照固定的、一成不变的套路去应付各类企业不同的策划要求，而是兢兢业业、扎扎实实地遵循事物发展规律和人类的思维规律去工作，力争每次策划都是别具一格的，具有很强的针对性而又富有创意，摒弃任何虚假、俗套、不负责任的行为。

（4）娴熟的表达技巧。策划人的策划成果要通过策划文案体现。策划文案是由文字、图形、数据表现的。策划人必须具有图像、数字、文字的表达能力。这种素质是策划人长期进行语言、电脑、绘画训练和刻苦学习相关知识的结果，尤其是对中国语言艺术，如语法、修辞、逻辑的运用，需要策划人坚持不懈的努力。

准确、鲜明、生动是表达效果的基本准则。准确是前提，鲜明、生动是表达效果优劣的标志。策划人应在语言艺术的运用、色彩的选择、构图的和谐上充分体现自身的素质。

（二）策划人的素质

策划人的素质包括以下几个方面：

（1）政治思想和道德素质。这是决定策划人整体素质的核心，主要包括：

1）政治思想素质，即有正确的政治方向、信念、立场和观点，包括人生观和价值观。其中，最重要的是始终坚持社会主义方向，拥护并贯彻执行党的基本路线、方针和政策，尤其是与策划企业的经营有关的各项政策法规，自觉遵纪守法。要有敏锐的政治鉴别力，对于所负责的项目涉及的政治事件和思想问题有洞察和辨别的能力，以国家和人民的利益为重，不做有损国格和人格的事。要热爱本职工作，勇于奉献，大公无私，不谋私利。

2）职业道德，即有良好的职业道德，在经营活动中遵守行业的道德规范。要重视保持企业的信誉，不为谋取一时的利益而出卖企业或做交易，搞欺诈行为；严格保守国家、客户和本企业的秘密；切实保证策划产品的质量，以优质的服务满足客户的需求，赢得客户的信任。

3）开拓和创业精神。要有发展策划事业和开拓策划市场的精神，不畏艰难，不怕挫折和失败，不怕暂时的亏损；善于接受新事物，敢于摒弃旧观念，树立新观念，有开拓新局面和力争上游的决心和信心。策划是一个朝阳行业，作为一名策划人，一定要有强烈的创新意识和清醒的风险意识，不能因循守旧，要敢于冒风险，敢为天下先，同时也要做好应付和抵御风险的准备，力争在竞争中获胜。

（2）知识和技能素质。这是决定策划人整体素质的内在基础，主要包括：

1）政策理论知识。要对国际和国内的政治、经济等领域的基本政策和理论有全面系统的了解，对迅猛发展的科技潮流有动态的跟踪和科学的预测，对席卷全球的知识经济和技术创新有深刻的了解，对我国发展知识经济和技术创新的现状和前景有客观的估计。

2）金融法律知识。作为策划人，必须掌握有关金融、财会、税法、管理方面的知识，学习市场营销、经济法、国际金融、贸易等学科的知识，以及相应的操作技巧，学会理财，以带领企业致富。

3）专业技术知识。策划人要做策划的内行。策划专业知识包括各种策划理论、方法、技术等。策划人尤其要掌握现代策划理论的最新进展和现代策划方法与技术，这涉及软科学研究、市场调查、数据处理、统计分析、建模、网页制作和上线运行等，要求策划人具有一定的计算机知识。此外，由于策划专业涉及面广，策划人还需要掌握高新技术领域的专业知识。

4）经营管理知识。策划人不仅要懂策划，而且要精于策划企业的管理，具备有关企业管理与经营的理论知识。管理是一门科学，策划企业的管理同样是一门科学，涉及机构、人事、财务、业务等的管理。要做到科学管理，就要采取系统工程的方法，使企业形成一个有机的整体，有条不紊地运行。

5）现代化技能。作为面向 21 世纪的策划人，不仅要能指挥别人，自己也要掌握现代化的手段和技能，亲自动手，亲身参与。要具备一定的计算机技能和较好的外语水平，适应不断发展的现代科技和经济，拓宽获取信息的渠道，提高处理事务的效率，增加国际合作与交流的机会。

（3）行为和经验素质。这是决定策划人整体素质的关键因素，主要包括：

1）领航素质。策划人就像一名船长兼领航员，要具备驾驭企业在市场中乘风破浪而不致触礁翻船的能力，这就要求在变幻莫测的市场环境中站在战略的高度，寻找适合自己发展的航向。首先，选好自己的基本定位，比如，是主要负责决策策划、管理策划、信息策划，还是工程技术策划、专业事务策划；其次，细分自己的主攻领域和方向；最后，随着内外环境的变化及时修正航向，变换自己的经营方针和策略，尤其要注意不能仅看到眼前利益，更要着眼未来发展。这种领航能力需要在实践中长期摸索与体验，不断总结失败教训，积累成功经验。

2）管理和组织协调素质。策划人如何把管理知识和经验用于管好自己的企业是一大难题。面对激烈的市场竞争，首要之举是练好内功，即管好本企业，包括各部门的工作安排和各项管理，尤其是计划、项目、人员和质量的管理。我国策划企业一般规模不大，几十人规模的居多。管理层既要有分工，又要有协作，更要有集中，分权和集权相结合才能有效地实施管理，产生 1＋1＞2 的效果。有时，策划人还要兼（分）管一些部门和项目，这就要求其具备组织协调能力。

3）公关素质。策划企业的公关事务繁重，不仅要找项目，而且要完成各种调研和公关活动，接触社会机会多。作为策划人，要熟悉市场的变化，掌握客户的心理，运用巧妙的公关策略，才能打开市场、抓住机遇、联系客户、赢得项目，并使雪球越滚越大。一个策划人尤其应有公关能力，从一定意义上讲，没有公关能力的人当不了策划企业的负责人。

4）使用和培养人的素质。搞好策划企业的关键在于人，管好人才能管好企业。策划人要知人善用，不仅要发现能人，还要发现“苗子”。只知用人而不知育人是一大失误。我国策划企业缺乏“良才”，尤其是“帅才”和“将才”。应该怎么办呢？首先，要有一个好的总经理，但光有一个总经理只能是“光杆司令”，还需要培养一批骨干和接班人，特别是经营型人才。有了几个或十几个具有开拓精神和实干能力的部门经理，策划企业就好办多了，总经理也就好干多了。其次，总经理不能只会发号施令，更重要的是能与下层沟通，搞参与式管理，多了解下层的状况和要求，采纳合理的建议，充分利用激励机制和约束机制，调动起每个人的积极性，这样才是一个聪明的策划人。

（4）身体和心理素质。这是决定策划人整体素质的必要条件，主要包括：

1）身体素质。我国策划企业的特点是规模不大而事务繁忙，策划人若没有睿智的大脑和健康的体魄是难以胜任的。只有勤用脑、勤锻炼，才能保持旺盛的精力去应付激烈的市场竞争及繁忙的市场运作。

2）心理素质。商场如战场，胜败乃兵家常事。作为一名策划人，要经得住成功与失败的考验，胜不骄，败不馁，在纷繁复杂的环境中保持相对平静的心态，以静制动，冷静地分析和处理问题，避免失误，抓住机遇，以顽强的毅力和锲而不舍的精神获得最佳效果。

（三）策划人的能力

策划人拥有的能力不同于一般专业人员，其能力更为广泛、全面和扎实。策划人应拥有以下能力：

（1）前瞻性的认识能力。策划人要把握世界历史的发展规律和中国社会的前进方向，据此认识未来发展趋势和社会价值取向，以保证在策划中的预测不背离正确的方向并具有前瞻性。

（2）敏锐的反应能力。策划人要对新生事物有敏锐的反应能力，要了解新风尚、新时尚、新事物，使策划体现时代精神和创新特色。

（3）睿智的想象能力。想象是创新的基础，没有想象就难以创新。想象能力是知识积累和智力开发的结果。没有知识阅历作基础，就不可能有丰富的想象；没有睿智的头脑，就难以使自己的思想在更为广阔的领域自由驰骋。因此，想象能力的培养一要积累知识，二要肯动脑浮想、联想、遐想甚至幻想。

（4）理性的思维能力。理性思维是在一定理论指导下的系统思维。不论是顺向思维还是逆向思维，都应有一定的程序和规范，纲举目张，论点明确，论据充分，思考富有逻辑性，而不是头绪紊乱，主次模糊，论据与论点相悖。

（5）巧用资信情报的能力。策划人要创新，首先必须获得大量的资信情报。在处理和利用情报时，或浓缩、或引申、或推断、或充盈，应视情况运用自如而又恰到好处。

（6）卓越的审美能力。审美能力具有时代性，不同的时代有不同的审美观，也就有不同的审美能力和标准。策划人卓越的审美能力表现为引领时代风气之先，既符合大众审美标准，又卓尔不群，不落俗套。策划人的审美能力可从策划的创意、构图、用色、形象设计、行为取向等多方面体现出来。

（7）精当生动的表达能力。策划人的创意需要精当的表达。“精”即指精确、精粹、精致，不偏离，不冗繁；“当”即指适当、恰当，要求具有准确性和分寸感；“生动”则要调动语言、艺术技巧，使创意在色、彩、形、字里行间等诸方面都内蕴丰富，感染力强。

（8）融会贯通的整合能力。策划人需要对策划活动中的系列行为举措进行整合。整合首先要提纲挈领，抓住中心，突出灵魂，用灵魂统帅策划活动的始终，并以主题思想作为旗帜，将相关内容结合在一起。整合中免不了取舍，取什么，舍什么，如何衔接、如何铺垫、如何突出中心、如何呼应、如何点睛等，考验的是策划人的能力强弱。

总之，策划人应拥有的能力是多方面的。策划人能力的强弱和全面与否，直接决定策划的质量水平。

第 2 节　营销策划程序

营销策划的全过程分为三个阶段、七个步骤。三个阶段是营销策划前期准备阶段、营销策划中期主体阶段和营销策划后期调整阶段。七个步骤分别归于这三个阶段。

一、营销策划的前期准备

营销策划的前期准备阶段包括两个步骤：

（1）资料收集与分析。营销策划首先要对企业的一手资料和二手资料进行收集、整理、分析。一手资料包括通过市场调查（观察、问卷、座谈、访问等）获得的直接的感性资料；二手资料是通过查阅企业的有关文件、大事年表、领导讲话稿、报纸杂志、财务报表、统计资料、经营计划等文字材料获得的。

整理与分析资料以去粗取精、去伪存真为原则，清理头绪、抓住主干，以认清企业发展趋势，作出规划预测。

（2）造势宣传。营销策划是企业的重大活动。为了使策划案具有科学性、可行性，营销策划准备阶段必须充分发扬民主、调动企业员工的积极性，提高员工的参与意识，增加员工的自觉行为。营销策划需要根据策划对象的要求造势宣传，使员工对营销策划的目的、意义、内容、运作方式都有所了解，以便配合行动。造势宣传的方法有很多，包括：领导动员、专家讲座、媒体宣传、开展各种公益活动和文娱活动等。

营销策划的前期准备是否充分决定了营销策划方案的质量好坏和营销策划进程顺利与否。

二、营销策划的主体部分

营销策划中期的主体部分包括三个重要步骤：

（1）方案设计。方案设计是营销策划的实质性程序，也是极富创意的过程。方案设计的原则是：准确表述，鲜明生动；别具一格，不同凡响；有的放矢，切实可行；不落俗套，匠心独具。

方案设计的具体内容包括：

- 理念设计；
- 目标选择和进入市场的方式设计；
- 企业成长阶段性战略设计；
- 市场拓展方案设计；
- 市场营销策略组合设计；
- 产品更新及产品策略设计；
- 企业及产品宣传设计；
- 企业公益行为设计等。

方案设计可根据企业营销策划的主题来确定内容。

（2）费用匡算。依据营销策划的主题及方案，确定完成策划任务所需的费用和策划方案本身所需费用。应在分别匡算每一项目费用的基础上测算汇总费用，统筹安排。费用匡算应本着实事求是的精神，精打细算，把钱用在刀刃上，不得浪费或无节制地滥用。

（3）方案沟通。方案沟通是一个程序，不限于一次，如难以达成共识，难以形成最佳方案，则应多次反复沟通，直至达成共识，得到最佳方案为止。

方案沟通首先是策划者与经营管理者的沟通。通过沟通进一步了解最高决策者的意图，使方案准确、具体地体现决策者的理念、思想、风格等。沟通既是一个整合的过程，又是一个贯彻的过程。

三、营销策划的后期调整

营销策划的后期调整包括两个步骤：

（1）方案调整。方案调整是在营销策划方案基本磨合成型后，再经过多方征求意见，对方案的目标、措施、策略进行调整、修改。调整意味着对方案只做局部的更改或补充。

（2）反馈控制。方案付诸实施后要经过第三方专家或委托方组织的实施人员的评估、鉴定，对方案的设计、表达、可行性、企业对费用的承受能力等方方面面进行综合评价、鉴定，方案一旦获得认可即坚持实施，如果中途发生异议或对方案的可行性产生怀疑，当事各方要坐下来认真研究，提出修改或纠正的意见后重新实施。

第 3 节　营销策划文案

一、文案的基本结构

营销策划文案又称营销策划书，是关于营销活动及其行动方案的文字，它为企业营销行为作出周密的事前安排。

文案的基本结构分为两大部分：

（1）策划基础部分，主要是对企业营销背景、市场环境进行分析。具体视策划内容而定，具有共性的内容如下：

1）宏观环境分析，包括政策因素、法律因素、经济因素、技术因素、社会文化因素等。

2）微观环境分析，包括竞争对手的营销战略及状态、企业内部优劣势等。

3）企业概况分析，包括企业的历史、现状及未来发展等。

4）对调查材料的分析，包括企业目标市场需求调查，购买力调查，购买行为方式调查，企业适应市场需要状况调查，以及企业的影响力、知名度、满意度调查等。

（2）行动方案部分。主要是对企业营销活动的范围、目标、战略、策略、步骤、实施程序和安排等的设计。就策划的指导思想而言，主要谋划两个方面的内容：

1）如何确定目标市场，包括市场细分、市场定位（包含产品的市场定位和企业的市场定位）、目标市场的选择与确定等。

2）如何占领目标市场，包括产品策略（新产品开发、产品改良、品牌包装等），价格策略（价格制定、价格变动），渠道策略（分销渠道的选择），促销策略（商业广告、人员推广、公关活动等）。

构成营销策划文案的两个部分相辅相成，基础部分为行动方案部分作铺垫，行动方案的内容不能脱离基础部分，否则就成了无源之水、无本之木。

营销策划文案基础部分分析要准确，材料要厚实，对原始材料的处理必须实事求是，不能任意编造或夸大、缩小，同时，选用的素材要充分，要为行动方案的形成提供充足、必要的条件。

对营销策划文案行动方案部分的要求是：有明确的针对性、强烈的创新意识、切实的可行性。

没有针对性或针对性不强的行动方案无益于企业。那种靠某种模式、某种套路的策划行为是不负责的行为，是欺诈行为。任何方案的提出必须视企业的不同情况而定，不管企业情况如何而一味用固有的、陈腐的、唯一的套路只不过是在制造信息垃圾，不仅不利于企业的发展，有时还会带来负面影响，企业应拒绝这类“策划”。

策划成果贵在创新，只有体现创新意识、具有创新精神的成果才最可贵。策划的创新重在策划人思路的创新、运用知识的创新以及营销的内容与技巧、手段的创新。成功的策划案要给人耳目一新、眼前一亮的感觉，给人以智慧的启迪和精神的振奋。

策划文案的可行性主要体现为适合企业的实际情况。文案不是空穴来风，不是为了束之高阁以供欣赏，而是为了推动企业的发展，为了付诸行动后有所受益。文案中的目标应该是通过努力可以达到的，文案中的措施一定是企业有能力实施的。

二、营销策划文案的撰写

营销策划文案也称营销策划书，是营销策划的文字报告形式。营销策划文案在形式上要规范、鲜明、具体，具有形象性和可操作性。文案的篇幅要与策划内容的繁简相一致，文案的形式要图文并茂，文案的语言要简洁、流畅、生动，文案的结构要严谨、完善、层层递进、环环相扣、彼此呼应。除此之外，营销文案的撰写还需要特别注意以下几个方面：

（1）确定新颖、醒目的标题。标题具有揭示策划案的中心思想、吸引人们的注意力、产生感染力和号召力的作用。标题要新颖、醒目。

（2）对企业概况的陈述要简洁、重点明确。企业情况的简介一般包括企业的行业性质、所有制性质、规模、历史、经营特色、主导产品、技术力量、行业地位等。要根据策划案的内容来确定重点强调哪些方面，如对企业整体形象的策划要强调企业过去的形象及企业未来要塑造什么样的形象。

（3）明确策划案适用的时限。策划案适用的时限因产品而异、因营销策划的目标而异。一般而言，时尚品、季节性产品时限短，技术产品、高档产品时限长。对应长短线产品可分别采用长线策划和短线策划。

（4）企业的优势、劣势、机会、威胁分析可依据 SWOT 理论进行。在 SWOT 理论的指导下，对企业内部的优势、劣势及企业外部环境的机会和威胁进行具体的、实事求是的分析。不仅要分析经济因素，还要分析政治、社会、生态因素。

（5）对策划目标及内容进行设计要有创新意识。

◎小　结

营销策划作业是营销策划的总体系统流程，或理解为具体操作过程。营销策划组织是具体实施策划的主体。主体的强弱、优劣直接关系到策划的结果。营销策划组织可称作营销策划委员会或营销策划小组，其中包括策划总监、主策划人、文案撰稿人、美术设计人员和高级电脑操作人员。这些人员的素质和彼此的合作情况是营销策划成败的关键。因此，对策划人的素质和能力有具体的要求。

营销策划的全过程由三个阶段、七个步骤构成。营销策划文案因时、因地、因不同企业和不同主题分别撰写，文案的篇幅、风格没有固定模式，但写作有一般规律可循。

◎习　题

1. 营销策划组织由哪些人员构成？对策划人的素质和能力有哪些要求？
2. 营销策划程序有哪些步骤？
3. 营销策划文案的撰写要注意哪些问题？
4. 试按下列要求进行营销策划并撰写文案：某新产品上市；某产品进入新的目标市场；某产品的广告宣传；某企业的改组或改制导致营销战略调整。

◎案　例

海天欢乐购开业前后整体企划活动

第一部分：项目解析

（一）关键词

时尚、欢乐、剧场、艺术、生活、餐饮、体验，这些项目特点是生活方式的精彩演绎，也成为本案的切入点。

（二）目标

通过开业预热及各种活动，提高海天欢乐购的知名度，扩大其影响力，达到火爆开业之后稳场旺场的目的。

（1）确立海天欢乐购项目的特色定位和公众形象，赢得各大媒体的关注，将海天欢乐购塑造为王家湾乃至武汉具有新地标性质的休闲娱乐去处。

（2）连续举办开业活动和主题活动，维持火爆的人气，加强海天欢乐购在区域内的影响力，让它成为人们家门口的欢乐主场。

（3）以“玩味武汉，活色生香”为主题，把握住时尚、欢乐、生活的总基调，以

"icon""标签"为创意出发点；强调"玩味"一词，突出海天欢乐购"美食""休闲"的特质；后半句"活色生香"既是海天欢乐购个性的展现，也是对开业期间气氛的渲染，同时，紧扣核心主题活动，让后续活动一线贯穿，彼此推动，形成良好的传播互动。

第二部分：活动创意

海天欢乐购开业系列主题活动的构成：

预热期（2015 年 8—11 月）：暖身闪耀季——全球食尚　味你而来；

引爆期（2015 年 12 月）：炫彩启幕季——激活奇光　星动海天；

延续期（2016 年 1—2 月）：乐享生活季——缤纷开启　潮流不息。

关键词：美食、校园、社区。

（一）开业预热期

活动时间：开业前两个月内的每周六。

活动地点：项目周边大型社区、写字楼及校园。

1. 社会行、校园行

（1）LUCKY 摩天轮。

（2）海天欢乐购品牌大通关。

2. 事件营销

二维码快闪。

3. 网络活动

（1）大型餐饮团购秒杀。

（2）微信集赞赢奖品：随手拍海天欢乐购商场活动信息分享到微信朋友圈并集齐 30 个赞，可参与抽奖，有机会获得 LOMO 相机一部。

4. 试营业

（1）吃货大比拼。

（2）海天欢乐购空中餐厅体验。

（3）你来秀美食，我请你家宴。

5. 中秋节

（1）全球共享月饼宴。

（2）现场任意消费送气球、纸灯笼，现场设置兑奖点，安排人员负责兑奖。

6. 国庆节

宣传语：7 天超值优惠惊喜每天不一样！

（1）泡泡兵主题装置展（10 月 1 日至 11 月 11 日）。根据商场的位置、营销主题进行场景布置以及景观设计。以国庆阅兵为表现形式，结合具有军事特色的互动设施以及相关活动，生动演绎"有力量，更青春"的核心主题。

（2）开哈雷，送免费健康午餐（10—11 月）。

宣传语：10—11 月，海天欢乐购给王家湾商圈写字楼的小伙伴发福利了！也许就在你中午准备下楼买午餐的一瞬间，酷炫的哈雷就出现在你的眼前！机车大叔、小鲜肉亲自将精致的健康午餐送到您手上，美食来自海天欢乐购的餐饮商户！

7. 万圣节

活动时间：10月31日。

主题内容：万圣COS情景剧＋舞蹈表演＋串场万圣装扮小丑互动。

8. 光棍节

活动内容：奔跑吧海天——时尚泡泡跑：现场互动，领取酷炫装备。

（二）开业引爆期

关键词：明星、圣诞、奇幻、蓝色海洋。

1. “蓝精灵奇幻之旅”主题特展

根据海天欢乐购广场“海洋”“自然”“家庭”“欢乐”的特点，在12月开展“蓝精灵奇幻之旅”主题活动。

2. 平安夜亮灯仪式暨魔幻派对

3. 开业庆典

活动主题：嗨玩视界、乐动启航。

（三）延续期

关键词：音乐、生活、艺术、节日。

1. 海天欢乐购元旦一路欢唱音乐会

节目形式：音乐现场、明星脱口秀、现场互动、商业植入。

2. 2016年新春庙会

2016年春节，以“喜”“乐”“闹”为关键词推出以“喜乐猴年”为主题的系列活动，针对新年档期，以“展示＋互动＋售卖活动”形式为主，确保集聚人流小高峰，实现2016年开门红，扩大海天欢乐购在武汉的市场影响力。

（1）新春剧场闹新年。

活动时间：春节14：30—15：00，16：00—16：30。

活动内容：京剧、楚剧、黄梅戏＋变脸。

（2）春联剪纸。

活动内容：邀请书法家、艺术大师现场书写春联及制作剪纸作品，迎接新年的到来，为春节增加喜庆气氛。

（3）欢天喜地财神到。

活动内容：财神爷发金币（元宝巧克力）。

（4）老武汉的记忆——转糖。

活动内容：展示转糖，吸引家庭，增添童趣。

3. 情人节主题万人相亲会

活动目标：最火爆的相亲场面、最精彩的相亲环节、最精准的人群覆盖。

4. 主题性暖场小活动

活动内容：极限运动、电子竞技、亲子乐活影像艺术展、中庭周末舞台演出。

宣传语：海天欢乐购，周末精彩不断，各类舞蹈、街头表演，滑稽小丑与你亲密互动，单车牛人大秀酷炫绝技。

5. 海天欢乐购美食地图＋AR 互动技术

通过虚拟现实系统扫描，华丽的“美食地图”可立体呈现。

宣传语：来海天欢乐购，集印章享受开业当天全场餐饮 5 折大优惠！

明星推荐：亮灯仪式艺人推荐郭采洁、杨幂，开业庆典艺人推荐吴克群、曹格、邓超、范晓萱、汪峰。

主持人推荐：亮灯仪式主持人推荐张峰、霍娜组合，开业盛典主持人推荐阿哲、小可、张卉。

第三部分：活动传播

传播策略：四重火力，打响宣传战役。

媒体平台：平面媒体、电台、门户自媒体平台全方位报道。

四步传播：阶段传播、持续出击、直接到达、引爆全城。

深度互动：线上线下、信息传达、深入了解、增加信心。

辐射全市：直击各行业客户、深度报道、全面落地、本地全覆盖。

活动传播整体安排：

- 预热期（2015 年 8—11 月）：前期预热、活动预告；
- 引爆期（2015 年 12 月）：现场媒体报道、深度专访；
- 延续期（2016 年 1—2 月）：活动回顾、后续活动铺垫。

针对不同媒体平台，具体安排如下：

（1）整合多种媒体平台：整合平面媒体、电台、门户网站、户外硬广、自媒体等媒体平台，形成多媒体平台联动，共同打造最大影响力。

（2）平面媒体：选择《楚天都市报》《武汉晚报》《武汉晨报》等报纸对海天欢乐购进行深度宣传，使之成为地区性的热门话题。

（3）广播电台：92.7 广播、105.8 广播，一周至两周口播广告，有效覆盖武汉本地有车一族，用不间断、广覆盖、快准狠的电台口播对海天欢乐购进行精准深度的广播，提升关注度。

（4）门户网站：选择腾讯大楚网、荆楚网、新浪武汉乐居、新华网湖北频道、凤凰网湖北频道及湖北本地知名门户网站全力报道，充分利用地产频道广告位、公关软文报道。

（5）本地论坛：选择得意生活论坛进行专题跟踪报道，落实线下会员、论坛广告位。

（6）自媒体：

1）将微信公众号作为传播主平台。以微信公众号作为互动端口，确保与目标受众的信息及情感沟通，建立受众与媒体的持续关注度，引导目标人群关注海天欢乐购，提升受众兴趣。利用微信平台全面推广，通过前期宣传炒作扩大声势，通过中期报道吸引受众参与和关注，通过持续互动增加影响力。

2）将微博作为活动信息发布平台和活动互动平台。利用微博平台主动推广，全程报道活动内容，与微博平台粉丝互动。以王家湾大动作为引爆点，引导目标人群关注活动，提高受众对整个活动的兴趣。内容互动营销配合大量现场精彩瞬间图片，引发受众关注。

（7）户外硬广：选择王家湾商圈、钟家村商圈、汉口武昌等繁华商圈进行户外广告投放，如户外大牌、高炮、公交站落地灯箱、轻轨站塔式灯箱。

（8）地铁包装：以地铁为传播媒介，通过视觉包装实现话题传播和口碑传播。选择1、2、3号线地铁列车用“玩味武汉　活色生香”进行换装，设置二维码。

（9）杂志：充分利用知名杂志，如《大武汉》《W周刊》《上层》《都市主妇》《湖北画报》《武汉都市圈》《长江生活周刊》等。

资料来源：企业内部资料。

讨论题：

1. 本策划案运用了营销策划的哪些知识点？
2. 请为海天欢乐购设计更多的开业庆典方案。

第2篇

企业行为策划

第 7 章

企业入市策划

企业进入市场包括新成立的企业进入已有市场和老企业进入待开拓的新市场。企业入市是企业生存和发展之始，是企业获得消费者认知、认同、认可的过程。企业对入市的策划往往是最迫切的，也是最重要的。好的开局是成功的一半，任何企业都希望谋求一个良好的开局。企业入市策划是在对市场进行充分调研的基础上进行产品、市场决策的过程，一般包括入市程序的决策、国内外市场分析、入市条件与市场风险分析以及企业进入市场的行为策划等内容。

第 1 节 市场形势分析与判断

企业入市策划必须事先对国内的市场形势进行分析，以便有针对性地采取措施，保证企业顺利进入市场。

一、市场形势判断的一般思路

企业在做营销决策前要对市场形势作出判断，要判断市场是处于卖方市场还是买方市场；市场平稳还是波动，是轻度还是恶性波动（危机）；就波动状况而言，是过热（波动的峰顶），还是低迷、疲软（波动的谷底）。

判断市场形势主要依据下列标准：

（1）市场总供给与总需求的比例；

（2）市场供给结构和需求结构的适应性；

（3）主要商品供求在量上的比例；

（4）市场商品量与仓储量的比例；

（5）市场价格总水平的稳定状态；

（6）货币流通状态，币值稳定状态，货币供求比例是否协调等。

当市场商品从总量到结构都处于供不应求，价格呈上升趋势，市场形势对卖方有利时，这样的市场是卖方市场；反之，是买方市场。

当经济发展按照不平衡—平衡—不平衡循环往复时，反映到市场上就出现波动—平衡—波动的态势。

市场波动分轻度波动（一般性波动）和恶性波动（市场危机）。

市场危机是大工业时代的特有现象，是市场供求比例局部乃至完全被破坏，局部乃至整个市场失调的状态。市场危机表现为生产过剩，这种生产过剩是相对的过剩而不是绝对的过剩。相对过剩是指商品找不到货币，找不到购买者，生产超过有支付能力的购买者的需求。社会主义条件下也会因为经济过热、工业发展脱离农业基础、经济建设脱离国力、国民收入超分配、财政赤字等产生市场危机。

企业应对宏观市场形势作出正确的判断，这是作出正确决策、制定明确的战略规划的前提。

市场形势的变化既有一定的规律性，又受多种因素的影响，故而难以预料。这就要求企业家随时把握市场动态、洞察变化形势，提高自身的应变能力，适应市场形势的变化。

二、国内市场形势分析

现阶段我国市场具有买方市场的一些基本特征，主要表现为：

（1）商品供求关系发生了根本性的变化，社会商品供给总量基本达到或超过了需求总量。

（2）市场供大于求具有普遍性，各类市场都在一定程度上出现供大于求的现象。买方市场的表现具有普遍性，从区域性市场到全国性市场，从农村市场到城市市场，从消费品市场到投资品市场，从商品市场到要素市场，都不同程度地呈现出买方市场的特征。

（3）生产能力相对过剩较为突出和明显。在短缺经济时代，与庞大的市场需求相比，市场供给能力显得十分有限，随着市场供求关系的变化，商品供大于求成为一种普遍现象，企业超过市场容量的生产能力自然会导致生产过剩的局面。

（4）市场约束明显加剧，消费需求成为影响经济增长的主要或决定性因素。一般说来，影响经济增长的因素主要有三个：一是投资，二是消费，三是净出口。长期以来，资源约束一直是我国经济发展面临的主要问题，经济增长主要依赖于投资推动。近年来，这种情况有了很大的改变。资源约束逐步让位于市场约束，市场约束成为决定经济增长的主要矛盾或矛盾的主要方面。表现在宏观上，政府调控国民经济运行的主要任务已转变为研究消费需求，调节社会需求，增加有效供给。表现在微观上，企业间的市场竞争异常激烈。作为微观经济活动的单位和主体，企业明显感到了市场竞争的压力，过去那种“四平八稳”的日子已不复存在。

（5）买方成为市场的主宰，消费者在市场上的地位有了明显的提高。作为买方的消费者成为商品市场的主导力量，对商品有着绝对的自主权、选择权和决策权。企业在进行生产和提供服务的过程中，必须把消费者的需求放在首位，树立以消费者为中心的经营理念，从满足消费者的需求出发，一切为消费者着想。

三、企业入市应遵循的规律与原则

企业入市必须遵循市场规律，坚持市场原则，恪守市场营销道德。

（一）市场规律

企业应遵循的市场规律包括：

（1）时间节约规律。时间节约规律要求社会生产适应社会需要，社会资源的配置形成最优组合，产品以最短的时间生产。企业营销遵循这一规律就是要预测企业产品的适应性，保证产品结构适应社会需求，防止结构性或全局性劳动时间的浪费。

（2）价值规律。价值规律是指商品价值量由社会必要劳动时间决定。价值规律既作用于生产领域，又作用于流通领域。不管在生产领域还是流通领域，只有符合社会需要的劳动才是社会必要劳动，才能创造或实现价值，劳动才是有效劳动，只有使本企业的个别劳动时间低于社会必要劳动时间才能获取利润。

（3）供求规律。供求规律是指商品供求关系与商品价格之间互为因果、互相作用、互相决定。企业营销遵循供求规律就是要把握市场供求动向及行情变化，以决定投放市场的产品量及价位。

（4）竞争规律。竞争规律要求企业在营销过程中以质优、价廉、形象佳、业态独特超出同类以获取优势。

这四种基本的市场规律是企业必须遵循的，违背这些规律将受到市场的惩罚。

（二）市场原则

（1）自愿让渡原则。这一原则要求交易双方在没有外来干预的条件下自愿地让渡商品。贯彻这一原则意味着：排除倚仗非经济实力的强买强卖；抵制政府、行会和经济共同体的干预，限制封锁，禁止行政垄断；贸易自由，但不等于取消贸易保护，对国际贸易仍要审时度势，采取合适的贸易保护政策。

（2）等价交换原则。马克思说商品是天生的平等派。这表明商品交换既是使用价值的交换，又是商品所有权的交换，交易双方在市场上处于同等地位。当交易双方实力悬殊，或者供不应求，或者存在垄断时，等价交换会因供求规律作用而遭破坏。在双方交易过程中，价值是价格的轴心，价格围绕价值波动。等价交换原则对企业在市场上的暴利行为或低于成本的强行倾销行为是一种约束。

（3）公平竞争原则。经济主体在市场竞争中要有公平的外部环境和条件，以使竞争正常进行。市场上无论经济主体规模大小、行业地位高低，均享有公平的待遇，在同一起跑线上展开竞争。

在市场上违背上述原则的事情时有发生，企业要恪守这些原则，发现对手违背这些原则时应当面指出。

（三）市场营销道德

市场营销道德是人们在市场活动中应该恪守的靠社会舆论、传统习惯和内心信念来维系的行为规范的总和。市场营销道德的基本内容是：

（1）自愿。购买者有挑选权和退换权。市场视强买强卖、不准挑选、不准退换、强行搭售为不道德。

（2）公平。市场买卖双方应互利互惠，等值交换，平等竞争。市场视哄抬物价、弄伪售劣、商品贿赂、窃取商情、贬低竞争对手为不道德。

（3）诚实。购买者有认知权，企业应保证购买者知晓真实情况。市场视虚假的特价、减价，夸张的“亏本销售”，隐瞒产品的缺陷或副作用为不道德。

（4）信用。市场上买卖双方应信守承诺，严格履行合同或约定。市场视毁约或违约为不道德。

市场营销道德是意识形态，是对市场法规的补充。只有法律、法规与道德行为相结合，才有助于市场秩序的规范以及市场环境的改善。企业应自觉遵守道德规范，维护市场营销道德是参与市场活动的所有企业应尽的义务。

第2节　企业入市的能力分析与策划

一、企业入市的概念及表现形式

（一）企业入市的概念

企业入市也称市场进入，是企业根据启动或扩张战略决定进入一个尚未涉足的产业领域或目标市场区域的行为或过程。这一界定包含以下内容：

（1）企业入市是企业营销战略行为的启动。入市不是企业的孤立行为，它是企业实施营销战略的最初行为。

（2）企业面对的是新市场。此处的“新”是针对企业的营销行为而言的。新市场既指新的产业领域，又指某种地域，或二者兼而有之。

（3）入市的主体是企业。常有“政府搭台，企业唱戏”的说法。政府的行为不能取代企业行为，政府管理市场但不能取代、包办企业入市。

（4）企业入市既是一种行为，也是一个过程。就是说，企业入市活动不能瞬间完成，必须在一段时间里完成。

企业入市过程包括三个阶段及相应的入市活动，具体见表7-1。

表7-1　企业入市过程分期表

企业入市阶段	入市活动
启动期	试探性进入
开业期	正式进入
立足期	初具规模进入

- 试探性进入包括营销策划、调研和试销等。
- 正式进入包括正式成立分支机构或确立合作关系、针对当地做广告宣传、办理许可证等。
- 初具规模进入包括连续稳定地向新市场追加销售、进行市场渗透和初期扩张等。

企业入市就内容而言，主要解决以下问题：为什么要进入这个市场？采取什么样的方式和途径进入这个市场？企业入市预计的结果是什么？实际会产生什么后果？企业入市采取哪些战略战术和措施？

（二）企业入市的表现形式

企业入市按表现形式分为全面入市和单面入市两种。全面入市表现为既进入新的产业领域又进入新的地域或区域；单面入市则表现为单方面进入新产业领域或单方面进入新区域。

企业入市、市场占领、市场垄断是企业在市场上的生存状态。市场占领是指企业入市后经过一段时期的竞争和扩张取得相当地位的一种生存状态；市场垄断则是企业在取得市场地位后在市场竞争过程中逐步淘汰竞争对手而获得控制市场的主动权的生存状态。

市场进入与市场渗透、市场扩张，是既有联系又有区别的范畴。如果说市场进入所表达的是企业的生存状态，那么市场渗透和市场扩张则是企业生存发展的方式。市场渗透是指企业进入市场时所采取的逐步扩大进入范围和深度的行为，是小心翼翼的、瞻前顾后的、较长时间缓慢运作的过程。市场扩张则是企业入市取得成功后，向更高阶段、更高目标发展的行为。相对而言，市场扩张是一个大胆决断、快速推进的过程。一旦这种过程纳入企业发展的整体战略，企业的市场扩张不再是局部的行为，而是全局的行为，企业也就进入了市场扩张期。市场扩张是企业成长的一个阶段，市场扩张期的市场扩张不同于入市后的市场扩张，企业入市后的市场扩张是局部的、非战略性的。

二、企业入市的能力分析

面对企业入市的课题时，除了明确相关概念外，还要对企业的入市能力进行分析。

市场进入能力包括策划调研能力、启动能力、冲破阻力能力、落地生根能力、驱逐竞争者能力等（见图 7－1）。

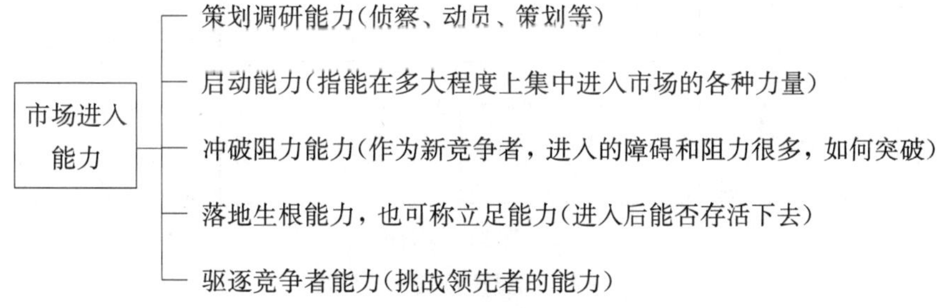

图 7－1　市场进入能力的构成

市场进入能力集中反映了企业的开拓创新能力和整体的经营管理水平，因为市场进入的成功意味着企业取得了一个新的利润增长点，从而为进一步发展创造了良好的条件；反之，不仅造成经济损失，更重要的是，还会造成双重信心损失，即打击消费者的信心和企业开拓新市场的信心。市场进入能力强，则企业扩张和发展能力强；市场进入能力弱，企业只能在原有基础上缓慢运作，由于难以灵活转换生产经营活动，有可能被淘汰。

市场进入能力主要体现在以下几方面：

（1）选择突破口。很多企业的市场进入不成功，除了定位错误、策划不周全等原因外，大都为突破口的选择不当所致。突破口不当，等于不得其门而入，要么花费很大代价才能进入，要么千辛万苦还不能进入。这就像攻坚战，如果主攻方向不对，往往会影响整个战役的走势。一个优秀的企业总是能选准市场切入口，轻松进入。在这方面，宝洁公司不失为一个典型的例子，其成功的主要表现是不断地推出新产品，且推出一个成功一个。

（2）有效突破。一个企业在进入市场时，即使其他各种条件都具备，也可能由于临战时的“组织进攻”能力不够或组织调度的“火力”（即产品品种、供货量、广告活动、促销手段、服务保障等）不到位而败下阵来。有些企业完全是因为在进入过程中没有有效突破当地市场的“无形火网”（即民俗、文化、时尚等），没有唤起消费者的注意，甚至使当地消费者产生误解，结果白费了力气。

（3）排除干扰和反排挤。在大多数情况下，市场进入意味着新进入的企业给其他企业带来压力和损失，因为它要“分别人的饭吃”，因此，必然要遇到体制、习惯、文化等方面的干扰以及其他企业排挤新来竞争者的努力。当亚细亚集团的“仟村百货”进入广州后，由于入市策划有误，加上自身定位及其他内外部原因，结果遇到广州本地企业的强大阻力，如不让批发商给其送货等。在这种情况下，如果“仟村”有足够的抗排挤能力，那么它就可以顽强地生存下去。然而，“仟村”似乎既认识不到这种排挤力量的来源和原因，也想不出缓解这种排挤的办法，结果不到一年就被挤出市场。

与市场进入能力相联系的另一个要素就是市场进入的深度。市场进入的深度就是企业市场进入的影响范围。衡量市场进入深度的标准有两个：一是消费群体的面积；二是消费心理认知。图7-2揭示了这种关系。

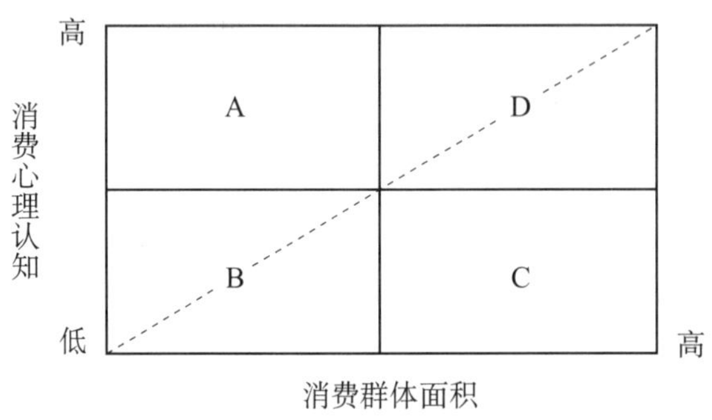

图7-2 衡量市场进入的深度

图7-2表明D区是理想的双高区域，B区是双低区域应予避免，A，C两个区域均应做有针对性的改善才能保持稳定的发展。

三、企业入市策划的流程

（一）企业入市策划流程

企业入市策划是一个系统工程，策划流程包括评估产品和市场调查—确定目标市场和突破口—选择进入路径—市场营销组合要素策划—实施经营—监督并修正策划方案（见图7-3）。

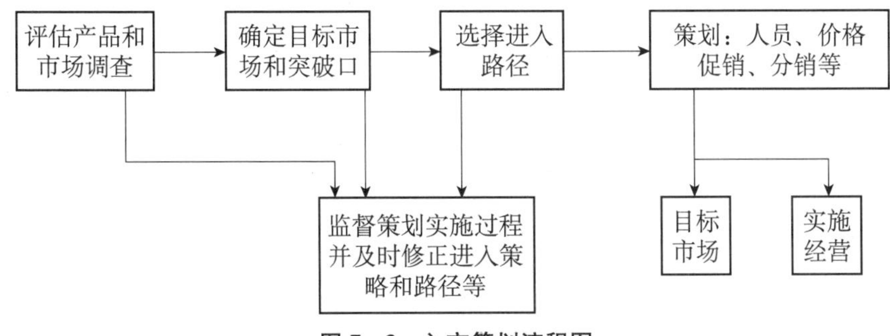

图7-3　入市策划流程图

（二）企业入市策划重点解决的问题

在企业入市策划中重点要解决好以下问题。

（1）拟销产品的评估。对拟销产品的评估主要涉及：

1）拟销产品的竞争力如何？其优势与劣势各是什么？

2）拟销产品能满足哪方面的需要？在拟进入的市场上是否存在同类需要？

3）拟销产品的创新卖点有哪些？竞争程度如何？

4）拟销产品的使用是否需要售后服务或互补性产品？是否具备相应的条件？

5）拟销产品是否需要在样式、包装、服务等方面作出适于拟进入市场的更新？

（2）目标市场选择。目标市场选择可按照图7-4的流程进行。

（3）发现市场空缺。市场空缺是指不同企业在不同类产品或同一类产品的不同型号或品种之间形成的空隙地带。市场空缺不同于潜在市场，它只是潜在市场的一部分，是那些启动条件趋于成熟的潜在市场。市场空缺属于目标市场的一种形态，大多属于边缘市场机会。市场空缺的存在是由以下原因决定的：

1）市场空间广，需求千差万别，环境千变万化，总有尚未发现的市场空缺存在。

2）市场情况复杂，需求变化多端，总会出现生产落后于需求的市场空缺。

3）市场竞争激烈，企业竞争能力有限，这样就会出现一些尚未有人争夺的市场空缺。

4）科技不断发展，新技术层出不穷，不断引起有待满足的新需求，产生新的市场空缺。

5）经济技术发展不平衡，产品有先进，也会有落后，必然出现有待更新落后产品、开发新产品的市场空缺。

6）企业和人的能力及认识水平总是有限的，总有许多未发现的领域，总是存在判断和选择的局限性，因此市场空缺总是存在的。

7）企业研制出一种特有产品投入市场，会引起新需求，使市场让出地盘，形成新空缺。

市场空缺总是客观存在的，会不断产生，经常出现。那些总是跟在别人后面，在本来已经竞争激烈、发展空间很小甚至生产能力严重过剩的领域“凑热闹”“明知山有虎，偏向虎山行”的企业，除非拥有某种“新武器”，或者有了新的市场发现，否则，它们的行为是不明智的并且是违反市场规律的。

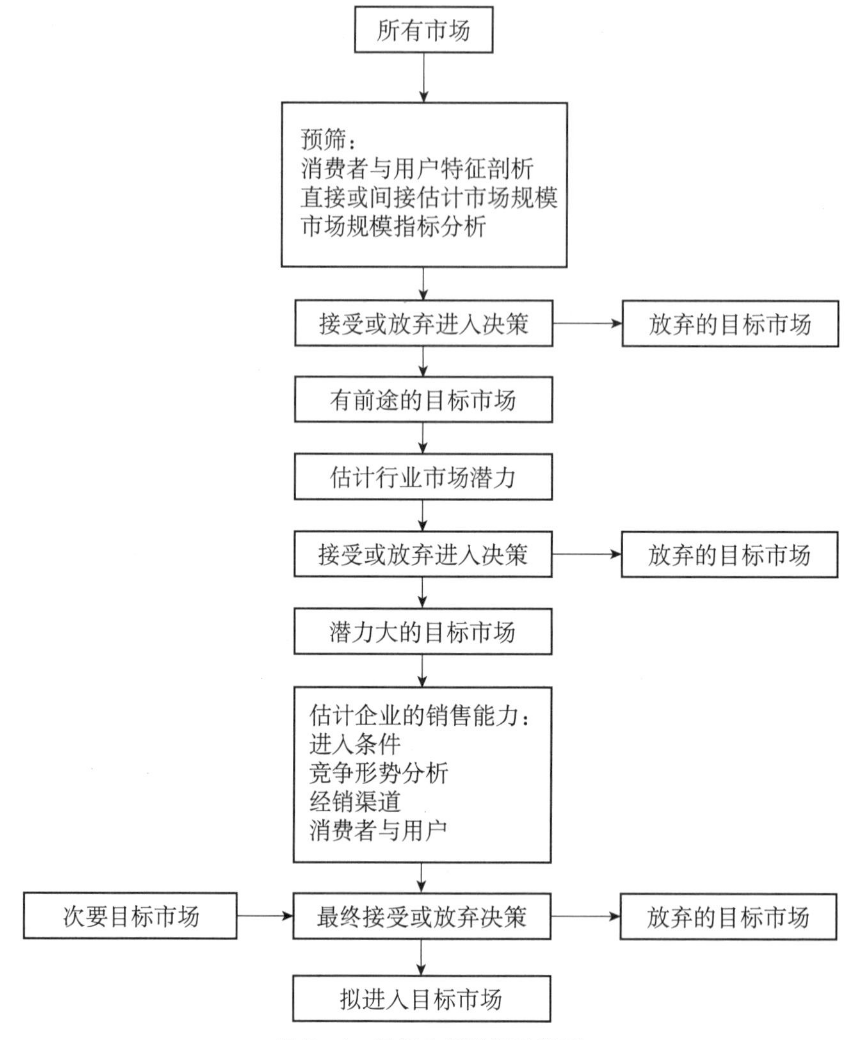

图7-4　目标市场选择流程图

（4）市场进入的营销组合要素。营销策划中的市场进入是企业的战略行为，与一般销售方式有诸多区别。营销策划包括扩大市场份额、实现利润目标和投资收益率目标、实现企业的市场定位目标，以及开拓销售渠道、构建销售网络等，因此，营销策划中的市场进入方式与一般销售方式有质的区别（见表7-2）。

表7-2　一般销售方式与市场进入方式

项目	一般销售方式	市场进入方式
时间长度	短期	长期（如3～5年）
目标时间	无系统选择	基于对市场及销售潜力的分析作出选择
主要目的	即刻销售	建立永久性的市场地位
资源投入	获得即刻销售所需的一切	为取得永久市场地位所需的一切
进入模式	无系统选择	选出最合适的进入模式

续前表

项目	一般销售方式	市场进入方式
新产品开发	专为原有市场	既为原有市场也为新市场
产品更改	（为满足法律与技术要求）仅对原有产品进行必要更改	依据新市场买主的偏好、收入水平及使用条件对产品进行更改
销售渠道	无控制	为支持市场目的与目标而努力控制
价格	由总成本确定，依具体销售情况作出特别调整	不但取决于成本，也取决于需求、竞争、目标及其他营销方针
促销	主要限于人员推销或以中间商为主	广告、公关、营业推广和人员推销相结合，以达到市场目的与目标

营销策划过程中市场进入的营销组合要素涉及产品、价格、销售渠道、服务、促销五个方面（见表 7-3）。

表 7-3　入市策划中的要素组合

产品
有形特征和无形特征的结合，将利益传递给用户。这些特征包括：实体、包装（包括商标）与服务（售前与售后）。既定产品可能拥有其中一个、两个或所有三个特征。
价格
价格是产品与货币的交换率。企业的定价取决于市场上产品的差异程度。价格与销售量一起确定销售收益。
销售渠道
连接生产商与最终买主的营销环节。生产商可能不拥有销售渠道，也可能拥有一部分，也可能拥有全部。
服务
生产商或经销商为便利顾客、巩固市场、建立顾客忠诚度所开展的一系列工作，包括运输、安装、调试、维修等。
促销
卖方提供给最终买主、渠道成员或公众的所有信息，旨在创造产品及公司的好形象。促销包括人员推销、广告、营业推广和公共宣传等。

第 3 节　企业入市的战略战术策划

一、企业入市战略的概况及确定

（一）企业入市战略的概况

战略是使各个局部行动朝着一致的方向努力的计划，战略本身不是一种目标。战略计划要设定战略目标。战术是实行战略的各种具体部署和方法。战略指导战术。

企业入市之所以要进行战略策划，是因为企业入市行为是企业整体营销行为的一部分。确定入市战略是确定具有一致性的市场营销方向的行为。战略将贯穿企业的一切市场营销活动，战略的全面性、深刻性、系统性、指导性长期支配着企业的市场营销行为。

（二）企业入市战略的确定

企业入市战略的确定是企业在入市前进行SWOT分析的结果。一个准备有所作为的企业要进入一个新的产业市场，首先要面对各种障碍，包括：

（1）产品差异。在信息技术发展的今天，产品差异化越来越有难度。当今世界，产品的差异不在于产品本身，而在于产品的文化内涵与附加服务。产品差异迫使入市者耗费巨资去建立自己的忠诚客户群，借此对其他竞争对手入市造成障碍。

（2）规模经济。任何企业入市后要想获利必须谋求规模经济，规模经济是产品的单位成本随着绝对产量的增长而下降的现象。企业规模经济的取得受到两个因素的影响：一是自己的生产能力；二是社会需求。企业要达到理想的规模经济并非易事，涉及企业每一个职能部门，包括制造、采购、研发、营销、服务、销售等部门，有一个职能部门不配套，根据木桶原理，企业的规模经济就不能实现。

（3）资本存量。企业入市需要大量的资金支持，除了生产设施设备需要资金外，市场开发也需要资金。同时，企业的融资能力和进入资本市场获取资金的能力受到自身原有资本存量的限制，企业拥有资本存量的多少影响企业入市的可能性与顺利程度。

（4）流通渠道。产品的销售建立在流通渠道畅通的基础上。流通渠道畅通，产品价值的市场实现就顺利，企业扩大再生产成为可能；否则，企业无法继续生存下去。

（5）政府政策。政府政策是维护社会经济及整个生态环境的宏观保证。既然是政策就有支持、禁止、限制的不同态度及相应措施。企业入市必须在认真研究政策导向的基础上作出正确决策，以微观经济的发展适应社会总体进步为原则；否则，盲目地筹划入市有可能不符合政府的政策。

除上述障碍以外，还有区域壁垒、目标市场经济发展程度、文化屏障、心理情感等方面的障碍。克服这些障碍是企业入市要解决的诸多问题中的一部分。

从营销策划的角度看，战术是用以显示企业在各种营销活动中的优势和达到的目的的方法和举措。战术具有时效性、局部性、具体性等特点。战术不能与战略相分离，每个入市企业都必须寻找并选择符合战略的战术。

二、企业入市战略战术类型的选择

（一）企业入市战略类型

入市战略类型的选择是企业能否成功入市的关键。企业入市战略一般包括：

（1）市场渗透战略，即逐渐或缓慢进入，稳扎稳打逐步扩大市场份额。

（2）借船出海战略，即借助相关企业的渠道进入空缺市场，逐步扩大自身的市场份额。

（3）强势开发战略，即凭借自身的资金实力，聚集各方力量，对目标市场进行大刀阔斧的开发。

(4) 总成本领先战略，即企业在充分市场调研的基础上进行周密筹划，以获取规模经济的态势大规模地扫荡市场，以低成本、低价位战胜竞争对手赢得市场份额。

(5) 差别化战略，即致力于创造与同类产品有显著差别的特色产品和别具一格的营销方案。

(6) 密集性入市战略，即集中力量为可能的几个细分市场服务，而不是追求在所有市场上的份额。

入市战略一般适用于企业成长初期，但也不排斥企业在较长时间里运用入市战略，这要依企业的情况而定。同时，企业入市战略并不是一成不变的，随着时间的推移和情况的变化，企业在入市后会变换战略。不同时期、不同情况下，企业可以选择相应的战略。

(二) 企业入市战术类型

企业入市战略确定后要配合适当的战术，一般来说有以下战术可供选择：

(1) 对抗战术，即与原市场力量直接对抗。直接对抗包括正面对抗、特定对抗、价格对抗、开发对抗等。

1) 正面对抗，即入市企业与竞争对手以产品对产品、价格对价格、宣传对宣传的方式展开较量。采取这种战术必须十分慎重，各方面优势不超过竞争对手的企业不宜采用这种战术。

2) 特定对抗，它是正面对抗的一种修正形式。这种战术把进攻重点集中在特定的消费群体上，全力以赴把这部分顾客从竞争对手那里争取过来，逐步巩固和提高市场占有率。

3) 价格对抗，即企业入市时着力实现规模效益并降低成本，从而以低价、降价作为主要手段与某些旗鼓相当的对手竞争，以便占领和巩固市场。

4) 开发对抗，即入市企业不断开发降低生产成本的工艺，或者提高产品性能，生产出优势产品，通过开发和创造新的价值战胜竞争对手。

(2) 紧逼战术，即入市企业对竞争对手采取步步为营、步步紧逼的战术，在一步步消耗竞争对手的力量和夺取对手的地盘后，从实力上压倒对方。

1) 实施紧逼战术的入市企业必须具备以下条件：

- 对竞争对手的情况了如指掌；
- 制定了明确的发展战略和市场开发方案；
- 具备开展积极的市场营销活动所必需的资金和技术；
- 企业的发展态势较好。

2) 企业入市实施紧逼战术应把握以下要点：

- 集中资源投向范围明确的产业市场，切忌投向范围模糊不清的市场；
- 注重培养自身的竞争优势，纠正自身的缺陷；
- 认识到紧逼不是目的，实现自身的长期发展才是目的，调动企业各个职能组织，集中实现企业的长期目标。

(3) 围歼战术。这是一种对竞争对手在价格上采取控制手段，不断推出新产品，以使竞争对手陷于重重包围之中的战术。

入市企业除了对竞争对手采取产品包围外，还可以采取市场包围作战的方式，即在竞争对手毗邻的市场上全面设置网点扩大销售，迫使竞争对手沦为被动防守者。

围歼战术的成功要求入市企业明确战略目标和长期作战的营销理念。企业只有坚持长期投入，才能使围歼战术坚持下去，使企业的战略构想受营销理念的支配。只有具备长期作战和持续发展的营销理念，才能取得这一战术的成功。

（4）迂回战术。指入市企业不要只盯在个别产品、局部地区、某一时段的胜败得失上，而是把眼光放在更长远的目标上，采取退一步进两步的方法从侧面与对手展开竞争。

迂回战术就竞争范围而言更为广阔，就竞争内容而言更为深刻，就竞争形式而言更为多样。一般来说，迂回战术有以下三种形式：

1）产品迂回，即用新产品打开新市场，以取代原有产品；

2）市场迂回，即实施多角化经营，从单一行业转向多个行业；

3）地域迂回，即向新的地区扩张。

迂回战术形式的选择要根据竞争领域迂回程度的不同而定。

（5）游击战术。指打一枪换一个地方的灵活机动的战术，企业置自身于暗处，便于自我保护，对手则处于明处，易于攻击。游击战术以逐步削弱和瓦解竞争对手、挫伤其斗志、改变双方力量的对比为目的。

游击战术一般分为市场中心和非市场中心两种形式。市场中心的游击战术是在几个子市场同时发起进攻，袭击对手，建立自己的市场地位。非市场中心的游击战术是着眼于非市场因素，突袭竞争对手，如拉拢对手优秀的管理、技术人才，收集对手的绝密资料和信息，巧取对手的流通渠道等。

◎ 小　结

企业入市首先要对市场形势进行正确的分析与判断，分析行业市场形势的前提是准确把握国内市场的总态势。我国买方市场的初步形成是具有战略意义的经济形势。在认清形势的前提下，还要遵循市场规律，恪守市场原则和市场营销道德。

企业入市过程包括三个阶段，入市之初要解决好一系列问题，要对自身的能力进行恰当的分析，做好入市的准备。企业入市的能力表现在许多方面，包括选择突破口、有效突破、排除干扰和反排挤等。

企业进入市场的战略要依据产品差异、规模经济、资本存量、流通渠道、政府政策等因素来决定，并在战略选择的基础上确定相应的战术。

◎ 习　题

1. 如何对市场形势进行分析和判断？
2. 我国买方市场形成的表征有哪些？我国的买方市场具有哪些特征？
3. 市场规律、市场原则有哪些内容？市场营销道德包括哪些方面的要求？

4. 企业的入市能力表现在哪些方面?
5. 企业入市要依据哪些因素进行战略选择?
6. 企业入市可采取哪些战术?

◎案 例

华橙酒业新品入市策划与传播创意

一、华橙酒业市场现状

华橙酒业经过系统的规划和精心的准备，到了真正要上市场、打硬仗的阶段。如何在目标市场——达州取得预期的品牌影响并达成销售目标?新品上市传播作为整个市场推动的敲门砖，有着举足轻重的作用。我们针对新品上市阶段严峻的市场形势，设计了具有轰动效应的上市传播方案。

(一) 分析华橙酒业的市场现状

(1) 新品牌：华橙，一个全新的品牌，只是做了一些简单的户外广告投放，目前没有得到广泛的认知。

(2) 酒业中的新品类：华橙原酿是酒业中的新品类，消费者对其口感、品质无认知。

(3) 市场份额低：酒类市场处于低迷期，政商等集中度高的群体的消费减少，要实现销量突破，必须从大众消费者中寻找机会。

(二) 分析华橙酒业的上市障碍

(1) 从消费者角度：新品、高价，缺乏尝试动力。

(2) 从经销商角度：目前市场没有认知，未来市场信心不足。

(三) 分析结论：三个维度高要求的考验

(1) 从认知入手：让尽可能多的人知道华橙，以保障产品快速崛起的可能性。

(2) 从体验入手：让尽可能多的人品尝华橙，以实现购买的可能性。

(3) 从购买入手：让尽可能多的人尝试购买华橙，以增强对未来市场的信心。

(四) 制定策略的原则：先发散，后聚焦

(1) 核心策略：悬念入市，全城效应。

(2) 传播三大原则：

1) 做足悬念：以悬念入市，利用悬念的冲击力，第一时间抓住全城消费者的眼球。

2) 整合传播：整合传播媒介，立体式覆盖，务必以360度轰炸式传播一次性撬开市场。

3) 全面结合：线上结合线下，推广结合促销，体验结合互动，确保三个维度目标全面实现。

（3）目标：实现最大范围的引爆效果。

二、华橙酒业新品入市营销方案

（一）主推方案一

1. 传播主题

达州正在喝它。

2. 促销形式

（1）限量免费赠送：路演活动第一天免费赠送1 000瓶华橙原酿君邑。

（2）现场免费体验：全城共设立10个免费体验点，提供华橙原酿免费品鉴（除路演现场外，由销售人员选择合适的终端）。

（3）现场礼品抽奖：提供50元、100元、200元、500元等消费抵用券及其他礼品作为活动现场抽奖礼品（抵用券设计使用规则及有效时间）。

（4）现场折扣促销：3天活动期间现场购买华橙原酿享受折扣。

3. 规划概述——分阶段推广

规划阶段：悬念期（5天）—热潮期（10天）—引爆期（3天），共18天。

（1）悬念期：悬念广告入市，吸引全城目光。悬念广告投放。悬念话题炒作：华橙原酿引千人排队争抢；达州人为华橙原酿疯狂。

（2）热潮期：拥有足够吸引力后推出揭秘促销活动广告，对地面活动进行告知，推动活动热潮。投放活动广告，继续炒作话题。

（3）引爆期：在达州核心区域举行为期3天的路演促销和免费品鉴，现场举行抽奖及买赠活动。落地活动上演，华橙热动全城。

1）引爆期活动策划：

a. 广场路演：持续3天路演，热动达州，瞩目华橙。

b. 千瓶赠送：1 000瓶华橙原酿免费送，引爆全场。

c. 抽奖互动：路演现场幸运大转盘，百万有奖。

d. 品鉴试饮：10地联动，10万人品尝华橙原酿。

e. 现场促销：3天现场促销，快速实现销量突破。

2）引爆期活动筹备：引爆期各项活动具体筹备如表7C-1所示。

表7C-1　引爆期各项活动筹备

项目	筹备
路演筹备	场地接洽；舞台搭建，布展；邀请活动主持人；3天演出准备（以劲歌热舞吸引人气），建议让演出公司负责
赠送筹备	1 000瓶华橙原酿君邑的储备运输；现场排队秩序管控；安排发放人员
抽奖筹备	礼品储备；幸运转盘制作；跟活动现场主持人合作制定抽奖流程
品鉴筹备	品鉴点接洽；产品储备运输；华橙品鉴促销人员安排
促销筹备	促销政策；产品储备运输；华橙品鉴促销人员安排
网络筹备	微博、微信专人管理；拍摄相关照片，华橙员工发动亲友率先参与；销售人员邀请经销商、目标消费者等参与，增强互动；礼品准备

3）引爆期媒体投放：引爆期在当地媒体和其他平台投放广告的形式和数量如表 7C－2所示。

表 7C－2　引爆期在各类媒体投放广告的形式与数量

媒介选择		投放形式	投放数量
当地媒介	户外广告	重点位置户外广告牌，阅报栏或者公交站广告	40 块，3 天
	《达州日报》《达州晚报》	两份报纸轮流投放 1/4 版悬疑广告	3 天
	达州电视台	投放 5 秒悬疑广告	5 次/天
	达州广播电台	投放新闻报道	跟电台协商
	达州新闻网	发布悬疑广告	3 天
	各终端网点	在商场、会所、烟酒店、餐饮店张贴悬疑广告海报	3 000 张
其他平台	社交媒体	在微博、微信、QQ 群上发布悬疑广告	利用类似黄英等达州名人发布；发动华橙员工大规模转发
	手机短信推送	发布悬疑广告	3 天 1 次
	门户网站、论坛	发布软文信息	各网站一篇

4）其他配合炒作：电视、电台新闻报道滚动播出："一瓶酒醉了达州，华橙原酿热潮来袭。"

4. 传播预算

（1）悬念期：悬念期各媒体广告投放预算如表 7C－3 所示。

表 7C－3　悬念期各媒体广告投放预算

媒介	投放量价	小计（元）
户外广告	40 块×5 天×50 元/块/天	10 000
《达州日报》《达州晚报》	5 天×5 000 元/天	25 000
达州电视台	5 天×5 次/天×1 000 元/次	25 000
达州广播电台	5 天×5 次/天×100 元/次	2 500
达州新闻网	5 天×150 元/天	750
各终端网点	5 000 张×1 元/张	5 000
社交媒体	200 元/人×10 人	2 000
手机短信推送	10 000 条/次×2 次×0.05 元/条	1 000
门户网站、论坛	15 家×1 篇/家×40 元/篇	600
总计		71 850

（2）热潮期：热潮期各媒体广告投放预算如表7C－4所示。

表7C－4　　热潮期各媒体广告投放预算

媒介	投放量价	小计（元）
户外广告	40块×10天×50元/块/天	20 000
《达州日报》《达州晚报》	10天×5 000元/天	50 000
达州电视台	10天×5次/天×1 000元/次	50 000
达州广播电台	10天×5次/天×100元/次	5 000
达州新闻网	10天×150元/天	1 500
各终端网点	10 000张×1元/张	10 000
社交媒体	200元/人×10人	2 000
手机短信推送	10 000条/次×3次×0.05元/条	1 500
门户网站、论坛	15家×2篇/家×40元/篇	1 200
总计		141 200

（3）引爆期：引爆期各媒体广告投放预算如表7C－5所示。

表7C－5　　引爆期各媒体广告投放预算

<table>
<tr><th colspan="2">预算项目</th><th>量价</th><th>小计（元）</th></tr>
<tr><td rowspan="9">媒介预算</td><td>户外广告</td><td>40块×3天×50元/块/天</td><td>6 000</td></tr>
<tr><td>《达州日报》
《达州晚报》</td><td>3天×5 000元/天</td><td>15 000</td></tr>
<tr><td>达州电视台</td><td>3天×5次/天×1 000元/次</td><td>15 000</td></tr>
<tr><td>达州广播电台</td><td>3天×5次/天×100元/次</td><td>1 500</td></tr>
<tr><td>达州新闻网</td><td>3天×150元/天</td><td>450</td></tr>
<tr><td>各终端网点</td><td>3 000张×1元/张</td><td>3 000</td></tr>
<tr><td>社交媒体</td><td>200元/人×10人</td><td>2 000</td></tr>
<tr><td>手机短信推送</td><td>10 000条/次×1次×0.05元/条</td><td>500</td></tr>
<tr><td>门户网站、论坛</td><td>15家×1篇/家×40元/篇</td><td>600</td></tr>
<tr><td rowspan="4">活动预算</td><td>演出公司</td><td>30 000元</td><td>30 000</td></tr>
<tr><td>促销礼品</td><td>1 000份×3天×6元（平均）</td><td>18 000</td></tr>
<tr><td>场地费用</td><td>2 000元</td><td>2 000</td></tr>
<tr><td>辅助物料</td><td>纸杯、胶纸、纸笔、绶带等</td><td>1 000</td></tr>
<tr><td>总计</td><td colspan="3">95 050</td></tr>
</table>

（4）三阶段预算合计。悬念期：71 850元；热潮期：141 200元；引爆期：95 050元。合计：308 100元。

（二）主推方案二

1. 传播主题

健康、品位、优雅。

2. 促销形式

（1）免费赠送1 000瓶华橙原酿君邑。

（2）全城三位“华橙新娘”拦截消费者，提供华橙原酿免费品鉴。

（3）提供50元、100元、200元、500元等消费抵用券及其他礼品作为活动现场抽奖礼品（抵用券设计使用规则及有效时间）。

（4）活动期间，现场购买华橙原酿享受折扣。

3. 规划概述——分阶段推广

规划阶段：悬念期—热潮期—引爆期。

（1）悬疑期：利用“豪门”悬疑吸引眼球，派发雅士卡。

阶段规划：多媒介投放悬疑广告，引起话题。

（2）热潮期：揭秘促销活动，同时以全城“华橙新娘”炒热达州。

阶段规划：新娘街头赠饮，掀热潮。

（3）引爆期：“华橙新娘”齐聚，中心广场1 000瓶华橙原酿大赠送，引爆全城。

阶段规划：新娘现身，广场1 000人排队引高潮。

（4）备选方案：

1）华橙创业大赛：百万助跑，赢在达州。

2）购华橙原酿，享欧洲十日游。

资料来源：企业内部资料。

讨论题：

1. 本案例给产品进入市场提出了哪些好的建议？

2. 结合所学知识，针对不同产品上市做一个策划。

第8章

产品推广策划

在现代市场营销中，产品推广的过程就是创立品牌、发展品牌的过程。产品推广必须借助品牌的运作。产品质量的竞争集中在品牌的竞争上。企业的行为以创立名牌、发展名牌为目标和动力。名牌意味着声誉，意味着市场占有率，意味着无形资产，意味着企业的无限生机和希望。品牌名声的大小是相对的，有国际驰名品牌、国内著名品牌，也有区域知名品牌。名牌是个多级别、多层次的宝塔，越到塔顶越少。企业不能因名牌相对较少而放弃创名牌。虽然不可能每个品牌都成为世界级或国家级名牌，但这不等于说某个品牌没有成为名牌的可能性。创名牌的过程是企业发展的过程。任何企业都可以也应该以创立名牌和发展名牌为动力，通过实施名牌战略来推进自身成长壮大。

第1节　产品品牌的营销质量策划

名牌必须名副其实。全面营销质量是名牌的核心和实质。创立名牌的过程就是提高全面营销质量、进行品牌运营的过程。

一、品牌概述

（一）品牌的概念

品牌是产品的一种名称、标记、符号、设计图案或者它们的组合，可以据此辨认某个企业的产品或服务，使之同竞争对手的产品或服务区别开来。品牌由名称和标识组成。品牌名称是品牌中可以读出声来的那一部分，品牌标识则是品牌中用以识别但不能念出声来的另一部分，如符号、图案、色彩或字母。品牌在政府有关部门注册登记后即受法律保护并享有专用权，称为商标。品牌是一般的商业用语，商标则是法律用语。中国商标制度实行自愿注册原则和申请在先原则。未注册的品牌不受法律保护。

（二）品牌命名

品牌命名要符合以下原则：

（1）简洁明快，易于认读、识别和记忆，音韵美，朗朗上口，便于扬名；

（2）准确地反映企业及其产品的特色，寓意深远，引人思索与联想；

（3）符合市场所在国的法律规范和民俗习惯，为消费者所喜闻乐见。

品牌命名还要坚持以下原则：

（1）视觉独占，图形专用。包括文字专用、图案专用。要把字形相近的商标一并注册，如虹雁、红雁。

（2）听觉独占，发音专用。要把发音相近的名称一并注册，如佳丽、家丽；红豆、宏豆。

（3）感觉独占，含义专用。要把含义相近的名称一并注册，如少女之春、少女之夏、少女之秋、少女之冬等。

（三）名牌的确立

从一般品牌到名牌是一个艰苦的创立、宣传、维护、发展的过程。名牌是在任何市场环境里都可以一眼认出或一听便知的名称和符号。名牌必须具备以下基本条件：

（1）高品质。商品质量包括产品的理化性质和感官品质。理化性质是指产品的性能、安全性、适应性、经济性、时间性等。感官品质是指商品的外观、造型、色彩、包装等。

（2）有特色。商品具有独特的个性、用途、风格。

（3）高知名度。品牌认知的范围分为地区的、国家的和国际的。

（4）高占有率。商品的市场占有率或市场覆盖率高，并与商品的信誉度、美誉度成正比。

（5）高信誉度。消费者对某一品牌的信赖程度，可以由商品售后的信息反馈系统和质量保障系统反映出来。

（6）高附加值。商品具有高出社会必要劳动时间的价值，即用名誉和智慧创造出来的价值。

名牌的认定是市场行为，是公众行为，不靠政府相关部门或群众团体的评优、评奖。名牌的确立不是一朝一夕的事情，而是在市场上长期培育的结果。

国际上流行的合格认证包括产品质量认证、质量体系认证、实验室认可、检查人员（含审核人员）及评审员认可等，这些只是对进入国际市场的企业及其产品的一般认证，而不是对名牌的认证。名牌产品一定要经得起检验，认证合格，但认证合格的不一定是名牌产品。

国际上的名牌大排序往往是由国际上有影响力的专业性企业、新闻媒体通过综合分析、评分得出的。

（四）驰名商标的认定

我国驰名商标的认定是由国家工商行政管理总局商标局组织实施的，其他任何组织和个人都无权认定驰名商标。认定驰名商标必须考察以下八个方面：

（1）公众知晓的程度和信誉；

（2）国内外同行专家的评价；

（3）商标使用的区域；

（4）商标使用的时间；

（5）连续使用年限；

（6）广告宣传的费用、覆盖面及在同行中的地位；

（7）在其他国家、地区获得注册和使用的情况；

（8）商标所有人的自我保护意识。

二、名牌的全面营销质量

（一）全面营销质量观念的树立

产品的市场推广要抓住“质量”这个关键问题。名牌的确立、保持和永续依赖于消费者的口碑。质量是一种产品的性能和特征的集合。产品的性能是产品主要功能的集合；产品的特征是产品自身构造所形成的特色。产品的性能和特征所体现的满足消费者需求的能力被消费者视为质量。消费者在评估某种产品的质量时，往往与该产品的品牌联系在一起。某一品牌实现其功能的能力即品牌的质量，它是产品的标准性、可靠性、耐用性、精确性、操作简便性等有价值的属性的综合。消费者评估时是从感性认识出发的，因此，产品的质量在市场上主要是通过品牌来体现的。研究现代营销过程中的产品质量，不能不联系市场、联系消费者需求及购买行为、心理。在创名牌、保名牌的企业行为中，营销决策者和管理人员都要以市场为载体，从消费者需求出发，树立全面营销质量意识。

（二）全面营销质量的内容

1. 质量标准化和整体性

现代营销视产品为核心产品、形体产品、附加产品的整合，传统销售只满足于核心产品，即产品的效用、功能达到一定的技术标准。现代营销要求产品的式样、规格、包装、附件以及以服务形式体现的送货、安装、维修等均应达到一定的标准。产品质量达标是指产品整体及所属各部分均达标。

对于质量检查，国家有统一的标准及实施细则，各个部门有部颁标准及实施细则。进入国际市场的商品面临国际标准化组织（ISO）所制定的国际标准。企业营销活动既要经得起ISO 9000系列标准的检审，也要经得起ISO 14000（环境管理系列标准）的检审；不仅要使产品的功能和利益满足消费者需求，而且要使产品的构成及计量的准确性以及生产过程、实验过程、管理及自检过程都达到相应的标准。

包装质量也是产品整体质量的组成部分，必须改变我国产品在国际市场营销中“一等产品，二等包装，三等价格”的现象。

2. 产品需求的适合性

消费者获得的总价值由产品价值、服务价值、人员价值和形象价值等组成。现代消费者除对商品本身有需求外，在支付时间成本、精力成本、体力成本和货币成本的条件下，在购买过程中还有对企业的形象、氛围，营销人员的服务态度、仪表等的需求。名牌的销售渠道、经营方式、购买环境等要符合消费者需求，满足消费者求新、求异、求美、求奇、求优、求名等心理需求。同时，产品的质量与价格要充分体现质价相符的原则，只有一定价格水准下的质量才会体现产品的价值。价格无疑是产品需求适合性的前提。

产品需求的适应性就是要在不同的目标市场上采取产品差异化策略，以满足消费者的不同需求。以是否符合消费者需求作为产品全面营销质量的一部分，正是现代营销区别于传统销售的重要标志。传统销售是从企业自身出发的行为，企业生产什么就销售什么、有什么就卖什么的经营观念是陈旧的；现代营销则从市场出发，从消费者需求出发，满足消费者需求是现代企业营销最神圣的职责。消费者评价产品的质量就不能使用"经久耐用"这样的传统指标，而要采用对产品各方面属性都考核的综合指标，包括产品的、文化的、精神的指标。

3. 产品质量的协调性

（1）企业各部门之间、各营销环节之间的协调。只有局部的协调才能保证成果的优质，国际标准化组织所颁发的 ISO 9000 至 ISO 9004 五项系列标准，正是基于对产品形成全过程的各个环节的检验、认证来保证产品达标率的。

（2）企业与合作伙伴之间的协调，形成完善的价值链。企业的合作伙伴包括供应商、经销商、代理商等，企业必须与它们形成共同的价值观，以保证产品质量不致在中途受损。

（3）产品的市场生命周期与自然生命周期的协调。企业对产品自然生命周期的把握依赖于对产品市场生命周期的分析，当一种产品在市场上处于衰退期时，即使这种产品的自然寿命很长，对于企业来说，这种产品也是无价值的，不能认可它的质量。

4. 产品质量的竞争性

从市场来看，产品质量是在竞争中由消费者判别的。产品质量的竞争性是通过品牌活力和品牌优势体现的。品牌的差别化、特色化与适度形成品牌活力；品牌的知名度、美誉度、亲近感是品牌优势的体现。产品质量的竞争是以品牌竞争来表现的。市场竞争不是单一的行为，而是产品力、促销力、形象力的综合较量。消费者购买行为的非专业性以及从众心理决定了消费者依据品牌竞争势头来判断产品的质量。

5. 产品质量的动态性

品牌体现的产品质量是依时代的变迁而变化的。不同时代，消费者的需求水平、结构及兴趣会有很大的差异，这必然导致消费者对产品质量的评估标准发生变化。消费者的质量观也会受时尚流行的影响。因此，企业要不断调查市场、分析市场、把握消费走向、研究消费习惯的变化，以便使自己的产品适合消费者需要，成为消费者持续欢迎和购买的优质产品。

总之，进入市场的产品，其质量不再只由生产者评价，还由消费者评价。名牌产品的质量是由广大消费者认定的，因此，名牌产品的生产者必须树立全面营销质量观念，以保证和促进名牌的发展。

第 2 节　产品推广的支撑系统策划

一、产品推广的支撑系统

（一）产品推广的界定

产品推广是企业的营销行为，是企业营销活动的中心和持续进行的工作。在这个过程中，员工要树立名牌的全面营销质量观，企业自身应集思广益，建立为产品推广配套的支撑系统。

（二）产品推广的支撑系统的内容

1. 创新机制系统

创新包括工作方法创新、学习创新、教育创新、科技创新等，科技创新只是众多创新中的一种。创新机制系统包括技术创新和营销创新。技术创新，就是要专门研究同类产品的新技术、新工艺，不断提高产品的技术含量，引进新工艺，研究产品的市场生命周期和更新、改进、换代的时限，不断发展名牌产品的特色，不断推出“卖点”，以保证名牌产品旺盛的销售势头。营销创新，就是要不断研究市场消费需求、消费者购买行为的走势、消费者购买习惯的变化和消费流行动向，以便在营销方式、渠道选择、促销措施上采取消费者需要的、在情理之中又在意料之外的招数，引导消费，满足需求。

从普通铁路发展到高铁是技术创新，洗衣机增加烘干、不缠绕功能同样是技术创新。

营销过程中实施品牌延伸策略同样是创新，是营销创新。宝洁公司延伸出肥皂、衣物洗涤剂、餐具洗涤剂、尿不湿、牙膏、除臭剂、咖啡等产品，获得了利润。宝洁的市场横跨多个行业，是营销创新成就了宝洁。

营销过程中的新理念也是创新。有的企业提出了让渡价值理念，赢得了无以计数的忠诚顾客。让渡价值是顾客获得的总价值与其支付的总成本之间的差额。总价值是指产品价值、服务价值、人员价值和形象价值的集合；顾客的总成本是货币成本、时间成本、精力成本和体力成本的集合。企业要通过自己的名牌产品为顾客提供最好的产品价值，通过周到的服务提供最佳的服务价值，通过CIS（企业识别系统）导入和开展员工培训，提供令人满意的购买环境、文化意蕴和良好的人际关系，从而增加顾客对名牌的满意度。同时，企业也要通过降低价格、送货、方便陈列、科学管理等措施降低顾客的各类成本支出。海尔集团的“星级服务”方案、“日清日高工作法”及OEC管理（高标准、精细化、零缺陷、零烦恼）、以“尊重人、信任人、理解人、关心人”为内容的“真诚到永远”的理念等营销创新，使海尔获得了锐不可当的发展势头和日益卓越的声誉。

无论是技术创新还是营销创新，都要求企业有完善的机制系统，不断为名牌增添亮点和活力。

2. 激励机制系统

对享有一定声誉的名牌要进行商标资产评估，可采用成本法、溢价法、市场价格法、综合指标法等。前三种方法较简便，但准确度差。综合指标法采用一个由18个指标加权构成的体系，虽复杂但准确，这18个指标是：商标知名度、美誉度、市场占有率、价格、消费者认可的质量、盈利、市场规模、营销支出、广告支出、穿透力、消费者忠诚度、产品线数量、分销实力、与零售商关系的强度、经销商存货、市场领先地位、价格弹性、使用者满意度等。经过测算后得出较可靠的资产数据，形成企业营运的重要基础，激励全体员工进一步发展名牌。可口可乐的品牌价值达300多亿美元，该企业宣称“即使企业倒闭，仅靠名牌的无形资产就可以重建企业”。我国的名牌虽没有那么高的无形资产，但经过评估确认商标资产有多少，就可以在此基础上进一步发展，名牌的意义就能得到体现。商标资产认定了，既可控股，又可转让特许经营权。

3. 保障机制系统

现代营销中靠名牌拓展市场一定要有保障措施。名牌的保障措施包括商标注册、质量认证、条形码等。企业要有促使名牌转换为驰名商标的意识，重视商标在国内外市场的注册及续展注册，切实采取注册防御性商标的措施。目前获得中国“驰名商标”认定的商标共有 1 600 多个。我国许多知名商标都被国外厂商抢注，如青岛啤酒在美国市场被抢注商标；凤凰自行车、蝴蝶牌缝纫机在印度尼西亚市场被抢注商标；竹叶青、阿诗玛、同仁堂在韩国、菲律宾、日本、泰国等市场被抢注商标；851 口服液获世界发明最高奖，也被人抢注商标。日本麒麟牌啤酒欲打入中国市场，探知我国陕西某酒厂已有同名商标注册在先，日商仅以 18 万元人民币的价格诱使该厂转让商标使用权，使日本麒麟牌啤酒得以在我国市场渗透。我国不少商标意识强的企业都十分重视商标防御，如杭州娃哈哈出名后，立即注册了哈哈娃、娃娃哈等相近商标；红桃 K 集团在东南亚市场注册了红心 K、黑桃 K、红桃 A 等防御商标。

质量认证是国际市场通行的做法，它包括产品合格认证和 ISO 9000 认证等。

条形码是产品的身份证，是进入国际市场的基本保障，没有条形码的产品会被弃之地摊，有了条形码才能登现代商场的大雅之堂。

从市场规范化看，建立名牌的保障系统刻不容缓。

4. 宣传机制系统

名牌绝不能忽视宣传，宣传是扩大品牌认知面和知名度的必要措施。不仅发达国家的商家注重品牌宣传，我国的名牌企业和名牌产品也非常注重宣传，推广费用比其他企业要高。例如，小米的宣传及广告费用由 2016 年的 9.6 亿元增加至 2017 年的 19 亿元，小米希望通过加强新推出产品及品牌的宣传和广告活动，来提升品牌知名度和美誉度。中国各上市厨电企业为推广品牌、创名牌也可谓费尽心思。知名上市厨电企业华帝、老板、万和 2017 年花在品牌广告宣传上的费用分别为 5.66 亿元、5.5 亿元、1.32 亿元。除了常规的硬广在各地铺开，老板在机场、高铁、央视、省级卫视投放各类广告，各代理商在当地电视台、平面媒体、城市户外、地铁站等宣传老板品牌的高端形象。万和选择重点城市的机场、高铁、电梯、道闸集中投放广告，与爱奇艺合作，在年度大剧《猎场》中植入创可贴广告。华帝在央视一套及六套进行硬广投放，在全国一二线核心城市及二三线重点城市的机场、高铁站、高速公路、核心商圈、社区楼宇等投放广告。此外，华帝还在全国电影院线投放广告，覆盖资源点位超过 10 万。美大在央视黄金栏目、网络、高铁投放了大量广告，签约全国 20 多条高铁线路冠名权，涵盖 20 多个省区 400 多个城市，并加大在百度、视频网站、门户网站、微信等新媒体上的广告投放。

5. 组织机制系统

名牌产品必须有可靠的组织机构支撑。纵观国际各大名牌，均属于世界 500 强企业。名牌需要规模，规模托起名牌；名牌推动发展，发展拓宽名牌。因此，以名牌为龙头启动组织机制，组建企业集团是发展名牌的必要步骤。不论是联合、合股、合作，还是收购、兼并，都是可以采取的方式，当然，这必须是企业行为，是企业的组织机制作用的结果，外界作用的“拉郎配”则是不可取的，当前在少数企业中出现的“卖牌合资”更是错误的。卖牌就是出让市场，就是丧失企业的主权，这种行为给民族工业带来的损失是巨大的。目前我国有些企业已深刻意识到放弃名牌去搞合资是短视行为，它们坚持走以名牌为龙头组建集团的道路，海尔、联想、同仁堂、娃哈哈等在“以名牌组建集团，以集团拓展名牌”的道路上取得了卓著的成绩。

6. 融资机制系统

对于名牌的发展来说，在战略既定的条件下，资金是一个重要因素。资金的短缺往往会造成企业不知所措，而采取急功近利的短视做法——“卖牌合资”即是其一，因此，建立企业的融资机制系统成为必要。融资包括发行股票、债券和基金，合理使用贷款等。有了专门的融资机制系统，企业就拥有了不断输入新鲜血液的渠道，不至于因一种融资方式的失灵而导致名牌战略计划的破产。

综上所述，企业实施名牌战略是毋庸置疑的，要研究如何着手建立企业的支撑系统，这个系统必须用现代营销来指导，以保证发展名牌战略的顺利实施。

二、产品推广的进攻策略

产品推广不能保守，不能采取守势，而要像创名牌那样主动出击，对外辐射、寸土必争，否则名牌难保。

（一）产品推广采取的进攻策略是由市场竞争的形势决定的

当前市场竞争的特点表现为：市场竞争国际化、国际竞争国内化、产品竞争品牌化。

我国的市场是开放的市场。当前的市场竞争已不受国界的限制，可以说，当所有企业的生产经营活动类似时，即形成了竞争态势。我国企业不只面对国内同行的竞争，同时也面对其他各国同行企业的竞争。

非但如此，由于许多发达国家在进入国际市场时有资金、技术、人才等方面的优势，抢占了包括我国在内的市场，我国企业不出国门就面临着国外竞争者的威胁和挑战，国际竞争国内化使企业无回避、退让的余地。

我国企业在国内外市场受到家喻户晓的品牌的冲击。索尼、万宝路、宝洁、佳能、雀巢、可口可乐等名牌几乎控制了广大消费者的视听空间。发达国家在进军中国市场的过程中，调动了各种力量，全面展示其产品力、形象力和促销力。

（二）产品推广采取的进攻策略是由名牌固有的特性决定的

名牌之所以驰名天下，产品本身的质量固然重要，名牌的宣传也是不容忽视的。名牌的宣传要靠媒体，更靠自身的展示、冲击力和辐射。名牌在市场上占有的份额见图8-1。

某名牌在市场上占有的份额为A+B。对于这个名牌产品而言，尚有C+D+E这个利基市场可以进攻、渗透或拓展；同时，在B区域，那些想购买某种品牌并已买到的顾客群中并不都是忠诚者，可能还有淡漠者、摇摆者和怀疑者，要使他们永久地对本品牌产生信赖感并乐意长期购买，就需要对名牌持之以恒地宣传并采取相应的促销措施。名牌若放弃对已占市场份额的控制和对利基市场的主动进入，就会丧失市场份额。名牌就

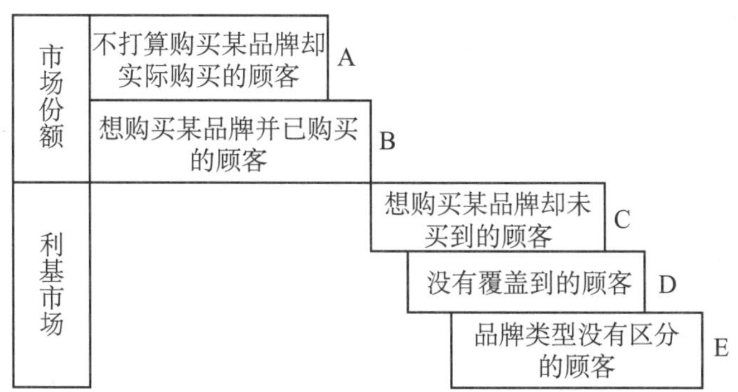

图 8－1　名牌在市场上占有的份额示意图

是要持之以恒地扬名、传名，在未进入的市场显名、立名，在已占领的市场做到家喻户晓、深入人心，形成闻名则喜、闻名则亲的社会效应。

（三）产品推广采取的进攻策略是多种多样的，要依据市场的状况灵活运用

每个企业都面对着国内、国外竞争者的挑战，面对挑战被动退缩无异于自毙。企业要通过分析市场捕捉机会，寻找市场空缺，采用巧妙的方法提高市场占有率和品牌知名度。

1. 品牌延伸扩展

企业在一个品牌下发展产品线和产品项目，使之形成一个具有相关性的品牌家族，使各产品线、产品项目相互关联、相辅相成，收到系统的整合效果。这不仅可以壮大原主力品牌，而且可以通过推出新产品使人产生新鲜感和信任感。延伸扩展的产品的质量必须达到主力品牌产品的要求，不能因推出新产品而损害主力产品的声誉，只有当延伸扩展的产品受到该品牌忠诚者的欢迎，才能收到提高企业收益的良好效果。双星集团在双星品牌下推出上千种鞋类产品。活力 28 除了洗衣粉用此品牌外，推出的纯净水、饮料也使用此品牌，企业试图利用消费者对“活力 28”品牌的信任，让大家也接受它新推出的纯净水、饮料，但由于两种产品的互斥性，效果并不理想。宝洁公司洗发水有多个品牌，如飘柔、潘婷、海飞丝等，从而形成庞大的产品网络，全面进入市场。

2. 宣传突出卖点

卖点是产品具备的特色，关注的是功能或服务。不同时期、不同消费环境和水准下有不同的卖点。

3. 企业频送温馨

企业要与消费者建立亲密的关系，真正树立“一切为顾客”的营销理念。名牌建立后，企业更要以亲切的形象深入消费者的心里。海尔扬名以后，更注重服务，突出了“真诚到永远”“海尔为您着想”的营销理念，使海尔的形象在消费者心目中好像亲人一样，消费者得到的不仅是产品，更有无限的关怀。

4. 产品择木而栖

名牌产品的销售要选择营销业绩好的中间商。中间商的营销理念是否前卫，营销方式和手段是否适宜，营销渠道是否通畅，营销信誉是否良好都会影响名牌产品的销售和声誉。名牌是凤凰，凤凰要择良木而栖，不能因找中间商不慎而损害了名声。

5. 产权釜底加薪

名牌的发展说到底是要壮大产权、壮大资产。以名牌为龙头，与有关企业进行合作、联营、合股，或者购买、兼并、代管均是扩大产权的途径。市场不发展就会萎缩，名牌就是通过滚雪球的办法，不间断地发展。像发达国家的跨国公司那样运作，名牌才能在国际市场竞争中占优势。

市场犹如赛场，只有参与其中才有取胜的可能，游离场外是不可能有取胜的机会的。品牌只有参与市场大循环、大竞争，才能成为真正的名牌，小试锋芒便以为名牌到手而不思进取终将不能保住名牌。发展名牌是永无止境的，不能半途而废。

第3节　产品推广的合格认证策划

一、合格认证与商品检验的区别

在产品推广活动中，人们越来越重视产品的合格认证，因为有合格认证的产品在国际和国内市场上就取得了通行证。合格认证不同于进出口商品检验，二者之间存在很大的区别。

（一）合格认证与进出口商品检验的区别

1. 对象不同

合格认证的对象是产品或服务，这种产品尚未进入市场形成商品，没有特定的买方，合格认证工作不受买卖双方合同的约束。进出口商品检验的对象是进口商品和出口商品，这种商品有贸易合同，有特定的买卖双方，商检必须受合同的约束。

2. 依据不同

合格认证的依据是国家规定的标准和合格认证管理条例，只证明产品的质量符合有关标准，不考虑产品的生产数量和重量。商检的依据是贸易合同，不仅包括质量，还包括重量、数量和包装。

3. 目的不同

合格认证的主要目的是指导消费者和用户选购自己满意的产品，提高企业的产品信誉，提高产品在国际和国内市场上的竞争力。商检的目的是确定进出口商品的质量、重量、数量、包装等是否与合同相一致。

4. 证明文件的作用不同

合格认证的证明文件是第三方认证机构颁发的认证合格证书，证明证书的持有者具备持续稳定地生产符合特定标准的产品的能力，产品质量与标准规定相一致。商检的证明文件有两种作用：一是作为议付货款的一种单据；二是作为交货的质量、重量、数量、包装等是否符合合同规定的依据。

5. 事后监督不同

合格认证有事后监督。认证机构对某个产品给予认证以后，每年还要定期监督复查，包括对产品质量的监督复查和对生产质量保证能力的监督复查。商检则是一次性的，没有事后监督。

6. 检验的时间和地点不同

合格认证对检验产品的时间没有特别规定，在认证机构接受企业提出的认证申请后尽快安排即可，检验产品的地点设在经认可的独立的检验机构，至于检验机构的地理位置是否在口岸则毫无关系。商检则在贸易合同中明确规定检验的时间和地点，以使买卖双方都能行使检验权和复验权。

（二）商品合格认证制度

商品合格认证是由政府或非政府的国际团体进行组织和管理的国际通行的认证制度。由于国际贸易产品的质量无法由买卖双方的交接验货来保证，为了消除贸易双方在商品质量评定技术上的差异所造成的贸易障碍，满足对方对商品的安全、质量、卫生和环境保护等项目的要求，就出现了公证机构给予检验证明的第三方认证。各国为进行认证工作都制定了一整套程序和管理制度。国际合格认证是消除国际贸易中的技术壁垒的重要手段。

目前尚无统一的国际认证机构，而由各国政府或非政府组织形成权威性认证机构。各国一般采取以下方式：

（1）相互承认对方的合格认证；

（2）建立国际区域性认证体系；

（3）采用国际上著名的标志作为双边或多边的共同语言。

商品合格认证包括商品安全认证和质量认证。安全认证是指对进入某国市场的某些可能由于质量问题而危害消费者人身安全的产品（如电器、食品、药品等），由各国专门的具有权威性的安全认证机构对产品的各项指标逐项进行测试，并对产品的申办企业进行审核检查，最后对产品在使用过程中可能对消费者（或用户）造成的危害及其程度进行评定，如该产品各项指标符合规定的安全标准，即可获准注册并可拥有认证机构签发的安全标志，有了这个标志就获得了进入国际市场的通行证。

二、ISO 9000 系列标准

质量认证包括产品质量认证、质量体系认证、实验室认可、检查（审核）人员及评审员认可等，是涉及生产、贸易、检验、标准、计量等部门的一项综合性工作。国际上已有 60 多个国家和地区开展了质量认证工作。为了统一质量标准，简化质量认证程序，ISO 于 1987 年发布了 ISO 9000 系列标准，规定了生产企业要建立产品质量保证体系，保证产品质量，由有关机构进行合格认证，确认产品或服务符合标准的要求。

ISO 9000 系列标准包括五个独立标准：（1）ISO 9000 标准，即《质量管理和质量保证标准选择和使用指南》，含三种模式、八种形式；（2）ISO 9001 标准，即《质量体系——设计开发、生产、安装和服务的质量保证模式》；（3）ISO 9002 标准，即《质量体系——生产和安装的质量保证模式》；（4）ISO 9003 标准，即《质量体系——最终检验和试验的质量保证模式》；（5）ISO 9004 标准，即《质量管理和质量体系要素——指南》。

ISO 9000 系列标准认证的内容包括：（1）产品：原材料、零件、部件和整机；（2）过程：工艺性和全部加工过程；（3）服务：洗染、商业、出租车、旅馆等第三产业；(4) 管理：技术人员素质、水平等。

我国开展质量体系认证采用ISO 9000系列的国际标准，这有利于各国评审机构与我国评审机构相互认证，方便国际贸易，有利于我国质量认证与国际惯例对接。

三、ISO 14000环境管理系列标准

随着全球经济的快速发展，环境问题日趋严峻，环境保护成为企业及社会关注的重点问题。为了实现联合国提出的环境“持续改善”和“永续经营”两大目标，在欧美等国各自建立环境保护法规和标准的基础上，ISO推动建立了一套旨在为国际公认的环境管理标准，制定了ISO 14000环境管理系列标准。

（一）ISO 14000的重点目标和特征

ISO 14000环境管理系列标准的实施，使环境管理成为国际贸易、国际营销活动的重要内容，改变了过去被动执行的环保管理方式。其重点目标和特征主要体现在：

(1) 规范企业和社会团体等组织的环境行为；

(2) 有利于环境保护及资源的持续改善工作；

(3) 广泛应用于各种行业及各种状况，符合未来发展的需要。

（二）ISO 14000的基本框架

ISO 14000环境管理系列标准由五个子系统组成，具体包括：

(1) 环境管理系统（EMS），其工作重点是制定系统标准作为认证的依据。企业通过自行制定环境方针（政策）、环境目标和环境计划，测定环境变数，检查目标，沟通再改进。在符合现行环保法令的基础上，把环保观念推广到全机构，成为企业管理的理念及文化。

(2) 环境稽核（EA），即建立环境审核与环境监测系统。企业以系统的方式，全面分析其产品、服务、活动等对环境造成的影响。在这一过程中，企业将发现问题，制定环保政策或目标，进一步修正计划以达到目标。

(3) 环境标志（EL），即实施环境标志制度。通过环境标志制度对企业的环境行为加以确认，通过标志、图形、说明、标签等形式向市场展示标志产品与非标志产品环境行为的差别，推荐有利于保护环境的产品，达到影响企业的环境决策、改善组织的环境行为的目的。目前，有以下三种类型的环境标志：第一类为生态标志，即国际上一般采用的环境标志，通常由政府或政府所支持的非营利私人组织推动。第二类是自我声明的信息标志。制造商、进口商、经销商或零售商在产品或包装上利用文字、标志、图表做有利于环保的宣传。第三类为产品环境质量标志，它以数值指标的形式表示企业所生产产品的环境质量。

(4) 环境绩效评估（EPE），即建立一套程序，用以测量、分析、评估及描绘组织的环境绩效，并与原定的管理标准相比较，以确保企业的环境管理体系符合ISO 14000系列标准或法律法规的要求。

(5) 生命周期评估（LCA），即用科学的方法，进行有系统的清查及盘点活动，对产品及服务在生命周期中所使用的能源、资源及产生的污染加以量化评估，以了解对环

境产生的破坏。要求企业实现全过程的控制，达到减少资源的浪费和杜绝或减轻环境污染的目标。

ISO 14000 环境管理系列标准的推行和实施，旨在培养企业的消费者意识和环保意识，降耗节能，防止污染，保护生态环境，维护消费者利益，促使企业更好地把经济效益与环境效益结合起来。ISO 14000 环境管理系列标准的运行和发展必将对世界贸易尤其是对中国等发展中国家企业的国际营销活动产生重大影响，它将成为中国环保产业的“加速器”，促进中国参与国际竞争，有利于国际贸易商品结构进一步优化，促使绿色环保产品和绿色营销的发展。同时，ISO 14000 标准及相关的公约、协议、制度等将构成对中国企业国际贸易与营销活动的重大挑战。

第 4 节　产品推广的包装策划

一、包装在产品推广中的意义

包装是指设计并生产容器或包扎物的一系列活动，包括：

首要包装：第一层包装，是对产品的直接包装。

次要包装：第二层包装，是居于中层用来保护首要包装的包装。

装运包装：第三层包装，是方便产品储运和辨认的包装。

（一）包装的意义

包装是产品整体的组成部分，不仅起着保护商品、扩大销售、增加利润的作用，在现代营销中还具有新的意义：

（1）包装执行推销任务，须具有吸引力，说明产品的特点，给消费者以信心，形成一个良好的总体印象。

（2）消费者乐意为精美的包装多花钱。

（3）包装是沉默的推销员，它对于在顾客中树立企业形象起到潜移默化的作用。

（4）通过不断地创新包装，对消费者产生新的吸引力，给生产经营企业带来销量和利润。

（二）包装化过程

包装化过程即包装决策过程，这个过程包括：

（1）确定包装创意。确定包装的基本形态、目的、功能及包装大小、材料、文字说明、图案等。

（2）组织包装设计。包装设计要与产品的价值或质量水平相适应，造型、结构适应营销各环节及消费使用，图案、色彩要美观大方、不落俗套，文字说明要详尽明了。可以指导消费、增加信任感。

（3）进行包装试验。

1）工程试验。检验包装在正常运输、储存、携带等情况下的适应性，主要考核其磨损程度、变形程度、密封性能、褪色程度等。

2）视觉试验。检验包装的色彩、图案、造型是否新颖、悦目，文字说明是否简明易读。

3）经销商测试。对经销商保护商品、是否有利于推销、避免损失和污染等方面进行评价。

4）消费者测试。由消费者对各方面情况进行评价。

（三）包装策略

企业在现代营销过程中常用的包装策略有如下几种：

（1）类似包装策略。企业对自己所生产的各种不同的产品，使用相同或相近的图案、色彩、形状，形成相同特色。这种策略有利于企业基于整体实力扩大知名度，树立企业形象，便于消费者对企业的认知。

（2）配套包装策略。根据消费者的特殊需求，将多种相关的不同类型和规格的商品组合在同一包装里。这种策略为消费者提供了方便，也扩大了企业的销售额。

（3）复用包装策略。企业在设计和制作包装容器时，考虑到商品用完后剩下的包装可以有新的用途。这是利用消费者求廉心理的策略。

（4）附赠品包装策略。企业在包装内附有赠券、小物件、纪念品，以此吸引顾客重复购买。这也是利用消费者求廉心理的策略。

（5）差异性包装策略。根据消费者的使用习惯和产品的差异性，按产品的质量、重量、数量等条件设计多种不同的包装。

产品包装策略的运用应根据不同产品、不同市场环境灵活使用，要以有利于营销为最高原则。

二、标签与条形码的运用

（一）标签的运用

标签或称标贴，是产品包装不可缺少的组成部分，它是用来说明产品而贴在产品或产品包装物上的标识或印在产品包装上的文字图案。一般包括产品成分、品牌标志、产品质量等级、生产厂名、产地、生产日期、使用方法等。

标签上的标识包括：

（1）指示性标识。如向上、防潮、小心轻放等。

（2）解释性标识。如面制品——无漂白粉；速溶咖啡——无咖啡因；罐头——无防腐剂等。

（3）警告性标识。如易燃品、易爆品、有毒品、吸烟危害健康等。

（4）鼓励性标识。如“真香！”等。

（二）条形码的运用

条形码是20世纪80年代以来在发达国家普遍使用的一种自动识别技术。企业有了条形码，商品就了“身份证”，在国际市场上就畅通无阻。没有条形码，商品就难以被国际市场接受。

条形码是由粗细不等、间隔不等的黑色线条组成的供计算机自动阅读和识别的特殊代码。每一线条代表一个数字、一个信息，共13位数，其中前3位数代表国名和地名，根据国际物品编码协会（EAN）的分配，我国条码代号为690，凡是我国制造的商品，其条形码前3位必定是690，接着4位数为生产厂家代码，这个代码由我国技术监督局所属的中国物品编码中心分配，再后面的5位数为商品类别代码，最后1位数为通过检验的代码。

目前世界上许多市场建立了条形码电子扫描系统，我国商品要进入国际市场，就必须采用条形码。

条形码是企业维护知识产权、保障自身利益和信誉不受侵犯的有效措施。由条形码数据所形成的特殊标记是企业产品专利的标志，受法律的保护，以区别任何假冒商品，易于为消费者信赖和接受。

条形码有利于提高企业现代化管理水平。商品有了条形码，企业就要设置条形码电子扫描系统，这迫使企业加强现代化管理设施的建设。企业有了条形码电子扫描系统，就可以科学地控制商品的销售量和商品类别，淘汰月末盘点等落后的手段，代之以现代化的管理。

是否对商品采用条形码既是衡量企业现代化管理水平的标志之一，又是评价企业管理者现代营销意识强弱的条件之一。企业只有对商品实行包括条形码在内的各种规范化管理，才能让产品受到客户的认可乃至青睐，否则就会丧失进入国际市场的资格。

第5节 产品推广的商标策划

商标是企业无形价值的集中反映，商标的价值是企业资本的重要组成部分。从理论上明确商标价值的构成和评估方法是十分重要的，这关系着企业资产的确认和实施名牌战略的成效，同时也关系着产品推广的成败。

一、商标的价值构成及评估

商标是企业无形资产中最主要的部分。无形资产是指企业长期使用但没有实物形态的资产，它通常代表企业所拥有的一种法定权或优先权，或者企业所具有的高于一般水平的获利能力。根据我国《企业财务制度》的规定，无形资产包括专利权、专有技术、商标权、著作权、土地使用权、商誉。西方发达国家还将特许权、租赁权、开办费、经理人员的智能和经验等作为无形资产的内容。从经营管理的角度看，工商企业的无形资产主要表现为商标和企业的知名度、美誉度。

商标既然是企业最重要的无形资产，那么它与有形资产一样是有价值的。国际上一些著名企业十分重视对商标价值的评估。我国企业对商标价值的评估较晚。

商标价值主要取决于成本和预期收益。预期收益是一种机会成本，是预测的未来获利能力，包括经济效益和经济寿命。企业的知名度、美誉度是决定商标价值的重要因素，是公众对企业品牌形象、外在形象、内在形象、人员形象、实力形象、服务形象、社会形象等系列形象的综合评价。

商标价值评估即商标权价值评估。商标权评估是商标权价值评估的简称，是指商标评估机构根据当事人的委托，遵循公正、公开、公平的原则，运用科学的方法，对商标权的现时价值进行的评定和测算。商标权是重要的知识产权，恰当评估其价值有利于权利人权利的行使和保护。

对商标权的评估方法有很多，最传统的方法是建立在会计基础上的无形资产评估方法，包括重置成本法、市场比较法和收益现值法。

1. 重置成本法

重置成本法是首先估测被评估商标权的重置成本，然后估测被评估商标权存在的各种贬损因素，将其从重置成本中扣除，得到被评估对象价值的评估方法。

采用重置成本法进行评估时，要注意根据现行条件下重新形成或取得该项商标权所需的全部费用（含资金成本和合理利润）确定其评估值，在评估中要扣除实际存在的功能性贬值和经济性贬值。由于商标权成本与其收益间不存在对称关系，因此，单独使用成本法不能全面反映商标权的真实价值。

2. 市场比较法

市场比较法是利用市场上相同或类似资产的近期交易价格，通过直接比较或类比分析来评估商标权价值的评估方法。

采用市场比较法评估商标权，应将具有合理比较基础的类似商标权交易作为参照对象，搜集类似商标权交易的市场信息和被评估对象以往的交易信息。当与类似商标权具有可比性时，根据宏观经济、行业和权属变化情况，考虑交易条件、交易时间、交易地点等因素，确定评估值。

3. 收益现值法

收益现值法是基于被评估商标权未来预期收益的现值来判断其价值的评估方法，一般采用资本化和折现方式来估算资产价值。

采用收益现值法，要注意合理确定商标权的超额获利能力和预期收益，分析与之有关的预期变动、收益期限、与收益有关的资金规模、配套资产、现金流量、风险因素及货币时间价值。注意被评估商标权收益的计算口径与折现率口径保持一致，不要将其他资产带来的收益误算到被评估对象收益中。要充分考虑法律法规、宏观经济环境、技术进步、行业发展变化、企业经营管理、产品更新和替代等因素对知识产权收益期、收益额和折现率的影响。当与实际情况不符时，要分析产生差异的原因。

综上所述，重置成本法是以被评估资产现在及过去的技术经济资料为依据推导出资产的评估价值。市场比较法是对与被评估资产类似的资产的现有技术经济资料进行归纳，推导出资产的评估价值。收益现值法属于分析法，对被评估资产未来的使用情况进行经济分析，确定资产的评估价值。

鉴于以上三种商标权价值评估的方法存在缺陷，下面介绍两种方法，供参考和进一步研究。

1. 割差法

一般情况下，以收益现值法评估企业的整体资产是比较可行的；而以重置成本法评估企业的有形资产也是可行的。用前一方法评估出的总额减去后一种方法评估出的总额得到的“差”就是企业无形资产的整体价值，在这个“差”中进一步减去商标之外的无形资产（如商号、版权、专利、商业秘密等）价值分摊，就是企业的商标权价值了。其计算公式为：

商标权价值＝企业整体资产收益现值－全部有形资产重置成本－除商标外其他无形资产收益分摊额

2. 超额收入计算法

同一个企业在产销同一种产品时，使用某个商标与不使用该商标而使用其他标识在实际收入上的差额是该商标实实在在的价值。这种“差额”不是一年的收益差额，在国外一般要达到五年或更长时间。这种评估商标权价值的方法最精确，可惜不会经常使用。

不过，把这种“自己与自己比”的超额收入计算法稍加改变用到与本企业相近的企业，也可以得到较精确的评估结果。这里“稍加改变”主要指另一个生产相同商品、使用另外商标的企业虽与企业自己的收入有较大差额，但企业自己的超额收入中可能有从别人那里继承的顾客名单、自身独特的经营方法（可能构成商业秘密）等带来的收入，需要将这些收入去除，有关差额才可以作为企业自己商标权价值的评估基础。在使用这种方法进行评估时，当被评估商标知名度与用于比较的商标相差不大时，还需进一步用收益现值法来估算用于对比的商标权价值，并与超额收入计算法算出来的数目相加，结果才是被评估商标权价值的合理评估值。在企业自己的被评估商标特别知名，而相比较的商标毫不知名的情况下，这样评估出的结果即使在理论上低于应有价值，在实际中也不会离应有价值太远。

美国 Interbrand 公司对商标权价值的评价方法很独特，分为以下两大步骤：

第一，对商标所得利润进行分解。首先确定商标商品赚得的利润额，然后分析非商标商品可能产生的利润额，从而计算出与商标有关的利润额。例如，某公司商标商品销售额为 100 亿元，成本为 80 亿元，利润为 20 亿元。假定非商标商品的净利润率为 5%，那么非商标商品获得的净利润为：80×5%＝4 亿元；再假定应付税款为 5 亿元，最后这个商标的净利润为：20－4－5＝11 亿元。

第二，根据商标实力推算出倍数，再乘以商标净利润额，从而得出商标权价值。推算商标实力的倍数，需要分析商标的 7 项内容：

（1）领导力，商标影响市场的能力；

（2）生存力，商标的稳定性；

（3）市场力，商标的交易环境；

（4）辐射力，商标跨越地理和文化边界的能力；

（5）趋势力，商标对行业发展方向的导向及影响力；

（6）支持力，商标交流的有效性，信息沟通的顺畅性；

（7）保护力，商标拥有者的合法权利，即注册商标的保护能力。

商标越走红，商标的知名度越高，倍数就越高。商标实力倍数一般在 6～20 之间。上例中已计算出该商标净利润为 11 亿元，如果推算出该商标实力的倍数为 8，那么这一商标的价值为：11×8＝88 亿元。

我们还可以进一步简化 Interbrand 公司的评估方法，得出一个简单公式：

商标权价值＝单个商品商标溢价×总销量×系数

单个商品商标溢价就是每个商品因为使用该商标而比普通商品高出的价格，总销量好理解，系数（实力倍数）相当于上市公司的市盈率，对于一般的企业来讲，可以在6～10之间确定一个数字作为系数。

这个公式的计算简单直观，可以根据几个数据迅速评估出商标大致的价值。

二、商标策略及商标管理

企业从商标设计、注册到使用都要讲究策略，以便使商标成为企业营销成功的重要手段。

（一）商标设计策略

商标要具有标识性、宣传性、适应性、艺术性，在具体设计中讲究以下策略：

（1）创意独特，激发联想。尽量做到构思新颖，名称动听，独具一格，寓意深刻，使人产生联想。

（2）简洁明快，引人注目。易看、易记、易理解，音韵美，构图新颖，色调高雅。

（3）紧扣产品，严守法规。商标要符合产品的特征，同时要严格遵守商标法。

（二）商标注册策略

企业使用的商标只有注册后才受到法律保护。我国商标注册必须遵循“自愿申请注册”和“申请在先原则”。进入国际市场的商品，企业必须向所在国申请注册，各国的商标注册制度不同，商标注册的有效期限也不同，企业应了解国际商标法。根据《商标国际注册马德里协定》和《商标注册条约》的规定，申请人可以直接向世界知识产权组织的国际局申请国际注册，申请国际注册的企业，其所属国须先参加《保护工业产权巴黎公约》（我国于1985年参加）。国际注册的有效期为20年，续展的有效期亦为20年。商标注册要注意运用以下策略：

（1）抢先申请。为了预防相关企业抢注商标，企业应采取抢先申请策略，以免他人侵权。

（2）按时续展。我国商标有效期一般只有10年，企业必须按时续展，以免被他人抢注。

（3）防御注册。根据国际商标协议和我国商标法，要对商标的相近音域或图形进行防御性注册，如娃哈哈同时注册了娃娃哈、哈哈娃等商标；红桃K集团同时注册了红桃A、黑桃K、红心K等商标。

（三）商标使用策略

企业使用商标往往采用如下策略：

（1）亲族商标策略。或称同一商标策略。企业生产经营的各种产品都以同一种商标进入市场，这种策略适用于价格、品质、目标市场大致相似的产品。

（2）单一商标策略。企业生产经营的各种产品分别采用不同的商标进入市场，这种策略有利于对产品起隔离作用，即使某种新产品失败了，也不致影响其他产品；同时有利于吸引不同的消费者，增加消费量。

（3）更新商标策略。更新商标可采取骤变的方法，也可以采取渐变的方法，以使消费者产生产品质量不断提高、企业不断进步的印象。

（4）不变商标策略。企业对老字号传统产品长期固定使用原有商标，以显示该产品为正宗传统产品。

（四）商标管理

我国商标萌芽于东周时期，河南淅川、汝阳一带酿酒者用自己的姓名“杜康”作为标记，以区别同类产品的不同生产者。我国发现最早的成形商标是北宋济南刘家功夫针铺的白兔商标；明清以后，商标使用较普遍，如景泰蓝珐琅制品、盛锡福帽子、张小泉剪刀、同仁堂虎骨酒、六必居酱菜、内联升布鞋等。

商标管理始于欧洲产业革命之后，1803 年法国关于工厂、制造场和作坊的法律是最早涉及商标管理的法律。该法律把假冒商标定为私自伪造文件罪。1857 年，法国正式制定《商标法》，对侵犯商标权者判处 500～15 000 法郎的罚金及 3～5 年的监禁，对屡犯者加倍处罚，法庭没收假冒商标及制造商标的工具。

1905 年英国颁布《商标法》，历经三次修改。美国法院对商标侵权者可作出赔偿高于实际损失的裁决，至多高出损失额的 3 倍，并可判处监禁、罚金、没收销毁货物、吊销营业执照。

我国于 1983 年起开始实施《中华人民共和国商标法》，现已成为世界商标大国之一。

商标管理主要有以下内容：

（1）受理、审查、批准、注册商标；

（2）运用法律手段保护注册商标免受侵权；

（3）督促与办理商标续展；

（4）裁决商标抢注纠纷；

（5）评定驰名商标；

（6）评估商标价值。

产品的市场推广既要在产品的生产上下功夫，又要在产品的营销活动上下功夫。仅重视前者，埋头苦干是不易产生名牌的，而忽略前者只在营销活动上做文章，也不能达到创立和保护名牌的目的。名牌或知名商标的形成是企业整体活动行为的结果，片面、单一的行为难以达到预期效果。

◎ 小　结

产品推广首先要解决产品的名与实的问题。产品的名即品牌，产品的实即质量。产品运营的成功既要创立知名品牌，又要做到名副其实，有过硬的质量保证。产品推广策划要抓住这个纲展开。同时，产品推广策划要为企业建立产品推广的支撑系统，以保证产品朝着提高知名度和美誉度的方向发展。产品形成名牌不能靠守，而要采取持续进攻的策略，使企业始终保持锐意进取的态势。

产品合格认证和包装策划是进一步运营产品的措施，有助于企业健康发展。商标对于产品运营和企业运作都至关重要，产品推广策划不能忽视商标问题，商标注册、商标管理及商标的设计与使用策略是其中的重要内容。

◎习　题

1. 如何策划产品的全面营销质量?
2. 如何策划产品的品牌并促使其成为名牌?
3. 如何策划企业产品推广的支撑系统?
4. 在产品推广中为什么要采取进攻策略?
5. 在促使产品发展为名牌产品的过程中，策划应提供哪些有效的方法?
6. 产品合格认证与商品检验有什么不同?
7. 如何正确认识包装的含义?
8. 产品包装策划要考虑哪些因素?
9. ISO 14000 环境认证包括哪些内容?
10. 条形码有何作用? 13 位数是怎样组成的?
11. 如何认识商标的价值及其构成?
12. 如何运用商标的设计、使用、注册策略?

◎案　例

塞飞洛品牌及产品策划

一、塞飞洛产品的市场分析

（一）宏观市场分析

（1）宏观市场前景广阔：礼品市场年需求近 8 000 亿元，送礼成为国人不可或缺的生活方式。

（2）个体与团体送礼市场发展迅猛。

1）按购买人群，礼品市场分为：

a. 个体礼品市场。礼品用于生日、节庆、平时礼尚往来等。

b. 团体礼品市场。如企业发放的会议礼品、福利礼品、商务礼品等。

2）送礼个性化需求加大，礼品的个性、创意、独特性、文化内涵成为影响选购礼品的重要因素。

（二）竞品分析

1. 线上搜索

在百度搜索“礼品皮具”关键词，有 359 万条有效信息；搜索“礼品皮包”关键词，有 605 万条有效信息，但并无品牌直接出售送礼皮具，基本都是一些定制皮具、礼品的链接。在淘宝搜索“送礼皮具”“送礼皮包”，只有少部分“皮带＋钱夹”这种组合方式，并无单独直接销售送礼皮具的品牌；搜索"送礼女包"，出现的都是一些具有民族特色的背包，选择面小。

2. 线下调研

（1）现有竞品品牌一味地追求"时尚的生活方式""成功身份的塑造""快时尚"等等，在"时尚""年轻""品质"上做文章，并没有聚焦于"送礼"市场，没有打"送礼牌"的品牌。

（2）销售活动只是单纯的买赠、打折，没有以"送礼"为由头的销售方式。

（3）中国至今还没有体系化、高品位的礼品皮具专营企业，缺少符合各个阶层消费需求的高品位的皮具礼品。

（三）消费者分析

1. 80后、90后成为当下消费主力军

80后、90后的个性化日益显著，这是追求独立自主、敢爱敢恨的群体，每个人的身上都有特殊的"标签"，他们具备一种"新个性"，他们的购置力、购置认识、购置话语权正在影响许多企业的营销战略。

（1）80后消费者的特点：多数已成家立业，拥有自己的小家庭，为人父母，懂得亲情的可贵，行事稳重、理性，有一定经济基础，会生活，会享受。

（2）85后消费者的特点：80后与90后衔接的一代，玩过打字机也使用电脑，穿双星也喜欢阿迪达斯，青春里多了一份内敛和成熟。

（3）90后消费者的特点：好奇，尝新，张扬，有个性，追求时尚，有自己的风格，爱表达，注重分享和社交。

2. 深挖消费者的需求

（1）功能性：女士出门不像男士，钥匙、钱包、手机揣裤兜里就可以出发了。女士有更多的东西要随身带，所以需要包。

（2）搭配性：一款好包可以提升整体形象，但前提是适合用户。

（3）实用性：衣服可以每天换一套，但包不一定。有时候顾客很长时间背同一款包，因此对包的要求更高。

（4）送礼需求：越来越多的人将包作为礼物送给他人，更多的人希望收到包这样的礼物。

1）送礼不再是长辈们的专利。送礼不再局限于年龄偏大的人群，也不再局限于商务场合。年轻人也慢慢开始送礼，但更多是将其作为表达自己情感的一种方式。

2）消费者问卷调查以及访谈发现。69.5%的消费者买过皮具送人，95%的消费者认为皮具适合送人，61.5%的消费者送过皮包，32.5%的消费者送过钱包，6%的消费者送过皮带。这说明皮包作为礼品是可行的。

3）年轻人送礼取决于个性。中国80后、90后购买皮具时的考虑因素是个性，89.9%的80后、90后表示"我喜欢"是他们在消费上强调的因素，购买过程中情感最重要，产品的好坏不是最重要的因素，重要的是"我喜不喜欢"。

结论：塞飞洛一定要满足"情感"这一消费需求，做足"情感戏"，让消费者用塞飞洛去表达自己的情感。

（四）塞飞洛的优势分析与市场分析

1. 优势分析

（1）设计团队：塞飞洛拥有自己的设计团队，可以针对不同人群开发不同的产品。

（2）产品质量：在同等价格产品中，塞飞洛产品的质量优于其他品牌，有品质保障。

（3）销售服务：有“售中＋售后”服务，可以提升消费者的好感。

（4）品牌历史底蕴：具有20年的品牌历史和良好的品牌形象。

（5）渠道体系健全：拥有2 000多家店面；皮具种类丰富，可供消费者挑选。

2. 市场分析

（1）送礼市场前景广阔，目前没有体系化的礼品皮具品牌。

（2）没有哪个品牌将送礼市场做足，缺乏高品位的礼品皮具。

（3）有送礼需求，并且需求量日益增加。

（五）塞飞洛的定位

将“轻奢、时尚、情感皮具品牌”作为塞飞洛的定位，它是最正确、最有销售力、最能够与其他品牌形成区隔，让送礼变得不再那么功利性的定位。塞飞洛将在今后的产品、终端、传播中融入“轻奢、时尚”＋“情感”元素，将自身打造成最能引起消费者情感共鸣的皮具品牌。

1. 塞飞洛品牌金字塔

塞飞洛品牌金字塔如图8C－1所示。

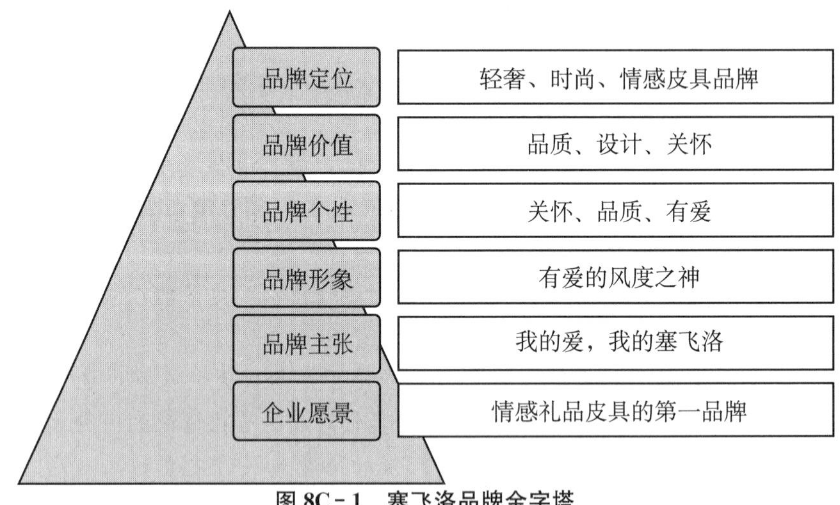

图8C－1　塞飞洛品牌金字塔

2. 对品牌的影响和作用

（1）以情感化的方式表现出塞飞洛皮具的高品质，赋予品牌人性化元素。

（2）使品牌气质进一步提升，品牌建设沿着“轻奢、时尚、情感”的方向前进，实现向品牌亲和力的跨越。

（3）占据送礼市场这一细分领域，增强塞飞洛的销售力，在消费者的心里占据重要地位。

二、塞飞洛产品的设计策划

（一）款式

塞飞洛产品款式根据不同年龄层的特征进行划分，青春、时尚、轻熟等风格涵盖产品的各个款式。打造塞飞洛对外传播的一系列价值体系，支撑品牌价值及形象，更好地传达品牌理念。围绕“情感表达”的价值塑造产品形象，让消费者在消费的同时感受到塞飞洛“送礼传情”的差异化价值。

结论：覆盖各类青春人群＋礼品化。

（二）设计

（1）高级设计师及时尚买手网罗市场流行元素，运用流行元素进行产品设计，以符合年轻一族的个性化需求。

（2）在视觉及五金、造型等元素上结合产品送礼的寓意进行设计，形意结合，使塞飞洛皮具成为送礼传情的代表，以不同风格的产品满足使用者的不同喜好，符合给不同对象送礼的各类要求。

结论：时尚个性＋形意结合。

（三）颜色

（1）以暖色系为基调，给人以热情、朝气的青春气息。同时，暖色系给人的温暖符合情感表达的产品理念。

（2）根据不同年龄层及对产品风格的要求，部分产品配以中间色系，给人以柔和、大气的感觉，使产品具有雅致、内秀的气质。

结论：以暖色系为基调，诉诸情感表达。

（四）品质

延续塞飞洛在产品价值上的优势，体现轻奢品质。

（1）选料：PU 非皮原料使用环保、耐破、色牢、耐爆裂等工艺；真皮类原料使用与产品开发设计相符的纹路及风格，最大限度地呈现皮具品质。

（2）五金：从设计到 3D 模具，打样反复确认修改，保证配件不刮手，使用舒适，符合产品设计理念。

（3）工艺：坚持专业精神，每款产品从托料、油边到配套辅料各个工序都作严格要求，甚至每寸车线及针数都会高于行业标准。

（4）从材料开料、台面手工、车位车缝，到半成品及包装组，采用内外 QC 小组（Quality Control Circle）严格监管，遵循“五面”检查标准：正面、后面、侧面、上面、下面。

结论：匠心品质：选料＋五金＋工艺＋质检。

（五）包装

（1）礼品包装体现价值。以礼品的规格包装产品，无论是送给自己还是送给亲友，都体现出价值和重视程度。

（2）包装文案直达人心。情感表达引起共鸣，根据不同系列的产品款式设计表达情感的文案，如卡片、手提袋及画册等。使消费者直观地感受到塞飞洛品牌形象的特色。

结论：礼品化包装＋情感文案。

三、产品风格规划

将三大风格注入各层人群，满足皮具送礼场景需求：

（1）好友：生日、人生的重要时刻，需要一个塞飞洛来表达。

（2）爱人：告白纪念日、情人节、七夕，需要一个塞飞洛来表达。

（3）亲人：回乡探亲，母亲节、父亲节、重阳节、元宵节、春节等特定的节日，需要一个塞飞洛来表达。

四、产品风格设置及价格

根据目标消费群体的特性及品牌定位，将产品分为以下三类风格：

80后（责任感、重品质）：轻奢经典风格。

85后（时尚、青春中带内敛）：轻熟时尚风格。

90后（青春、有个性、时尚）：青春时尚风格。

（一）女包产品线

塞飞洛女包系列设计如图8C－2所示。

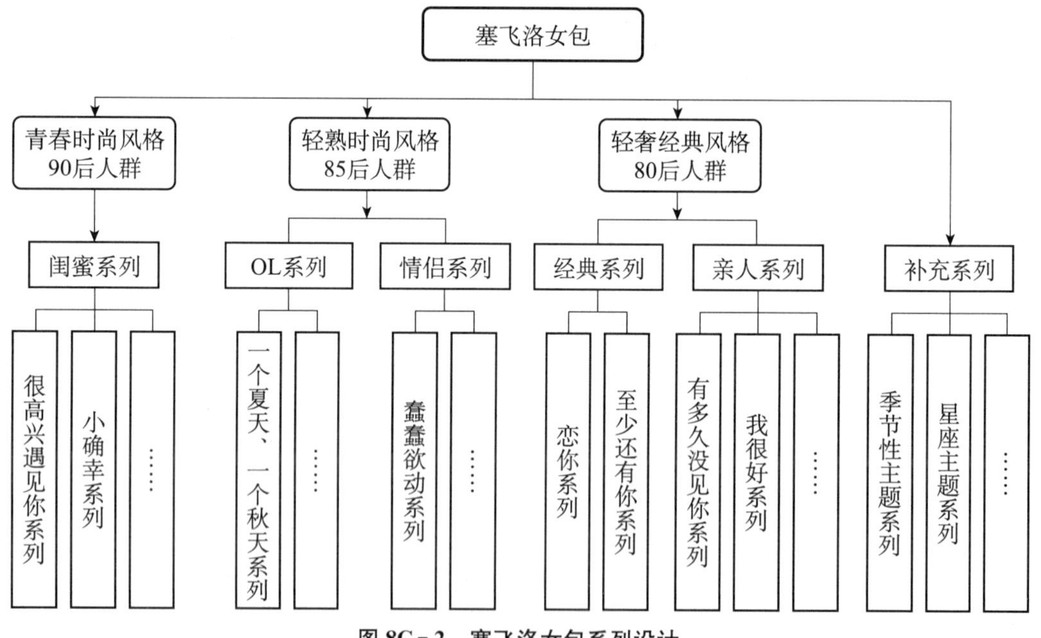

图8C－2 塞飞洛女包系列设计

1. 青春时尚——闺蜜系列

（1）款式设计。

以青春时尚风格为主，主要目标群体为90后，重在展现款式，体现少女风格。设计使用合扣、拉手等意象元素，结合系列名称达到形意结合的效果，代表闺蜜的亲密关系。颜色以暖色系为主，以粉色系见长，体现少女的青春感。

（2）面料选择。

青春时尚系列重在以款式取胜，价格较为便宜，面料以 PU、PVC 等非真皮为主。结合款式设计理念及品牌辅助元素的应用，选择不同纹路或手感的面料。

2. 轻熟时尚——OL/情侣系列

（1）款式设计。

两个系列均以轻熟时尚风格为主，主要目标群体为 85 后，注重品质。设计简洁、色彩明快，适当添加流行时尚元素。OL 系列重通勤款式，符合白领办公室及商务搭配，多用中间色系及流行色。情侣系列的设计使用爱心、合扣等意象元素，代表情侣的亲密关系。色彩偏暖色系，使用流苏、铆钉等流行元素。

（2）面料选择。

轻熟时尚风格注重皮具的品质，价格较贵，选择普通真皮或中等价位真皮，符合目标群体的品位。结合款式设计理念及品牌辅助元素的应用，选择不同纹路或手感的面料。

3. 轻奢经典——经典系列：打造塞飞洛形象产品

经典创造品牌的长久价值，经典引导消费者的消费行为。

（1）款式设计。

款式以轻奢经典风格为主，主要目标群体是 80 后，皮具重在展现品质，体现价值。使用简约时尚的设计、精良的材质、流行的色彩。素色占比大于 80%，体现雅致简约的调性。

（2）面料选择。

利用塞飞洛标识的变形元素设计图案及五金配饰，或将标识设置成合扣或锁的形式（可设男女款五金合扣），代表情侣间的亲密感情。

4. 轻奢经典——亲人系列

（1）款式设计。

款式以轻奢经典风格为主，主要目标群体是 80 后，皮具重在展现品质，体现价值。设计使用心连心、小时候的回忆等意象元素，传达亲人间的感情。偏中间色系，色彩柔和，沉稳大气。

（2）面料选择。

轻奢经典风格注重皮具的品质，价格较贵，选择高价位真皮或经典面料，体现价值。

（二）男包产品线

塞飞洛男包系列设计如图 8C－3 所示。

1. 青春时尚——兄弟系列

（1）款式设计。

以青春时尚风格为主，目标群体覆盖 90 后。设计使用拳头、小船等代表兄弟之间互动的意象元素。色彩丰富时尚。使用拼接、印花等时尚元素。

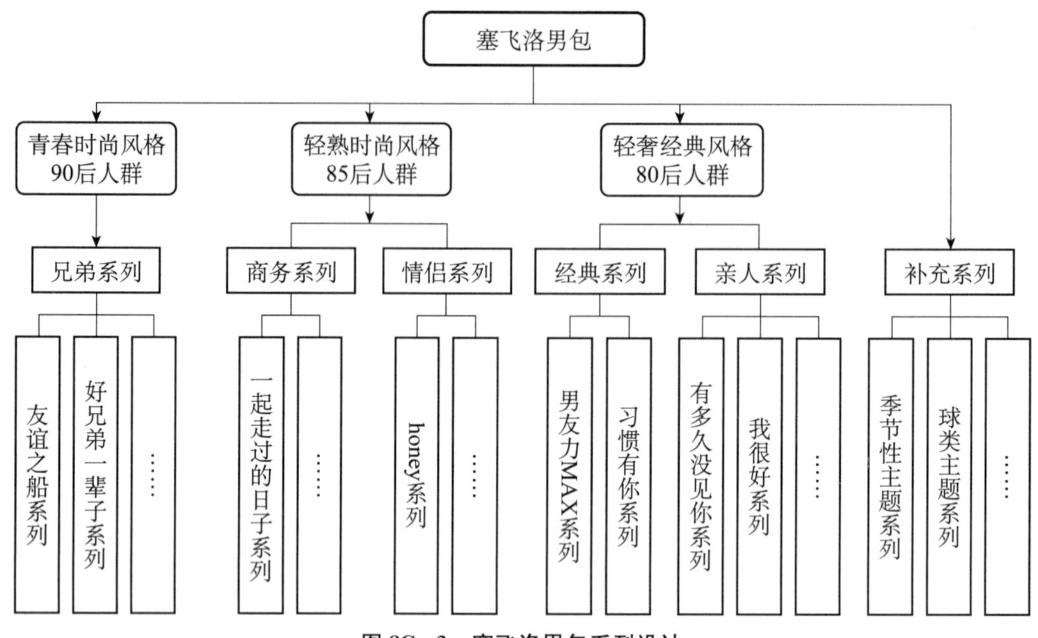

图8C-3 塞飞洛男包系列设计

（2）面料选择。

青春时尚系列重在以款式取胜，价格较为便宜，面料以PU、PVC等非真皮为主。

2. 轻熟时尚——商务/情侣系列

（1）款式设计。

两个系列均以轻熟时尚风格为主，主要目标群体为85后，注重品质。设计简洁、色彩单一，适当添加流行时尚元素。商务系列重通勤款式，适合商务搭配，多用中间色系或单一的流行色。情侣系列的设计使用爱心、合扣等意象元素，代表情侣的亲密关系。色彩偏暖色系，使用流苏、铆钉等流行元素。

（2）面料选择。

轻熟时尚风格注重皮具的品质，价格较贵，选择普通真皮或中等价位真皮，符合目标群体的品位。

3. 轻奢经典——经典系列

（1）款式设计。

以轻奢风格为主，目标人群为80后。男包设计简约、材质精良，体现雅致简约的风格，与该系列女包对应，产品重在质量。

（2）面料选择。

对应该系列女包的选料，男包体现高质量，使用独特的印花或压印面料，体现塞飞洛的产品特色，具有高辨识度。

4. 轻奢经典——亲人系列

（1）款式设计。

款式以轻奢经典风格为主，目标群体为80后，注重品质和价值，设计使用烟嘴等传递与亲友间回忆的意象元素。色彩以中间色系、大地色系为主，体现稳重的气质。

（2）面料选择。

轻奢经典风格注重皮具的品质，价格较贵，选择高价位真皮或经典面料，体现价值。

（三）产品规划总结以及价格建议

塞飞洛男女包系列产品风格及价格如表 8C－1 所示。

表 8C－1　　塞飞洛男女包系列产品风格及价格

<table>
<tr><th>品类</th><th>系列</th><th>系列名称</th><th>产品风格</th><th colspan="2">价格（元/个）</th></tr>
<tr><td rowspan="11">女包系列</td><td rowspan="2">闺密系列</td><td>很高兴遇见你</td><td rowspan="2">青春时尚风格为主，重在款式</td><td rowspan="5">女包</td><td rowspan="5">400～1 000</td></tr>
<tr><td>小确幸</td></tr>
<tr><td>OL 系列</td><td>一个夏天、一个秋天</td><td rowspan="2">轻熟时尚风格为主，较重品质</td></tr>
<tr><td>情侣系列</td><td>蠢蠢欲动</td></tr>
<tr><td rowspan="2">经典系列</td><td>恋你</td><td rowspan="4">轻奢经典风格为主，重在价值感</td></tr>
<tr><td>至少还有你</td><td rowspan="6">女钱包</td><td rowspan="6">100～500</td></tr>
<tr><td rowspan="2">亲人系列</td><td>有多久没见你</td></tr>
<tr><td>我很好</td></tr>
<tr><td rowspan="2">补充系列</td><td>季节性主题</td><td>实时流行元素及风格</td></tr>
<tr><td>星座主题</td><td>星座时尚风格</td></tr>
<tr><td rowspan="11">男包系列</td><td rowspan="2">兄弟系列</td><td>友谊之船</td><td rowspan="2">青春时尚风格为主，重在款式</td><td rowspan="5">男包</td><td rowspan="5">400～1 200</td></tr>
<tr><td>好兄弟一辈子</td></tr>
<tr><td>商务系列</td><td>一起走过的日子</td><td rowspan="2">轻熟时尚风格为主，较重品质</td></tr>
<tr><td>情侣系列</td><td>honey</td></tr>
<tr><td rowspan="2">经典系列</td><td>男友力 MAX</td><td rowspan="4">轻奢经典风格为主，重在品质、价值感</td></tr>
<tr><td>习惯有你</td><td rowspan="6">男钱包</td><td rowspan="6">200～600</td></tr>
<tr><td rowspan="2">亲人系列</td><td>有多久没见你</td></tr>
<tr><td>我很好</td></tr>
<tr><td rowspan="2">补充系列</td><td>季节性主题</td><td>实时流行元素及风格</td></tr>
<tr><td>球类主题</td><td>篮球、足球时尚风格</td></tr>
</table>

五、传播落地（线上）

让顾客为塞飞洛品牌而感动、惊喜。塞飞洛应充分运用多种营销手段，认识到情感营销的重要性，从以下两方面进行营销：

线上：病毒营销、网红营销。

线下：事件营销、节日营销。

（一）病毒营销

塞飞洛可以拍摄“包治百病”系列小视频在互联网上进行传播，每一集剧情分别对应不同的送礼场景。如“包治百病——男友篇”“包治百病——闺蜜篇”“包治百病——宠爱篇”。

将生活中的场景用诙谐幽默的语言演绎，带给观看者真实感。视频中的道具包都是塞飞洛品牌产品，实现通过小制作达到大影响的效果。

（二）网红营销

塞飞洛选择适合自己品牌的网红进行合作，正面、积极、有影响力的网红中，达人类、情绪类、颜值类网红较为适合。

1. 微博营销——传播链路

官方发布（微博、微信同步）—红人转发（服饰、美妆、团购类博客）—全网转发。

2. 红人推荐——传播模式

通过红人推荐形成口碑，利用真人、红人的影响力迅速扩散传播，影响目标市场。网红发布软文进行炒作，并将广告植入软文传递给广大网友。网红在软文中发出购买优惠的“暗号”或不定时发放优惠码，网友凭借优惠码可自行到店或在网上购买。店家与网店进行记录，最后反馈给塞飞洛，按照季度（年度）给予网红分红。

3. 红人推荐——达人转发助推

利用微博名人、红人、认证达人对名人的体验进行转发、传播，扩大影响。分不同维度进行引导，在凸显产品优势的同时增加可信度。

（1）从网红主播入手。塞飞洛公司签约网红主播，不定时在其直播中植入塞飞洛品牌及产品，每个网红每个月获得 10 000 个优惠码，网红的粉丝可以凭借优惠码到店购买产品。

（2）从直播平台入手。塞飞洛挑选直播平台合作，将塞飞洛产品作为虚拟礼物由粉丝购买赠送给网红主播，网红主播可将礼物变现或到店免费换取实物。

（三）事件营销

举办塞飞洛花式接吻大赛。通过微信、微博、H5 等宣传方式为本次大赛预热，制造话题与互动。在塞飞洛的店面或设置的展位开展活动，当天到场的情侣都可获得一个精美的“爱情大礼包”，现场参与活动的情侣可获得由塞飞洛提供的精美皮具一个。

（四）节日营销

塞飞洛按照节日顺序开展促销活动，以“爱”为主题，举办以送礼为促销方式的促销活动，可线上线下一起互动，以线下活动为主。

以七夕节为例：

1. 预热｜关注：测试舆情　引发关注

通过微博、微信进行话题炒作，例如，#皮具店里怪事连连#。活动期间凡是到店消费的情侣，不拥抱、不亲吻的，销售人员有权不出售皮具给他们。微信通过 H5 列出塞飞洛情侣系列新品的局部特点或某些卖点，让消费者竞猜情侣系列产品价格，竞猜价格正确者送情侣系列皮具。

2. 引爆｜落地：阶段细化

引爆期间，将情侣系列新品铺货到终端，情侣当天到店购买，拍照留念并现场拥吻

10 秒，即可享受折扣；异地恋情侣，只要一方发送“老婆/老公，我爱你”到朋友圈并@对方，即可享受折扣；单身消费者到店消费，即可享受折扣并获赠“单身无罪”礼包一份；想表白的人可赠送表白签，以资鼓励。

3. 续势｜持续：借势促销

通过塞飞洛官方自媒体记录并报道促销活动盛况，在塞飞洛终端卖场及专卖店宣传活动成绩，作为品牌背书。

六、渠道设置

（一）终端落地

1. 专卖店

塞飞洛从品牌自营店（从大店到小店）到代理商加盟店（从大店到小店）更新终端形象。围绕情感主题，打造情景式营销体验，采用高低错落、不拘一格的陈列方式。灯光采用暖光配合射灯，既突出产品又不失格调。整体色调为浅色系，给消费者营造一个无购物压力、轻松购物的环境，凸显塞飞洛的轻奢时尚感。产品按照系列摆放，可用单独的展柜展示轻奢经典款与送礼包装。

2. 提供销售道具

制作有特点的销售道具（新颖的产品画册、皮质板卡），帮助售货员进行销售。

3. 销售人员

销售人员应以服务为中心，以商品为道具开展令顾客难忘的活动，通过协调整合售前、售中、售后各个阶段和各种接触点，无缝隙地向目标顾客传达信息，创造匹配品牌承诺的体验。塞飞洛通过强化顾客体验，来提高顾客对塞飞洛品牌的满意度与忠诚度。

（二）企业、员工、经销商落地

1. 企业内部

办公区域是塞飞洛接待外来宾客的主要场所，主要起对外沟通和协调的作用，所以办公区域的宣传应当以树立品牌形象为重点，宣传品牌的定位、核心价值、使命、愿景等。

2. 企业员工

员工是品牌的一个窗口，他们直接面对顾客并与之交流，其形象与服务质量对品牌意义重大。在工作过程中，员工需要倾注感情，对客户用心、细心。一句问候、一个微笑，都能体现出塞飞洛品牌的综合素质和实力。

3. 经销商

（1）行业主题性活动。参与行业协会举办的各项活动（如中国优秀皮具颁奖典礼等），每次获奖都大力宣传，并将其作为企业、品牌以及产品的有利背书。

（2）招商大会。举办跟“爱”有关的招商会，为每一个环节设计与爱有关的名称，从现场布局到灯光氛围再到游戏环节都充满“爱”。

（3）新品发布。每一季度发布的新品都以“爱”为核心元素，并在新品发布会上宣传塞飞洛皮具从开发到设计再到生产中“爱”的理念，与时尚界知名设计师联合推出

“宠爱系列”等。

（4）年终经销商回馈。每年年终召开经销商的颁奖大会，凸显塞飞洛“爱”的理念，增加经销商的积极性，进行双向沟通，强调长期合作，更好地鞭策业绩不好的经销商。

资料来源：企业内部资料。

讨论题：

1. 请分析塞飞洛的产品设计是否符合目标群体的需求。
2. 塞飞洛的产品和品牌设计运用了哪些营销理论？

第 9 章

品牌延伸策划

当企业进入实施品牌营销阶段时，品牌延伸就成为企业营销策划范畴的重要内容。品牌延伸包括一品多牌和一牌多品两种方式，不论哪种方式，都与企业实行多角化战略有关。随着企业的发展，企业经营规模扩大，选择多角化发展战略便成为企业的必然选择。品牌延伸是企业实行名牌战略和多角化战略时采取的营销策略。品牌延伸是把双刃剑，实施品牌延伸必须精心策划，以求得益多、受损少。

第 1 节　品牌延伸的正负面效应

一、品牌延伸的正面效应分析

（一）品牌延伸的概念

品牌延伸是指把一个现有品牌用到一个新类别的产品上或在同一类产品中推出若干新的品牌。习惯上简称为“一品多牌”或“一牌多品”。实行品牌延伸是由品牌和产品之间存在的固有关系决定的。产品与品牌之间的关系可以通过图 9－1 表示。

	现有产品种类	新产品种类
现有品牌	现有产品，现有品牌 A	新产品，现有品牌 B
新品牌	现有产品，新品牌 C	新品牌，新产品 D

图 9－1　产品与品牌关系示意图

图 9－1 表示如果将产品和品牌分解成现有产品和新产品，现有品牌和新品牌，产品与品牌之间则构成四种关系，即

（1）现有产品，现有品牌；

（2）新产品，现有品牌；

（3）现有产品，新品牌；

（4）新品牌，新产品。

显然，这个关系图既可以表现一品多牌，也可以表现一牌多品。品牌延伸存在着客观可能性，品牌延伸是否成功则取决于多个因素。一个含金量很低的品牌是不值得延伸

的，只有含金量高的名牌才有延伸的必要。

品牌延伸是名牌效应的体现。名牌效应是企业品牌资产的归宿，体现品牌与企业经济效益、社会效益的因果关系。名牌具有移情效应，即可将消费者对名牌的偏好和忠诚延伸至与之相关的事物，名牌的这种移情效应是品牌延伸的根源和依据。企业进行品牌延伸，正是利用名牌效应使消费者对其产生偏好和忠诚，以便迅速将新产品推向市场。因此，如果不是名牌，或者名牌效应不显著，则延伸与否都不会有多少意义和价值。由此可得出这样的结论：品牌延伸只能表现为名牌延伸，品牌延伸的实质是对名牌所创造的无形资产的开发、利用和扩展，名牌效应是品牌延伸能否成功的关键，因为只有名牌才能给企业带来正面的、积极的效应。

（二）品牌延伸的正面效应

企业实施品牌延伸着眼于品牌延伸的正面效应及其给企业带来的利益。利益是企业选择品牌延伸的根本动因，也是品牌延伸存在合理性的原因。品牌延伸可能给企业带来的利益如下：

（1）有利于新产品的试用和接受，减少新产品上市的风险。随着市场竞争的加剧，新产品上市面临越来越大的风险。据统计，20世纪七八十年代，我国企业向市场推出新产品的成功率只有20%，30%～35%的新产品则因为品牌不被认知或不被接受且初期导入费用过高而失败。解决这个问题的有效途径是将已有的品牌名称和品牌资产通过延伸转移到新产品或服务中去，从而大大降低新产品进入市场的壁垒。这种方法能够借助已有品牌的知名度和美誉度，让消费者对新产品建立信任感和安全感。我国消费者已进入“认牌购物”阶段，消费者爱屋及乌，根据自己信任甚至偏爱的品牌去认同、接受新产品，这样一来可大大缩短市场接受新产品的时间，节约市场接受新产品所需的费用，减少新产品上市所遇到的风险。

（2）有利于解决品牌运营中企业与消费者信息不对称的矛盾。在新产品推向市场时，企业掌握新产品的信息，而消费者则不了解新产品的信息，这就造成消费者和企业之间信息的不对称。企业传递信息要增加成本，消费者也会增加信息搜寻成本，买卖双方成本的增加会成为新产品上市的负担。如果采用品牌延伸策略，既可降低企业传递信息的成本，又可降低消费者搜寻信息的成本，使买卖双方在相对轻松的状态下达成交易。

（3）有助于丰富企业名牌下的产品线，给消费者带来多样化的选择。品牌延伸的新产品扩大了原有名牌的产品组合，可为消费者提供更多的选择。一方面，企业不间断地推出新产品能有效地满足市场需求，进一步强化名牌与消费者之间的联系，提升品牌形象；另一方面，品牌延伸有助于提升企业在消费者心目中的形象。

（4）有利于降低新产品推广的各项费用。新产品在入市过程中，从策划、定位、商标注册、寻求目标市场、广告宣传、促销到新产品的维护需要企业投入大量费用，实施品牌延伸后，新产品可借助已有品牌的光环，花少许费用便可获取已有名牌的市场、渠道、品牌效应。

（5）有助于品牌资产与价值的提升，树立行业综合品牌，扩大影响。品牌延伸可产生“晕轮效应”，使企业同一名牌下不同产品在市场上彼此呼应、整体推进，从而提高企业的知名度和美誉度，提升品牌的价值含量，形成企业的无形资产。品牌延伸使企业原有产品的品牌资产转移到新产品上形成新的品牌资产，企业品牌资产大幅增长。

二、品牌延伸的负面效应

品牌延伸成功会给企业带来利益，但若品牌延伸的时机选择不当或延伸决策失误，品牌延伸也会造成负面效果，具体表现如下：

（1）损害效应，即由于延伸失败而损害原有品牌的形象。实施品牌延伸要深入调研，精心策划，充分考虑新产品使用原有品牌的可能性、消费者是否接受、新产品与已有产品之间的关联度、新产品与已有产品在质量上的差距、新产品能否在原有市场上找到适合的利基市场等问题，不能盲目实施，一旦延伸失败就会殃及原有的品牌，使原有的著名品牌受损。

（2）株连效应。企业实施品牌延伸中的一品多牌策略时，同一商品在不同销售区域使用不同的品牌名称，如宝洁公司洗发水有“飘柔”“潘婷”“海飞丝”“沙宣”等不同的品牌，适合不同发质的消费者，这几个品牌“一荣俱荣，一损俱损”，任何一个品牌出问题都会殃及其他品牌。宝洁一品多牌的品牌延伸是成功的，因此产生“一荣俱荣”的正面效应。如果一个企业决策失误，就会造成“一损俱损”，产生株连效应。如“活力 28”是日用化工品的知名品牌，该公司后来投放市场的纯净水也用“活力 28”品牌，消费者不仅难以接受，也对活力 28 公司实施多角化经营产生了质疑。

第 2 节　品牌延伸策略的实施与策划

品牌延伸策略的实施需要精心研究品牌延伸的基础、方式和条件。对这些问题研究透了，才是理性的策划；否则，就是盲目决策。

一、品牌延伸的基础

品牌延伸策略的实施首先必须考虑新产品与已有产品之间是否有共同的基础，这个共同的基础就是彼此的相似性或相关度，这个基础决定彼此匹配的程度。产品品牌得以延伸的共同基础是品牌的核心价值。

（一）品牌核心价值的概念

品牌核心价值称作品牌基因，它既是消费者对产品利益的认定和消费者心理需求的折射，又是品牌得以延伸的关键。品牌核心价值居于消费者品牌体验的最深层。消费者对品牌的体验由浅入深有三个层面：

（1）体验产品。为了获得产品的物理效用与使用价值，对产品的体验是第一步。如品尝某种饮料，感受是否解渴、口感如何。

（2）感官享受。消费者对一个品牌的物理属性产生好感，持续积累，便会上升到感官享受的层面。如消费者对可口可乐产生好感，久而久之，便形成一种舒适、渴求的消费感受，这时对品牌的体验就从物理属性上升到心理层面了。

（3）价值主张。消费者对品牌的感官享受超过一个临界点，便会形成一种价值主张，如通过某种产品来表达自己的人生主张、价值观、生活态度，显然这是品牌体验的最高境界。如消费者认为可口可乐这个品牌具有“乐观奔放、积极向上、勇于面对困难”的内涵。品牌核心价值就体现在这个层面，即品牌折射的价值主张。

品牌核心价值是消费者能得到或感知到的价值或利益，是品牌带给消费者的核心利益，它让消费者清晰地识别并记住品牌，是驱动消费者认同、喜欢乃至忠诚于这个品牌的主要力量。对于企业来说，品牌核心价值既是企业品牌运作的终极追求，又是品牌营销传播活动的原点和品牌延伸的辐射点，企业的一切营销活动都应围绕品牌核心价值展开。

（二）品牌核心价值的体现

品牌核心价值外化为品牌的个性。品牌个性是企业在品牌定位的基础上所创造的人格化、个性化的品牌形象。品牌个性所提倡的生活方式既与产品的特色相适应，又能引发符合目标消费者需求的、情感上的联想。这种联想是增强消费者认知和记忆的基础，并在很大程度上支配消费者的偏好和购买选择，是在产品同质性越来越高的现代社会唯一能区别于竞争对手、不被技术更新淘汰的品牌的另一核心价值。因此，全力维护和宣扬品牌核心价值，维护品牌个性特色是许多一流品牌企业的共识（如表9-1所示）。

表9-1　品牌核心价值

品牌	品牌核心价值
劳斯莱斯（汽车）	皇家贵族的坐骑
宝马（汽车）	驾驶的乐趣
诺基亚（手机）	科技、人性化
吉列（男士用品）	阳刚、有男人味
耐克（运动鞋）	超越——强劲有力、生机勃勃、富有进攻性
强生（婴儿食品）	可信赖的家庭医生
辉瑞（药品）	关爱
海尔（家电）	真诚到永远
雀巢（食品）	温馨、美味

品牌延伸成功与否不在于产品表现的相似性，而是取决于品牌核心价值对延伸产品的包容性。延伸产品与原有产品之间在特点、技术和工艺上的相似性固然重要，但消费者对品牌个性感受的统一和延伸更重要。美国有学者曾强调：品牌延伸的核心是品牌理念，而不是品牌形式，只延伸品牌形式而不延伸品牌理念，延伸品牌与母品牌之间可能会因为理念不兼容而引发品牌冲突，危害母品牌。这里所说的品牌理念即指品牌核心价值。因此，品牌延伸以品牌核心价值为基础，应以尽量不与母品牌核心价值、个性相抵触为原则。

一个成功的品牌有其独特的核心价值与个性，若这一核心价值能包容延伸产品，就可以大胆地进行品牌延伸。反过来，品牌延伸尽量以不与品牌原有核心价值与个性相抵触为原则。几乎所有品牌延伸案例都可以根据这一规律找出成败的根本原因。

以前对品牌延伸的论述只是泛泛地提到门类接近、关联度较高的产品可共用一个品牌。娃哈哈与雀巢品牌延伸成功可以从其品牌麾下的产品都是关联性较高的食品这个角度来解释。其实关联度高只是表象，关联度导致消费者会因为同样或类似的理由认可并购买同一品牌才是实质。比如，选择奶粉、柠檬茶、咖啡时都希望品牌能给人一种“口感好、有安全感、温馨”的感觉，于是提供这种感觉的雀巢旗下的奶粉、咖啡、柠檬茶都很畅销。然而，许多关联度较低，甚至风马牛不相及的产品共用一个品牌也获得了空前的成功，说到底是因为品牌个性能包容表面看上去相去甚远的系列产品。登喜路、都彭、华伦天奴等奢侈消费品品牌麾下的产品有西装、衬衫、领带、T 恤、皮革、皮包、皮带等，甚至还有眼镜、手表、打火机、钢笔、香烟等跨度很大、关联度很低的产品，但也能共用一个品牌，因为这些产品虽然物理属性、用途相去甚远，但都能提供一个共同的效用，即身份的象征，能让人获得高度的自尊和满足感。购买都彭打火机者所追求的不是点火的效用，而是感受顶级品牌带来的无上荣耀，购买都彭皮包、领带也是为了这份感觉。此类品牌的核心价值是文化与象征意义，故能包容物理属性、类别相去甚远的产品，只要这些产品能成为品牌文化的载体。同样，都彭、华伦天奴贵为顶级奢侈品品牌，如果去生产两三百元一件的 T 恤、衬衣，就会降低品牌档次，这样的品牌延伸就会失败。

以档次、身份及象征为主要卖点的品牌，一般很难兼容中低档产品，因为会破坏品牌的核心价值。第二次世界大战之前，美国的豪华车并非凯迪拉克而是派卡德。派卡德曾是全球最尊贵的名车，是罗斯福总统的座驾。然而，派卡德在 20 世纪 30 年代中期推出称为“快马”的中等价位车型，尽管销路很好，但其王者之风渐失，高贵形象不复存在，从此走向衰退。这与派克生产低档钢笔而惨遭失败有惊人的相似之处，说到底都是因为新产品与原有的品牌价值相抵触。

品牌核心价值具有包容性而使类别相差较大的产品共用一个品牌成功的例子比比皆是。本田以“优秀的动力”为核心定位，产品涵盖汽车、摩托车、割草机、发电机。麾下各种产品以“动力”技术被消费者认同，采用这种核心技术的产品都可共用此品牌。理光以“卓越的光电技术”横跨传真机、复印机、照相机等领域，其系列产品都非常畅销。

新产品并不一定与品牌核心价值的全部内容相适应，只要与主体部分相容就足以支持品牌延伸。如雀巢是咖啡的代名词，就不应再朝奶粉等产品延伸，但这只是从品牌联想到具体产品这个角度推导出的观点，只考虑到品牌与具体产品的对应关系。的确，雀巢与咖啡的联系很紧密，一提到雀巢消费者首先想到的是咖啡，这是因为雀巢还意味着“国际级的品质、温馨、有亲和力”，这是品牌核心价值的主体部分，能包容咖啡、奶粉、冰淇淋、柠檬茶等许多产品，因此雀巢的系列食品广受消费者欢迎。

（三）品牌核心价值的提升与品牌延伸

在运用品牌延伸策略的过程中，通过微调及连续渐变，提升品牌核心价值，会使品牌延伸能力扩大。娃哈哈原为儿童乳酸奶品牌，原来的核心价值是“知名度、安全感、卫生有保障及独有的童趣”，其中的“知名度、安全感、卫生有保障”等品牌形象与纯净水、八宝粥等成人食品、饮料是相适应的。同时，娃哈哈独有的童趣不至于让成人反感，甚至能获得特殊的偏爱。随着娃哈哈成人食品、饮料的比重不断加大，娃哈哈品牌的主要形象就过渡为“一流食品、饮料，高熟悉度与高可信度”，其儿童味会逐渐淡化。娃哈哈品牌延伸后，原有品牌个性大体未发生变化，只是有了微调。娃哈哈的新品牌价值能包容新老产品，延伸能力得以扩大。

海信早先的定位是“优质彩电”，随着空调、电脑的上市，慢慢地调整并形成“技术领先、品质可靠、服务一流、信息家电的前瞻者”的品牌形象，从而对其大多数的电器产品特别是信息家电产品有强劲的促销作用。电器业是最适合进行品牌延伸的，走“一牌多品”模式的企业，如松下、日立、夏普，无论洗衣机、彩电、音响、空调、冰箱还是传真机均采用同一品牌。消费者对洗衣机、彩电、音响等电器品牌产生信赖的主要原因可以归结于一点，即对技术、品质的认同。可见，对电器类产品而言，技术、品质是否为消费者接受是最为重要的。只要做到这一点，就能带动多种电器的销售。

二、品牌延伸的方式

（一）品牌的延伸方式

1. 按品牌与产品的关系划分

品牌延伸包括“一牌多品”和“一品多牌”两种方式。“一牌多品”的延伸属于产品线的延伸，具体有三种方式，即向下延伸、向上延伸和双向延伸。向下延伸是指原品牌定位于高端市场，为了更好地开拓市场，企业将高档品牌朝中低档方向延伸。双向延伸则是指企业将品牌定位于中档，为了拉长品牌线，同时朝上下两个方向延伸。一般来说，向上延伸可以有效地提升品牌资产，改善品牌形象。缺点是有可能支持力不够。

虽然向下延伸营销成本低廉且操作简单，但给品牌带来的风险要比向上延伸大得多，因为这种做法会破坏母品牌的形象，如派克钢笔的例子，再如金利来本是高档男士服装，但由于大量低档的假冒产品充斥市场，破坏了金利来的品牌形象，致使许多人不敢再买金利来的产品。据调查，消费者对不利于品牌信息的接收比对有利信息的接收要快得多。品牌坏口碑对消费者购买决策的影响力比好口碑要大得多，这给国内一些热衷于将品牌向下延伸的企业敲响了警钟。有资料显示，五粮液从1994年开始进行品牌延伸，延伸出了五粮春、五粮醇、五福液、五粮王、五粮神、金六福等十余个品牌。虽然五粮液在品牌延伸后曾创造了年销售70亿元的辉煌业绩，并取代茅台成为中国白酒之王，但品牌延伸却使五粮液的高档品牌形象受损。五粮液的品牌延伸是一味向下的低档化策略，其延伸出的十余个品牌，价格主要集中在30～80元，看不出它们在风格、个性和消费者群体上有什么差异。从100多元的五粮春到几十元的五粮醇，让人弄不明白五粮液究竟是高档酒的代表，还是低档酒的象征。国酒茅台从1998年开始学习五粮液走低档化之路，推出茅台王子酒、茅台醇、茅香缘等系列白酒。这些品牌延伸低档化在短期内肯定会提高企业的销售额和市场占有率，但从长远看，只会使高档品牌的形象受到损害，动摇其业已形成的品牌地位。如果企业追求的是长期的市场占有率和经济利益，对向下延伸这种策略就必须进行审慎的分析，然后再决定是否采用。

号称“钟表之王”的瑞士钟表旗下一级表品牌有劳力士、欧米茄，二级表品牌有浪琴，三级表品牌有梅花，四级表品牌有英纳格。试想一下，如果不用多品牌，而将高档的劳力士品牌延伸至所有档次的手表将会怎样？进行品牌向下延伸不可盲目、轻率。相反，一些品牌如果缺乏向上延伸的潜质却盲目地向上延伸，结果不但没能在高端市场上取得成功，原有品牌的定位也会受到影响。因此，企业应待品质提升到一定标准时再谋求向上延伸。

“一品多牌”是企业根据不同营销区域消费者的偏好和审美情趣，为适应消费者的需要对同一种商品采用不同的品牌的营销策略。

宝洁公司是实施“一品多牌”策略的典范。作为一家国际企业，宝洁经营的产品种类多，从香皂、牙膏、洗发水、护发素、漱口水、柔顺剂、洗涤剂，到橙汁、咖啡、蛋糕粉、薯片，到卫生纸、化妆棉、卫生棉，到胃药、感冒药，横跨了清洁用品、食品、纸制品、药品等多种行业。它从生产之初就采用多种品牌或一类产品多个品牌的策略。比如在我国市场上，香皂用的是舒肤佳，牙膏用的是佳洁士，卫生巾用的是护舒宝，洗发水有飘柔、潘婷、海飞丝、沙宣等品牌。正是这种策略使得宝洁成为当之无愧的“品牌大户”。

2. 按延伸品牌与母品牌产品关联性划分

品牌延伸分为连续延伸和间断延伸。品牌连续延伸是指延伸品牌产品与母品牌关联度大，一般在同一行业进行的延伸。品牌间断延伸则指横跨多个行业的延伸。

当海尔由冰箱进军空调、彩电、洗衣机，在整个家电行业中延伸时，属于连续延伸；当其延伸至手机、整体厨房设备和医药行业时，属于间断延伸。海尔延伸至整体厨房预示着有潜在的成功因素，因为这符合海尔“真诚到永远”的核心价值及其一流的售后服务质量体系。当海尔品牌延伸至手机时，人们觉得手机似乎更像是通信产品而非家电产品，其良好的售后服务只在维修时才能体现。当海尔品牌延伸至医药行业时，其“国际一流售后服务”的特色就更无用武之地了。这就偏离了海尔的核心价值，其优势很难体现出来，这或多或少是造成海尔手机及海尔医药发展不佳的原因之一。

（二）品牌延伸成功的条件

品牌延伸不仅要考虑是否具备延伸的基础和方式，而且要结合延伸方式考虑各种前提条件，包括行业条件、企业条件、产品条件和市场条件。

1. 行业条件

不同行业的品牌延伸表现为不同的情况。日用消费品行业如食品、饮料、服装、香烟、白酒、洗涤用品等适合“一品多牌”的延伸方式，因为这个行业的市场容量大、消耗快、需求多元化，可以进行大批量生产，采取不同的流通渠道拓宽市场，获取丰厚的利润。由此可见，实行“一品多牌”延伸必须是销量大、消耗快、需求多样化的行业。

家电、珠宝、轿车、电子产品、房地产、石油化工、橡胶轮胎等行业则适合“一牌多品”的延伸方式，因为这些行业的产品消耗周期较长、价格高，消费者多为理智购买，相对而言在这些行业创名牌更难，一旦成为名牌就不会轻易放弃，企业会利用已有的品牌资产实施“一牌多品”的品牌延伸。

2. 企业条件

实行品牌延伸的企业必须具备雄厚的财力、研发能力和营销能力。企业是否具备品牌延伸的条件，首先要对企业的资金实力、研发能力和营销能力进行评估，由此判断企业是否有开发和推广新产品的实力，只有具备这样的能力，才能实施品牌延伸。同时，由于新产品上市的风险极大，新产品推广的不确定性难以预料，企业只有拥有很强的抗风险能力，才能抵御市场的各种冲击。日本三菱之所以能从重工业延伸到汽车、银行、电子、食品等行业，就在于自身实力雄厚，企业有巨大的承受力、抗风险能力和内部发展空间。除了实力之外，企业产品质量过硬也是不可忽视的重要条件。

3. 产品条件

品牌延伸适合价值易于认知、市场面广、与消费者日常生活联系密切的产品，如家电、日化用品、饮料、食品、服装、鞋帽等。特性相互抵触的产品不宜采取品牌延伸策略，如洗衣粉与纯净水，方便面与蓄电池，但是如果企业发展新产品的目的仅仅是发挥成功品牌的促销作用，搭便车卖一点，那么就算不符合品牌延伸的基本原则也可以延伸，不过在操作时新产品应尽量少发布广告以免破坏品牌形象。如统一食品延伸到蓄电池就不符合品牌延伸的基本原则，好在蓄电池基本不在大众传媒发布广告，只有专业人士知道统一有蓄电池。若统一发布大量的广告，让每位消费者在吃面与喝冰红茶时联想到蓄电池，效果肯定不好。娃哈哈的平安感冒液、酒与其品牌个性相抵触，但都是搭便车的产品，广告活动很少，仅有少数专业人士知道这些产品，不会破坏娃哈哈的品牌形象。

4. 市场条件

品牌延伸是否成功在很大程度上还取决于延伸产品所处的市场状况。在竞争不是很激烈、发育不完善的市场，进行品牌延伸时往往凭品牌知名度就能为企业带来成功，因为巨大的品牌知名度能带给消费者一定的安全感、信任感，使品牌自然而然地列入消费者的购买目录中。专业性、信任感和合理的品牌延伸是创建全球大品牌的三大关键要素。在成熟的市场，只要找到细分市场，拥有核心竞争力，就能在新的行业立足并长远地发展。很少有企业能将品牌延伸到行业的每一个角落，如果还有市场空缺，就可以进行品牌延伸。比如夏新进入手机这个成熟的市场，表面上看这是十分危险的赌博，但它找到了市场空缺，打出口号“梦幻魅力，舍我其谁”，拥有了自己的核心竞争力。

在欧美发达国家，市场竞争十分激烈。比如美国市场高度成熟，各种产品都存在霸主品牌。这些品牌是行业的主导品牌，就像施乐是复印机的同义词，英特尔是CPU（中央处理器）的代名词一样。各行各业的霸主品牌林立，它们几乎在所有的营销资源上拥有绝对优势。中国市场竞争程度与发达国家相比是轻量级的，因此品牌延伸有更多的成功机会。目前许多行业还未出现霸主品牌，近几年出现的也只是几个昙花一现的霸主。国内企业的财力和品牌管理的经验决定了在推广新产品过程中采用品牌延伸会更有利。

（三）品牌延伸的准备工作

在应用品牌延伸策略之前，企业需要考虑的最基本的因素之一是新进入的领域是否存在真正的市场空缺？在进行品牌延伸之前，企业要做好这样几项准备工作：

（1）企业要对市场进行充分调研及科学论证，使延伸产品进入一个有较好发展前景的领域。不论是未开发的领域还是已涉足但仍有发展潜力的领域，都是企业可以进入的领域。该领域中消费者的特殊需求不是不存在，而是没能得到满足。企业要善于发现这种需求，并生产出能满足这种需求的产品。此时，企业可实行品牌延伸策略，使其新产品满足消费者的特殊需求，并维持原来产品的质量和功效。

(2) 企业进行品牌延伸之前，要充分考虑到在各类市场上的竞争优势。市场的竞争日益激烈，在同一市场上，每一品牌均拥有忠诚者，品牌新进入者不能很快建立稳定的顾客群，品牌延伸策略往往很难奏效。

三、品牌延伸成功的保障

品牌延伸成功的保障是品牌资产。品牌资产是指品牌给产品带来的超越其功能的附加价值或附加利益。品牌给消费者提供的附加利益越大，它对消费者的吸引力就越大，品牌资产价值就越高。品牌资产是这样一种资产，它能够为企业和顾客提供超过产品或服务本身利益的价值，同时品牌资产又是与某一特定的品牌紧密联系的。如果品牌改变了，则附属于品牌的资产将会部分或全部丧失。

品牌资产是一种无形资产，是一个系统概念，是由诸多因素所决定的。品牌资产分为：品牌知名度、品牌美誉度、品牌认知、品牌忠诚度、品牌联想等（见图 9－2）。

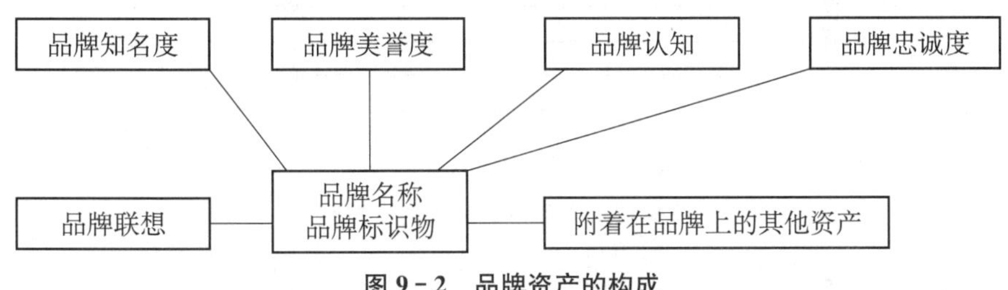

图 9－2　品牌资产的构成

品牌名称和品牌标识物是品牌资产的物质载体，品牌知名度、品牌美誉度、品牌认知、品牌联想、品牌忠诚度和附着在品牌上的其他资产是品牌资产的有机组成部分。

（一）品牌知名度

品牌知名度是指提到某一类别的产品时，消费者能想起或辨识某一品牌的程度，其由低到高依次分为四级：无知名度、提示知名度、未提示知名度、第一提及知名度，它反映的是顾客关系的广度，与销售呈正相关关系。消费者购买决策过程是从认识产品和品牌开始的，只有认识了品牌，才有可能喜欢品牌，产生购买行为，直至重复购买，最终成为忠实的购买者。因此，知名度是品牌资产的首要条件，没有知名度，就没有其他品牌资产要素。品牌知名度的大小是相对而言的，名牌就是相对高知名度的品牌。高知名度可以引发消费者的好感，体现品牌的实力，因此知名度越高，可转移的资产就越大，品牌延伸就越容易。

将国内外的一些品牌拿到中国的消费者中去测试会发现，国际品牌的知名度非常高，如饮料品牌中，可口可乐的认知度达到 90.2%，汽车品牌中，桑塔纳达到 89.6%。单从知名度来看，百事可乐和可口可乐在一般知名度上差距不大，但从第一提及率看，百事可乐与可口可乐则差得很远，这意味着消费者认为可口可乐更能作为可乐类饮料的代表品牌。品牌知名度不完全等同于品牌资产。中央电视台的黄金时间的广告可以一夜之间造就一个知名度很高的品牌，但它不能造就一批忠诚于该品牌的消费者（见图9-3和图9-4）。

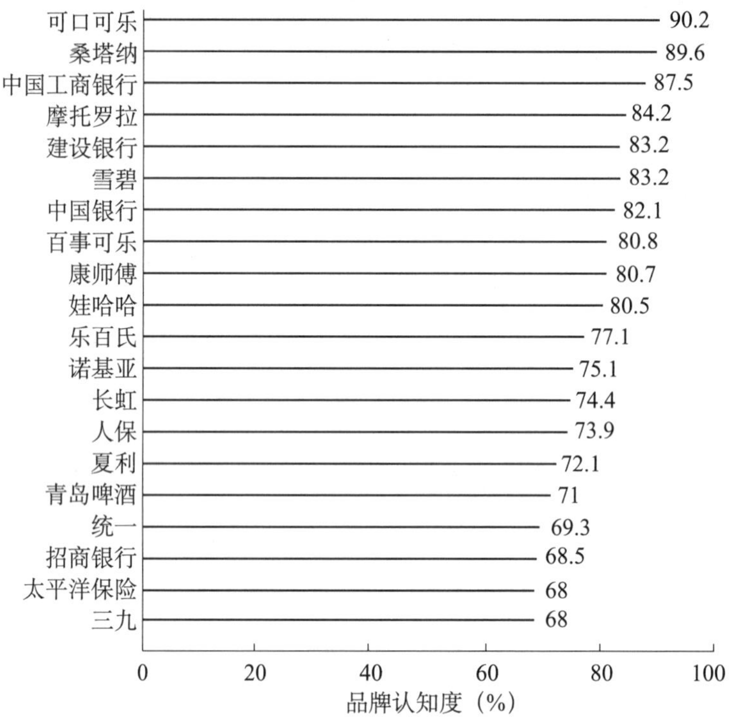

图9-3　各类产品品牌的认知度

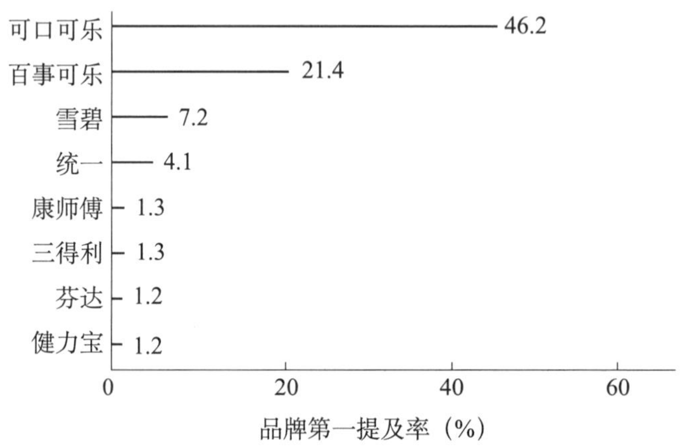

图9-4　饮料品牌第一提及率情况

（二）品牌美誉度

品牌美誉度是与品牌知名度相关的一个概念。有了知名度并不意味着就有了美誉度。品牌的美誉度是指某品牌获得公众信任、支持和赞许的程度。如果说品牌知名度是一个量的指标，那么品牌美誉度就是一个质的标准，它反映某品牌社会影响的好坏。品牌美誉度体现在口碑效应上，即通过人们的口头称赞，一传十，十传百，引发源源不断的销售。品牌的美誉度越高，口碑效应就越明显，品牌的资产价值也就越高。

（三）品牌认知

品牌认知是指消费者对某一品牌的整体印象，是消费者的主观认识。它的内涵包括：功能、特点、可信赖度、耐用度、服务、外观等。品牌认知可以产生价值，是品牌的重要资产。在我国市场经济的初级阶段，市场上产品的质量是消费者最为关心的因素之一，品牌认知尤为重要，它是品牌差异化定位、高价位和品牌延伸的基础。

（四）品牌联想

品牌联想指与品牌相关的联想，比如产品特点、使用场合、品牌个性等。这些联想往往能产生一些新意，形成品牌形象，提供购买的理由和品牌延伸的依据。品牌联想源于企业的品牌传播、口碑和消费者的品牌体验。美好、积极的品牌联想意味着品牌被接受、认可、喜爱，有竞争力，有利于增强消费者的购买信心，提高品牌的价值和资产。品牌联想可以用于其他产品上，从而成为品牌延伸的基础。纵观世界知名品牌，大多有通过品牌而塑造出的种种联想，无论是可口可乐、麦当劳，还是耐克、万宝路，都会在消费者心中留下一些有意义的印象，这些印象形成品牌形象，并成为品牌资产不可缺少的组成部分。

（五）品牌忠诚度

品牌忠诚度指消费者对品牌感到满意并坚持使用该品牌的程度。它是一种行为过程，也是一种心理过程，用于测量消费者对所用品牌的依恋程度，反映消费者转向另一个品牌的可能性，是品牌资产的核心。品牌忠诚度分为五个层次：无品牌忠诚者、习惯购买者、满意购买者、情感购买者和承诺购买者。品牌忠诚度与品牌知名度、品牌认知和品牌联想及消费者自身使用产品的经历有关。维护并提升品牌忠诚度是企业经营发展的法则，也是企业的终极目标。消费者忠诚度越高，说明品牌越有价值，消费者越容易产生爱屋及乌的心理，喜欢甚至忠诚于延伸品牌，延伸策略越容易取得成功。研究发现，吸引一个新消费者的花费是保持一个已有消费者花费的 4～6 倍，从品牌忠诚者身上获得的利润是品牌非忠诚者的 9 倍之多。美国通用汽车公司在长达几十年的时间里，产品质量一直低于竞争对手，但即使如此，该公司的产品仍占据美国汽车市场的较大份额，究其原因，主要归功于消费者对该公司品牌的忠诚。

四、体验时代品牌策略的升级

（一）品牌定位

（1）移动互联网时代，品牌从定位于特色和益处进化到定位于用户场景。传统的品牌定位于特色和益处，动辄标榜领导、专家，属于灌输式，今天人们不再需要“健康果汁”“去屑专家”“一站式购物场所”这类基于特色和益处的定位。体验时代物质极大丰富，尤其是在餐饮业，人们不再缺少能解决问题的产品，品牌开始定位于用户场景。

（2）移动互联网时代的品牌定位。从用户接触点出发，与用户体验高度相关，属于用户主导式。用户从记忆品牌标识和口号到记忆场景。移动互联网时代的定位是基于场景的定位，特别是在餐饮业，淡化了品牌标识和口号，信息来自用户的真实体验而不是由企业灌输给消费者。

（二）品牌个性

（1）基于用户体验的品牌个性不再像过去那样有太多“仙气儿”，不再继续追求脚不沾地的精神境界，而要与用户平等，有“人味儿”，让用户有存在感。

（2）移动互联网时代，品牌个性不再是由企业教育出来的，而是由消费者通过信息分享、互动媒体评价等行为方式归纳出来的。

（三）品牌传播

（1）传播要有主题。好的主题能够在用户心中构建环境，制造想象力。有了主题，才有更多用于构建场景的道具，如App、空间环境、用品用具、宣传物料等。

（2）传统品牌传播比谁的“嗓门儿大”，比谁占有的媒体资源多。移动互联网时代，一切由用户说了算，评论、推荐等口碑是传播核心。口碑的起点就是体验点，体验点可以是线上或线下活动，最终让用户自发去传播。

（四）移动互联网时代品牌体验值的三要素

移动互联网时代决定品牌体验值的三要素为场景度、推荐度和愉悦度。

1. 场景度

品牌体验的场景度反映了这个品牌是否成功地把自己定位于某个场景，还是依然停留在功效与视觉设计的浅层次。

场景构建需要三个条件：

（1）新颖性：具备满足消费群体心理期待的特性。

（2）针对性：能够精准锁定目标用户，满足目标用户的一切要求。

（3）系统性：所有的事都是一件事，能够将所有的产品或服务组织到一个场景中。

2. 推荐度

移动互联网时代，对于能给自己带来良好体验的品牌，用户会主动在社交媒体上进行信息推广。如果用户自愿推广某个品牌，说明该品牌一定有可圈可点之处。

3. 愉悦度

愉悦度是体验的较高境界，用户对品牌从“可以试试”到“满意”，再到“愉悦”，是一个递进的过程，不要让用户形成某个品牌枯燥无聊的印象。

综上所述，品牌资产是品牌延伸策略取得成功的根本保障。品牌延伸的前提是必须构建强大的品牌资产，准确评估品牌资产价值。品牌延伸是借助已有品牌的声誉和影响向市场推出新产品，因此品牌资产价值越高，则延伸的范围越广，品牌的影响力越大，延伸的成效也就越高。当品牌资产价值不是很高，并且受到竞争对手强有力的挑战时，急于进行品牌延伸则容易失败。

第3节　副品牌与子品牌策划

对产品实施副品牌和子品牌策略也是品牌延伸策略的组成部分。实施副品牌策略和子品牌策略各有不同，需要分别进行有针对性的策划。

一、副品牌策划

（一）副品牌的概念

副品牌策略指在主品牌不变的情况下，在主品牌后为新产品添加一个副品牌。具体做法是以一个成功品牌作为主品牌来涵盖企业生产制造的系列产品，同时给不同产品起一些生动活泼、富有魅力的名字作为副品牌，以主品牌展示系列产品的社会影响力，以副品牌凸显各个产品不同的个性形象。它是介于“多品一牌”和“一品多牌”之间的一种做法，利用消费者对现有成功品牌的信赖和忠诚，推动副品牌产品的销售。海尔的产品包括冰箱、冷柜、空调、洗衣机、彩电、电脑和手机等 69 个大门类 10 800 多个品种，成为拥有白色家电、黑色家电和米色家电的中国家电第一品牌。这么多的产品如果全用海尔一个品牌，只能表达出家电产品的共性，而每种产品的个性难以有效地向消费者传播，因此海尔集团运用副品牌，如冰箱相继推出“海尔-小王子”“海尔-双王子”“海尔-大王子”“海尔-帅王子”“海尔-金王子”等，空调先后推出“海尔-小超人”变频空调、“海尔-小状元”健康空调、“海尔-小英才”窗机等，洗衣机推出“海尔-神童”“海尔-小小神童”“海尔-即时洗”等，还推出了“海尔-探路者”“海尔-宝德珑”彩电，“海尔-小海象”热水器等产品，惟妙惟肖地体现了产品的魅力，避免产生类似“海尔就是冰箱”“长虹就是彩电”的思维定式，推动品牌顺利延伸。选择副品牌策略，能有效引导消费者突破原有消费定式，接受和认可新产品，将对主品牌的信赖、忠诚迅速转移到新产品上，从而成功实现品牌延伸。海尔取得跻身世界家电十强的骄人成绩，与其成功实施副品牌策略不无关系。

（二）副品牌的特征

（1）广告宣传的重心是主品牌，副品牌处于从属地位。相应地，广告受众识别、记忆及产生品牌认可、信赖和忠诚的对象是主品牌。这是由企业必须最大限度地利用已有成功品牌的形象资源所决定的，否则就相当于推出一个全新的品牌，成本高、难度大。

比如“海尔-神童”洗衣机，副品牌“神童”传神地表达了“电脑控制、全自动、智慧型”等产品特点和优势。消费者对“海尔-神童”认可、信赖乃至决定购买，主要是基于对海尔的信赖，因为海尔作为一个综合家电品牌，拥有很高的知名度和美誉度，其品质超群、技术领先、售后服务完善的形象深入人心。若在市场上没有把“海尔”作为主品牌进行推广，而是以“神童”为主品牌则比较困难。一个新电器品牌要让消费者广为认可，没有几年的努力和大规模的广告投入是不可能实现的。

（2）主副品牌之间的关系不同于企业品牌与产品品牌之间的关系。这主要是由品牌是否直接用于产品所决定的。如“海尔-帅王子”冰箱、“三星-名品”彩电，海尔、三星是企业品牌，直接用于产品而且是产品品牌的识别重心，故“海尔”与“帅王子”、“三星”与“名品”是主副品牌关系。

通用与“凯迪拉克”“雪佛兰”则属于企业品牌与产品品牌之间的关系，因为一般消费者对凯迪拉克的认知是：“美国总统用车”“极尽豪华”“平稳舒适如安坐在家中”，通用这一形象在促进这一认知方面作用很有限。丰田与“皇冠”“佳美”“雷克萨斯”，宝洁与“飘柔”“海飞丝”“舒肤佳”也是典型的企业品牌与产品品牌之间的关系。

（3）副品牌一般直观、形象地表达产品优点和个性形象。“松下-画王”彩电的主要优点是显像管采用创新技术，画面逼真自然、色彩鲜艳，副品牌“画王”传神地表达了产品的这些优势。长虹给空调取的“雨后森林”“绿仙子”“花仙子”等副品牌栩栩如生地把长虹空调领先的空气净化功能表现出来。红心电熨斗在全国同类产品的市场占有率超过 50%，“红心”是电熨斗的代名词，新产品电饭煲以“红心”为主品牌，以“小厨娘”为副品牌，在市场推广中，既有效地发挥了“红心”作为优秀小家电品牌对电饭煲销售的促进作用，又避免了消费者心中早已形成的“红心＝电熨斗”这一理念所带来的营销障碍。“小厨娘”不仅与电饭煲等厨房用品的个性形象十分吻合，而且具有很强的亲和力。

（4）副品牌具有口语化、通俗化的特点。副品牌采用口语化、通俗化的词汇，不仅能起到生动形象地表达产品特点的作用，而且传播广泛，易于较快地打响副品牌。“画王”“小厨娘”“帅王子”“巡洋舰”等均具有这一特点。

（5）副品牌较主品牌内涵丰富，适用面窄。副品牌由于要直接表现产品特点，与某一具体产品对应，大多选择内涵丰富的词汇，适用面要比主品牌窄。主品牌的内涵一般较单一，有的甚至根本没有意义，如海尔、索尼等，用于多种家电不会产生认识和联想上的障碍。副品牌则不同，“小厨娘”用于电饭煲等厨房用品十分贴切，能产生很强的促销力，但用于电动刮胡刀、电脑则效果不佳，因为“小厨娘”引发的联想会阻碍消费者认同和接受这些产品。同样，“小海风”用作空调、电风扇的副品牌能较好地促进销售，若用于微波炉、影碟机则很难起到促销的作用。

（6）副品牌一般不额外增加广告预算。采用副品牌后，广告宣传的重心仍是主品牌，副品牌从不单独对外宣传，都是依附于主品牌进行广告活动。一方面，副品牌能尽享主品牌的影响力；另一方面，副品牌识别性强、传播面广且张扬了产品个性。

越来越多的国际著名企业用副品牌来推广富有特色、科技领先的新产品，如“松下-画王”“索尼-特丽珑”“飞利浦-视霸”等，国内企业也开始学会利用副品牌这一营销利器且取得了不错的营销业绩，海尔集团在运用副品牌策略时更是得心应手。海尔从冰箱起步，经过多年苦心经营在品质、技术等各个方面树立了一流家电品牌的形象，其“质量管理严格”“技术投入巨大”“产品畅销欧洲”“星级售后服务”等形象已深入人心，使海尔品牌对大多数的家电销售都有很强的带动力。单用“海尔”一个品牌只能表达其家电产品的共性，每种产品的个性难以有效地向消费者传播，因此海尔集团运用副品牌策略，如外形俊朗、功能先进的冰箱命名为“帅王子”，0.5 千克的小洗衣机叫“小小神童”“即时洗”，惟妙惟肖地体现了产品的魅力。海尔迅速成长为中国家电业的顶级品牌，多元发展捷报频传，副品牌策略无疑起了很大的推动作用。海尔使用副品牌策略的经验值得正朝着产品多元化方向发展的国内企业学习。

（三）副品牌策划应注意的问题

（1）把握主副品牌关系，凸显主品牌核心地位。主副品牌关系不同于企业品牌与产品品牌之间的关系，副品牌和子品牌的最大区别就在于宣传重心不同。运用副品牌策略一定要凸显主品牌的核心地位，副品牌只是主品牌的有效补充，处于从属位置。主品牌是副品牌的根基，副品牌是主品牌的延伸。广告宣传必须依附于主品牌进行，不能让副品牌超越主品牌，脱离主品牌，否则就相当于推出一个全新的品牌，成本高且难度大。

比如乐百氏“健康快车”的旺销与乐百氏品牌的名气分不开，在消费者心中，乐百氏代表着高品质、健康、卫生、安全可靠。如果单以“健康快车”为主品牌进行宣传，既形象模糊，又会因无知名度而导致业绩不佳。

(2) 副品牌命名要有联想功能，不宜过分求新求怪。品牌之所以能凸显产品个性，传神地表达产品特征，在于它的命名。副品牌一般采用通俗易懂、形象生动的词汇来体现产品特征，同时还要求命名具有联想功能，因为主品牌往往不表述产品的功能、特质，而副品牌通过高度提炼能产生画龙点睛的效果。如美的“小康星”微波炉，让人联想起现代小康之家的厨房摆放着代表科技领先的美的微波炉（“星”代表宇宙、科技，突出领先的品质），而且命名同明星相联系，突出其具有明星般卓尔不凡的品质。当然，万事不可走极端，副品牌命名不能过分求新求怪。在当今品牌众多、竞争激烈、信息爆炸的时代，需要副品牌带给消费者强烈的听觉、视觉冲击力，这有利于从众多品牌中脱颖而出，在市场上形成一定的影响力和震撼力。如“海信-智能王”“康佳-镜面”“东芝-火箭炮”“海尔-先行者”“海尔-探路者”“TCL -巡洋舰”等都包括反映时代特征的富有冲击力的副品牌。

(3) 副品牌与目标市场相吻合。任何一个品牌都有自己的目标消费群体。副品牌所传达的意境与定位与欲进入的目标市场相吻合，这样才能更好地将品牌概念传递给消费者，使其感到“这正是我想要的”。如长虹推出“长虹-红双喜”“长虹-红太阳”彩电，其锁定的目标市场主要是中小城市和农村，因此命名十分通俗，表达了普通老百姓对生活的向往与追求。“长虹-精显”背投彩电闪亮登场，副品牌“精显”表现了这款彩电超高清晰度的特点，体现了“现代、时尚、高科技”的品牌形象，非常切合大城市中崇尚高品质生活的现代人的物质需求，使长虹迅速在高端彩电市场崛起。

二、子品牌策划

（一）子品牌策略的积极效应

每个企业都有自己的企业品牌，也有产品品牌。子品牌是指企业在生产多种产品的情况下，给其所有产品冠以统一品牌的同时，再根据每种产品的不同特征给其取一个恰如其分的名称。如著名的宝洁（企业品牌）公司旗下便有海飞丝、飘柔、舒肤佳、玉兰油等数百个子品牌。

由于采用子品牌策略的要求很高，风险也大，因此近来不少企业采取中庸的办法，即在主品牌不变的情况下，在主品牌后为新产品添加一个副品牌，即副品牌策略。

子品牌与副品牌功能的相同之处在于都对推出新品牌起促进作用，最大的不同点是：子品牌宣传的重点是子品牌，副品牌宣传的重点是主品牌。

(1) 品牌与产品及其特性高度统一。在单一品牌策略中，消费者对强力品牌的品牌类别、核心产品情况认知明确、记忆清晰，然而，如果该品牌过度延伸，就会扰乱强力品牌在人们心目中的定位。子品牌策略一般是一个品牌针对一类或一种产品，由于广告宣传、对外传播的信息都是有关这一品牌的，所以具有高度统一性，久而久之便能建立起品牌的产品特点、个性、形象之间的对应关系。这一点在宝洁公司的产品中尤为明显，最典型的便是海飞丝、飘柔、潘婷三种洗发水："头屑去无踪，秀发更出众"的海飞丝，"头发更飘、更柔"的飘柔，"拥有健康，当然亮泽"的潘婷。这种有明确的市场细分的品牌一推向市场就给消费者留下较深的印象，降低了单一品牌策略带来的"模糊效应"，在很大程度上左右着消费者的品牌选择。

（2）避免"株连风险"。实施单一品牌策略时，同一品牌下的多种产品中只要有一种产品在市场经营中出现问题，就有可能影响到其他产品的信誉。子品牌策略中宣传的重点是子品牌。这样，一旦某一子品牌产品在经营中出现质量等问题，就不至于对企业其他子品牌造成很大的影响，对企业品牌的影响也可以降到最低，使企业免受更大的损失。同样，如果企业品牌出现危机，子品牌受到的影响也可有效降低。

1996 年，因"常德事件"等原因的影响，三株口服液销量骤减，"三株"品牌（既是企业品牌也是产品品牌）的声誉一落千丈。遭受巨大损失的三株集团领导为了避免企业受到更大的损失，立即将护肤品子品牌"生态美"产品包装中的企业品牌"三株"字样去掉，以保持护肤品品牌"生态美"的发展势头。

（二）子品牌策划的具体操作

（1）根据产品线的分类不同而采取子品牌策略。当企业同时生产相关性不大的各类产品时，可考虑在统一的企业品牌下，按产品线建立新产品的品牌。当品牌延伸的各类市场不具兼容性时，尤其应该采取此策略。

（2）根据同一类产品不同档次（质量）而采取子品牌策略。这样可以保持高档产品的份额，同时又可以打入中低档市场而不对高档品牌造成影响。

（3）从促销的角度出发故意在同一类产品中采取子品牌策略。这种策略是指在同一类产品中设立两个或两个相互竞争的品牌，虽然可能会使原有品牌的销售量（额）稍减，但几个品牌加起来的总销售量（额）却比原来一个品牌更多。

这种策略的好处主要是：1）零售市场的商品陈列位置有限，多一个品牌就可多占一个陈列位置；2）不少消费者属于品牌转换者，具有求新好奇的心理，抓住这类消费者的最好办法就是多推出几个品牌；3）这种做法可以把竞争引入企业内部，使负责各个品牌的部门之间相互竞争，提高产品质量与生产效率；4）可以使企业拥有较多的品牌，占据不同细分市场，不仅满足消费者的共同需要，也可满足不同市场的独特需求。如我国服装业著名的杉杉集团有十几个品牌，但各个品牌的市场定位不同，"杉杉"品牌以男装为主，主要目标为中高层次消费群体；"麦斯奇莱"品牌以女装为主，主要目标为白领职业女性群体；"意丹奴"品牌以休闲装为主，主要目标为年轻活泼的消费群体。

由于子品牌策略中的子品牌与企业品牌的关联性较小，独立性较大，因此新的子品牌无法得到成功子品牌的庇护，企业品牌的庇护也很有限。在市场竞争激烈的今天，发展一个新品种不仅投入大、周期长，而且成功率低、风险大，而要扶持一个新品牌的难度更大，对企业要求很高，企业不仅要规模大、综合实力强，推广经验也要十分丰富才行。

三、子品牌、副品牌策略的选择依据

企业采取子品牌策略还是副品牌策略并不是绝对的，要综合考虑企业状况、行业状况。具体如下：

（1）产品的使用周期较短或客观需要更换品牌时，子品牌策略比副品牌策略更佳。产品的使用周期较短，更换比较频繁，容易使消费者滋生品牌转换心理，而子品牌认知度较高，副品牌认知度较低，因此最好采用子品牌策略。这在洗发护发用品、个人清洁用品、护肤用品等行业中尤为突出。一些行业客观上需要使用不同品牌的产品，如牙医呼吁消费者从保健的角度出发，不要长时间使用一种品牌的牙膏。

（2）若由于技术不断进步等原因，产品不断更新换代，则最好使用副品牌策略，这样既可以区别于以往产品，又可给消费者以企业不断发展的印象。这种情况在移动电话和计算机等行业中比较典型，用子品牌策略则成本太高。

（3）如果企业品牌或主品牌已经定位，品牌使用范围基本界定，还想进行品牌延伸或扩张，最好采用子品牌策略。派克使用同一品牌进军低档笔市场的失败便是一例。同样，金利来“男人的世界”这一定位决定了该公司不宜生产女性服饰。施乐公司历经 25 年，投入 20 亿美元仍难以进入计算机设计领域的原因也在此。在这种情况下，使用副品牌策略的风险比较大，因为副品牌的认知度低而主品牌的认知度高，这样极可能牵连主品牌的主导产品。

（4）如果企业产品跨度太大，与成功品牌的产品相关性不大，最好使用子品牌策略。

（5）若企业生产同一类产品，而且市场竞争激烈，产品使用周期长，则不宜用子品牌策略。如家电行业适宜用副品牌策略。

以上做法也不是绝对的。登喜路将烟草品牌用到服装上也获得了成功，科龙也在冰箱、空调上用子品牌。品牌策略是企业拟定营销策略时一个不可忽视的问题，究竟采用哪种策略，应视具体情况而定，企业必须根据自己的实际情况及产品的不同特征，辩证地看待并合理解决这一问题。

◎小　结

品牌延伸是一种营销策略，必须依据企业的内外条件审慎而行，用好了会带来积极的正面效应，用得不当会导致负面影响。运用品牌延伸策略首先必须明确品牌延伸的基础即品牌核心价值，品牌核心价值是消费者在从体验产品到感官享受最后形成价值主张的过程中得到的实际利益，它可以外化为品牌的个性。品牌延伸的方式可按品牌与产品的关系分为“一牌多品”和“一品多牌”，也可按延伸品牌与母品牌产品的关联性分为连续延伸和间断延伸。品牌延伸的成功必须具备相应的条件，包括行业条件、企业条件、产品条件、市场条件。品牌延伸成功的保障是品牌资产，只有具有品牌资产的品牌才有必要延伸，延伸后才有可能成功。副品牌和子品牌是品牌延伸的不同表现形态，运用副品牌或子品牌均应掌握一定的原则和方法。

◎ 习　题

1. 品牌延伸可能产生哪些积极效应和负面效应？
2. 品牌延伸的基础是什么？为什么？
3. 品牌延伸的方式有哪些？试具体说明。
4. 品牌延伸成功必须具备哪些条件？
5. 运用副品牌和子品牌策略应注意哪些问题？
6. 副品牌一般具有哪些特征？
7. 副品牌与子品牌策略的选择依据是什么？

◎ 案　例

椰岛小鲜品牌规划方案

一、前言

品牌规划案的目的：通过新品牌的塑造，帮助椰岛椰汁打破椰汁行业市场现有格局，提升品牌影响力及市场占有率，最终成为继椰树椰汁之后第二大椰汁品牌。

行业与竞争者分析包括市场潜力分析、市场现状分析、市场竞争者分析和竞争者的优劣势分析四个方面。

（一）市场潜力分析

（1）植物蛋白饮料行业2015年容量达1 400亿元，椰汁行业市场容量2016年将超过120亿元，未来3年年增速约为23%。

（2）行业竞争激烈但尚未达到市场成熟阶段。除了椰树品牌相对强势，并未出现其他强势品牌，市场上缺乏挑战者。

（二）市场现状分析

（1）椰汁市场并未成熟，行业缺乏规范，产品品类单一，渠道表现力弱，宣传推广保守。椰汁行业前景广阔，处于成长阶段。

（2）椰汁行业低价竞争激烈，消费者品牌认知度较低，购买随机性显著，产品同质化程度高，品牌竞争是关键。

（3）线上投入非常有限，椰汁行业内多数企业不重视线上传播或线上投入力度不够。

（三）市场竞争者分析

（1）进口品牌多来自泰国与欧美（如Vita coco，Koh Coconut，Malee Coco等），

包装简约，价格高昂，成为高端人士的首选。

（2）国内品牌（如椰树椰汁、特种兵椰汁、一只椰子、银鹭、娃哈哈等）占有较大市场份额，但产品同质化严重。

（3）区域品牌（如椰语堂、欢乐家等）以低价作为竞争优势。

（四）竞争者的优劣势分析

1. 椰树椰汁（行业第一）

1989 年椰树椰汁研制成功，通过一系列宣传活动带动行业迅速扩展，辉煌一时。但现在品牌老化严重，发展缓慢、不思进取，对行业起不到促进作用。

产品系列：主要有天然椰子汁和无糖果肉椰子汁。

渠道：全渠道覆盖，商超是主力渠道，渠道布局及结构规范，重视渠道下沉。

传播：电视广告是主要的传播方式，辅以市场活动。

终端：注重打造大品牌气势，陈列规范，同时终端有少量促销及推广活动。

2. 特种兵椰汁（新崛起的第二阵营强势品牌）

率先打造出“生榨”的概念，以迷彩的亮眼包装给消费者带来新鲜感，在重点市场突围，仅在江苏市场就取得近 10 亿元的销售额。独特的包装带来了众多模仿者。

产品系列：特种兵生榨椰子汁、头道鲜生榨椰子汁、木糖醇生榨椰子汁。

渠道：跟椰汁行业常规渠道相同，覆盖餐饮、商超、终端、流通、特通等全渠道。

传播：终端传播是特种兵椰汁的核心传播方式，户外广告牌是特种兵椰汁另一个常用传播手段。

小结：

（1）行业二次腾飞，前景广阔，但产品概念大于实质，同质化严重，差异化才是出路。

（2）低端无序竞争，椰树一家独大，但严重老化。市场缺乏强有力的挑战者，山寨风盛行。

（3）第二阵营新成员集体发力，策略精准，竞争激烈，带动整个品类持续火热。

（4）行业中产品及技术没有大突破，要突破需重视品牌与营销，重视线上推广渠道，整合线上线下资源，从区域性品牌向全国性品牌发展。

二、品牌支撑体系规划

（一）产品卖点

（1）生榨技术。真正采用新鲜椰肉生榨而成，品质有保证。

（2）内含新鲜椰肉。第一家提出“有果肉的椰汁”，创出果肉型椰汁这一新品类。椰肉具有补虚强身、益气祛风、消疳杀虫的功效，久食能令人面部润泽、增加气力及耐受饥饿，有治小儿绦虫、姜片虫病的作用。

虽然现在很多椰汁产品都有这些特点，但基本上没有厂家把它们作为主要卖点来宣传，内含真正椰肉向消费者宣传了椰汁的纯度，这与果粒橙的成功有异曲同工之妙。另外，椰岛椰汁是第一家提出果肉型椰汁的品牌，应该把这个点做好。

宣传语：有果肉的椰汁更有椰子味！没有果肉的就不够味！椰汁当然要喝有椰肉的，那才够味！有果肉的椰汁更有营养！没有果肉的就不够有营养！椰汁当然要喝有椰肉的，那才营养！

结论：产品定位为“嚼着吃的椰汁”。

（二）目标消费者

年轻人是饮料行业的最大消费群体，在传统椰汁品牌普遍老化的情况下，要为椰汁行业注入新鲜血液。互联网时代，要求企业面对互联网黏性最高的群体进行营销。

当下，80后、90后甚至是00后的消费潜能不断释放，带来了巨大的产品创新空间，好奇、另类和新颖是“标签”和“符号”，抓住他们也就抓住了未来的主要购买力。

从数量上看，80后、90后的消费者达到4亿，其消费潜力巨大；从质量上看，这个消费群体覆盖了从校园到职场的年轻一族，消费能力旺盛。

95后的年轻一代渐渐活跃在各个角落。作为最亲近移动互联网的一代，1亿95后在5～10年后将成长为中国社会的消费中坚力量！95后往往是家庭结构的核心，他们的意见将影响家庭的消费行为。针对95后群体的市场推广影响的不仅仅是一个人，而是一个家庭。

（三）品牌体系规划

品牌体系构建是品牌管理的基础，可以以此为源头指导产品规划、传播、推广、促销等。这里的品牌体系以金字塔的形式呈现。

1. 品牌定位：有情绪的椰汁

如果单纯把椰汁看作饮料的话，那么这个行业的发展空间将受到限制。对于95后来说，时尚、个性鲜明是他们永远的追求，因为只有时尚、个性鲜明才能让他们充分表现内心世界，充分表达他们的易变情绪。

2. 品牌命名——“椰岛小鲜”

“椰岛小鲜”以椰岛集团的知名度作为强力背书；“鲜”有新鲜之意，和产品相符；“小鲜”很拟人化并有亲切感，容易和95后拉近距离；“小鲜”可衍生到“小鲜肉”，也有“含果肉”的意思。

3. 品牌价值

围绕目标人群95后，椰岛小鲜带来的核心价值是：自然、颠覆、个性。

自然：自然的就是新鲜的。这是椰岛椰汁品牌的核心精神，也是椰岛椰汁立足市场的保障。

颠覆：椰岛小鲜以全新的品牌、产品、营销理念颠覆传统椰汁行业，这和95后不甘于现状的思想相符合。

个性：有个性才有自我。新一代有个性、有情绪的椰汁是年轻人的选择。

4. 品牌形象

当提到“椰岛小鲜”，希望消费者联想到的是：有个性才有自我。

鬼马、毒舌符合95后的个性，而小女孩形象更能深入人心，更易与消费者进行沟通并被消费者接受，更能让目标消费群体产生共鸣。

品牌形象诠释如下（小鲜简介）：

姓名：椰岛小鲜

昵称：小鲜

出生地：海口

血型：AB 型（人格分裂型）

性格：鬼马、毒舌、霸道、情绪化，人前淑女、背后搞怪

职业：椰岛椰汁代言人

喜欢：小鲜肉

讨厌：一本正经

小鲜是个漂亮任性的小女孩，毒舌、霸道、爱整人、鬼马、喜欢恶作剧，虽然外表是个小女孩，内心却是个大叔和补刀能手。

将椰岛小鲜拟人化之后，需要更加具象地体现在品牌形象和产品包装上。我们将“情绪”和“小鲜”结合起来，通过细化小鲜的情绪来拉近椰岛椰汁和消费者的距离。

5. 品牌个性

小鲜总是以清纯漂亮的外表示人，却总想些捣蛋的事。这和椰岛小鲜的产品定位异曲同工，虽然是椰汁，但一开盖里面却是富含营养的椰肉。

6. 品牌主张

（1）“不卖给大叔，只卖给小女孩。”以喜欢捣蛋、恶作剧的语气说出这句话，很符合小鲜的形象和个性，说明椰岛小鲜只卖给年轻一代，不卖给大叔。

（2）利用目标消费人群叛逆的心理，反过来说：“只卖给大叔，不卖给小女孩。”

7. 品牌消费仪式

消费仪式：“摇一摇，碰一碰，嚼一嚼！”

突出“摇一摇，碰一碰，嚼一嚼！”的独特喝法，这是椰岛小鲜独特的品牌消费仪式，可以增加品牌识别度。

当消费者经历一次品牌消费仪式之后，广告符号会提醒他重复进行品牌消费，经过多次消费行为形成习惯，品牌消费仪式也就固定了。当一个品牌的消费者养成消费习惯，这个品牌就具有强大的生命力。

8. 品牌背书

（1）集团背书：椰岛集团（上市公司）。

（2）产地及工艺背书：中国椰子最佳产地——海南；生榨技术——确保新鲜营养（需证明材料）。

（3）营养背书：富含 18 种氨基酸——给人体更多营养（需检测）。

三、策划总结

本方案以“嚼着吃的椰汁＋95 后消费群体＋鬼马、毒舌、霸道小女孩的品牌形象”为市场突破口，主要通过产品的外包装设计以及宣传文案等进行视觉传播，并结合线上线下进行推广。最终目的是使“有情绪的椰汁”这一品牌定位占据消费者的心智，从而在传统老化的椰汁行业开辟出一条新路，提升椰岛小鲜的品牌知名度，提高椰岛椰汁的

销量。

资料来源：企业内部资料。

讨论题：

1. 椰岛小鲜品牌策划运用了哪些品牌策略？
2. 试进行其他饮料的新品牌策划。

第 10 章

营销广告策划

广告策划是企业营销策划的一个重要组成部分。随着产品同质性、无差异性趋势的进一步发展，企业营销战略中更应强化广告战略，使产品定位、企业定位、市场定位等重要信息传达给消费者，让消费者在众多的产品中认识、喜欢、购买本企业的产品。要实现这一目标，就必须进行有效的广告策划。本章对广告策划的程序进行了归纳、总结，从操作性的角度介绍了广告策划应做的各项工作，重点论述了营销广告的媒体策划、创意策划及广告效果的测定。

第 1 节　营销广告策划的程序

从操作角度来看，广告策划的科学性主要表现为程序性。一般而言，广告策划活动涉及的主要工作环节有：开展广告市场调查，确定广告目标，制定广告媒体策略，确定广告主题，策划广告意境，创作广告宣传文案，制定广告表现策略，制定广告预算方案，撰写广告策划书。当然，这些环节的划分是相对的，在实际工作中应该灵活掌握，以提高广告策划活动的艺术性。

一、开展广告市场调查

正确评价企业自身的经营发展状况，了解消费者对企业的态度、意见和要求，及时收集消费者的信息，是策划广告活动的基础，直接影响广告策划的科学性与针对性。广告活动只有符合消费者的客观要求，正确反映企业的经营发展状况，才能保证传播效果。

现代广告市场调查涉及面十分广泛，根据其范围可以分为三种，即产品信息调查、消费者信息调查、市场环境信息调查。明确广告调查的范围和指标体系，是全面准确地收集信息资料的基础。

（一）广告市场调查的内容

1. 产品信息调查

全面准确地了解产品信息是策划广告活动的基本依据，广告策划者只有亲身体验产品才能真正地了解产品。产品信息调查可以围绕以下几方面进行：

（1）企业背景状况调查。包括企业人员基本构成、企业管理概况、企业资产实力和科技开发实力等。

（2）产品历史信息调查。包括产品开发过程、生产历史、生产设备、产品技术革新情况、生产过程、生产技术、产品生命周期等。

（3）产品个性信息调查。如产品外观、规格、花色、款式、价格、质量、包装设计、基本性能及技术指标等。

（4）产品相关信息调查。如产品定位、使用产品的环境要求、顾客从产品中所获得的利益。

（5）产品服务信息调查。包括售前服务、售中服务、售后服务及其他服务措施。

（6）产品市场适销信息调查。如目标市场及其经济发展状况、目标消费者构成及生活水准、消费者对产品的满意度、消费者对包装和价格的态度、产品适销时间与地区、基本促销手段及效果等。

（7）产品形象信息调查。如产品知名度、美誉度和认可度等。

2. 消费者信息调查

广告是针对消费者而策划的，目的是引起消费者注意，赢得消费者好评，激发消费欲望，建立和发展消费者队伍。要实现这些目的，广告作品必须符合消费者基本情况，否则就无法产生效果。组织可围绕以下几方面进行调查：

（1）消费者对企业的认知。包括消费者对企业的基本职能、系列产品、特色服务项目、领导者及员工的态度。

（2）消费者的消费能力。包括基本经济收入、储蓄状况等。

（3）消费者的需求状况。如需求类型，需求变化趋势，影响消费者需求的因素（如经济因素、社会因素、心理因素、文化因素等），消费者对企业的特殊要求，消费周期等。

（4）消费者的消费方式、消费特点和消费习惯等。

（5）消费者需求与企业产品、消费要求与企业服务措施之间的差距等。

（6）消费者对企业产品的质量、性能、价格、包装的评价。

（7）当前与未来的消费时尚、消费心态等。

3. 市场环境信息调查

市场环境不仅制约着广告的制作和发布，而且影响着消费者对广告作品的接受程度。因此，策划现代广告，必须准确了解市场环境信息。这方面的调查包括：

（1）市场文化信息调查。如社会主导文化、习俗文化、民族文化、消费文化、性别文化、心理文化、音乐文化、色彩文化等。

（2）市场消费状况调查。包括整体市场与细分市场的构成，消费市场的大小，季节性消费因素，人口分布，消费主体的构成，消费潜力（涉及国民收入、家庭收入、储蓄收入），消费者的消费结构及变化趋势等。

（3）市场商品格局状况调查。包括市场上商品的数量、品种、规格、质量、外观、供求状况、市场价位等。

（4）市场竞争对手情况调查。包括竞争对手的市场占有率、促销策略、产品特性、市场优势以及消费者对竞争对手的评价。

（5）国家宏观经济政策。包括各项法规、经济管理措施等。

广告策划人员在收集信息后进行整理、分析，从中找出问题、优势和机会，为决策提供信息基础。

（二）广告市场调查的目的

对于广告策划来说，广告调查分析应对广告目标、广告地区、广告对象、广告方式等有一个明确的结论。只有这样，广告调查才能有效地指导后期的策划工作。

1. 明确广告对象

一般而言，广告宣传的目的在于刺激消费者，引导他们购买广告所宣传的商品。每一类商品都有对应的消费群体，如化妆品，其消费者主要是女性，而书包的消费者则主要是学生。只有找出广告的具体对象，才能进一步分析他们的身份（属于购买倡议者、购买决策者还是享用者）、心理特性、接受机制、知识状况，据此确定广告的信息内容和表达方式。明确广告对象是广告调查的一项重要任务。

2. 明确广告地区

广告地区和广告对象都是决定广告目标的关键因素。广告地区指广告信息到达的范围。任何企业都不可能在很短的时间内占领所有目标市场，因此广告宣传应有明确的范围。可以通过在广告调查过程中探究下述问题来确定广告对象和广告地区：

- 同类商品的知名度；
- 同类商品的普及率（使用率、购买量）及普及过程；
- 购买者、使用者阶层；
- 消费者对商品的关心程度、购买动机、购买情况；
- 同类商品的市场需求预测；
- 本公司商品的市场占有率；
- 消费者对本公司商品的反应、对竞争商品的评价；
- 竞争商品的推广可能性；
- 本公司商品的可能销售量；
- 扩大销售的阻碍；
- 销售重点；
- 产品市场占有率较低的地区、原因、解决办法；
- 产品市场占有率较高的地区、原因；
- 进一步提高市场占有率的必要性。

上述问题的答案因地区不同相差很大。进一步分析以下问题，有利于确定广告地区：

- 有关分配路径的策略；
- 推销员活动的重点地区；
- 销售活动的重点地区；
- 广告活动的重点地区；
- 对该地区的哪些对象予以扩展。

对以上问题做进一步考察，看看是正面作战，还是侧面作战，是分散作战、集中作战，还是游击作战。

还须说明的是，广告地区和广告对象未必与销售地域相符，广告费用的地区分配也不一定和销售量的地区分配一致。例如，从短期营销计划的角度来考虑广告战略，可把重点放在销售量最多的地区，但如果从长期来看，则可把广告费投在将来要开拓的市场。

此外，确定广告地区和广告对象，还要考虑商品本身的性质，如对日常消费品和耐用消费品的做法是完全不同的。对日常消费品来说，如何使消费者改为购买本公司的产品，怎样增加消费者的使用量，市场应向哪一阶层扩展是最关键的问题；对于耐用消费品而言，对没有使用本公司产品的消费者，如何使其关心产品，并刺激其产生购买欲望、做出购买行动，是最关键的问题；对拥有本公司产品的消费者，应当使其重复购买。

3. 明确广告信息

在广告宣传中可选用的信息比较多。为了强化广告的宣传效果，应该根据广告调查所反映的消费者的关注点和展示商品形象的需要，选择宣传对象某一个方面的信息作为重点宣传内容，创造“点射效应”，以少而精的信息内容给消费者留下深刻的印象。同时，还要根据营销的整体要求对广告信息按一定的时间顺序进行编排，通过广告的积累达到总体的广告目标。

广告信息主要有两大类：一类是实体化信息，它们依附于商品、企业或公众而存在，如商品信息、企业信息和社会生活信息；另一类是程序化信息，它们依附于活动程序而存在，如促销活动信息。

4. 明确广告方式

广告方式就是广告作品陈述信息的形式。说服的方式影响说服的客观效果。广告宣传作为一种大众化说服型宣传模式，如果具有科学性、逻辑性和鼓动性，就能产生巨大的市场冲击力。在实际运用中，广告方式主要有三种：

（1）感性方式。其特点是“以境动人”，通过营造画面感，刺激消费者的感官，引导消费者进入一种浪漫的境界。感性广告的语言充满刺激性和鼓动性，虽然没有逻辑性，但是能够影响消费者的心理，在青少年消费者中颇具影响力。

（2）理性方式。其特点是“以理服人”。这种方式基于消费者讲究实用的理性思维，其语言特色在于逻辑性和条理性，内容往往侧重于商品的功能、价值等，能够给消费者营造具体、实在的消费意境，使消费者直接从语言中发现商品带来的实际利益。这种方式有利于宣传新商品，对中老年消费者比较有效。

（3）情感方式。这种方式主要是对消费者的情感施加影响，其特点是“以情感人”，通过营造情意融融的气氛，刺激消费者的情感，引导消费者产生向往和满足感，从而对商品留下美好的印象。

二、确定广告目标

确定广告目标是进行广告策划、确定广告方案的第一步，是后期广告策划各环节的航标，因此是广告策划中非常重要的一环。广告目标可以从不同角度来划分。例如，从广告效果的角度可以分为：行动目标、信息目标、传播目标。其中，行动目标又可分为直接行动目标和间接行动目标；信息目标又可分为告知性目标、劝服性目标和提醒性目标；传播目标又可分为认知性目标、知识性目标和态度性目标。确定广告目标要遵循一定的原则，不可随意确定，其中最重要的是：广告目标要符合整体营销策划的需要。关于广告目标与营销目标之间的关系，很多广告大师进行过论述，比较著名的有所罗门·杜卡（Solomon Dutka）的《广告目标与效果测定》，书中有大量的理论和实例。

三、制定广告媒体策略

媒体的性质是决定一种商品选择什么样的媒体才能获得最好的广告效果的一个重要因素。媒体传播范围的大小、发行量的多少会影响受众人数；媒体的受众是否与广告的对象相适应会影响广告的效果；而媒体的社会威望则对广告的影响力和可信度有重要影响。因此，在选择媒体时，事先对媒体有所了解，进行调查，才能使媒体运用得当，使广告收到好的效果。

一般来说，媒体选择应从产品定位、消费者习惯、广告目标、市场竞争状况、广告费用预算等方面来考虑。关于广告媒体选择本章后面有专门介绍，这里主要从广告策划的角度介绍媒体策划的主要问题。媒体策划主要应确定以下几方面的问题：媒体分配、媒体地理分配、媒体时间分配、媒体内容分配、媒体组合等。

四、确定广告主题——广告策划的重点

广告主题就是一则广告要向消费者传达的主要信息。主题是广告的灵魂，是广告的中心思想，是广告为达到某种目的必须说明的基本概念。广告主题决定了广告信息的内容、创意和表现。

（一）确定广告主题时必须考虑的三个因素

1. 广告策略

广告策略是指根据企业的营销战略而制定的广告策略。要使广告取得预期的效果，广告主题必须体现广告策略的要求。比如饮料厂商想在夏季来临之前掀起销售高潮，策划大酬宾活动，运用导购小组宣传和折价馈赠等促销手段，这时的广告就要突出这种营销策略。

2. 信息个性

信息是指广告内容，一般来说，广告内容主要是宣传商品、企业、观念、服务等。个性则指上述信息的突出差异性。信息个性主要是指广告中商品（或企业、观念、服务）的突出特点。因此，信息个性也称为销售重点，在广告中则为诉求重点。比如杭州娃哈哈营养食品厂的广告开始时突出“喝了娃哈哈，吃饭就是香”，后来随着产品品种的不断增多，广告则突出“甜甜的、酸酸的，娃哈哈果奶”。每一个广告主题都突出商品的个性，前者反映儿童的需求，后者突出商品适合不同年龄层消费者的需求。

3. 消费心理

广告策略和信息个性要符合消费者的心理需要。如果不能满足顾客的心理需要，广告主题就不会被人们接受。

（二）广告主题的确定

广告主题要突出商品或企业给予购买者的利益。广告主题要根据不同性质的商品、

市场需求的变化以及消费对象的差异精心谋划、有所侧重。

（1）以产品的利益属性为主题。产品的利益属性是产品提供给消费者的某种利益。以产品的利益属性为广告主题是最普遍的做法。任何一种产品作为一个有特定消费对象的实体会给消费者带来某些利益，若这些利益正好是消费者所期待的，把这种产品的利益信息作为广告主题传达给消费者就很容易被消费者接受。这里应注意的是，这种利益属性应当与竞争对手相区别，使产品、产品广告具有独特的魅力。

（2）根据消费心理确定主题。对于同质化的产品，要找出与竞争对手相区别的利益属性是比较困难的，这时可以基于消费心理确定主题。要注意仔细和深入地研究、掌握消费心理，善于去激发它、满足它。首先要向消费者宣传产品的独特好处，避免选用竞争对手已采用的主题。市场上的同类商品往往会有很多，要想唤起消费者的兴趣，就必须着重说明本企业的产品与众不同的地方。比如产品或服务具有哪些特点，这些特点跟消费者或使用者有什么关系，对他们有什么益处，与竞争企业的同类产品相比有什么长处等。人们常常要买的不是商品本身，而是商品给他们带来的希望、信念和价值。如万宝路的广告可以说深入人心，万宝路的广告宣传的不是产品能给消费者带来哪些利益，而是一种理念，即抽万宝路香烟是男子汉气概的象征。这种理念正是很多香烟消费者所期待的，万宝路广告正好满足了人们的这种心理需要。

（3）以企业形象、产品商标作为宣传主题。商标是产品质量的重要标志。当有众多的同类商品摆在消费者面前，消费者一时弄不清每种商品的质量时，往往会根据商标来选购商品，这时，商标就对产品的销售起了很重要的作用。因此，企业必须去创名牌，同时也要利用广告突出对商标的宣传。消费者对某种商品的商标信得过，就会形成购买习惯，并得到心理上的满足。

在产品生命周期的后半阶段，宣传企业形象、企业标志、产品商标有助于培养消费者对企业的好感，形成消费者对企业的忠诚度。

（4）每个广告只突出一个特点。如果某种商品的特点很多，就不妨按特点做一系列广告，每个阶段的广告主要突出一个特点，这样就能使广告主题明确。广告主题一成不变，缺乏新颖性，不仅不能吸引新的顾客，而且会失去老顾客。

（三）新产品、改良产品、老产品的广告主题的选择

1. 新产品的广告主题

新产品是市场上前所未有的产品。对于新产品而言，可以分析以下问题确定广告主题：

（1）该产品是否具有吸引力，能否引起消费者的兴趣，给消费者带来方便？

（2）决定产品吸引力的因素是用途、结构还是便利？

（3）该产品能满足消费者的何种需求？

（4）该产品满足的是消费者的生理需求还是精神需求？

（5）该产品的时效性如何，是急需品还是非急需品？

（6）销售该产品有无新闻价值？

2. 改良产品的广告主题

改良产品是指只有部分改良，有别于同类产品的产品，应通过分析以下问题确定广告的主题：

（1）这种改良产品的特性是什么？是新的原料、新的制造方法、新的结构，还是新的型号？

（2）其特性对消费者的重要性如何？

（3）经过改良的新用途是什么？该用途是否有吸引力？

3. 老产品的广告主题

对于与竞争者的产品完全相同的成熟产品，可通过分析下述问题来确定广告主题：

（1）该产品与既有产品相比有什么独特性或不同之处？为了创造产品吸引力，如何进一步强化这一独特性？

（2）包装设计如何？是简朴还是豪华？

（3）价格如何？是便宜还是昂贵？

（4）产品是否与消费者的需求有关？可否利用消费者的需求提高产品的吸引力？

（5）产品能否与人们关心的事件相联系？

（6）广告对象是哪一年龄、阶层、性别的消费者？

五、策划广告创意

广告的主题确定后，需要通过一定的艺术构思传达出来，使得受众能够很快领会这一主题，并愿意接收信息，从而实现广告目标，这一过程即为广告创意策划。

六、创作广告宣传文案

广告创意确定下来后就可以着手宣传文案的创作了。要创作表现广告主题的宣传口号等。创作的宣传词不仅要吸引消费者，而且要富有号召力，能赢得消费者信任，并展现出美妙的意境。

七、制定广告表现策略

确定广告的表现形式，就是将广告创意的各个组成要素组合成宣传作品，其实质是广告创意方案的物化、广告宣传理念的形象化，往往表现为广告作品的设计。

八、制定广告预算方案

制定预算是提高广告宣传活动经济效益的重要途径。按照广告宣传目标和活动方案将所需的费用分成若干项目，列出经费清单，准确地算出单项活动和全年活动的成本，这有利于企业统筹安排、事后核对和考核绩效。

广告预算主要是指项目开支预算，即企业开展某项广告宣传活动所需的经费。制定预算时，除了算出计划方案中各项活动的费用外，还要事先设置应付突发事件的广告宣传活动开支，从资金上保证广告宣传工作的应变能力。

九、撰写广告策划书

撰写广告策划书时内容、格式等不能千篇一律。策划人要根据具体需要撰写。

广告策划书一般包括以下八个方面：

（一）前言

在广告策划书的前言中，应详细说明广告策划的任务和目标，必要时还应说明广告主的营销战略。

（二）市场分析

市场分析主要包括四个方面的内容：企业经营情况分析、产品分析、市场分析、消费者研究。应该根据产品研究的结论，说明广告主的产品所具备的条件；再根据市场研究的结论，与市场中同类商品做比较，并指出消费者的偏好。如有可能，可提出产品改进和开发建议。

（三）广告战略

根据产品定位和市场定位的研究结果，说明广告战略的重点，说明用什么方法使消费者对商品留下深刻而难忘的印象；用什么方法刺激消费者产生购买兴趣；用什么方法改变消费者的使用习惯，选购和使用广告主的商品；用什么方法扩大产品的销售对象；用什么方法使消费者形成购买习惯。除此之外，对与广告战略相配合的促销组合，如公共关系、人员推销、销售激励等也要进行总体规划。

（四）广告对象

根据定位研究，可计算出广告对象有多少人、多少户。根据人口研究结果，列出有关人口的分析数据，如人口总数，人口地区分布，人口的年龄、性别、职业、文化程度、阶层、收入等。得出广告对象的相关数据，说明他们的需求特征和心理特征，以及生活方式和消费方式等。

（五）广告地区

根据市场定位和产品定位的研究结果，确定目标市场，说明选择的理由和地区分布。

（六）媒体策略

根据广告战略中所列重点，详细说明广告实施的具体细节。

（1）报纸，说明选择哪一家或哪几家，选择的理由，刊登的日期、次数和版面，每次刊登版面的大小。

（2）杂志，说明选用的杂志、选用理由、刊登次数、每一次的版面和刊发日期。

（3）电视，说明选择哪个台、哪个频道，或哪几个频道，说明选择的理由、计划播映次数、每次播映时间的长短、广告片的形式和播映日期。

（4）广播电台，说明选用的电台、选用理由和播放方式，播出日期、时间及次数。

（5）如选择其他媒体，如海报、招贴画、售点广告、邮寄广告、传单等，均应说明印刷的份数和分发方式、分发日期等内容。

在选用多种媒体时，对各媒体如何交叉配合也需加以说明。

（七）广告预算及分配

根据广告战略的内容，详细列出媒介选用情况及所需费用，每次刊播的价格，最好能制成表格。

（八）广告效果测定

主要说明在广告主同意按照广告策划实施广告活动的前提下预计可达到的目标。这一目标应以“前言”部分规定的任务为基础。

第 2 节　营销广告的媒体策划

一、广告媒体的分类和特征

（一）广告媒体的分类

1. 按广告发布的时间长短分类

（1）长期广告媒体。可以通过这种媒体长期发布广告信息，如户外广告牌、杂志等。长期广告媒体通常可用于发布维系企业信用、创立企业形象或商品内容较复杂的广告。

（2）短期广告媒体。如电视或广播。广告显露的时间较短，可用于新产品发售、产品价格变更的广告以及有新闻价值的广告等。

2. 按广告发布的区域分类

（1）全国性的广告媒体。如杂志、报纸（全国版）、广播、电视，以及设立于全国各地的广告牌等，面向全国消费者。

（2）地区性的广告媒体。典型的是户外广告牌、传单。

3. 按广告与对象的接触情况分类

（1）直接广告媒体。如直邮等，用于提高顾客的忠诚度或发掘潜在的顾客。

（2）间接广告媒体。如报纸、电视等，用作大众传播媒体。

4. 按感觉分类

（1）诉诸视觉的媒体。如报纸、杂志、海报、霓虹灯、广告牌。

（2）诉诸听觉的媒体。如电台、街头广播。

（3）诉诸视听觉的媒体。如电视、电影。

（4）诉诸嗅觉的媒体。如香味印刷品。

5. 按一般形态分类

（1）向大众传播的媒体。印刷媒体如报纸、杂志；电子视听传播媒体如广播、电视、网络。

（2）其他促进媒体。如礼品（日历、烟灰缸、手册、圆珠笔等）、节目表、时刻表等。

（二）广告媒体的特征

以什么为标准选择媒体，这是广告策划人员最关心的问题之一。除了根据媒体量的价值来选择以外，媒体质的价值也不能忽视。

1. 报纸广告的特征

（1）优势：从覆盖面和时效来看，报纸覆盖面广，传递迅速；从广告形式来看，版面灵活，文字直接，图文并茂，给人印象深刻，易于反映广告主的意图和要求，且费用低；从广告的权威性来看，我国报纸广告的性质有别于西方国家，人们对报纸内容信赖程度高，报纸广告在我国消费者心目中有较高的权威；从广告的阅读率来看，报纸广告的阅读率较高，且可以传阅。

（2）不足之处：报纸广告有效时间短，受印刷质量的影响，视觉冲击力不强。报纸多为主动阅读，广告容易被忽略。

2. 杂志广告的特征

（1）优势：杂志的阅读群体明确，易于针对特定群体做广告；阅读时间长，传阅率高，且有一定的保存价值；读者多在精神放松的情况下阅读，广告不会招致反感；印刷精美，有吸引力。

（2）不足之处：杂志插页广告的灵活性小，不便与广告整体战略配合；杂志页数较多，广告容易被忽略；阅读范围小，影响面有限。

3. 电视广告的主要特征

（1）优势：广告诉诸听觉和视觉，冲击力强；传播快，时效性强；节目种类多，时间灵活；可以面对各个群体。

（2）不足之处：广告制作费用高；广告瞬间即逝；节目插播广告易招致反感。

4. 广播广告的特征

（1）优势：收音机普及率高，可以面对各个群体；传播最为迅速，时效性强；诉诸听觉，给人留下想象空间，费用低廉。

（2）不足之处：收听群体固定，不利于扩大范围；广告诉诸听觉容易产生差距，消费者容易有上当受骗的感觉。

二、广告媒体策划

（一）制定媒体目标

广告媒体策划首先要了解影响媒体使用的因素，其次是制定媒体目标。

1. 影响媒体使用的因素

（1）营销目标。市场经济要求企业按需生产，营销目标是统一企业活动的纲领。在广告活动中，营销目标应成为广告定位、创意和媒体策略的基础。如果偏离营销目标，就不可能制定出符合企业总体战略的广告媒体策略。

（2）产品特性。产品本身的性质也是选择广告媒体的重要依据。产品按用途可以分为生产资料和生活资料。一般来说，生产资料类商品技术性强、结构和用途复杂，宜用印刷媒体。报纸、杂志等媒体能够详细说明产品的性能、结构、特点、保养维修方法。日用消费品宜用形声兼备的电视媒体，因为这种媒体能诱发消费者的购买欲望，如服饰、化妆品广告在电视上每天播出，能引起受众兴趣，取得较好的效果。

（3）消费者类型。消费者具有不同的生活方式，他们对商品的需求不同，对媒体的偏好也有很大差异。

（4）销售渠道与促销方式。商品的流通范围、经过的路径决定了媒体种类、媒体覆盖范围。促销方式从总体上说有“拉引”和“推动”两种类型。在“推动”方式下，企业常使用与营业推广相联系的广告形式，如 POP（卖点）广告、包装袋广告等；在“拉引”方式下，要面向广大消费者，采用大众媒体进行宣传。

（5）成本与预算。成本是广告主选择广告媒体的重要依据。广告媒体的成本分为两种形式。一是付现成本。如果 1 分钟的电视广告的收费标准为 12 000 元，那么这个收费标准就是广告的付现成本。付现成本亦称为付费媒介成本。付现成本是广告主或广告经营单位进行广告活动的基本预算，否则无法进行广告宣传。二是每千人成本。即广告送达 1 000 位受众所需的成本。如果 1 分钟收费 12 000 元，有 4 000 万人收到广告信息，则每千人成本为 0.3 元。选择广告媒体不仅要考虑一次性付费，还要考虑每千人成本的高低。企业广告总预算的多少也制约着媒体的选择与应用。如果广告预算多，可选择成本高、效果好的媒体；如果预算少，则只能量入为出，选择收费低的广告媒体。

（6）广告信息的时效要求。商品信息要及时、迅速传递，以便取得竞争优势，对这类商品做广告可采用传播速度快的广播、报纸。一般来说，凡鲜活、易腐、易变质的商品，必须尽快发布信息。从竞争形势上看，如果及时发布信息能避免巨大经济损失的，就应选择反应及时、迅速的广告媒体；反之，商品信息传递的时间要求不太紧迫，可考虑选择制作时间较长的电影、电视、期刊等广告媒体。

（7）竞争对手的广告。广告主在选择广告媒体前，要了解竞争对手在哪些媒体上做广告，效果如何。竞争对手或许已在较好的媒体上选择了较好的时段，这时企业不宜正面与对方抢占阵地。

（8）媒体自身因素。首先，除了媒体成本之外，还包括媒体刊播广告惯例，颇具特色的广告方案内容与媒体之间的匹配情况。其次是媒体可获性。在某些情况下，广告主所需的媒体或媒体时段无法予以满足，即受媒体可获性的制约，如印度的报纸供不应求，广告主往往要在半年前提出申请，甚至要贿赂媒体主管人员，这种情况当然会影响媒体选择。最后是媒体特性，报纸、广播等媒体灵活易变，而电视、电影等媒体变化的可能性小。

分析了影响媒体选择的因素后，即可制定广告媒体目标。

2. 广告媒体目标

（1）传播目标。传播目标规定广告信息送达给什么人，或者说规定广告活动的目标受众。目标受众可按社会经济特征进行分类，如按性别、年龄、收入、教育、种族、家庭、职业等划分，还可按消费者生活方式对目标受众进行分类，并规定广告主要针对哪一类消费者。

（2）传播定位。传播定位明确媒体传播的主要任务，即让目标受众知道什么。如通过媒介计划，增加产品、服务的知名度，改变消费者的态度，鼓励推销人员对产品持积极态度等。

（3）传播时机。确定广告推出的时机需要考虑下列问题：在销售旺季推出吗？推动每月销售吗？支持营业推广吗？抵御竞争威胁吗？在购买前提醒顾客吗？与气候、假期、季节有关吗？

（4）传播区域，即规定广告在何处出现。广告活动与企业的区域发展战略密切相关，因此要考虑媒体在地区上的分配，是全面出击、不分主次，还是轻重有别、逐步推进？这些问题都必须事先有所安排。

（5）传播规模。传播规模是一个富有弹性的概念，它包括广告预算的多少、地区范围的大小、广告送达率的高低、广告频次的疏密。

（6）传播目标。传播目标规定了企业广告的基本方向和框架，是企业对广告活动实施控制的基准。为了应对周围环境的变化，传播目标要有弹性，如为配合出现的社会热点问题，企业以恰当的方式予以支持，开展相应的宣传活动。

（二）广告媒体策略

1. 广告时机的选择

广告时机的选择是指广告策划者在确定媒体选择方案后，对广告推出的时间、频率所做的具体安排。它是广告策划的重要内容，是媒体选择程序中的重要步骤。广告时机的选择得当与否，将直接影响广告宣传的效果。

（1）选择的要求：

1）要服从广告策划的要求，有利于实现企业的广告目标。

2）要服从市场规律与价值规律，不能逆规律而行。

3）要符合产品的生命周期。在产品初期，广告的时间要集中一些，广告密度要大一些。进入发展期与成熟期，广告要随消费者的需求而变化。

4）要根据销售季节变化。例如，空调、服装等产品具有一定的季节性，在特定季节来临之前，要加大广告宣传的力度，争取更多的消费者。

5）要充分考虑竞争者、消费者的变化情况。在时机选择上一般有两种方法：一种是跟进策略，即竞争者进行广告宣传时，加大宣传力度。另一种是退出策略，即广告竞争开始后，不是跟进，而是适当退出，积蓄力量以待新的时机。

（2）选择的方法。包括产品生命周期法、市场目标法、集中选择法、季节性选择法、均衡性选择法、分散性选择法、竞争性选择法等。

2. 广告的排期方法

广告排期又叫广告发布，具体有三种方法：周期发布法、连续发布法、脉冲发布法。

（1）周期发布法。周期发布法是将广告发布时间分成若干段，两段时间之间有一个广告停止期。这种方法经常使用，主要原因在于媒介费用高昂。一般地，在广告停止期人们会淡忘广告产品，但随之而来的一个新周期中较大的广告量又会强化人们的记忆。这种情况适用于广告费用有限、顾客较长时间才购买一次的产品，这种产品的季节性比较强。具体情形如图 10－1 所示。

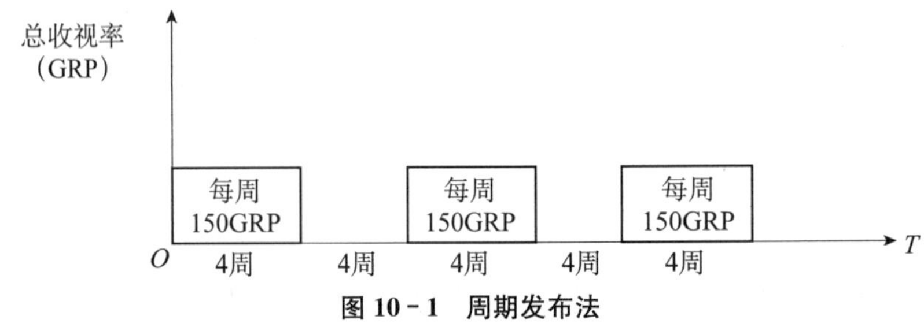

图 10－1 周期发布法

（2）连续发布法。连续发布法即在整个广告活动期间都安排广告，适合为了拓宽市场，产品购买次数多而消费者有限的情况。具体情形如图 10－2 所示。

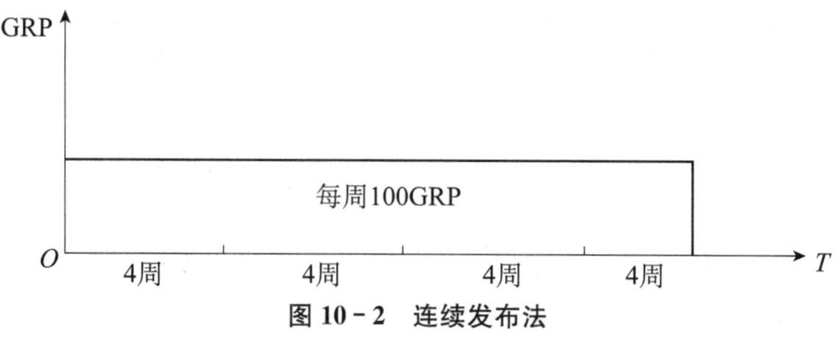

图 10－2　连续发布法

（3）脉冲发布法。脉冲发布法是上述两种方法的结合，以持续不断的广告支持为基础，并以间歇增加广告来增强效果。这种方法适合一般商品的广告。具体情形如图 10－3 所示。

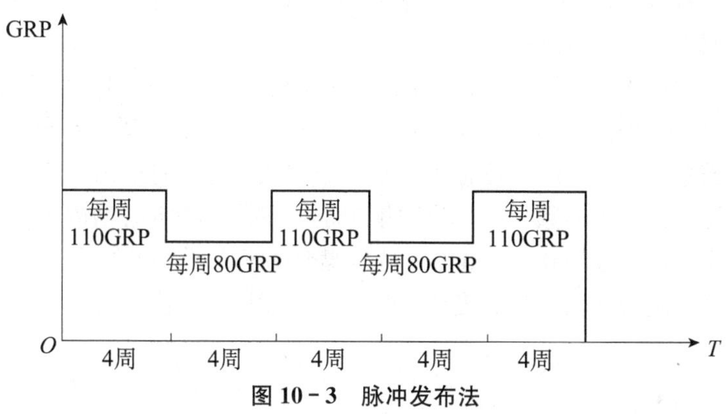

图 10－3　脉冲发布法

3. 广告媒体组合策略

广告媒体组合是指企业为了实现一定的广告目标而选择两个或两个以上的媒体。广告媒体组合的作用表现在以下几个方面：

（1）达到第一种媒体所未达到的目标公众，开发潜在消费者。任何媒体都有其局限性，单一媒体很难覆盖所有的目标受众，需要其他媒体补充，形成优势互补的媒体效应，更好地宣传产品的主题。

（2）在第一种媒体得到最佳送达率之后，利用另一种廉价的媒体来重复，从而维持广告的知名度，强化消费者的记忆。多种媒体组合能够节省广告成本，以最少的广告投入取得成倍的广告效益。

（3）扩大广告的效果。媒体的特点很明显并且难以替代，需要在媒体组合中尽量发挥各自的价值。消费者通过报纸、杂志可以初步了解广告要传达的信息，通过电视、网络，借助一定的声音、画面深入了解产品信息，产生购买欲望，广告活动的效果得以加强。

（4）取得更好的促销效果。每一种媒体都有各自的目标受众，采用多种媒体组合，可以吸引更多的消费者，收到更好的促销效果，发挥整合营销的功能。

广告媒体组合没有固定的模式，下面列举几种组合方式作为参考。

（1）报纸与广播组合。这种组合可以使不同文化的消费者都能接收到广告信息，实现快速传递信息、迅速取得效果的目标。多用于促销活动、大型展会等。

（2）电视与广播组合。这种组合可以使不同区域的消费者都能接收到广告信息，使视觉效应与听觉效应有机组合。主要适于日用消费品等产品。

（3）报纸、电视与POP广告组合。这种方式有利于提醒消费者，由点及线，由线及面，形成全方位的信息传播网，起到强化广告信息、促进销售的目的。

（4）报纸与杂志组合。这种组合方式利用了两者的时间差异性。报纸传播速度快，可进行前期铺垫；杂志传播时间相对长久，可进行市场信息的巩固。

（5）网络与电视组合。网络与电视越来越成为消费者了解信息的主要手段。网迷的增多说明潜在消费者很多。网上内容很多，需要先利用电视使消费者产生兴趣，从而提高网上浏览的效率。

（6）电视、报纸、杂志与户外广告组合。电视广告的时间较短，户外广告的时间较长，两者在时间上可作互补，报纸、杂志可用于提供产品或服务的具体信息，户外广告可用于宣传企业形象，几种媒体的组合有利于提高老顾客的产品忠诚度，促进潜在的顾客购买。

4. 增加媒体显露总数策略

广告主在目标市场上做广告，目标就是尽可能增加媒体显露总数，提高人们对广告信息的注意度，最终提高产品试用率。广告信息的显露总数$WE=RFI$。其中，WE为广告信息的显露总数；R为广告信息送达率，是指在一特定时期内，不同的人或家庭至少一次显露在媒体计划下的数目；F为频率，是指在某一特定时期内，一个人或一个家庭接触信息的次数；I为影响，是指经由特定媒介的显露所产生的价值。

产品试用率取决于人们的注意度。试用率随注意度的提高而提高（见图10-4）。

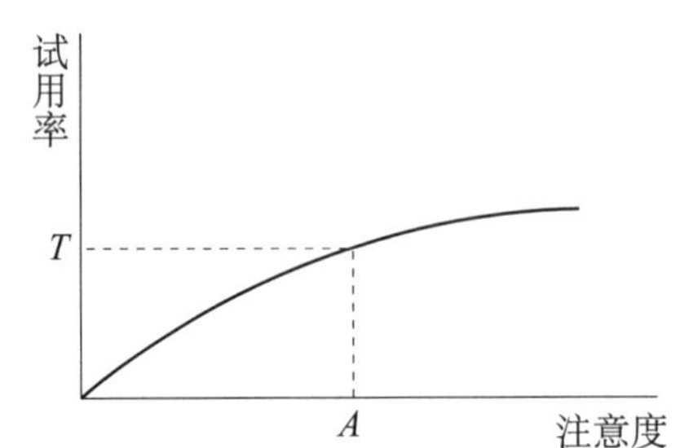

图10-4　产品试用率与人们注意度的关系

人们的注意度又与广告送达率、频率、影响有关（见图10-5）。

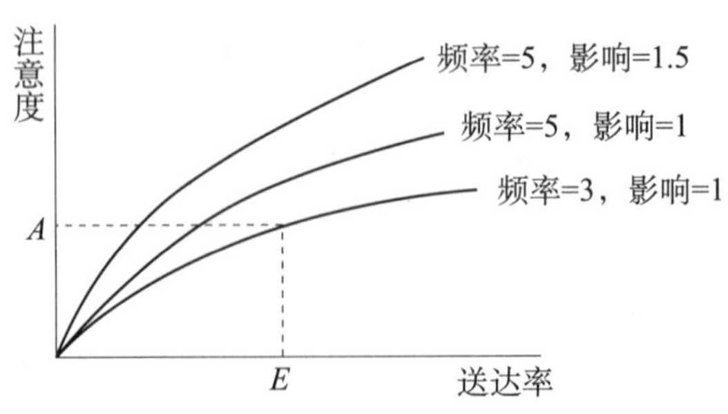

图10-5　人们的注意度与送达率的关系

在送达率相同时，注意度受频率和影响的制约。频率和影响越大，注意度越高。广告信息的影响受多种因素的制约，如广告信息的可信度，艺术感召力，信息发布的时间、地点等。频率大小对注意度的影响并不是按比例变化的，太少不行，太多浪费。那么，一个消费者到底接触多少次广告效果最大呢？有学者指出：“介绍性的广告所造成的印象不会太深，不足以引起购买兴趣；连续性的广告可以把已经形成的肤浅印象加深到足以采取行动的水平，因此能收到更好的效果。”美国学者克鲁格曼（H. E. Krugman）则认为有三次显露就足够了，“第一次显露用于引起人们独特的反应，第二次显露造成刺激，第三次显露用于提醒那些想购买但未采取行动的人”。因此，少于三次的接触不起作用（最低有效频次），大于三次的接触也无效果（最高有效频次），介于两者之间的称为有效频次。在有效频次下接触广告的人数（或比例）称为有效送达率。

超过有效频次的接触到底有没有效果，目前尚存在争议。过去的观念认为，虽然超过一定接触次数效果不再提高，但至少有预防忘却、维持记忆的正面效果。现在的观念认为，最高有效频次以后的接触是否有负面效果尚不确定，但至少无正面效果。

关于有效频次的第二种观点以舒尔茨为代表，他认为频次少于三次没有效果，六次效果最佳，六次以上效果开始下降，如图 10－6 所示。

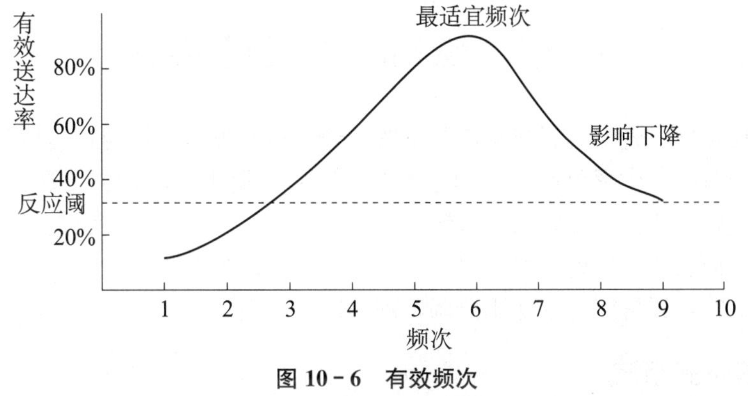

图 10－6 有效频次

对于广告主而言，他们最关心广告活动所要达到的显露频次分布。显露频次分布主要用于描述特定时期内有多少人对于同一广告产生 0，1，2，…，n 次显露。图 10－7 表示三种不同的显露分布。其中，B 分布是最有效的，因为大多数人都产生三次显露，而 C 分布重复太多，A 分布重复太少。一般要求接收广告次数中等的人数最多，接触少或多的人均匀分布于两边，即正态分布最好。

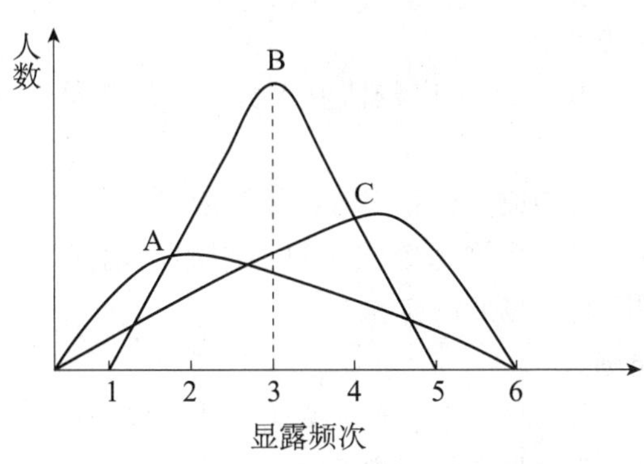

图 10－7 显露频次分布

5. 提高媒体冲击力策略

媒体冲击力就是人们观察了解事物的着眼点。一个富有创造力的广告设计能增加广告效果，提高媒体的冲击力。广告创造力越强，其价值也就越大。据美国汤姆森广告公司的调查，电视联播网的冲击力为1.00，而杂志只有0.50。电视媒体千人成本之所以高于印刷媒体，与此不无关系。一幅精美的图案、恰到好处的色彩运用、突出醒目的字体，能增加视觉冲击力，提高人们的注意力，从而使媒体具有更高的价值。

广告变旧是广告冲击力降低的重要原因。为了防止广告变旧，使其永葆活力，可采取如下对策：一是提升广告的吸引力，如增加音乐、舞蹈等娱乐元素；二是对同一广告活动准备多种广告表现形式；三是广告要保持趣味性，广告信息要经常补充、更新；四是广告显露有适当间隔，分散显露不仅可以减少人们的厌烦情绪，还能提高记忆效果。

由此可见，媒体冲击力的维持和提高离不开广告的设计、表现，两者是相辅相成的。

第3节　营销广告的创意策划

广告创意是指广告策划者根据广告主题，经过精心思考和策划，运用艺术手段，把掌握的材料塑造成一个形象或意念的过程。在广告策划中，广告创意是一个关键环节，它处于广告主题的选择、确定与广告制作之间。有了很好的广告主题，但没有表现广告主题的很好的创意，广告就不可能引人入胜；广告制作缺乏创意，广告作品就难以体现出各种广告策略，还可能与主题不协调，削弱广告的效果。

一、广告创意的方法

进行广告创意，不仅要有创造性的思维，而且要掌握科学的方法。常用的广告创意方法主要有以下几种。

（一）集体思考法

这是广告创意中最常用的方法，是通过发挥大家的创造性，集思广益进行创意的一种方法。

1. 集体思考法的特点

（1）集体创作。聘请10～15名广告营业人员、创作人员，在规定的时间内参加广告创意会。

（2）激发思维。允许与会成员相互交流，相互激发，产生好的创意。

（3）自由联想。在会议中允许每个成员自由想象，阐述自己的观点，点子越多越好，越离奇越好，不加限制，畅所欲言。

2. 集体思考法的原则

（1）不批评他人的主意。采用中止判断策略是快速联想的一个重要方面。在中止判断期间，会上涌现出的主意数量会显著增长。

（2）欢迎自由发言。要善于引导与会成员积极发言，主意越怪异越好。

（3）求量为先，以量求质。主意越多，得到好主意的可能性也越大。

（4）在综合的基础上改进。与会人员除了贡献自己的主意外，亦可将他人的主意变得更好，或将几个人的主意综合起来产生一个新想法。

3. 集体思考法的小组构成

（1）小组以 10～12 人最为理想。人员过多没有畅所欲言的机会；人员过少则场面冷淡，没有气氛，调动不起思考的积极性。

（2）参加者最好职业类似，普遍对问题感兴趣。组中最好有一两位创造力特别强的人，以激发其他成员的灵感。

（3）会议主持人（或组长）必须知识丰富，对所讨论的问题有一定的了解，能调动大家的积极性，使会场气氛活跃起来。

4. 集体思考法的操作

（1）会议开始，组长叙述主题，要求小组成员贡献与该主题有关的创意。若小组成员过于拘束，组长可以先选出一个轻松的题目进行讨论，以营造轻松的气氛。

（2）若有人批评别人的主意，应立即制止。若集体思考法变为自由讨论，则会产生发言不平均的现象，有时亦会变成一场辩论会，少数人争得面红耳赤，浪费时间。

（3）提倡轮流发言制。应用此法时，若有人一时想不出主意，可以放弃这一轮的机会，如此循环，以使每个人都可以贡献主意。

（二）垂直思考法

这种方法是按照一定的路线，即在一个固定的范围内，向上或向下进行纵向思考。该方法与水平思考法都像是在一间书房中，房间内有大量书籍，人们利用这些书籍及传统的经验和观念进行思考，思考的范围比较窄。这种方法的优点是思路清晰，比较稳妥，但有较大的局限性，容易使人故步自封，脱离实际。

（三）水平思考法

水平思考法又称横向思考法，指在思考问题时多方向探索。垂直思考法的最大缺点就是容易形成偏执，如果人们习惯于凭经验办事，其创造性就比较差，杰出的创意就很难产生。因此，美国有学者主张使用水平思考法，即离开固定的方向，突破原有的框架，朝着若干不同的方向去探索。

在现代广告创意活动中，由于水平思考法有益于产生创新，越来越多的人乐于接受并在实践中加以运用。但是水平思考法不能完全取代垂直思考法，垂直思考法有自身的长处，前人的经验是一种宝贵的财富，应该借鉴。因此，应将两种方法有机地结合起来。

二、广告创意的程序

广告创意没有固定不变的模式，但根据众多的创意实践，可以将其大体归纳为以下四个阶段。

（一）准备阶段

在准备阶段，广告策划人要根据广告主的委托及要求，了解某产品或服务的特点，收集有关资料。这些资料包括产品或服务的具体情况、市场及竞争状况、消费者状况、企业营销环境等。

（二）酝酿阶段

酝酿阶段实际上是一个心智检索过程，即对收集到的各种信息资料进行综合分析和研究，点燃智慧的火花，寻找创意的线索。美国著名广告专家将该过程称为“用你的心智去仔细检查这些资料”。

（三）启发阶段

在这一阶段，经过广告策划人的综合分析、思考和酝酿，把所获得的启发、灵感、意念变成构思，并使这些构思成为反映目标的较为具体的形象。这一阶段常会产生一种顿悟或预感，由此形成清晰的思路，顺延下去就会得到一个好的构想。

（四）求证阶段

在这一阶段，要对启发阶段所获得的构想进行检验，利用科学的分析和对比方法来检验其合理性和严密性。对检验结果要进行认真分析，不足之处加以补充，过激部分给予修正。

创意过程的上述阶段只是一般的划分，在具体操作过程中还可以进一步细化。客观事物的多变性使我们不能过分拘泥于一种形式。我们要从实际出发，灵活运用，根据具体问题的特点进行操作。

三、广告创意产生的策略

（一）联想策略

联想策略就是把表面上毫不相干的事物联系起来，传达某一具体的营销观念。古今中外，想象力成为衡量艺术家才能高低的重要标尺。联想策略有以下三种：

（1）接近想象。利用两个事物在时间、空间或形状上很接近，在人们的经验中往往联系在一起，形成较为稳固的条件反射，并引起情感上的反应。如某珍珠饰品平面广告中，珍珠被塞入豆荚里，产生了一种既出人意料又不乏内在合理性的效果。

（2）类似联想。由两个事物的某一部分或某一性质相似而产生的想象。如某项链平面广告中，挂金项链的道具采用的是一尊恰似女性颈肩部的陶罐，如此类似的联想让人感到奇妙而有趣。

（3）对比想象。由两个事物的性质或状况的对比而产生的想象。如某指甲油平面广告中，一位靓女的纤纤玉指捏着一大把锐利坚硬的铁钉，如此柔软和坚硬、温暖和冰冷的对比，衬出十指丹蔻。

（二）幽默策略

幽默策略是指在广告中用幽默的方式来表达思想、感情、见解、态度以及营销观念，使广告创意体现出风趣、机智。

（三）人性策略

“感人心者，莫先乎情”，人性策略就是对人的心理感受加以提炼和概括，结合商品的特性、功能和用途，以喜怒哀乐的形式在广告中表现出来，使商品富有人情味，使消费者产生对广告的认同和对产品的好感。最常见的情感如父子之情、母子之情、夫妻之情、手足之情、恋人之情、师生之情、同事之情、朋友之情等，通过这些情感的演绎，可以创造出富有活力的广告作品。

（四）对比策略

由于产品竞争的加剧，产品的广告战也是硝烟弥漫。怎样使消费者在众多的产品广告中关注产品、关注企业呢？在广告中适当进行对比可以达到这样的效果。

例如，某洗发水广告为了表现去头屑功能，通过该产品与竞争产品的效果对比传达了产品的功效信息，同时又有很强的说服力。对比策略对于产品无差异、消费者肉眼很难识别产品质量高低的情况有很好的效果。

（五）威信策略

普通人对专家相当推崇。只要专家对某一事物说出自己的看法，就会得到人们的信任，这便是威信效应。运用威信策略时，不但可以援引有关专家、教授、学者的话来证明商品的特点、功能、作用，也可以援引有关荣誉证书、奖状、奖杯、历史资料和事实，这些也能产生威信效应，获得广大消费者的信任。

（六）明星策略

明星策略是指请明星作产品形象代言人以提高产品影响力。明星策略是一种很常见的广告创意策略，符合大众效仿与追随的心理。请明星做广告能够在短期内提升产品的知名度，但广告的投入往往很大，有可能加大产品的销售成本，提高产品盈利的风险。

（七）意境策略

美国当代销售专家韦勒认为，广告如果仅仅将产品简单地介绍给消费者，是难以吸引消费者的，他在其推销理论中说："不要卖牛排，要卖烤牛排时的吱吱声。"使消费者在买产品的同时感受到乐趣，从而增强对受众的感染力，使其产生身临其境的感觉，这便是意境策略。

（八）悬念策略

不直接说明是什么商品，而是卖个关子，将商品委婉地表现出来，让消费者在好奇心的驱使下加以猜测，到一定时候再一语道破，从而给受众留下深刻印象，这就是悬念策略。

第 4 节　广告效果的测定

策划的广告得到广告主的首肯，广告主投入大量的费用做广告，那么广告是否起到了促销的作用呢？有必要对广告的效果进行测定，这有助于说明广告的实际效果，也有助于广告策略的调整。广告效果的测定可以分为事前测试、事中测定、事后测定。

一、广告效果的事前测试

事前测试是在广告正式实施之前的测试，是在深入研究消费者的购买动机和愿望的基础上，预测广告发布后可能产生的结果，即消费者可能产生的反应。事前测试一般测试广告的三种基本效果，即知觉、理解和反应。

为此，企业要在模拟状态下进行试验和测定，收集广告活动可能产生的信息，根据所获得的信息对广告活动的后续行为进行控制。广告事前测试从本质上来说是一种事前控制。事前测试的资料可以指导广告预算的调整、广告方案的修正，保证更好地实现预定的广告目标。

1. 广告事前测试的程序

（1）确定测试目标。广告主的广告目标是广告事前测试的基础。经审查，广告目标如果正确，那么事前测试应以此为基础，逐项检查广告活动是否符合广告目标的要求。

（2）制定测试步骤。根据测试目标和广告内容，确定具体的测试步骤。

（3）选择恰当的测试方法。依照测试目标和广告内容，选择恰当的测试方法。

（4）收集测试资料，进行分析评价。

（5）得出测试结果，提出改进意见。

2. 事前测试的具体方法

事前测试的具体方法包括透视镜研究法、直接评分法、报刊模拟法、残相测试法、两两对比法、检测表法、投射作用分析法、实验室测试法等。这里仅介绍透视镜研究法。

透视镜研究法是一种询问和观察相结合的测试方法。它的做法是：布置一个三室的测试现场，1室为主试场，2室为调查对象休息室，3室为测试者秘密观察室。在2室内墙上有一面大镜子，调查对象在进入1室前要翻阅报刊，观察墙上的广告制作物。3室的大窗户正好对着2室的镜子，这里的观察人员在被测试者没有觉察自己被调查的情况下，观察、记录他们的言行。被测试者进入1室后，回答测试者提出的问题。询问的问题相当广泛。在广告概念阶段，可把有代表性的概念构想分别写在一些卡片上，交给被测试者阅读，然后请他们用自己的语言归纳复述概念，找出消费者自己对概念的解释；也可以让他们对这些卡片的诉求按重要性、感知性进行排序，并回答为什么要这样排序，借此找到广告合适的诉求重点。在广告创意和作品完成阶段，询问法也是事前测试的常用方法。例如，对被测试者可提出问题以便了解广告效果。如“你看见了什么产品?”“它（指广告宣传的产品）有什么新奇之处?”“广告用了什么手法?”等。

二、广告效果的事中测定

广告效果的事中测定是在广告作品正式发布之后直至整个广告活动结束之前的广告效果的测定。广告效果事中测定的目的是检测广告计划的执行情况，以保证广告战略与战术计划的正常实施。它虽然不能对整个广告活动的最终效果进行评定，但可以检验广告效果事前测试的结果和预测事后测定的结果，并为事后测定广告效果积累必要的数据和资料，以保证广告效果事后测定的顺利进行和取得较科学的鉴定结果。

广告效果事中测定涉及广告的心理效果、社会效果和经济效益的各个方面，因此测定的方法也相当复杂，通常采用区域比较法、函索测定法、分割测定法等，这里仅介绍函索测定法。

函索测定法是邮寄调查法的一种，它的具体做法是：在不同的媒体上登出两幅或两幅以上的广告，其中有一个构成要素（文字、图画、标题、标语、色彩等）是不同的，广告中含有便于索回的调查表格的赠券及便于核对广告及媒体的编号。然后根据寄回的调查表格进行统计，判断各种广告的效果。

函索测定法的目的是检测不同的广告作品、不同的广告文案的构成要素在不同广告媒体上的效果。

函索测定法的优点是简便易行，可以在各种印刷媒体上同时进行，而且可以用来比较广告构成要素的相对功能与效果。其缺点是只适用于印刷广告，回函期较长，回函者不一定都具有代表性，因此测定结果的准确程度受到影响。

三、广告效果的事后测定

广告效果的事后测定是指整个广告活动完成之后的效果测定，也是对广告经济效果、心理效果、社会效益的最终评定。这里主要对广告的销售效果、广告的心理效果的测定做介绍。

（一）广告销售效果的测定

广告销售效果主要通过对一些定量指标的测量来评定，包括：广告费用比率、单位广告费用销售增加率、广告销售效果比率、广告费用利润率、市场占有率、声音占有率、盈亏分界点、广告效果指数等。这里主要介绍以下几个指标：

（1）广告费用比率。为测定每一元销售额所支出的广告费用，可以采用广告费用比率这一相对指标，它表明广告费支出与销售额之间的对比关系。计算公式如下：

$$广告费用比率=\frac{本期广告费用总额}{本期广告后销售总额}\times 100\%$$

广告费用比率的倒数可以称为单位广告费用销售率，它表明每支出一元广告费用所能实现的销售额。计算公式如下：

$$单位广告费用销售率=\frac{本期广告后销售总额}{本期广告费用总额}\times 100\%$$

（2）单位广告费用销售增加率。其计算公式如下：

$$单位广告费用销售增加率=\frac{本期广告后的产品销售额-本期广告前的产品销售额}{本期广告费用总额}\times 100\%$$

（3）广告销售效果比率。计算公式如下：

$$广告销售效果比率=\frac{本期销售额增长率}{本期广告费用增长率}\times 100\%$$

$$广告销售利润效果比率=\frac{本期销售利润额增长率}{本期广告费用增长率}\times 100\%$$

（二）广告心理效果的测定

广告心理效果的测定建立在广告心理目标（即接触率、知名度、理解率、好感率与购买意图率等）的基础上。根据广告心理目标的不同要求，可以采用不同的测定方法，常用的方法有：认识测定法、回忆测定法、态度测定法、综合测定法等。下面主要介绍前两种方法。

1. 认识测定法

认识测定法主要用来测定广告效果的知名度，也就是消费者对广告主及其商品、商标、厂牌等的认知程度。其中最有名的方法是阅读率调查法，该方法根据以下三个指标将被调查者分为三类：

（1）注目率：有百分之多少的读者确认先前看过该广告。

（2）阅读率：有百分之多少的读者充分看过该广告，也就是说，不但知道该商品和该企业，而且能够借由该广告中厂商的名称或商标认得该广告的标题或插图。

（3）精读率：有百分之多少的读者浏览过该广告50%以上的内容。

最后统计分析在单位广告费成本中这三类读者每类包含的人数，即可得出广告的认知效果。

2. 回忆测定法

这种方法主要用来测定广告心理效果的理解度，查明消费者能够回忆起多少广告信息，了解消费者对商品、厂牌、创意等内容的理解与联想能力，以及对广告的确信程度。

回忆测定法是测定被检测者先前看过的广告能否在其脑海中留下印象，使其足以辨认该广告并记得该广告的内容。有时检测者给消费者某种辅助性提示，如提示消费者有关广告中商标或厂商的名称，询问消费者广告中的标题、插图等情况。在这种方式下询问的项目和内容越具体越好，从中获得的反馈信息越多，越能鉴定广告理解程度的高低。

◎ 小　结

营销广告策划是营销策划的重要组成部分。营销广告策划要按照程序依次展开，共有八个步骤。

营销广告策划首先涉及广告媒体策略。广告媒体策略包括广告时机的选择、广告的排期方法、广告媒体组合策略、增加媒体显露总数策略、提高媒体冲击力策略。

营销广告的创意策划是营销广告能否突出主题形成积极效应的关键环节。广告创意可采取联想策略、幽默策略、人性策略、对比策略、威信策略、明星策略、意境策略、悬念策略等。

广告效果的测定分为事前测试、事中测定、事后测定，可分别采取相应的方法。

◎习　题

1. 营销广告策划的基本程序是什么？

2. 如何开展广告调查？广告调查的目的是什么？

3. 什么是广告主题？确定广告主题的目的是什么？如何确定广告主题？试为某一产品（如肥皂、润肤露等）的广告确定多个广告主题。

4. 广告策划书一般包括哪几个方面的内容？

5. 不同广告媒体的基本特征是什么？各媒体有何优势和劣势？

6. 如何确定发布广告的媒体？媒体组合、媒体时间、显露频次有哪些讲究？

7. 如何组织广告的集体创意会议？

8. 广告创意产生的步骤有哪些？

9. 什么是广告的事前测试、事中测定、事后测定？具体方法有哪些？

◎案　例

芝华士头等舱沙发升舱日促销策划

策划目标：针对芝华士每年一度的升舱日活动，期望通过升级策划持续沉淀并强化“升舱日”品牌效应。

品牌效应—营销时机—营销环境三位一体实施“再升级”。

一、品牌效应

运用情感助推，针对有效客群的心理需求，形成情感煽动力。以情感助推的方式，借助心理与价格双重动力升级促销效力，引发品牌拉力，凸显“爱”的主题。

（一）升级落地：情感助推

活动主题：为爱升舱。

（二）“爱”的情感沟通

（1）为爱升舱——老公篇。

（2）为爱升舱——老婆篇。

（3）为爱升舱——番外篇：父母。

二、营销时机

借势巴西奥运会与刘德华代言，通过“搭便车”的方式策划关联活动。借势大事件升级升舱日活动，并制造行业营销话题。

（一）升级落地：奥运借势

为更好地借势奥运大事件，借用奥运会标志性元素——五环来制造促销噱头：将

“环环相扣、五重惊喜”作为“为爱升舱”的促销支撑。

（二）促销内容

五环环环相扣，多买多划算，鼓励购买。

（1）全场购物满20 000元获2 000元免单权。

以最大幅度的优惠，引发客群的购买需求。

（2）全场购物满5 000元赢半价换购权。

以半价换购周边产品的促销刺激销售，将受众的消费从沙发延伸到周边其他家居产品。

（3）全场购物满2 000元立减198元。

以满额即送的方式鼓励客群多买。

（4）惊喜特价款，舒适迎奥运。

推出一系列单品和套餐作为特价款，刺激销售。

（5）1元玩游戏，轻松拿礼金。

以玩游戏赢500～1 000元礼金的方式吸引受众注意力。比如，以1元游戏币玩抓娃娃游戏，并可赢500～1 000元礼金。

三、营销环境

面对不断升级的营销大环境，如果不引领或者紧跟营销大趋势，就很难在激烈的品牌营销战中突围。建议企业站在互联网的营销浪尖上，利用“互联网＋”思维，基于媒介影响力策划客户互动，引发口碑分享。利用“互联网＋众筹”进行促销。众筹夺头等舱沙发活动规则如图10C－1所示。

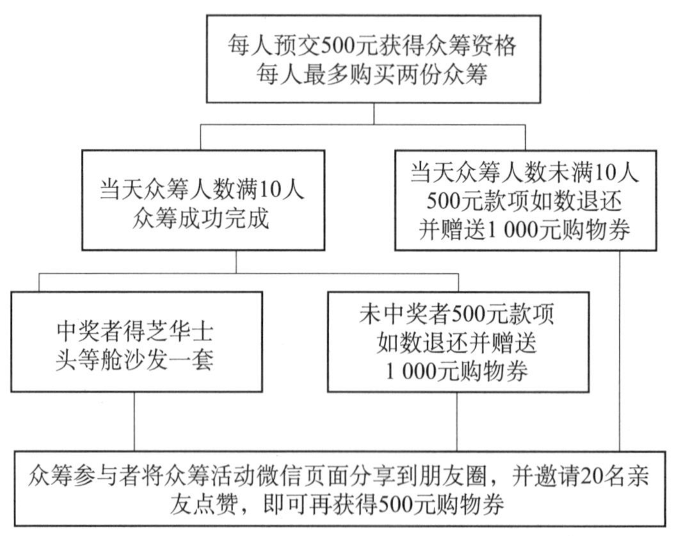

图10C－1　众筹夺头等舱沙发活动规则

四、环环相扣、五重惊喜——五大促销活动

五大促销活动设置如表10C－1所示。

表 10C－1　　五大促销活动设置

购买心理进化史	活动	爱的进化史
注意	进店玩游戏，轻松拿礼金。 以玩游戏赢礼金的方式吸引受众注意力。	喜爱
兴趣	满额即抽奖，100％中大奖。 以购买一定金额后 100％中奖来增加购买兴趣。	偏爱
欲望	芝华士、爱蒙升舱惊喜特别价。 推出特价套餐，当场激发受众的购买欲望。	珍爱
欲望延伸	芝华士、爱蒙系列产品半价换购。 以半价换购周边产品的优惠，将受众的消费从沙发延伸到周边其他家居产品。	钟爱
分享	500 元众筹夺头等舱沙发一套。 以受众亲身参与众筹活动带动口碑分享。	恩爱

（一）第一环：喜爱舱惊喜

进店玩游戏，轻松拿礼金。以游戏强化场景互动和参与感，提升促销体验深度。

（1）线上。通过扫描活动微信二维码，即可进入抓礼金游戏，赢取购物礼金和购物券（10～50 元/张，限玩 10 次），在购买沙发时抵用。

（2）线下（机器可租用）。在门店租用抓娃娃游戏机并进行活动主题包装，到店客户可免费玩一次抓娃娃游戏，每个娃娃身上有不同的礼金优惠（100～500 元），可在购买沙发时使用。

（二）第二环：偏爱舱惊喜

满额即抽奖，100％中大奖。以百分百中奖诱惑顾客，增加客群的购买兴趣。

（1）水晶之恋：水晶杯一套。

（2）甜甜蜜蜜：沙发两件套（沙发毯、沙发抱枕）。

（3）爱是唯一：2016 奥运限量版品牌球鞋。

（4）和和美美：家庭上门系列摄影一套。

（5）永恒相守：钻戒一枚。

此奖品可作为后续自媒体话题炒作的系列素材。通过邀约摄影师上门为客户拍摄家庭照，将客户对爱的理解以及芝华士头等舱沙发对爱的理解作为素材进行传播。

（三）第三环：珍爱舱惊喜

芝华士、爱蒙升舱惊喜特别价。推出芝华士特价系列，大力激发受众的购买欲望。

（四）第四环：钟爱舱惊喜

芝华士、爱蒙系列产品半价换购。以半价换购将受众的消费从沙发延伸到周边其他家居产品。

（1）凡购买任意芝华士沙发即可享受半价换购电视柜、餐桌、茶几等配套产品。

（2）凡购买爱蒙科技睡眠床垫即可享受半价换购床头柜等配套产品。

（五）第五环：恩爱舱惊喜

500元众筹夺头等舱沙发一套。以受众亲身参与众筹活动引发口碑分享。

五、“为爱升舱”广告策略

线上线下预热传播+活动预告。使用媒介：视频、展板、微信等。

（一）“为爱升舱”新闻媒体广告宣传

（1）为爱升舱——家人篇。

（2）为爱升舱——老婆篇。

（3）为爱升舱——老公篇。

（二）“刘德华来电”为爱升舱微信H5预告

通过刘德华来电的趣味H5页面进行微信活动预告，借刘德华的知名度开展趣味活动，吸引点击量：以刘德华的录音进行广告宣传，公布“为爱升舱”的活动主题与内容；详细播报促销活动，渗透活动内容；登记购物优惠券领取情况，促进销售转化。

广告词设计：“爱你一万年”（唱）……Hello，我是刘德华，每天在外奔波，工作应酬，我们有多长时间可以陪伴家人？

2016年7月1日至8月31日，芝华士头等舱沙发，环环相扣，五重惊喜——为爱升舱，让我们用头等舱沙发一般的舒适方式，相守家人，相守爱！

（三）在线“唇印邮票”——七夕为爱升温微信互动

（1）为更好地体现“为爱升舱”的活动主题，在七夕情人节当天推出“唇印邮票”互动活动。

（2）参与者通过微信印上唇印，制作成邮票，即可制作在线卡片送给伴侣。

（3）凭在线卡片，参与者可到门店领取创意“接吻杯”一对，数量限定77对，先到先得。

（四）“爱的满足”——家庭系列摄影微信传播

（1）延续环环相扣、五重惊喜里抽奖活动中的家庭上门系列摄影奖，为中奖客户邀约知名摄影师上门拍摄家庭写真。

（2）将家庭写真作为微信等自媒体的宣传素材。

（3）在新闻报道中将客户与沙发结合，共同诠释“为爱升级”的活动理念与芝华士沙发的产品品质。

讨论题：

1. 什么是媒体组合策略？芝华士头等舱沙发的媒体组合策略是怎样的？试加以评价。

2. 芝华士头等舱沙发如何实现与目标对象的有效沟通？

3. 芝华士头等舱沙发采取的广告策略还可以如何运用？

第 11 章

企业公共关系策划

企业营销策划包含企业公共关系策划，企业形象的宣传和确立要依靠成功的公共关系策划。公共关系策划是对企业开展各种公共关系活动的谋划、运筹，公关策划主要围绕公关目标、公关计划、公关时机、公关效果等问题展开。

第 1 节　企业公共关系策划

一、公关策划的范畴

公共关系常被解释为“争取对你有用的朋友”“公共关系是一门研究如何建立信誉，从而使事业获得成功的学问”“公共关系是旨在影响特殊公众的说服性传播”。美国公共关系研究与教育基金会所下的定义是：公共关系是一种独特的管理职能，它帮助一个组织和公众之间建立和保持相互沟通、了解、接受与合作的渠道，参与问题和纠纷的处理，将公众的意见传达给管理部门并作出反应，明确和加强为公众利益服务的管理责任。它还建立监视预警系统，帮助管理部门预先做好应变准备，与社会动向保持一致并有效地加以利用。它把调查研究和正确并合乎道德的沟通技术作为主要工具。

（一）公关策划的体系

1. 公共关系的三要素

公共关系有三个基本要素，即公关主体——组织或个人；公关对象——公众；传播媒体——载体。公关行为是企业与社会沟通的行为，也是把企业的经营理念、经营主旨向社会传播并获得认同与好感的行为。公关的成功需要事先策划。

2. 公关策划的系统

公关策划是公关人员通过对社会公众进行系统分析，利用所掌握的知识和手段对公共关系的整体活动及其采用的战略、策略进行的运筹规划。它不是具体的公关业务活动，而是公关决策的形成过程。它由策划者、策划依据（信息和知识）、策划方法（手段）、策划对象（公众）、策划效果测定和评估五个要素组成。

公关策划在企业整个公关活动中居于核心地位。公关的全过程包括公关调查、公关策划、公关计划、公关行动和公关效果测定五个部分，公关策划处于承前启后的中心环节（见图 11－1）。

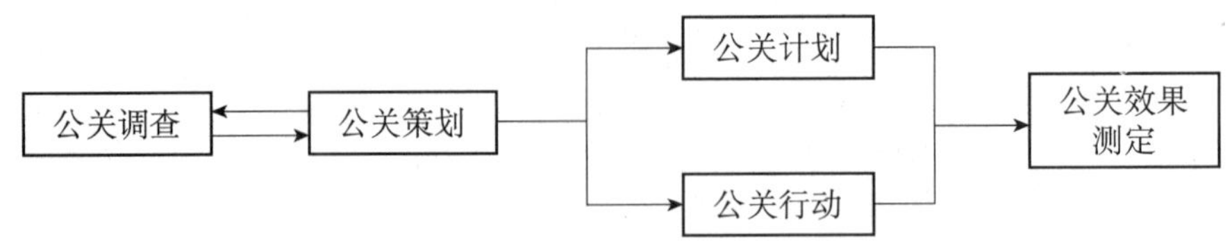

图 11-1　公关策划在公关过程中的地位

公关策划是企业公关活动的原则、对象、方向、战略、策略、媒体选择等重要内容的源头。只有通过公关策划，才能产生公关活动的这一系列要素（见图 11-2）。

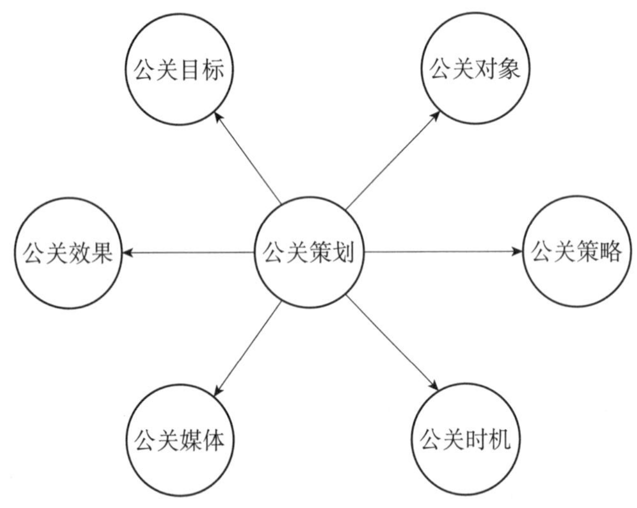

图 11-2　公关策划在公关活动系统中的源头地位

（二）公关策划的原则

（1）求实原则。这一原则要求公关策划必须建立在对事实准确把握的基础上，掌握真实的信息，然后再做决策。公关策划首先考虑的不是技巧，而是对事实的准确把握，要通过种种办法收集关于公众情况的资料，收集关于组织与环境互补情况的资料，收集双方可能存在的不平衡、不协调的种种事实。只有掌握了足够的事实，才能策划公共关系的行动计划。

（2）创新原则。这一原则要求公关策划要打破思维定式的束缚，刻意求新，别出心裁，使公关活动进行得生动活泼，给公众留下难忘、深刻、美好的印象。创新策划常采用头脑风暴法。

（3）弹性原则。这一原则要求所策划的公关活动留有余地，便于机动调节，做到“取法乎上，得乎其中；取法乎中，得乎其下”。

（4）伦理道德原则。这一原则要求公关活动策划时要遵循道德规范和行为准则。不能弄虚作假，不能损害公众利益，不能参与隐匿活动，不能同时为两家竞争对手服务，更不能用社会上拉拉扯扯、吃吃喝喝的庸俗关系取代企业正常的公共关系。

（5）效益原则。这一原则要求公关策划讲究企业及社会的经济效益与社会效益。通过公关策划为企业寻找捕捉信息的时机，帮助企业改善市场环境，通过与竞争对手的比较，促进企业的改善和发展，同时尽可能为社会多做贡献。

二、公关策划的一般步骤

公关策划一般包括六个步骤（见图 11 - 3）。

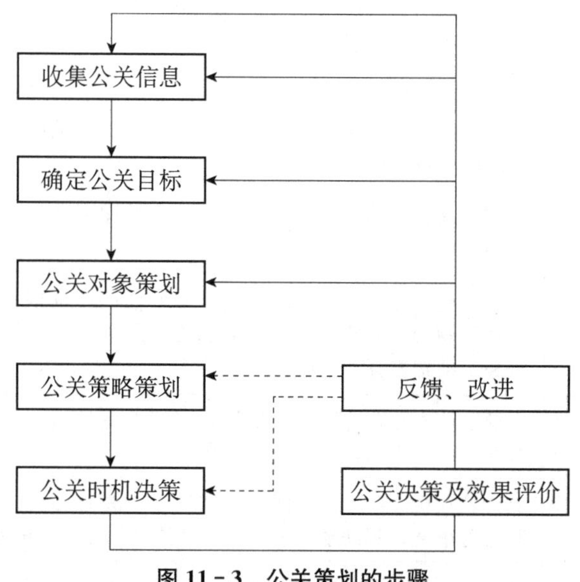

图 11 - 3　公关策划的步骤

（一）收集公关信息

公关策划主要收集政府决策信息、新闻媒介信息、立法信息、产品形象信息、竞争对手信息、消费者信息、市场信息、企业组织形象信息、流通渠道信息等，然后对收集的信息进行处理、存储。

（二）确定公关目标

公关目标包括长期日标、近期日标；一般日标、特殊目标。公关目标是一个复合日标系统，其内容包括：

（1）提高企业的知名度、信任度和美誉度；

（2）使企业与公众保持沟通，并完善其渠道；

（3）依据社会环境的变化趋势，调整企业行为；

（4）妥善处理公关活动中的纠纷，化险为夷；

（5）帮助企业提高产品及服务的市场占有率。

可见，公关目标的确定是在大量的调查研究和运用各种科学方法的基础上，来确定公关所要达到的目标的过程。既要使公关目标与企业的整体目标一致，又要兼顾公关主体和公关对象双方利益，还要对公关目标的轻重缓急排序，并使目标尽量具体化。

（三）公关对象策划

企业有不同的特定公众。公共关系活动是针对不同的公众以不同的方式开展的。公关对象策划首先要鉴别不同对象的权利要求，然后进行分析，找出共性和个性，分别采取一般和特殊对策（见表 11 - 1）。

表 11-1 公众权利要求内容

企业的公众对象	公众对象的期望与要求
员　工	就业安全和适当的工作条件；合理的工资和福利；培训和升迁的机会；了解企业的内情；社会地位、人格尊严和心理满足；不受上级专横对待；有效的领导；和谐的人际关系
股　东	参加利润分配；参与股份表决和董事会选举；了解企业经营动态；优先试用新产品；有权转让股票；有权检查企业账目和资产清理；有合同所确定的各种附加权利
协作者	遵守合同；平等互利；提供技术、住处和援助；为协作提供各种优惠和方便；共同承担风险
消费者	产品质量保证及适当的保修期；公平合理的价格；优良的服务态度；对各种问题和投诉的处理；完善的售后服务；必要的产品技术资料及各项服务、消费教育和指导
竞争者	由社会或本行业确定竞争准则；平等的竞争机会和条件；竞争中的相互协作；竞争中的现代企业家风度
社　区	提供就业机会，保护社区环境和秩序；关心和支持当地政府；支持文化和慈善事业，赞助地方公益活动；扶助地方企业的发展
政　府	缴纳各项税收；遵守各项法令、政策；承担法律义务；公平竞争，保证安全
媒　体	公平提供信息来源；尊重新闻界的职业尊严；提供社交活动的机会；保证记者采访的独家新闻不被泄露

（四）公关策略策划

公关策略是为实现企业的公关目标所采取的对策和各种方法的总称。常用的公关策略有：社会性公关、维系性公关、矫正性公关、新闻性公关。公关策略策划就是围绕企业因时因地使用的公关策略进行创意性的谋划。

1. 社会性公关策划

社会性公关策划是对以营利为目的的社会公益性公关活动的谋划，如为公众服务，开展普及性的教育，开拓社会福利，以及其他文娱、体育、环保等活动。

2. 维系性公关策划

维系性公关策划是一种维系企业良好形象的渐进式的策划。当外界环境不利时，企业为了维护自身的形象和稳定企业发展的态势，需要对外界进行不知不觉、潜移默化的公关活动，以稳定各方面的关系，使企业外部环境不致恶化，从而维系企业的生存与发展。

3. 矫正性公关策划

矫正性公关策划是企业蒙受损失时采取的拯救性策划。矫正性公关一是矫正有关部门对企业的误解；二是矫正企业偶然失误或受挫给社会各方面造成的不良印象。对于社会的误解要有针对性地澄清事实、说明真相、沟通思想，以消除不良影响；对于自身的失误或受挫要冷静分析问题，树立重振雄风的坚定信念，勇于承认失误并以强有力的措施纠正失误，从挫折中奋起。

4. 新闻性公关策划

新闻性公关策划是指调动新闻舆论界为宣传本企业的良好形象而不遗余力。新闻宣传比起商业广告其社会震撼力更大、效果更好，而且无须花巨额广告费用。做好新闻性公关策划对于提高企业知名度具有事半功倍的效果。

（五）公关时机策划

“机不可失，时不再来”，公关时机的选择很重要。公关的最佳时机是在潜在公众向知晓公众转化之前。公共关系学中把公众分为非公众、潜在公众、知晓公众和行动公众四个级次。之所以说从潜在公众转向知晓公众这段时期是最佳时期，是由于一方面企业有时间进行公关策划和开展公关活动；另一方面，此时企业公关人士如果主动提供必要的真实情况，可以避免公众产生偏见和误解，甚至采取不利于企业的偏激行为。

企业常利用的公关时机有：

（1）创办企业或开业。

（2）推出新产品和新的服务项目；

（3）发展很快但声誉尚未建立；

（4）更名或与其他企业合并；

（5）出现局部失误或遭到某方面误解；

（6）遇到突发性危机事件。

（六）公关决策及效果评价

公关决策是对公关活动方案进行优化、论证与决断。公关优化主要从增强方案的目的性、可行性、降低耗费上下功夫。方案论证包括对目标的分析、对限制性因素的分析、对潜在问题的分析以及对预期效果的评价。

公关策划效果评价方法包括定量分析和定性分析。定量分析主要分析公众对企业的兴趣度、企业活动的参与者规模、公关活动中接触的各阶层人员数量及其对企业公关活动的认同比例。定性分析主要分析企业公关活动产生的社会影响、各阶层的反应、活动的意义、给企业产品营销带来的影响等。

公共关系效果评价分四个阶段，即重温公关目标；收集公关活动资料；分析资料，评估成果；向主管和全体公关人员作总结报告。

公关行为的策划是从企业公关行为的指导思想到公关方式方法的系列行为策划，最后对公关效果的评价是一个总结的过程，通过评价可以充分认识公关策划在公关活动中的成效，并为进一步策划其他公关活动积累经验。

第 2 节　企业公关专题活动策划

一、公关专题活动策划的内容

公关专题活动是服务于组织整体公关目标的各项专题活动的总称。公关专题活动策划是对公关专题活动的5W进行策划。5W即何事（what）、何时（when）、何地（where）、何人（who）以及为什么（why）五个方面。

（一）何事

何事即公关专题策划的内容，大致有以下活动：

（1）典礼仪式。如奠基典礼、落成典礼、开幕典礼、就职仪式等。

（2）周年庆。如周年纪念日、十周年纪念日等。

（3）展销会。通过实物（新产品）的展示和示范表演来配合宣传企业的形象和产品。

（4）专题喜庆活动。如消费者联欢会、军民共建联欢会、招待会、舞会、大型文艺演出等。

（5）专题竞赛活动。如各种以企业名义冠名的体育比赛、演唱会、征文比赛、智力比赛等。

（6）学术研讨会。赞助和承办全国性、地区性的专题学术研讨会，通过理论界的传播扩大社会影响。

（7）社会公益活动。如赞助办学或社会募捐活动等。

（二）何时

何时即公关专题策划的时间。公关专题策划应善于分析，“准时”“准点”地掌握好专题活动开展的时机。最好的时机是：

（1）重大事件发生的时间，如企业重大事件发生的时间、企业推出新产品的时间等。

（2）节日和纪念日，如国家规定的节日及企业的纪念日。

（3）企业运行过程中所蕴涵的时机，如产品升级换代时期、企业发展受挫或危机转换时期。

（三）何地

何地即公关专题活动举办的地点。一般选择事件发生地，目标公众所在地，交通便利、人口流动较多的地点，以地利为佳。

（四）何人

何人即参加公关专题活动的人员及其规模。以扩大影响为最终目的，以经济有成效为原则，根据专题活动的具体需要确定人员及其规模。

（五）为什么

为什么即创造良好的氛围。为专题活动的开展进行必要的预报、铺垫、宣传、广告，使活动能形成良好的氛围。

二、公关专题活动策划的要求

（一）公关专题活动策划的要求

公关专题活动策划的要求如下：

（1）诚信可靠。公关专题活动策划要保证举办者的动机单纯、可靠，不带商业欺诈成分，不设圈套，不隐瞒事实真相，不引人误入歧途。

（2）富有吸引力。公关专题活动策划应富有文化内涵，抓住大众心理，同时具有启发性和趣味性，能引人注意，产生共鸣。

（3）新颖别致。公关专题活动策划切忌步人后尘，一味模仿，要独辟蹊径，花样翻新，以形式上的多样和手法上的奇特显示其特色。

（4）影响力大。所策划的专题活动要产生一定影响，影响越大，表明活动办得越成功。

（5）切实可行。不搞花架子，从实际出发，充分体现可行性。在活动经费上要考虑承办单位的承受力和活动的投入产出比。

（二）公关专题活动策划的注意事项

公关专题活动策划的注意事项包括以下几个方面：

（1）明确策划专题活动的目的，制定周详的计划；

（2）要对计划进行可行性研究；

（3）要设计令人耳目一新的标题和宣传口号；

（4）组织精明能干的队伍；

（5）编制预算，控制经费；

（6）注意时间的安排；

（7）制定传播计划；

（8）加强活动前的宣传等。

第 3 节　企业公关新闻和谈判策划

一、企业公关新闻策划

企业公关新闻是指对有利于企业建立、维持、发展和完善的新近发生事实的报道。其职能主要是：

- 帮助企业加强与社会公众之间的沟通；
- 纠正企业在社会公众心目中不利、片面或失真的形象；
- 扩大企业的影响，维护和完善企业的整体形象。

企业公关新闻策划是在企业公关总目标的原则下，以事实为依据，对最新信息的选择、加工、编辑、传播、反馈等一系列活动以及与新闻媒体的关系的决策和谋划。广义而言，包括新闻选择、制作、传播的全过程，以及企业与新闻媒体的关系的策划；狭义则指策划具有新闻价值的活动或事件，即制造新闻。

企业公关新闻策划包括：

- 企业公关新闻媒体策划；
- 企业公关新闻稿件策划；
- 企业与新闻媒体之间关系策划（包括新闻报告策划）；

● 新闻活动（或事件）策划等。

下面主要介绍前两种策划。

（一）企业公关新闻媒体策划

新闻媒体包括印刷类传播媒体（如报纸、杂志）和电子视听类传播媒体（如广播、电视）。公关新闻媒体策划就是选择合适媒体的谋划。对新闻媒体的策划就是在充分认识各类媒体优缺点的基础上，对企业所需要的媒体进行选择，选择时一般依据企业公关目标、新闻传播内容以及社会效益和经济效益等原则，使新闻媒体选得切实、经济、可行，并收到预期的效果。

（二）企业公关新闻稿件策划

企业公关新闻稿件策划是从企业的大量信息中挖掘、筛选、加工、编辑的过程，包括印刷类（报纸、杂志）公关新闻稿件策划和音像图表类公关新闻稿件策划。策划内容包括：

1. 新闻题材策划

新闻题材策划要选取最有代表性、最有新闻价值的题材。在选材上不应拘泥于一点而要多角度、全方位地着眼于企业发生的新事物、新情况、新成就、新气象。比如：

（1）企业发展史中的阶段性纪念事件；

（2）企业新技术的实施、新产品的开发、新成果的获得；

（3）企业获奖的新情况；

（4）企业的联合、合资、重大突破；

（5）企业人事变动，英雄模范人物的新业绩；

（6）企业参与有意义的社会活动及其贡献。

2. 新闻结构（布局）策划

新闻结构（布局）策划即对新闻材料的组合、对安排的总体设计。常见的新闻结构有三种：

（1）本末倒置型结构，即先写事件的高潮及结果，然后回溯事件发生的原因和布局，起到先声夺人、引人注意的作用。

（2）并列双峰型结构，即所报道的几项内容处于相同重要的位置，报道时两条线并行，然后在适当地方交代其相互关联性。

（3）顺流直下型结构，即完全按事件发生的先后顺序，从源头写起，顺流直下，最后交代结尾。

3. 新闻结构中重要成分写作策划

新闻结构中重要成分写作策划即对新闻标题、导语、背景、主体、结尾五个部分的策划。

（1）新闻标题策划。基本要求是准确、创新、鲜明、简练、生动，要有画龙点睛的作用。

（2）新闻导语策划。包括叙述式（概括式、结果式、对比式），描写式（人物描写、事物描写、现场描写）和议论式（结论式、评论式、提问式、引语式）三种。新闻导语写作要求简练、醒目、明快、生动，突出最主要、最具新闻价值的事实，或提出问题，制造悬念，以吸引读者。

（3）新闻背景策划。要写得全面周详，又言简意赅；既简明准确，又引人入胜。其目的是为读者打下思想基础，扫清障碍，提请读者关注，产生欲罢不能的效果。

（4）新闻主体策划。对导语中披露的要素做进一步的叙述，是对主题进行发挥的关键部分。一般采取时间顺序、逻辑顺序、时间顺序和逻辑顺序相结合三种写法。主体策划要围绕新闻的主题进行，圆满地说明和回答导语中提出的问题，与内容和背景材料相呼应，所有的材料要真实、具体、充实并富有典型意义。

（5）新闻结尾策划。结尾可采取小结式、启发式、号召式、展望式、分析式等，无论采取何种方式，都要力求简明扼要、富有内涵、引人思索。

（三）企业公关新闻报告策划

企业策划公共新闻就是要最大限度地利用新闻媒体进行报道，扩大企业影响，提高企业的知名度、信任度和美誉度，树立企业的良好形象。新闻报告策划是将企业具有价值的新闻准确、及时和最大限度地传达给新闻界，引导新闻界加以报道。常用的方法是举行记者招待会、新闻发布会和接受新闻采访。

1. 记者招待会策划

企业召开记者招待会一般要发布有新闻价值的重大事件，如澄清某重大事件的真相，郑重宣布企业的某项发明等。企业开好记者招待会一般要做好以下几方面的工作：

（1）确定主题；

（2）确定应邀记者名单；

（3）选择适当时机；

（4）做好请柬发放工作；

（5）确定主持人；

（6）准备充分的发言提纲和报道内容；

（7）遴选会议的工作人员；

（8）布置会场；

（9）准备好通信设施；

（10）安排好会议程序。

2. 新闻发布会策划

新闻发布会是对企业重大决策和重大发明的公布，其策划要掌握好分寸，既要引起轰动，又要注意保密。开好新闻发布会还要注意以下几个方面：

（1）邀请函要送达同议题有关的人士；

（2）选择好场地，配备好通信设施；

（3）时间安排不要与重大节日冲突；

（4）设置登记处，并有引导员服务；

（5）备好新闻文件包，逐一发给来宾；

（6）会议时间不要过长，控制在 30～60 分钟为宜；

（7）会议前后约请有关记者进一步采访；

（8）对来宾一视同仁，不能有亲疏、贵贱之分；

（9）要有正式的结尾，不能草率收场。

3. 接受新闻采访策划

企业与新闻界的联系，可以是新闻界主动的，也可以是企业邀请的；可以有特定目的，也可以无特定目的；可以是定期的，也可以是不定期的。企业接受新闻采访策划一般要做好以下工作：

（1）明确目的，按邀请目的决定邀请对象、规模和接待方式。

（2）确定邀请对象及规模，视目的不同做适当安排。

（3）安排接送，要守时，细节考虑周到，态度热情，服务到位。

（4）制定详细计划，对有关活动的细节进行安排。

（5）配套服务，如提供工作场所、完备的资料、交通、通信设备等。

（四）新闻事件策划

制造新闻事件必须遵循的原则是真实性和不损害公众利益。一般选择一定时期内的热点话题，抓住“新、奇、特”去创意。

二、企业公关谈判策划

企业公关谈判策划是谈判双方为了各自特定的利益目标，遵循互利原则，通过对话沟通方式达成协议的过程。公关谈判是现代社会市场经济条件下的特定的商务活动。企业公关谈判策划主要围绕以下主题展开。

（一）谈判双方情报的调研、分析

企业公关谈判调研活动的内容主要包括甲方情况、乙方情况、背景情况。

（1）甲方情况的调研。包括甲方的谈判目标、优劣势、与对方的实力对比、谈判中可能让步的最高限度和最低限度等。

（2）乙方情况的调研。着眼于以下问题：

1）生产能力、生产布局及近期发展计划；

2）对资金的需要程度，营销力量及在市场上的定位，是否还与其他竞争者谈判；

3）优势与劣势，在谈判中可能亮出的“王牌”和运用的实力；

4）人员素质，包括人员结构、知识与经验结构、人际关系、性格及情感特性；

5）主管部门及其主要拍板人物。

（3）背景情况调研。主要着眼于同行业的生产能力、原材料供应、运输条件、价格、贷款利率、交货时间、有关法规等。

政治、法律、文化、宗教、历史、道德、风俗、语言等，也是在某些谈判中要关注的情况。

（二）谈判班子策划

谈判班子一般由3～5人组成，包括行政负责人、业务专家、法律专家。对谈判班子的人员要加以遴选，谈判人员必须具备以下素质：

（1）在公众中有良好的形象和较大的影响力；

（2）有较强的应变力、判断力，睿智、敏捷；

（3）有丰富的谈判经验，熟悉业务情况；

（4）素养好，具备渊博而又专业的知识；

（5）熟悉有关法律知识。

（三）精心设计谈判计划

谈判计划设计周密与否是决定谈判成功与否的重要条件。企业实力和谈判人员素质这两个决定谈判成功与否的条件要靠谈判计划的设计和实施来体现。设计谈判计划要求认真、周到地安排如下内容：

（1）实事求是并有分寸地确定谈判目标。为了留有余地，一般要确定下限目标、上限目标和区间目标。

（2）设定谈判策略和应变措施。主要是争取主动权，确定什么时候应速战速决，什么时候采取拖延方法等。此外，谈判时机、谈判地点、是否进行场外非正式接触等也属于谈判策略的内容。应变措施主要是估计突发情况下要采取的措施。

（3）选择有利的谈判地点。谈判地点依据天时、地利、人和的原则确定，这是出于对谈判人员心理因素的考虑。对谈判地点作出有利选择，可带来心理优势，形成一种无形的力量。

（4）谈判相关活动策划。包括谈判涉及的有关商品实物、图表资料、证明材料等的准备，对新闻媒体报道活动的引导和解释等。

（四）模拟谈判设计

模拟谈判设计是对谈判计划的假设活动的设计，其目的是检验谈判计划是否周密，谈判人员是否能适应。模拟谈判要假戏真做，以便暴露甲方谈判计划中的薄弱环节和疏漏，锻炼和提高谈判人员的技巧和心理素质，使谈判人员能娴熟自如、信心百倍地投入正式谈判。

（五）正式谈判环节策划

谈判由开局、概谈、报价、交锋、妥协、签约六个环节组成。对正式谈判环节的策划就是对这六个环节的具体细节进行事先谋划。

（1）开局。简洁明快而有分寸、有礼貌地进行介绍，并用真诚的话语营造和谐的气氛。

（2）概谈。让对方了解自己的既定目标和总体想法。这种简明扼要、用语干脆的概谈具有较好的探测作用，概谈中不乏向对方提出引导性的意见。

（3）报价。这是核心。视谈判进展情况可进行：1）直接报价，连带解释有关条件和要求；2）迂回报价，通过对相关或同行产品的价格比较，报出谈判商品的价格。

（4）交锋。这是高潮。谈判双方围绕各自谈判目标和报价等核心问题进行讨价还价，或有条件地协商、调整。

（5）妥协。双方进行有条件的让步，主动满足对方的条件并争取对方的优惠。

（6）签约。签署有关合同。

（六）评估和总结策划

评估和总结活动主要包括：

（1）成功率及目标实现程度分析。

（2）情报准确性及使用情况分析。

（3）谈判策略分析：策略是否恰当。

（4）谈判队伍分析：整体配合情况和个人素质。

◎小　结

公共关系策划是企业营销策划中开展促销活动的重要方面。公关策划主要围绕公关目标、公关对象、公关时机、公关效果等问题展开。

公关策划要遵循求实原则、创新原则、弹性原则、伦理道德原则、效益原则等。公关策划过程包括收集公共信息、确定公关目标、公关对象策划、公关策略策划、公关时机策划和公关决策及效果评价六个步骤。

公关专题活动策划要解决好5W问题并符合相应的要求。

公关新闻策划要最大限度地利用新闻媒体进行报道，扩大企业影响。企业进行公关谈判要物色好谈判人员，做好充分准备，精心制定谈判计划，以取得谈判的预期效果。

◎习　题

1. 公关策划要遵循哪些原则？
2. 公关策划一般包括哪些步骤？
3. 公关专题活动策划大致有哪些内容？
4. 公关专题活动策划要满足哪些要求？
5. 企业公关新闻策划的职能及内容各是什么？
6. 企业公关新闻策划主要围绕哪些问题展开？

◎案　例

芝华士头等舱沙发升舱日公关策划

2016年8月巴西里约奥运会开幕式的中国观众达3.28亿人；关注网民数6 793万；微博总访问量7.1亿次。可借此机会策划奥运互动，关联上亿国内观众。

芝华士头等舱沙发升舱日借助2016年奥运会实施公关策划，具体策划内容如下。

一、“以奥运标准，为爱升舱”头等舱沙发五大标准发布会

召开“以奥运标准，为爱升舱”头等舱沙发五大标准发布会。

（一）发布会的内容

（1）升舱日活动理念；

（2）头等舱沙发五大功能；

（3）头等舱沙发品质标准；

（4）升舱日优惠活动预告。

（二）开发布会的目的

（1）借助发布会，吸引行业媒体，引发行业关注；

（2）以奥运标准为噱头，借发布会进一步炒作头等舱沙发的品质；

（3）预告升舱日活动，进行活动预热。

二、公关策划活动

（一）“沙发奥运会”微信游戏互动

（1）为更好地借势奥运会，在奥运会期间以国人关注的游泳、短跑、乒乓球等几项运动设置一个小型 H5 在线奥运会小游戏，并将竞争对手设置为奥运会冠军的卡通形象，邀约广大受众进行游戏体验。

（2）在在线奥运会小游戏中设置积分规则，参与者可凭借积分兑换小礼品或者购物优惠券。

（3）以在线奥运会小游戏诠释“沙发奥运会”的趣味性，圆参与者一个在线上与冠军竞技的奥运梦。

（二）“为爱加油”——中国金牌感恩计划

（1）与奥运会进行更实时、更深入的互动，在奥运会期间另外加场举行为中国加油的感恩促销活动。

（2）奥运会期间，凡是前一天中国队获得一枚金牌，门店就拿出 500 元的优惠券给每个参与活动的家庭来购买沙发；获得银牌和铜牌则分别给予 300 元和 200 元的优惠券，优惠根据前一天战况及时更新，将奥运会营销执行得更加深入。

（三）线上跨界众筹——京东、淘宝众筹、1 元夺宝 App

1. 京东、淘宝众筹

众筹 1：发起 10 元众筹夺沙发活动。筹齐 1 000 人即算众筹成功，可抽取一名参与者赠送沙发一套。其余参与者获得芝华士 200 元购物券。

众筹 2：发起 5 折、6 折、7 折限量抢购沙发活动。每一梯级折扣设置 50 个名额。让参与者按顺序抢购，如 5 折抢完后，就只剩下 6 折可抢；6 折抢完后，就只剩 7 折。

2. 1 元夺宝

发起 1 元众筹夺沙发活动。筹齐 1 000 人即算众筹成功，可抽取一名参与者赠送沙发一套。

（四）公益活动：旧沙发回收、以旧换新——绿色通道服务

通常每隔 7～10 年，不少家庭会翻新装修并更换家具，如何处理淘汰下来的沙发等旧家具成为人们不得不面对的难题。为更好地方便客户更换沙发，活动期间可提供旧沙发回收绿色通道服务，将旧沙发估价、旧沙发售卖、旧沙发上门回收等服务整合打包，推出绿色 VIP（贵宾）服务。

芝华士可组织力量将沙发之类的旧家具翻新再使用，一来可以减少处置家具的烦恼，二来节约资源，是一种比较环保的方式，也是一项造福社会的公益活动。企业可以建议政府部门出台一些支持开展家具以旧换新活动的政策，或给一些旧货行租金、场地等优惠，拓宽旧家具处置渠道。企业可以在各大社区建立“幸福传递站”，沙发等旧家具可以放在传递站里，通过交换闲置物品、爱心义卖等形式，让闲置物品找到最合适的归宿。

芝华士可根据沙发的新旧、成色、材质、功能等确定一个回收价格。为避免加大经营成本，芝华士可以制定以旧换新的沙发购买政策，既可以推广新沙发，又可以减轻居民处置旧沙发的负担，还可以为国家的环保事业做贡献，一举三得。

讨论题：

1. 试分析芝华士头等舱沙发升舱日成功借势里约奥运会的公关策划过程。
2. 说明芝华士头等舱沙发升舱日成功策划的条件。

第 12 章

营销国际化策划

营销国际化的过程是企业在国际市场上成功进行营销的过程。国际市场由于组成国家的复杂性和有些国家的经济动荡，往往在不同时期呈现不同的态势。

第 1 节　营销国际化背景与国际市场分析

一、经济全球化的发展趋势

国际市场是世界各国商品交易的场所和交换关系的集合，它是本国国内市场以外的一切市场，包括两国之间、多国之间以及全世界所有国家之间通过交换关系构成的市场。国际市场既通过固定的市场组织形式体现，也包括没有固定的市场组织形式而只是偶尔发生交换关系的交易行为。

市场行为和市场组织都是以经济发展状况和经济联系形式为基础的。某一时期的国际市场状况是与那一时期的各国经济发展状况和彼此的经济联系相关的。具体表现如下：

(1) 各个国家越来越多地相互渗透、相互依存。其主要标志是：

1) 国际贸易迅猛发展。世界商品贸易量多年来超过世界生产增长量。

2) 国家之间的区域化、集团化不断发展。

3) 跨国投资急剧增长。

(2) 跨国公司迅速发展并左右着世界经济的发展。跨国公司的发展极为迅速，联合国跨国公司中心的统计数据显示，全球跨国公司的发展状况如表 12-1 所示。

表 12-1　全球跨国公司发展简表　　单位：家

年份	跨国公司	分支机构
1986	12 000	110 000
1995	39 000	270 000
2004	70 000	690 000
2006	78 000	860 000
2008	82 000	940 000

2008 年以来，全世界跨国公司的数量平均每年以 29%的速度递增，到 2016 年，跨国公司的生产总值已占全世界生产总值的 1/3，并且控制了全世界 2/3 的国家贸易和技

术转让业务。瑞典是世界上拥有跨国公司最多的国家，其人均占有比例超过众多实力强劲的发达国家。

（3）金融市场全球化。随着各国货币先后实现自由兑换，金融的流动速度加快，金融交易量大大高于世界贸易总量。

（4）信息全球化。互联网时代，全球信息的传递与接收既不受空间的限制，也不受时间的限制，一年 365 天、每天 24 小时都有信息的沟通。

经济全球化对发展中国家来说既有正面效应，也有负面效应。从积极方面来看，经济全球化打破了超级大国的集权控制，为发展中国家进入国际市场提供了机遇；从消极影响看，经济全球化使发达国家在国际市场竞争中占有优势地位，发展中国家只能寻找利基市场。

二、知识经济对全球经济发展的影响

21 世纪，我们进入知识经济时代。知识经济是建立在知识和信息的生产、分配和使用基础上的经济。信息是知识经济的燃料和动力。创新是知识经济的灵魂。当今世界上所有的经济都属于知识经济，很难区分什么是知识领域，什么是经济领域，两者不可分开。经济离不开知识，没有知识的经济是不存在的。

知识经济时代，软性化管理即人性化管理逐步上升到主导地位。从管理手段看，工业经济时代借助于制度、规则、经济奖惩等法规、经济和行政手段；知识经济时代则要加强思想、作风、理念、价值取向等教育、培训、引导等手段。为此，知识经济时代对管理者的素质有新要求，即管理者有创造性思维，有创新技巧，有风险意识和崭新的人格（包括健全的心智和稳定的心理素质等）。

知识经济与经济全球化几乎是相伴而生的。知识经济形成之时也是经济全球化实现之日，知识经济的迅速发展必将推动经济全球化加快实现；反过来，经济全球化的实现必然激发知识经济迅猛发展。从事国际市场营销研究，一方面要关注经济全球化的发展趋势，关注国际市场的风云变幻；另一方面要关注经济发展的质变，即由工业经济向知识经济的巨变。

三、多极化的国际市场格局

国际市场多极化是这样一个经济现象，在世界生产力发展的客观推动和各国谋求经济跨越式发展的主观努力的综合作用下，特定区域内的主权国家通过经济合作的承诺，或者组成更严密的经济合作组织，实现区域内商品流通、生产分工、生产要素流动的最优化，直至形成各自区域经济体制的统一，从而使国际市场上出现若干具有不同特点的区域市场。20 世纪后期，世界经济在趋向全球化的同时，逐步形成了各种形式和规模的区域经济集团。国际市场的多极化集中反映了各区域集团外向的竞争性和内向的保护性。一方面，在各区域集团的成员国内部要谋求经济合作，包括经济互补性合作、实行关税减免互惠、取消贸易壁垒、组成共同市场、推动区域经济一体化等；另一方面，各区域集团往往针对其他区域集团采取比一个国家范围更大的竞争性措施，以期保护区域集团内部成员的利益，削弱竞争对手集团成员的力量。

国际市场多极化是世界经济全球化进程中的必然现象，它对经济全球化的发展具有积极的影响：

（1）国际市场多极化有利于形成区域规模经济，从而形成区域集团的竞争力，提高区域集团的经济实力。

（2）国际市场多极化有利于在区域内打破或取消贸易壁垒，促使生产要素配置合理，区域内经济运行效率提高和社会福利增加。

（3）国际市场多极化有利于打破个别超级大国对全球经济发展的控制、干涉和垄断，使各地区国家的民族工业得以发展并逐步融入国际化潮流，这对推动整个世界经济的发展和经济全球化进程具有重大意义。

国际市场多极化的负面效应也是相伴而生的。它促使国际竞争加剧，使各国国民经济竞争为区域经济竞争所取代，国际贸易中贸易自由与区域壁垒之间的矛盾更为突出。

国际市场的区域集团有各自的形成过程和市场特色，撇开各自的情况不论，各区域集团一般都要经历由低级层次向高级层次发展的过程。一般而言，最低层次为自由贸易区，区域内相互取消贸易壁垒；中级层次为关税同盟，区域内统一关税政策；高级层次为组建共同市场，统一货币，促进生产要素的自由流动。显然，自 1999 年 1 月 1 日欧元面世之日起，欧共体已率先进入高级层次。欧元启动除了强化欧洲国家紧密共生的政治利益，还给欧元区国家带来巨大的经济利益。

第 2 节　我国企业进入国际市场的条件

国际市场是强者生存、适者生存的市场。为了适应国际市场竞争的需要，各国企业纷纷实行资产重组，兼并浪潮一浪高过一浪，跨国集团迅猛增加。2016 年《财富》世界 500 强前十名公司排名见表 12－2。中国十大企业在世界 500 强中的排名见表 12－3。

表 12－2　　2016 年《财富》世界 500 强前十名公司排名　　单位：百万美元

2016 年排名	2015 年排名	公司名称	营业收入	利润	国家
1	1	沃尔玛	482 130	14 694	美国
2	7	国家电网	329 601.3	10 201.4	中国
3	4	中国石油天然气集团	299 270.6	7 090.6	中国
4	2	中国石油化工集团	294 344.4	3 594.8	中国
5	3	荷兰皇家壳牌石油	272 156	1 939	荷兰
6	5	埃克森美孚	246 204	16 150	美国
7	8	大众	236 599.8	−1 519.7	德国
8	9	丰田汽车	236 591.6	19 264.2	日本
9	15	苹果	233 715	53 394	美国
10	6	英国石油	225 982	−6 482	英国

资料来源：根据 2016 年《财富》全球 500 强榜单整理。

表 12－3　中国十大企业在 2016 年度世界 500 强中的排名　单位：百万美元

2016年排名	2015年排名	公司名称	营业收入	利润
2	7	国家电网	329 601.3	10 201.4
3	4	中国石油天然气集团	299 270.6	7 090.6
4	2	中国石油化工集团	294 344.4	3 594.8
15	18	中国工商银行	167 227.2	44 098.2
22	29	中国建设银行	147 910.2	36 303.3
25	31	鸿海精密工业股份有限公司	141 213.1	4 627.1
27	37	中国建筑工程总公司	140 158.8	2 251.3
29	36	中国农业银行	133 419.2	28 734.9
35	45	中国银行	122 336.6	27 185.5
41	96	中国平安保险（集团）股份有限公司	110 307.9	8 625

资料来源：根据 2016 年《财富》全球 500 强榜单整理。

根据《财富》公布的 2016 年世界 500 强排行榜，沃尔玛连续三年排名第一，2015 年营业收入达 4 821 亿美元，同比微降 0.7%。前 5 名中有 3 家中国公司。国家电网跃升至第 2 名，尽管其营业收入下跌了 2.9%。中石油和中石化紧随其后，分列第 3 名和第 4 名。苹果首次进入前 10 名，排名第 9，2015 年营业收入大涨 27.9%，是前 10 名中唯一实现营收正增长的企业。

《财富》世界 500 强排行榜一直是衡量全球大型公司的最著名、最权威的榜单，被誉为"终极榜单"，由《财富》杂志每年发布一次。2016 年，上榜 500 家公司的总营业收入为 27.6 万亿美元，净利润之和为 1.48 万亿美元，同比分别下降 11.5%和 11.3%。入围门槛为 209.2 亿美元，比 2015 年的 237.2 亿美元下降 11.8%。2015 年榜单最后一名的营业收入在 2016 年可以排到第 449 位。

2016 年上榜的中国企业共 110 家。国家电网、中石油、中石化分列第 2，3，4 名。新上榜和重新上榜的企业共 13 家，其中万科、大连万达、恒大等知名房地产公司，电子商务公司京东，家电巨头美的集团都是首次上榜。这一数量创下历史新高，仅次于美国。

尽管 2016 年上榜中国企业在一些主要数据上达到甚至超过世界 500 强公司的平均水平，但是与先进企业特别是美国企业相比，上榜中国企业还存在差距。与上榜的美国企业相比，中国企业的盈利能力还不强。上榜美国公司平均营业收入 632 亿美元，平均利润 51 亿美元，远远高于上榜中国企业。

上榜中国企业中有 10 家银行。这 10 家银行的利润达到 1 816 亿美元，占中国大陆上榜 103 家企业总利润的 55%。如果把这 10 家银行的利润排除在外，那么，其他 93 家上榜企业的总利润仅为 1 475 亿美元，每家非银行企业的平均利润仅有约 16 亿美元。如果再减去上榜的 5 家保险公司的 201 亿美元利润，那么，88 家非金融类企业的平均利润就降到 14.5 亿美元。这个盈利水平低于许多国家的企业的盈利水平。

上榜的中国传统企业盈利能力低下问题非常显著。进入 2016 年榜单的中国企业中有 6 家金属行业企业，包括有色金属和钢铁企业，它们总计亏损 21 亿美元。

上榜中国企业中有 6 家汽车制造企业，即上汽、一汽、东风、北汽、广汽和吉利，2015 年共盈利 114 亿美元。而上榜的通用与福特两家美国汽车企业的利润是 171 亿美元。中国 6 家企业的利润不及美国两家企业的利润，其原因在于现代企业的竞争已经升级为全球价值链的竞争，两家美国企业具有整合与影响全球价值链的能力，而中国这 6 家公司缺乏这个能力。

中国企业进入国际市场的条件是：

（1）法人资格。必须是政企分开、自主经营的经济实体。

（2）物质基础。有固定的营业场所、必要的设施、必备的资金。

（3）人才齐备。拥有各类人才，组织机构健全。

（4）自产商品。产品既符合质量标准也有特色，适于进入国际市场并有可观的目标市场。

（5）承受能力。能承受自负盈亏的风险，有独立出口经营的能力和渠道。

企业进入国际市场的途径有两个：一是通过联合兼并，走外延扩张的道路；二是依靠本企业积累滚动发展，走内涵增长之路。不论是哪条途径，最终都要形成能与国际跨国公司抗衡的大集团。这样的大型企业必须是以资本为纽带，通过市场形成的，它应具有生产、营销、技术开发、财务控制、融资和资本经营等综合功能，以充分发挥大集团的集合优势。在组建过程中，既不能一味强调外部扩张，欲速则不达，也不能限制企业的外部扩张，干涉企业正常的资本运营。

第 3 节　企业进入国际市场的方式和风险

一、进入国际市场的方式

企业进入国际市场，既可采取国内生产出口产品的方式，也可采取在外国生产就地销售的方式和补偿贸易方式。具体而言有以下几种方式。

（一）间接出口

间接出口是指企业把自己的产品卖给国内做出口的贸易公司，或由它们代理，这类公司负责进入国际市场销售产品。具体可分为三种情况：

（1）企业把产品出售给国内的出口贸易公司。

（2）由外贸公司代理，办理各种出口业务，并收取一定的费用。这类外贸公司称作国内外贸代理商。

（3）企业委托一家国外有销售机构的公司代销，企业给代销公司适当的代理费。

间接出口适合那些非国际企业采用。该类企业对外销市场了解甚少，或能力不足，无法处理外销各项业务，或对某些市场毫无把握，先行试销。间接出口的方式有如下优点：

第一，减少风险。由中间商承担销售风险和信用风险，可尽早获得货款，加速企业资金周转。

第二，伸缩自如。企业可利用中间商对海外目标市场的了解，在不投入大量资金的情况下，测试其产品在海外的销售状况，有利则发展，无市场即转向。

第三，节约费用。企业可专心生产，免除许多流通环节的成本，也不必负担外销人员和机构的费用。

（二）直接出口

直接出口是指企业拥有直接对外出口权及完备的组织机构，独立向国际目标市场开展出口业务。具体可分为以下几种情况：

（1）直接接受外国政府或外国企业的订单；

（2）直接与外商签订生产和销售合同；

（3）参加外国政府或企业对某一工程项目的招投标；

（4）在国外寻找合适的中间商；

（5）在国外建立自己的外销机构。

直接出口是国际企业进行国际市场营销的主要方式。直接出口的国际企业必须具备必要的条件，对国际市场有较高的认知度。我国为了推动国民经济的持续发展和外贸体制的改革，鼓励直接出口。

直接出口可使企业直接了解国际市场并根据国际市场的需求组织生产，企业可统筹营销的全过程并制定相应的战略、策略，这有利于企业的成长和发展。

（三）在国外独资经营或合资经营

独资经营是指企业在国外独立建厂或建立分公司，这是一种以资本为纽带形成的企业进入国际市场的方式。合资经营是指由输出国企业将技术和设备作为投资股份，东道国则以土地、厂房作为投资股份形成的国际企业。收益按持股比例进行分配，其纽带也是资本。

以资本为纽带进入国际市场，是我国企业进入国际市场的进一步体现。无论是独资或合资都可以充分利用该方式进入国际市场，可免除外贸活动中的关税、进口配额等限制，而直接在国外市场销售产品。

（四）国外装配

企业在国内生产一部分或大部分零部件，然后运往本企业在国外建立的工厂去装配，这也是国际企业的一种形式。产品在国外直接装配可以减少运输困难，随时根据市场形势的变化做适当调整，并可充分利用对方的资源，减少外贸活动中的关税等限制。

（五）特许经营

特许经营是指允许外商使用本企业的技术专利、技术秘密、商号商标进行生产，然后从生产的商品中取得一部分利润。这是一种无形资产的经营方式，企业不必进行有形的投入即可获利。相对而言，以这样的方式所获的利润要低一些，而且不是所有企业都能实施特许经营。

（六）补偿贸易

补偿贸易是指买方以贷款形式购买成套设备或无形资产，项目竣工投产后，用该项目的产品或双方商定的其他产品或服务清偿债务。对于进口技术设备的一方来说，这是利用外国资金和技术发展本国经济的一种方式。在补偿贸易中，我国企业有时是以进口方的身份，有时是以出口方的身份参与国际市场的。补偿贸易分为三种情形：

(1) 产品返销。进口技术设备的一方，用进口的技术设备生产出来的产品偿还购进设备的货款。

(2) 互购。技术设备的出口方，在一定时期内从对方那里购进一定数量的产品，这些产品不是由上述设备直接生产出来的，而是由其他出口产品来支付的。

(3) 部分补偿贸易。对引进的技术设备，部分用产品偿还，部分用货币偿还。偿还的产品可以是直接产品，也可以是间接产品；偿还的货币可以是现汇，也可以用货款后期偿还。

中国企业的生存状态和资源状况多种多样，各类不同的企业应该依据自身的条件选择进入国际市场的方式。

二、进入国际市场的障碍和风险

(一) 进入国际市场的障碍

我国企业进入国际市场必须冲破层层障碍，包括：

(1) 市场壁垒和贸易限制。为了争取贸易顺差，各国政府都会不同程度地实施贸易保护主义，尤其是发达国家，具有优先发展之便，尽量采用关税和非关税壁垒来鼓励出口，限制进口。除了国界限制、政府限制、习惯和文化限制，许多国家还采取外汇管制措施，使得中国企业进入国际市场障碍重重。

(2) 各国海关制度及贸易法规的障碍。各国都设有森严的海关，对于货物的进出口都有准许、管制和禁止的规定。货物的进口都有严格的报关制度。同时，各国使用的货币和度量衡制度不同，这些都构成了障碍。

(3) 语言文化障碍。世界上各国语言差异大，通常用英语，中国企业必须突破语言障碍。同时，各国的文化背景不同，消费习惯、商业行为也各不相同，进入国际市场必须入乡随俗，突破种族、民族、国别的文化障碍。

(4) 国际惯例障碍。国际惯例是发达国家在长期贸易活动中形成的，虽不是国际条约，不具有法律约束力和强制力，但由于长期约定俗成，充分体现了发达国家的利益，由大多数发达国家所维护。这些国际惯例对于发展中国家和非欧美国家具有歧视性，对中国企业进入国际市场也构成了障碍，往往使发展中国家在技术鉴定、货物交割、品质规格的认定、包装等方面受到非难和歧视。

(5) 世界市场需求相对缩小，需求量调研困难。

(二) 进入国际市场的风险

除了上述障碍外，中国企业进入国际市场还会面临下述风险：

(1) 商业风险。包括交易风险和价格风险。交易风险是指进口商以各种理由拒收货物，使出口商蒙受损失。拒收的理由可能是货样不符、交货期晚、单证不符等。价格风险是在双方签订合同后由于价格出现变动造成的。卖方交货前，价格上涨，卖方受损；

买方收货后，价格下跌，买方受损。

（2）储运风险。商品在储存中发生变化会给企业带来损失。商品运输由于距离远多采用海运，气候变化、偶发性灾害的出现都会带来风险。

（3）金融风险。涉及信用风险、汇兑风险等。买卖双方从接洽到签订购销合同，到货款交割，中间有一段时间，在此期间若买方或卖方财产状况发生变化，危及履约，就会给对方造成风险。交易过程中双方必以外币计价，但外汇汇率在不断变化，掌握不好，企业还要负担货物本身以外的汇兑损失。

（4）政治风险。世界各国大都实行贸易管制，这些贸易管制政策与措施受制于国内政治经济状况。一些经济处境困难的国家常常修改具体政策措施，再加上一些国家政局变动，都会给企业带来经济损失。

综上所述，中国企业进入国际市场虽有诸多有利条件，也有重重困难，企业要审时度势，谨慎果断地作出正确的决策。

第4节 企业扩大国际市场份额的策略

一、中国企业扩大国际市场份额的意义

国际市场份额即国际市场占有率，是指该国某类产品出口额占全世界同类产品出口总额的比例。用公式表示为：

$$\text{A国}i\text{类产品的国际市场占有率}=\frac{\text{A国}i\text{类产品出口额}}{\text{世界}i\text{类产品出口总额}}\times 100\%$$

国际市场占有率通常用来比较若干国家（地区）某类产品在国际市场上的竞争力大小，也用来比较若干企业的竞争力大小。一种商品的竞争力大小最终表现在市场占有率上。一种商品在国际市场上的占有率能反映该商品在国际市场上的竞争力，市场占有率高，竞争力就强，反之则弱。因此，中国企业要千方百计扩大国际市场份额。扩大国际市场份额对我国经济和社会发展有如下意义：

（1）有利于促进经济快速发展；

（2）有利于保持国际收支平衡；

（3）有利于扩大就业，维护社会稳定；

（4）有利于促进经济结构调整和升级。

二、中国企业扩大国际市场份额的策略

中国企业扩大国际市场份额一要靠政府的宏观扶持；二要靠企业自身的努力。

（一）政府的宏观扶持

政府在宏观上要为企业扩大国际市场份额创造有利条件，包括：

（1）根据我国经济发展和国际市场经济发展的走势，确定一定时期内的支柱产业和主导产品，把它们作为我国进入国际市场优先发展的产业和产品。在知识经济时代，我国应以电子和信息产业作为支柱产业，大力扶植并重点发展，以收到成本低、附加值

高、用途广一举三得之效。

（2）根据建立现代企业制度的原则，使企业实现从工厂制向公司制的转变。这种对我国现有大中型国有企业的改制、改造和改组，从根本上促使企业适应市场经济、适应国际市场规则的要求。公司制是国际上经过长期实践后公认的最佳制度。这种企业制度在产权关系、责任制度、管理方式、筹资渠道、承担风险、实现规模经济等方面都具有科学性、规范性和优越性。

（3）根据企业的组织原理，对全能厂进行改造，提高专业化协作水平，组建企业集团。

（4）根据国际企业的需要，加速外贸、信贷、金融、税收、投资、价格、外汇管理等管理体制的配套改革，为国际企业扩大国际市场份额提供宽松的国内政策环境。国家放宽企业的出口经营自主权，协调好企业相互掣肘的矛盾，组织企业一致对外，减少内部摩擦，为企业进入国际市场提供必要的政府服务及组织措施。

（二）企业自身的努力

除了政府的宏观支持，企业主要靠自身的努力。企业要在以下方面下功夫：

（1）尽快实现企业经营机制的转换，增强企业活力。企业活力来源于企业自身，来源于企业经营机制的转换。不转换无活力，彻底转换则富有活力。企业活力要在市场中得以体现。只有主动寻求市场，参与竞争，才能产生活力。

（2）尽力实现营销理念创新，用新理念统率企业行为。在经济全球化的条件下，企业要用大市场营销理念、战略联盟理念、提高顾客满意度理念、寻求伙伴关系理念、持续发展理念等来创造市场，占领市场。海尔成功进军美国市场首先就是理念创新的成功。

（3）不断开发新产品，以高附加值的优质新产品占领和扩大市场。消费者的消费水平和结构的提高，导致市场需求的多样化、多层次和易变性，企业只有不断开发新产品，才能适应市场，稳定市场的销售量和占有率。新产品开发要走“科研—开发—生产综合体”的路子，以自行研制为主，技术引进和技术协作为辅，这样既节约时间，又使产品有所创新，从而形成具有竞争力的出口创汇产品，以巩固和扩大国际市场份额。

（4）严格采用国际标准，提高国内产品的国际竞争力。产品的国际标准是在世界范围内对制造产品所需的技术、劳动、管理所做的规定。国际标准化组织制定的 ISO 9000 和 ISO 14000 及其他系列认证标准，为产品的生产制定了质量和环保等方面的规范化管理措施，企业要自觉贯彻。企业进入国际市场时，还要采用条形码，进行商标注册，通过 ISO 9000，ISO 14000 认证等。

◎ 小　结

企业发展到一定程度必然要进入国际市场，实行国际化营销。企业面对的国际市场是经济全球化和多极化的市场。企业进入国际市场要充分分析国际市场的新特点。我国企业已具备进入国际市场的外部宏观条件，但由于各企业自身的条件千差万别，只有同时具备内在条件的企业才具有进入国际市场的竞争力。

企业进入国际市场的方式是多种多样的，应依据自身条件加以选择，进入国际市场的障碍和风险要求企业有充分的准备。我国企业要想在国际竞争中扩大市场份额，必须采取相应的策略。

◎ 习　题

1. 经济全球化趋势体现在哪些方面？
2. 如何评价国际市场多极化格局？
3. 中国的宏观环境在哪些方面为企业进入国际市场提供保障？
4. 企业进入国际市场应具备哪些条件？
5. 企业进入国际市场的方式有哪些？
6. 企业扩大国际市场份额可以采取哪些策略？

M

第3篇

营销管理策划

第 13 章

企业形象策划

市场营销中的竞争已由产品力、促销力的竞争发展到形象力的竞争。国外企业早在 20 世纪 50 年代即纷纷重塑崭新的企业形象来加大竞争的砝码，70 年代，世界各国迎来 CIS（企业整体形象系统）的潮流。我国企业从 90 年代初逐步导入 CIS。实施企业形象战略既是世界潮流的要求，也是市场竞争的需要。企业形象策划由最早偏重于视觉发展到突出文化，我国则把企业形象的塑造提升到企业发展战略的高度。

第 1 节　企业整体形象的分析

一、企业整体形象的内涵

（一）企业整体形象的界定

企业整体形象系统或企业识别系统（corporate identity system，CIS）即一个企业区别于其他企业的标志和特征，它是企业在社会公众心目中占据的特定位置和确立的独特形象。

CIS 战略是企业的总体设计与策划，即通过现代设计理论与企业管理系统理论的整体运作，把企业经营管理和企业精神文化传达给社会公众，从而达到塑造企业个性、显示企业精神的目的，使消费者对企业产生认同，在市场竞争中谋求有利地位。

CIS 战略的实施是企业实现自我统一性和人格统一性的过程。自我统一性是指企业管理者和员工充分认知企业、认知自我，完全融入企业形象之中，企业的行为准则成为员工的行动规范，同时通过提高员工素质来形成企业的整体形象。人格统一性是将企业这个实体拟人化，使管理者的经营理念成为企业的经营理念，并借助视觉形象、企业行动形成整合的人格，通过媒体传递给社会公众并为社会公众所接受和认知。

CIS 战略塑造的是企业的整体形象。企业的对内和对外管理是借助产品营销让人感知其价值观、社会使命感并赢得社会认同、信赖和肯定的重要内容。这一切都源于企业的经营理念及其形成的企业精神和企业文化。塑造企业整体形象不能失之偏颇，停留在表面。塑造企业形象的过程就是铸造企业精神、培育企业文化的过程。企业形象与企业文化应为表里关系，企业形象与企业文化的整合构成企业整体形象系统。

CIS 战略实质上是企业差别化经营的一种战略。CIS 不仅是企业标识系统的设计，而且是企业整体形象的设计，包括企业经营目标、社会地位、内部管理等在内。企业这种整体形象设计的目的在于实现企业的自我认知和企业向社会的自我介绍，以营造最好的经营环境，并以此作为长期争夺市场的战略武器。

CIS作为企业识别系统或身份包含差别化经营的内容，企业导入CIS的动机是为了从战略高度运用系统化的差别竞争策略。就CIS的实践而言，必须始终贯彻差别化思想。差别化是CIS的核心，没有差别就没有CIS的存在和发展。

（二）CIS与工业设计的区别

CIS脱胎于工业设计，但不能停留在视觉设计上。CIS与工业设计有以下区别：

（1）设计的基点不同。工业设计的基点是产品，是对产品的材料、结构、外观、色彩和包装进行设计；CIS设计的基点是企业，是对企业整体的设计，即从理念识别系统、行为识别系统到视觉识别系统的设计。

（2）行为层次不同。工业设计属于企业具体操作层次的行为，CIS设计则是企业整体战略行为。

（3）设计目标不同。工业设计的目标是提高产品的市场竞争力，CIS设计则以强化企业整体形象从而提高竞争力为目标。

（三）CIS与企业管理的区别

CIS也不等同于企业管理。二者的区别在于：

（1）目标有别。企业管理以提高员工的积极性和工作效率为目标，CIS则以提高企业整体竞争力为目标。

（2）侧重点不同。企业管理侧重于协调企业内部各要素之间的关系，CIS侧重于协调企业与外部环境的关系。

（3）职能各异。企业管理的职能是计划、组织、控制、激励和决策，CIS的职能是识别和整合。

CIS不能由工业设计或企业管理取代，也不能取代工业设计或企业管理，CIS战略是企业战略系统中的一个具有特色的组成部分。

二、企业整体形象的构成

CIS在产生初期有不同的称谓，如产业规划、企业设计、企业形象、特殊规划、设计政策、企业身份等，这些从不同角度揭示了CIS的特点，目前，这些概念被企业识别系统所取代，或称企业形象和企业文化。

CIS是个整体系统，它由理念识别系统（mind identity system，MIS）、行为识别系统（behavior identity system，BIS）、视觉识别系统（visual identity system，VIS）组成。这三个子系统有机结合在一起，相互作用，共同塑造具有特点的企业形象。

企业的理念识别系统（MIS）包括：企业的经营方向、经营思想、经营作风、进取精神和风险意识等。MIS是CIS的灵魂，是最高决策层次，是CIS运作的原动力。

企业的行为识别系统（BIS）包括：对内行为与对外行为。对内行为主要指通过员工培训、生活福利、内部环境、研究开发等来增强企业凝聚力。对外行为主要指通过市场调查、产品开发、公关活动、公益活动等树立企业形象。表现为动态的识别形式。

企业的视觉识别系统（VIS）包括：企业的物质设备形象如建筑物式样、外部装修及色彩搭配、环境绿色与美化、内部装饰格调等；企业员工形象、产品质量形象、品牌包装形象等。表现为静态的识别形式，是具体化、视觉化的传达形式，项目最多，层面最广。

三者的关系是：MIS 是 CIS 的灵魂，是 CIS 的基本精神所在，也是整个 CIS 运作的原动力。MIS 影响企业的动态、活力、制度、组织的管理与教育，以及对社会公益活动、消费者参与行为的规划，即影响 BIS。最后，经由组织化、系统化、统一化的 VIS 计划传达企业经营的信息，塑造企业独特的形象，达到企业识别的目标。

CIS 的结构见图 13－1。CIS 的各子系统相互交融，共同塑造企业形象。

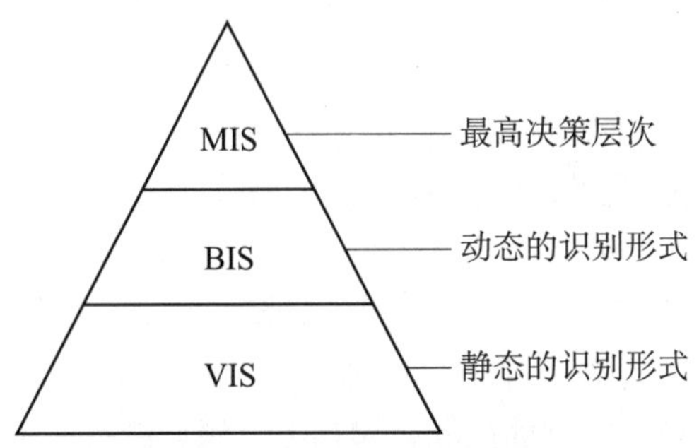

图 13－1　企业识别系统的结构

CIS 的三个子系统的内涵如图 13－2 所示。

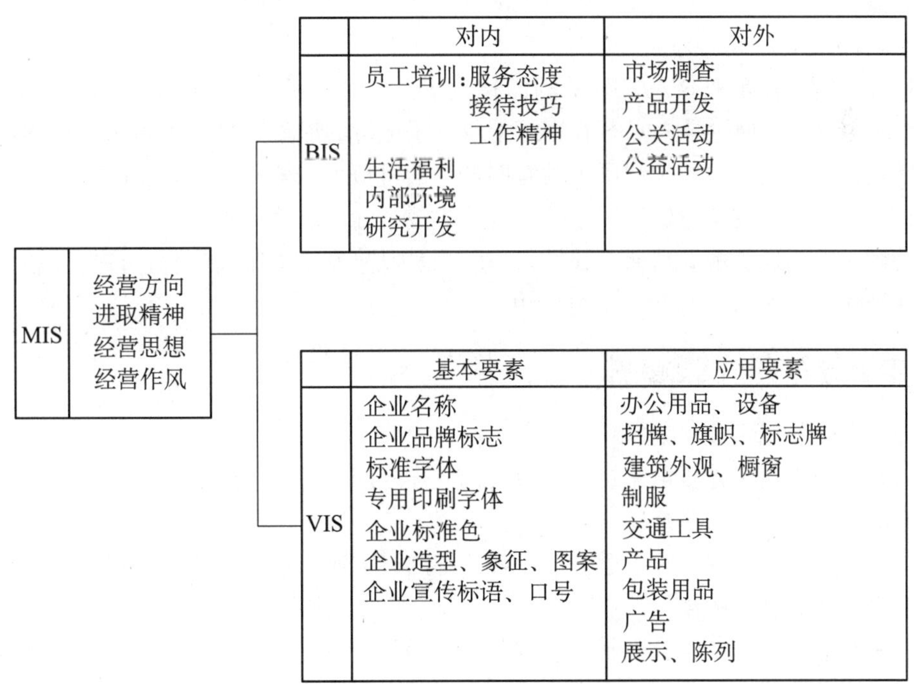

图 13－2　企业识别系统各子系统的内涵

第2节 企业导入CIS的模式及时机

一、国际CIS的兴起与蓬勃推进

CIS的兴起最早可追溯到第一次世界大战期间，德国AEG公司首次在其生产的系列产品上使用统一商标。第二次世界大战期间，英国工业设计协会会长弗兰克·毕克负责规划伦敦地铁，车票、站牌等采用统一字体取得了较好的反响。经过几十年的发展，企业经营的多角化、企业发展的国际化使得竞争异常激烈，企业导入CIS成为自觉行为。1956年IBM请诺伊斯设计的一套CIS以前卫、科技、智慧的象征使其成为尖端科技行业的“蓝色巨人”。IBM的成功是企业导入CIS的划时代的标志。

20世纪60年代至今，欧美进入导入CIS的全盛时期。如德国的Braun，美国的CBS、RCA、3M、埃克森美孚，意大利的Olivetti、菲亚特，纷纷掀起CIS设计和策划的高潮。

如果说CIS起源于西方世界，那么东方则推动了CIS的完善并掀起高潮。20世纪70年代，日本在总结西方企业营销成功的经验之后开始导入CIS。日本导入CIS并不是套用了事，而是融入了东方文化的内涵，包括东方民族精神、人文思想、价值取向等意识形态，从而丰富和深化了CIS。如果说美式CIS偏重于视觉形象的话，那么日式CIS则属文化型，着重强调企业的理念和行为形象。显然，日式CIS更具现代感，给企业带来的利益也更显著。日本企业广告重点从促销产品和服务转向企业形象，企业形象广告支出平均增长率为22.4%。

世界各国企业重视导入CIS的潮流持续了几十年，势头有增无减，国际著名企业IBM、麦当劳等均通过导入CIS在国际上树立了独特的形象，取得了营销的成功，不断扩大市场份额。被美国誉为“国民共有财产”的可口可乐公司，以震撼的红色与白色字体构成企业标志，在全球塑造了家喻户晓、妇孺皆知的品牌形象。

我国企业纷纷觉醒，从南至北导入CIS，太阳神等公司先人一步，首创佳绩，为中国企业陆续广泛实施CIS起了示范作用。

二、中国导入CIS的必要性

导入CIS有以下几个原因：

（1）企业普遍实施多角化经营，造成无业际区别。为了形成企业的独特个性，需要采用CIS。

（2）商品日渐趋同。为了适应消费者认牌购买，使企业及其产品品牌便于识别、记忆，有必要实施CIS战略。

（3）企业为了转换经营机制，重塑自身的形象，往往实施CIS战略，这样可以树立企业新的形象，提高知名度；吸引人才，提高生产力；激励员工士气，营造良好氛围；促使生产大幅度增长；吸引投资，推动股票价格上涨；增加股东的好感与信任；稳定企业基础，形成向心力、凝聚力；提高广告效果；节省促销费用和产品成本；便于内部管理。

（4）通过提高企业在市场上的认知度来增强企业的竞争力。在市场上，企业要面对多方面的挑战，如产业结构调整、成本、商誉和信用、传播手段与媒体、社会责任等，企业只有在同质化的市场中独树一帜，建立差异化的形象，才能吸引购买者的注意力，左右消费者的购买愿望。

（5）CIS 是增强企业营销力的动能。当代市场营销除了产品力（优等质量，精美包装，完善的保障措施如保证、标签、条码、商标注册等）和企业的促销力（公关、广告、人员推销等）之外，必须引进新的动能——形象力。产品力、促销力、形象力是当今市场的三轴力，它们犹如发射导弹的三级火箭一样推动企业的营销活动。企业形象力的形成是导入 CIS 的结果，企业要拥有形象力必须导入 CIS。CIS 的突出特征就是具有自我统一性和人格统一性。自我统一性就是企业实现从理念到行动的表里如一，营销者能由营销理念入手形成自我行为准则，相应地产生营销效果。企业在认知自我的循环中，按照自我行为准则进行自我检讨、自我完善，形成个性特色，在企业群中独树一帜。人格统一性就是使企业的营销理念准确地传达企业的人格形象，在向公众宣传中折射出企业对消费者的关心、厚爱和周到的服务，使社会公众感受到企业温馨、亲切、友善的情感传递。形象力是一种更有感召力与感染力的渗透力。企业有了良好的形象，就能在潜移默化中达到促销的效果，这较之完全意义上的促销更有效。

我国企业一方面面临国际企业的挑战，另一方面面临经营机制转换的挑战。尤其是国有企业，长期囿于计划经济的圈子而不直接面对市场，往往不考虑自身的形象，不仅企业名称陈旧、随意，易被误认、误解，企业名称与商品形象不相称，不利于打入市场，而且企业本身营销活动差，员工士气低落，企业行为失当，理念陈腐，距时代潮流相去甚远，到了重塑企业形象的关键时刻。

世界上营销有方且有力的国家，企业会实施从形象到文化的改革。日本是很好的例子。日本企业对形象的设计、策划和爱护到了细致入微的地步。日本的大型企业不仅以终身雇佣、年功序列、企业工会等制度维系企业内部关系，形成企业的理念、价值取向、向心力和凝聚力，在企业的名称、商标、标志等具体微小的方面也毫不马虎。日本东京通信工业株式会社总裁盛田昭夫觉察到公司全名不易认记，读起来也不顺口，几经推敲于 1958 年将公司名称改为读起来有音韵美的 Sony（索尼），后来 Sony 以“技术领先、品质超群”的形象立足于国际市场；日本松下电器公司的 National 标志，是伴随着该公司创立者松下幸之助“要生产出像自来水一样取之不尽的电器产品满足大众的需要”的宏大志向和产品“质量可靠、价廉物美、使用方便”的美誉扬名全球的；本田公司“不模仿，以世界性的眼光来思考”的价值观使其在世界市场上树立了令人仰慕的形象。

形象力可以提高企业声誉，促进销售，形象力本身还具有无形的价值。形象力往往通过商标集中体现出来，世界著名商标的价值甚至高出其公司年营业额的数倍。

三、中国企业导入 CIS 的模式

CIS 的开发十分必要，同时必须根据我国企业现状确定导入 CIS 的不同模式。一般而言有三种模式：

（1）预备性 CIS 导入模式。这是针对新建企业而言的。在筹划新企业时，同时对企业的未来形象及企业文化进行有目的的设计和策划，包括对企业经营思想、口号、信条、标志、吉祥物、标准色、标准字体、企业形象的社会定位、战略选择、计划实施方案、管理办法以及应用系统的设计与策划等。

（2）扩张性 CIS 导入模式。企业在成长过程中为了实现资本扩张，进入高一级的发展阶段而导入 CIS。它是对企业革新换面、脱胎换骨的改造。这时的企业形象策划应该立足于企业原有基础，着眼于发展层次和境界，对企业形象进行创新的策划。

（3）拯救性 CIS 导入模式，或称医疗性 CIS 导入模式。众多传统企业为了重塑形象，改变旧貌，通过导入 CIS 重新调整经营理念、经营行为、经营者的形象。我国绝大部分营销企业都面临这样的转换。拯救性 CIS 比预备性 CIS 的实施更困难，因为拯救性 CIS 导入既要创立新的形象，又要对传统形象进行甄别、分析、吸收和扬弃，而在对旧的东西进行改造过程中常常会碰到巨大的阻力，这种阻力对新形象的树立的负面效应不能低估。因此，拯救性 CIS 导入将伴随着企业管理体制、组织机构的一系列改革。

四、导入 CIS 的时机

企业一旦出现以下现象，即可通过导入 CIS 以求解脱困境：

（1）企业名称老化，易被误认、误解；

（2）企业实施多角化经营后，企业形象的一贯性、统一性逐渐丧失；

（3）与其他企业合并后，须重塑企业形象；

（4）企业名称与商品形象不符；

（5）在行业竞争中，本企业形象处于不利地位；

（6）企业知名度低；

（7）企业形象不好，员工士气低落；

（8）企业形象因营销活动中的事故受损，产生负面效应；

（9）旧的企业形象不利于进军新市场；

（10）缺少能代表企业的统一标志；

（11）企业某种特定的商品形象成为其他商品的障碍；

（12）人才吸引力差；

（13）上市股票显示企业处于劣势或遇到障碍；

（14）商品与商标形象出现分歧；

（15）企业形象赶不上潮流；

（16）当前的营销战略与企业形象无法配合。

企业导入 CIS 要找准时机，以下时机可供选择和利用：

（1）新公司成立，建立企业集团；

（2）创业周年纪念日；

（3）企业扩大经营内容，朝多角化方向发展；

（4）进军海外市场，迈向国际化经营；

（5）新产品开发与上市；

（6）摆脱经营危机；

（7）消除负面效应，纠正企业失误，端正企业形象；

（8）企业改组，全面创新；

（9）经营理念的重整。

企业在导入 CIS 的过程中，由于对 CIS 的整体性、统一性、目的性、科学性认识片面，往往容易陷入误区。例如，用企业标识代替企业形象，企业形象仅靠征集企业标识来提高；企业标识运用不合规范，以为完成了 VI 设计即完成了 CIS 设计；在对出口商品进行 VI 设计时忽视了相应的外文标识，或者盲目迎合潮流，忽视企业的个性特色。

CIS 是一个整体战略系统，导入这个系统是企业发展的战略行为，绝不是某种权宜之计。因此，导入 CIS 时，一方面要对本企业的历史、现状、未来发展前景有周详的调研；另一方面要对 CIS 作出整体规划和设计，即对 MI，BI，VI 作出整体策划，仅仅停留在 VI 做表面文章就会陷入误区。

第 3 节　企业形象策划的程序和核心

企业形象策划即 CIS 导入的程序是个系统工程，可以概括为 68610 工程：6 即整个过程分为 6 大步骤；8 即前期调研的 8 个方面；6 即策划方案涉及的 6 个方面；10 即设计的视觉、理念、行为及其应用系统所涉及的 10 个方面。

一、CIS 导入的 6 大步骤

CIS 导入包括调研、策划、设计、定位、宣传、保持这几个步骤。

（一）调研

调研内容包括：企业的历史、经营现状、发展战略、法人代表及高层管理人员的经营风格、组织文化氛围、市场竞争形势、企业知名度、企业的市场地位及产品竞争力等。

（二）策划

企业形象策划主要围绕企业形象的社会定位、市场定位与风格定位。

（三）设计

（1）企业形象设计包含企业经营理念、口号、歌曲的设计。

（2）企业形象基本要素设计包括企业品牌标志、标准字体、企业象征、造型、图案、企业标准色等。如 IBM 被誉为“蓝色巨人”，富士胶卷和柯达胶卷分别以绿色和黄色为主色调。

（3）企业投资、赞助的原则及媒体选择。

（四）定位

根据设计的企业形象进行市场定位，以保证企业在公众心目中占据适当的位置，赢得顾客的青睐。

（五）宣传

对拟定的CIS实施计划进行整理，编订成册，召开新闻发布会，借助各种传播媒体全面宣传企业形象。有步骤地对企业员工进行CIS系统培训，包括CIS知识启蒙、高层管理人员研讨、部门经理集训、员工礼仪训练、企业内外环境改善计划、企业公共关系及公益活动计划等。

（六）保持

CIS的确立不是一朝一夕的事，而要长期坚持、维护、发展，以图保持良好形象。企业要持之以恒地进行自我约束、自我教育。

二、企业整体形象战略的核心

企业整体形象战略的核心在于加强企业文化建设。企业文化是企业精神文明与物质文明的总称，是企业及其员工共同持有的思想观念、价值取向和行为准则，它由企业经营观念文化、企业管理文化和企业营销文化组成。企业一旦走向市场参与竞争，就必须进行必要的文化建设。现代社会的市场竞争表面看是产品、价格的竞争，实质是企业内在活力与动力的竞争，而企业的内在活力与动力正是通过企业文化表现出来的。加强企业文化建设是社会主义市场经济的要求，也是企业求生存、谋发展的内在条件。

（一）企业经营观念文化

企业经营观念文化建设包括确立市场营销观念和经营道德规范。

思想观念是行为的指导思想，市场营销观念是企业行为的指导思想。市场营销是生产者个人和经济组织对经营战略和策略进行计划和执行，以实现生产者或经济组织的经营目标的整体活动。企业市场营销的目的是满足消费者的现实或潜在需求，其中心是实现买卖双方的交易，其手段是开展综合性的营销活动，这些活动包括对市场和消费者的研究、选定目标市场、进行产品开发和定价、选择分销渠道、采取促销措施、开展售后服务、收集反馈信息等。确立市场营销观念就是要以市场营销所包含的企业活动的目的、中心和手段作为指导企业行为的思想观念。

显然，市场营销是现代社会化大生产条件下的产物，其范围远远超过了我国传统商业活动的范围。一般商业活动仅指商品的购、销、调、存等用来沟通生产与消费环节的活动，而市场营销的范围却无所不在。企业要推动商品在国际市场上流通，就得对这些特定市场进行营销。

确立社会主义的经营道德规范是企业文化不可忽视的内容。企业的社会主义道德是企业生产经营者处理与本行业或其他行业用户或个人消费者之间关系的行为规范的总和，包括顾全大局、相互支持，实事求是、货真价实，用户至上、服务为荣，公正无私、一视同仁等。企业经营道德与行业风气是互为依存的表里关系。职业道德是本，是核心。道德高尚，风气就正；道德败坏，风气就不正。纠正行业不正之风与树立社会主义经营道德是破与立的过程。只有破陋习，才能树新风。树新型经营道德的过程也是破行业不正之风的过程。

企业道德水准的高低直接影响企业信誉和形象。企业信誉直接关系着产品销售、市场占有率和企业经济效益。企业对产品实行声望定价的策略基于对产品信誉带来的效益的正确估计。可见，提高企业的道德水准是与企业市场营销密切相关的。

（二）企业管理文化

企业管理文化集中表现为通过强化企业管理塑造优良的企业精神，即通过强化企业管理使企业具有执着的开拓追求精神、正确的价值取向、坚定的团体观念和完善的激励机制。

1. 执着的开拓追求精神

企业的开拓追求精神是一种强烈的发展欲望的体现，是企业发展的动力所在。企业的发展应表现为市场的开拓和产品的开发两个方面，企业应执着地追求市场开拓和产品开发。在市场竞争的条件下尽可能扩大本企业的市场份额；在产业集中的过程中尽可能促进企业的规模经济效益的提高，并形成产业集中的核心；在国际市场中，不为商品大潮所淹没而能自如地在国际市场上纵横，要求开拓精神始于选型、定点和设计，始于准备原材料、制造商品之前，并延续到产中、产后，直到消费领域。可见，市场营销活动比流通过程更长。市场营销活动要与市场、商品打交道，但又不限于商品交换。市场营销不是推销的同义词。市场营销的目的在于使推销成为多余。美国市场营销学家菲利普・科特勒指出："推销不是市场营销的最重要部分。推销只是'市场营销冰山'的尖端。如果企业市场营销人员搞好市场营销研究，了解购买者的需要，按照购买者的需要来设计和生产适销对路的产品，同时合理定价，搞好分销、销售促进等市场营销工作，那么这些产品就能轻而易举地推销出去。"

树立市场营销观念必须转变传统经营观念。传统经营观念往往表现为生产观念和销售观念。生产观念是在产品供不应求、处于卖方市场的条件下形成的企业生产什么就卖什么以适应传统自然经济的一种早期观念。销售观念比生产观念进了一步，是在局部产品积压的情况下，强调把生产出来的产品尽量销售出去。这两类旧观念的特点在于都是以生产者为中心，目标是获得短期利润，手段是单纯的生产或推销，重点则是产品本身。这与市场营销观念以满足社会需求、获取长远效益、采用整体营销手段、始终以消费者为中心完全相悖。

在参与国际市场营销活动时，企业还要在确立市场营销观念的基础上，进一步树立大市场营销观念。大市场营销是菲利普・利特勒于 1984 年提出的。大市场营销是指为了成功进入特定市场并在那里从事活动，在策略上采用经济的、心理的、政治的和公共关系的手段，以博得有关方面的支持和合作。这里的特定市场既包括封闭的传统经济市场，也包括高筑贸易壁垒的封锁的保护型市场，这些特定的市场往往被一批拥有固定的供应者、竞争者、经销商和顾客的既得利益集团控制，并受一定的政治条件制约。现代社会商品的流通是大流通，是企业开拓追求精神的体现。

产品开发是一个不断创造和提高产品文化的过程。产品文化集中反映在产品的形态、材料、功能三个方面。其中形态包括外观、色彩、包装、商标等。材料指加工产品所用的物质及加工工艺。功能则包括产品的物质功能和精神功能。物质功能是指产品的实用性、耐用性、科学性。精神功能则以适应和满足不同国家、不同民族的审美情趣、消费心理、生产方式、生活习惯为特征。

2. 正确的价值取向

企业的价值取向是现代管理的核心要素。美国管理学者彼得斯等人在分析日本管理、美国管理之后，认为搞好现代管理有七个方面的要素，即结构、战略、体制、技巧、人员、作风和共同价值观，以共同价值观为核心要素不无道理。

正确的价值取向就是将企业的价值摆在社会价值之中考虑。追求企业价值不能忽视或背离甚至损害社会整体利益。一切有利于社会和企业发展的战略、策略、行为、方法是可取的；相反，妨碍或削弱社会整体利益，哪怕在短期内可能给企业带来局部利益，也是不可取的；既不利于社会整体，也有害于企业发展的，应视为无价值或负价值。正确的价值取向表现在企业经营的方方面面，如是否发展成外向型企业、产品开发方向的抉择、市场开拓规模和程度的抉择、企业内部管理方式的抉择等。

企业正确的价值取向应该是全体员工所达成的共识，而不仅限于决策层。只有企业全体人员拥有共同一致的价值取向，才能相互理解、行动步调一致。

3. 坚定的团体观念

团体观念是一种社会化的集体主义观念。这种观念要求企业员工时时、处处、事事以社会主义主人翁的姿态参与企业管理。在实践中，要坚守岗位、恪守职责、敬业乐业。企业领导集团要对员工形成凝聚力。为此，企业领导人要与群众忧乐与共、同甘共苦、身先士卒，群众能做到的或要求群众做的困难工作，领导要率先垂范，吃苦在前，得利靠后，切实树立管理即服务的思想，真心诚意当群众的公仆。同时，群众对领导层要形成向心力，要认识到支持领导层的工作就是维护企业形象，为企业领导分忧解难，甚至为了企业不惜牺牲某些个人利益。要确立“企业兴盛则荣，企业衰退则耻”的同呼吸、共命运的思想。企业有了坚定的团体观念就能众志成城。

从事国际市场营销时坚定的团体观念要上升为坚定的爱国主义精神。在复杂的国际市场上要把企业的兴衰、得失与祖国的荣辱联系在一起。只有大力弘扬中华民族的传统美德，维护民族尊严和祖国的根本利益，才能确保企业的生存之本和从事国际市场营销的先决条件。

4. 完善的激励机制

激励机制既包括鼓励也包括惩罚。企业要有活力必须依法办事、循章管理、按经济规律运作。有利于增强企业活力的人和事要奖励、提倡，有碍于增强企业活力的现象要予以排除，包括必要的惩罚。只有奖勤罚懒、奖优罚劣，才能做到是非分明。

激励机制应体现在用工制度、干部制度和分配制度上。在用工制度上实行优化组合，员工能进能出，自由流动；在干部制度上实行任人唯贤，干部能上能下；在分配制度上实行联利（润）计酬、联责付酬，以充分调动广大员工和干部的积极性。

总之，无论是执着的开拓追求精神、正确的价值取向，还是坚定的团体观念、完善的激励机制，都是企业管理现代化、科学化的要求，是形成企业管理文化的基础。

（三）企业营销文化

企业营销文化包括两个层次：企业营销环境设施的文明化、美化；企业营销的艺术化。

企业营销环境设施的文明化、美化，包括厂房、营业场地的整修、装饰，旧设备改造和先进设备的引进，商品储运设施、工具、配件及各种信息处理设施的添置，科研设施和人才培训设施的配置等。

营销艺术化包括产品的美化、营销行为的美化和营销手段的多样性、技巧化。

从产品设计到包装装潢、广告都要遵循美的原则。产品的规格、款式、花色、风格、陈设都要有美感，产品的包装力求新颖别致，广告宣传画面独具匠心，求新、求美、求奇、求佳。

营销行为美化要体现在营销人员的仪表、举止、谈吐、服务态度上。仪表端庄、彬彬有礼、微笑待客、百问不厌、百挑不烦、亲切热情、应答自如构成了营销行为美。

营销行为艺术化要求树立现代公关意识，在人际关系中善于周旋，讲信用，讲情谊，以谋求更多的交易机会。同时在营销活动中讲究策略、善用技巧，如营销中常用的让利销售、附赠品销售、有奖销售等多种销售方法均可因时因地择善而用。营销艺术化的核心是一个“智”字。营销活动要以智取胜，既要充分利用自身优势，也要充分利用时机和各种有利条件，然后伺机采取最适宜的营销策略，以获取竞争的胜利。

综上所述，企业文化是企业经营观念文化、企业管理文化和企业营销文化三个层次的综合反映，其内容可衍生出观念、道德、精神、共识、追求、情谊、审美、技巧等诸多方面，提高企业文化水准是推动企业现代化的中心环节，研究企业文化对加强企业现代化建设有十分重要的意义。

◎小　结

企业形象策划不仅是给企业整容、美容的过程，而且是给企业强身健体、换血洗脑的过程。企业的整体形象由视觉形象、理念形象和行为形象构成。企业形象策划既是国际CIS潮流推动的结果，也是国内企业转型改制的需要。企业导入CIS有预备性、拯救性、扩张性三种模式。企业导入CIS要选择最佳时机。

企业导入CIS是一个系统工程。企业形象策划的核心在于强化企业文化建设。企业文化包括企业经营观念文化、企业管理文化、企业营销文化。企业文化建设是企业长期的任务。企业形象策划的成功最终要接受时间的检验，要看企业文化建设的成果。

◎习　题

1. 什么是CIS？为什么说CIS战略的实施是实现自我统一性和人格统一性的过程？
2. CIS与工业设计、企业管理有何区别？
3. CIS由哪几个部分构成？各子系统分别包括哪些内容？
4. CIS是怎样兴起与发展的？

5. 中国为什么要导入CIS?
6. 导入CIS有哪几种模式？有哪些时机适合导入CIS?
7. 企业文化建设包括哪些方面的内容?

◎案 例

富甲一方企业形象策划

一、富甲一方简介

（一）企业概况

富甲一方是一种新奇好玩的特色火锅，在感受美味的同时，让饮食变得更有趣味。体验感超丰富的一锅四吃可以一次性满足你的四个愿望！富甲一方独创的锅已经获得25国专利！

定位：最不适合一个人去吃的火锅。

企业的发展目标：在竞争激烈的餐饮市场上树立自己的品牌地位。

企业在确立品牌的过程中应该注意到在移动互联网时代，品牌塑造的方式在变化，品牌传播的方式也在变化。在餐饮行业，移动互联网的App和社交平台使口碑传播的效果放大。在消费者获取餐厅信息的途径中，“美食类网站或App”以45.1%的占比排名第一（见图13C-1）。在互联网的口碑影响中，近90%的人会受朋友的社交媒体分享的影响（见图13C-2）。

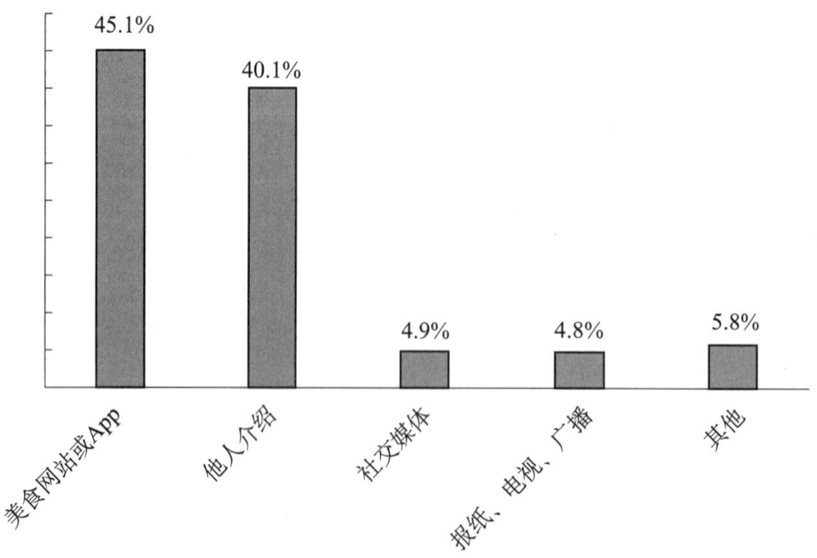

图13C-1 消费者获取餐厅信息的一般途径

资料来源：中国烹饪协会．2015年餐饮消费调查报告．（2016-01-11）．http：//www.ccas.com.cn/Article/HTML/107645.html.

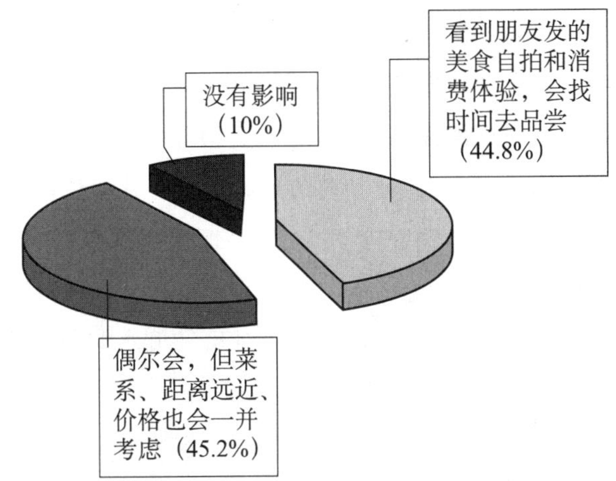

图 13C-2　选择餐厅时是否受朋友的社交媒体分享的影响

资料来源：中国烹饪协会．2015 年餐饮消费调查报告．（2016-01-11）．http：//www.ccas.com.cn/Article/HTML/107645.html.

通过调研、分析，我们将从用户需求、行业竞争者分析、场景构建、用户角色建立四个方面帮助富甲一方塑造全新的场景模式。

二、用户需求

（一）目标顾客分析

餐饮消费的重点客户锁定为年轻女性消费群体。通过市场调研发现：

（1）近 70%的餐饮消费由女性贡献。

（2）85%的餐饮消费由 18～34 岁的人贡献，主要是 25～34 岁的女性。目标顾客分析结论：女性消费者比男性消费者更偏爱在社交平台上分享、评论美食。

年轻女性消费群体分析：

（1）富甲一方的锅体较小，所加工的菜品较少且精致，对于喜爱尝鲜又有节食需要的年轻女性消费群体较为适用。

（2）富甲一方在锅体上采用多色彩，更适合年轻女性消费者。

（3）年轻女性消费者用餐时间长、动作慢。自己动手烹饪出可口的美食是富甲一方的重要特点，配合多种调料更能增加消费者的成就感与乐趣。

（二）目标客户调研

目标客户认为，富甲一方从整体上看，环境、服务较好，核心产品、辅助产品一般，暂无附加产品，价格偏高。也有客户认为，一锅四吃的体验不佳，性价比不高。六成体验用户表示不会再来。从真实的用户评价中可以看到富甲一方的核心优势不明显，其独创的一锅四吃并没有得到消费者的认可，因此，仅以吃法创新为核心打造体验场景是不现实的。

三、行业竞争者分析

（一）业态混搭——夜生活从晚餐开始

很多竞争者从过去单一的吃饭场所转向酒吧与餐厅、咖啡厅与餐厅的业态融合。

（二）跨界混搭——唯音乐与美食不可辜负

24小时不打烊的椰子鸡音乐主题餐厅就是一例。

（三）穿越混搭——风波庄酒家

通过店内氛围的营造，为心怀武林梦想的人打造出一片武侠的天地。

（四）穿越混搭——老连队主题餐厅

老连队主题餐厅之所以火爆，因为它是一家具有主题特色的餐厅，无论是装修风格还是服务都独具一格，与其他竞争者形成鲜明的对比。用户需求从物理层面上升到精神层面。

结论：它们早已走上场景化发展的必由之路。

四、场景构建

通过对目标消费群体“小姐妹”的分析，我们发现：无论小姐妹处于什么年龄段，她们都有一颗永不磨灭的少女心，都希望年年十八岁。因此，我们提议富甲一方打造“一起18”（“一起食吧”的谐音）主题餐厅。

构建的场景是：摒弃所有不能分享、转发的餐厅元素，打造“一起18”主题餐厅的强大形象，让用户成为餐厅的宣传员，让餐厅成为口碑传播的制造场所。

五、用户角色建立

（一）用户角色建立的原则

真正的主演必须是用户自己。

（二）用户角色建立

用户角色建立的模式：企业组织场景—用户融入场景—用户自我扮演—实现自我价值。企业需要为用户提供剧本和道具，用户为和企业“在一起的时间买单”。

1. 用户角色建立1——剧本（台剧元素）

从中国台湾十大偶像剧入手，让偶像剧在现实生活中重现，加入暗恋、课堂、告白等元素，直击少女心。印制一些描写18岁青春美好的偶像剧的海报（可用《我的少女时代》《那些年，我们一起追的女孩》等影视剧的海报）。把这些海报张贴在墙壁上，让用户回忆起自己的18岁美好时光。

2. 用户角色建立2——剧场（整体装修偏向青春少女风格）

（1）室内地面。布景为操场，凸显18岁青春的美好，让消费者回想起偷偷看着TA走过的操场。

（2）装饰。将可爱的装饰物放在各个小角落。所有的装饰物都遵循方便拍照分享的原则，形成小型拍照展区，以契合“一起18”的主题。

（3）背景音乐。可播放一些青春的主题音乐，例如，《匆匆那年》《耿耿于怀》《那些年》《爱这件小事》等，引发用户情感共鸣。

（4）桌椅及餐具配置。

桌椅：将教室里的书桌放大作为餐桌（同桌的你）。

餐具：餐具可用学校食堂里吃饭的餐盘，让消费者吃出不一样的感觉。

3. 用户角色建立3——道具

（1）菜单样式。菜单可做成考试卷的样子，上面印有“2018年普通高等学校招生全国统一考试”的字样，副标题为“18岁综合能力测试”。

（2）菜单介绍：使用彩色照片和文字。点菜：有A，B，C，D等字母对应的选项供消费者勾选，消费者只要把点菜单交给服务员，即可拿到一份关于18岁回忆的试卷（或是闺蜜测试题）。价格：部分菜品的价格可定在18元左右（或设立18元迷你套餐），以此烘托“一起18”的定位。

（3）18岁Q版身份证打印。进店顾客上传个人照片便可打印出18岁Q版身份证一张，并可通过微信、微博等多种方式进行分享。店内还提供免费合影、彩妆服务及自拍搞怪纸牌等道具。

4. 用户角色建立4——助演

服务员选用及着装要求：餐厅服务员以年轻男性为主，服务员穿着具有青春气息的校服，别上校卡，上面写着“××班级的××”，脚穿白球鞋。这样可以让服务员显得青春有活力，与主题相呼应。

（1）线上传播——视频拍摄。拍摄“18岁少女心”系列小视频在互联网上进行传播，每一集剧情对应不同的18岁。将视频投放至人群较为集中的各大视频网站和官方微博、微信公众号，引发用户情感上的共鸣，增加用户黏性。

【拍摄主题】

18岁少女心——暗恋篇

18岁少女心——校园篇

18岁少女心——告白篇

18岁少女心——生日篇

将校园中的场景重温一遍，勾起用户的回忆，引发情感上的共鸣，给观众一种回到校园的恍惚感。视频都是运用店内道具进行拍摄的，通过小制作达到影响大的效果。

（2）专属漫画。利用漫画的方式进行制作，将18岁回忆场景化，例如“哎呀，我的心快要融化啦”“我的18岁糗事”等。

（3）微博话题。通过微博制造微话题“回忆你的18岁”“你还记得你的初恋吗”，让消费者参与发言，并且@“一起18”的官方微博。

（4）微信软文。通过微信软文的推送及公众号的推荐，将“一起18”主题餐厅的信息推送给消费者。标题参考：“这家店据说要满18岁才可以进”“一直保持18岁的秘诀”。

（5）拍照上传。利用微信、微博和视频传播吸粉之后，可开展线上活动。消费者穿上少女装，拍照发至微博并且@“一起18岁”的官方微博，让网友投票评选，票数最多的将获得由“一起18”餐厅提供的最萌少女心水晶奖杯以及半价券一张。

（6）街头采访。街头随机找路人录制视频，视频话题为“18岁的糗事”，让陌生人畅所欲言。将视频上传至微博、微信让网友评论、转发，增加点击量。

讨论题：

1. 试评析富甲一方的传播思路是否合理。
2. 该策划中如何通过方案的实施来提高企业整体形象?
3. 试提出新的策划案和实施方案。

第 14 章

企业营销制度策划

营销的发展要求不断创造新的制度。有效的制度既是提高企业营销能力和效益的保证，又是推动企业组织不断现代化的动力。营销发展的过程就是不断创造新的营销制度的过程，同时也是企业不断改善营销环境、寻找新的营销途径的过程。企业营销制度策划是企业营销策划中不可分割的重要组成部分。本章着重介绍连锁制、特许制和代理制策划的有关理论与实践。

第 1 节　连锁制的原理及策划

连锁经营使得传统商业一改旧观，以新的姿态与现代大工业生产相匹配，形成新的大流通与大生产相适应的现代化格局。

连锁制产生于 19 世纪的工业发达国家。工业化带来的经济发展要求流通变革，连锁制就是适应这种变革的新的企业营销制度。

一、连锁制产生的背景

19 世纪 30 年代，英、法、德、美等国先后实现了产业革命，使当时的经济形势出现以下新特点：

(1) 铁路的发展推动了统一市场的形成，由卖方市场过渡到买方市场；

(2) 城市化程度提高，购买力向城市集中，城市集中了大量的廉价劳动力；

(3) 信贷发展，股份制产生，筹资渠道多且较为方便；

(4) 通信业迅速发展，发达的通信有助于信息交流；

(5) 中等收入阶层出现，新的消费水平、消费方式、消费观念得以确立；

(6) 建筑技术及材料的发展使商场设施更新变得有可能。

这种新的经济形势呼唤着新的流通制度及企业形态，而一种新的流通制度及企业业态的出现必须具备以下条件：

(1) 满足生产发展和消费需求；

(2) 满足企业自身发展的需要；

(3) 满足整个社会发展的需要。

连锁制及其业态正是在经济发展要求流通变革，而连锁的特征正适合这一变革的需要下产生的。

连锁制是从根本上解决流通分散的弊端，通过将若干同业店铺连接起来，以共同进货的方式锁定成本，共享统一的经营技术或者经营同一种商品，以提高规模效益的经营方式和组织形式。其本质是把现代工业大生产的原理应用到传统商业中，改变传统商业中购销一体、柜台服务、单店核算、店貌陈旧的小商业经营模式，从而实现店名、店貌、商品、服务的标准化，采购、送货、销售、经营决策的专业化，购销、信息、广告培训、管理的统一化，这样就把复杂的商业活动分解为简单的环节，以提高经营效率，实现连锁经营的规模效益。

连锁作为一种制度创新，主要表现在经营方式上创造了一种不受国家、地区限制，不受民族、文化传统限制，不受商业习惯和行业限制的新的经营方式和组织形式，使零售业出现连锁经营、面貌全新的企业形态。

二、连锁业的发展历程

美国是连锁经营的鼻祖，也是世界上连锁业最发达的国家。从全球范围看，美国连锁经营的发展始终充当着世界连锁业“领头羊”的角色。迄今为止，美国仍是世界上最发达的连锁业大国。

连锁业经历了发展—调整—全面发展—创新发展—科技化和国际化的过程。

（一）初始发展阶段（1900—1930年）

在经历了1873年和1900—1903年两次经济危机后，资本主义社会实现了从自由竞争到垄断资本的过渡。在这样的背景下，由于本身的优势，连锁经营得以发展。

发达国家垄断的趋势孕育了连锁业，连锁业的出现又促进了发达国家流通领域从自由竞争向垄断的过渡。连锁业最初发展的态势是惊人的，呈现以下特点：

（1）发展速度快。1859年，自世界第一家连锁店出现后，连锁经营的组织形式让大西洋与太平洋茶叶公司获得了相对单体店的竞争优势。1865年，该公司已拥有25家门店，1880年发展到100家门店，1900年猛增至200家门店，年销售额达500万美元，经营品种从茶叶扩大到咖啡、可可、茶、糖和各种浓缩果汁等。以美国为例，1910年、1920年、1929年，连锁公司分别有9 900家、36 100家、159 000家，在近20年的时间里，连锁店发展迅速。

第一次世界大战后，美国的连锁经营进入成长期，连锁经营的销售额占整个零售业销售额的比重从1919年的4%上升到1929年的25%，到1930年，美国有11%的零售机构采取连锁经营的组织形式，连锁经营的食品零售额占零售总额的32%。美国连锁商业在30年代进入成熟期。这一阶段，美国连锁业以“商标商品连锁”为主要方式，连锁店主要借助总公司的商品和商标，在经营管理制度方面没有统一。

（2）行业拓宽、业态扩大。连锁行业由以食品、衣料业为主，拓宽到汽车配件、加油站、软饮料、药品、服装、杂品、鞋业等；业态由专业店连锁向百货店、邮购店连锁发展。20世纪30年代超级市场出现以后，自我服务的销售方式很快被引入连锁店，形成并扩展为遍布全美各地区、各行业的连锁超级市场、连锁大型综合超市、连锁仓储式商场、连锁折扣店等。连锁经营与各种业态的融合促使美国连锁经营迅猛发展。在这段时期，自由连锁、特许连锁有了一定的发展，连锁经营逐步进入成熟规范的轨道。

（3）连锁类型多样化。除了一般连锁外，还出现了生产主导型、批发主导型、零售主导型等多种样式的连锁。

(4) 连锁分布区域化。国内外很多连锁企业都已经发展成为遍及多个区域的全国性甚至全球性连锁企业。

(二) 调整阶段 (1930—1955 年)

1929—1932 年，西方世界遇到更为严重的经济危机，造成农产品大量过剩，失业工人急剧增加，工业设备闲置率达 50%以上。生产的衰退直接影响流通业，连锁业不得不随之进行调整。调整期的主要特点是：

(1) 收缩减少门店，扩大店铺规模。美国 1929 年拥有连锁企业 159 638 家，到 1948 年减少到 105 109 家。

(2) 向新行业渗透。包括：食品、药品、餐饮、衣料、服装、鞋、家具、家电、汽车、汽车配件、酒、五金、木材、加油站、百货等。

(3) 连锁与超市业态结合。美国 1930 年诞生了第一家超市，1939 年发展到 5 000 多家，超市这种新型业态面世即采用连锁制度，成为市场上新的景观。

(三) 全面发展阶段 (1955—1980 年)

20 世纪 50 年代以后，由于新技术革命的推动，美、日、德、法等主要西方国家出现新的经济繁荣，垄断竞争更加激烈，交通、通信逐渐现代化，第三产业成为国民经济的主导产业，城市出现空心化趋势，郊区化现象带来购物中心的外移，居民收入大幅提高，消费趋高走势明显；同时，新兴工业国如亚洲四小龙趁国际经济大循环的空当迅猛发展。这些均为连锁业的全面、快速发展提供了条件。

这一时期连锁业的发展主要有以下特点：

(1) 连锁成为零售业的主导形式。美国 1979 年连锁形式占百货业的 94.2%，占杂货业的 79.7%，到 1993 年，连锁经营销售额占零售总额的 60%以上。

(2) 特许制异军突起与连锁紧密结合。美国 20 世纪 50 年代特许店只有 29 家，到 80 年代已发展到 1 200 家，1988 年加盟店达 50.9 万家，营业额达 6 390 亿美元。特许与连锁的结合，兼容两者之长，相伴发展，相得益彰。

(3) 世界级超大型连锁集团出现。跨国超大型连锁集团的出现是连锁业发展的顶峰。自 1962 年沃尔玛公司成立以来，超大型连锁集团相继面世，成为全球纵横驰骋的生力军。

(四) 创新发展阶段 (1980—1990 年)

20 世纪 80 年代以后，连锁经营进入全面开拓和渗透时期，连锁业迈入新的“现代连锁加盟店”发展时代。其特点是经营手法多元化，连锁经营不再局限于零售业、餐饮业等少数传统行业，开始向非食品零售业、酒店业、不动产业、租赁业、健身美容业、商业服务业等领域渗透。这一时期，不但连锁业的领域有所拓展，服务业的潜能也得到巨大发挥，针对消费者和企业各项需求的商业服务业成为连锁业发展的生力军。

(五) 科技化和国际化阶段 (1990 年至今)

近些年，伴随着通信手段的现代化及科学技术的发展，国家之间的经济往来日益密切，在全球经济一体化的浪潮中，连锁加盟进入国际化时代。在这一时期，美国连锁业凭借其雄厚的资金、先进的管理、成熟的技术，雄心勃勃地开拓海外市场。美国连锁业的国际化不仅推动了商业经营的技术进步，而且在全世界范围内传播消费文化，这种“文化”包括：消费时尚（连锁店创造的是一种遍布全世界的消费时尚）、平等人格（连锁店提供的是同等服务、同种商品，消费者付出的是同样价格）、现代节奏（快速服务、快速消费）、简洁明快（连锁店的外观设计、内部装潢布局等既能不断推陈出新，又能保持赏心悦目的自然风格），推动了世界文明的发展。

从中国的情况来看，2017 年 5 月 16 日，中国连锁经营协会完成了“2016 年行业基本情况及连锁百强调查”。调查表明，2016 年的连锁百强企业销售增幅持续下降，销售规模 2.1 万亿元，同比增长 3.5%，这是有统计以来水平最低的；门店总数 11.4 万余个，同比增长 5.9%。百强企业销售规模占社会消费品零售总额的 6.4%。百强企业共经营超市和大型超市 1.1 万余个，便利店 7.1 万余个，百货店及购物中心 1 200 余个，专业店和专卖店 2.2 万余个，餐饮等其他门店 9 000 余个。

2016 年，便利店增幅最高，达到 16.7%；专业店和专卖店为 6.5%；购物中心 1.6%；超市和大型超市 1.5%；百货店为－2.5%。2016 年，中国便利店行业开店数量及同店销售实现双双增长，便利店数量为 85 478 个，增长率为 10.1%。其中，易捷、昆仑好客、美宜佳分别占据榜单前三名。和一些国外连锁便利店品牌相比，中国便利店行业盈利存在较大提升空间，一二线城市是增长热点。

三、连锁制的本质特征

连锁制是依据社会化大生产原理，结合商业特点并加以运用，实现在专业分工基础上的系统化和规模化，达到规模效益与灵活方便的统一的经营制度。这种制度的本质特征集中表现为：

（一）经营上的分工原则

连锁经营总部集中了经营管理大权。总部是企业法人，实行统一管理、统一进货、统一核算、统一商号、统一库存、统一定价、统一服务规范。

各分店按总部规定专司销售及相关业务，在总部指导下陈列商品和管理商品，进行店内库存管理，将经营中的信息向总部反馈，为顾客提供连带性服务等。

（二）管理上的 3S 原则

3S 原则即专业化、标准化、简约化。连锁制要求管理专业化，即细分专业，突出差异；要求企业形象、员工服饰、产品包装、陈列都要规格化、标准化；还要求总店与分店之间尽量去掉不必要的管理环节，每个分店力求简约，使销售工作“人人会做，人人能做”，以便提高效率。

（三）物流上的集中配送

连锁制要求建立配送中心。只有建立配送中心，才能降低运输、储存和销售成本，连锁经营才有可能取得规模效益。配送中心是连锁经营的中心环节。配送中心由 3C 系统构成，即 TC 系统、DC 系统、PC 系统。

1. TC 系统

TC 系统即商品转运中心系统。此系统是粗略分货系统，负责对整批整捆的产品加以验收。

2. DC 系统

DC 系统即商品发货中心系统。此系统是细分货系统。

3. PC 系统

PC 系统即加工配送系统。此系统对生鲜食品进行检验、加工、解冻、分割、包装，然后送至各门店销售。

（四）信息网络化

对连锁店进行信息网络管理是现代连锁店与传统店铺的重要区别。信息网络包括商品管理系统、财务管理系统、人事管理系统、店铺开发系统、数据库系统的网络管理。

四、连锁经营的类型

以连锁制为依据的零售业有诸多业态，由于各自的特征不同，形成了不同的业态类型。

（一）直营连锁型

直营连锁又称正规连锁、公司连锁、联号商店等。美国商务部对直营连锁下的定义是：以单一资本直接经营 11 家以上商店的零售业或餐饮业的企业形态。英国则规定 10 家以上商店。

直营连锁型的特征是：

（1）资本是连锁的纽带。资本属同一个所有者，归同一家公司、一个联合组织或一个人，由同一个投资主体投资开办分店。

（2）设置独立的总部。原母公司与连锁公司的总部合二为一，形成独立的总部。

（3）经营管理权集中在总部。由总部总揽连锁公司的人事、财务、投资、分配、采购、促销、商流、物流、信息流等各方面的经营管理权。

（4）经营同类商品和服务。经营商品不跨大类，对同类商品的经营活动实行统一管理。

直营连锁型统一调动人力、物力和财力，有利于实行统一战略，有利于同生产部门和金融部门打交道，有利于人才培养和新技术、新产品的开发和推广。这种业态的运作需要庞大的自有资本，经营规模越大，越有利于提高管理成效，因此其发展有一定的限制，由于各分店自主权小，分店经理不是所有者，其主动性受限制。

（二）自愿连锁型

自愿连锁型又称自由连锁、任意连锁，它是由批发企业组织的独立零售集团，即批发主导型连锁集团。其成员零售店铺经营的商品全部或大部分从该批发企业进货。作为对等条件，该批发企业向零售企业提供规定的服务。

自愿连锁型的特征是：

（1）拥有一个或几个核心企业作为主导企业，核心企业是已存在的批发企业或零售企业。

（2）众多分散的零售商加盟成为盟员，这些盟员是小型的、独立的零售商，经营者就是所有者。

（3）以合同为纽带，合同是协商议定的。

（4）成员企业有相对的自主权和独立性，但须统一从总部进货，接受总部统一管理，交纳管理费。

（5）总部可以单独设置，也可由核心企业兼任，总部负责如下事务：

1）制定大规模销售计划；

2）组织共同进货；

3）联合促销；

4）业务指导；

5）组织物流；

6）教育培训；

7）信息利用；

8）资金融通；

9）财务管理；

10）劳保福利；

11）协助成员店进行劳务管理。

自愿连锁型的成员店独立性强、自主权大，有利于调动各成员店的积极性；集中管理指导，有利于提高成员店的经营管理水平；统一进货促销，有利于降低销售成本，获得规模效益；总部投资少，布网快。由于以合同为纽带，因此连接不紧密，组织不够稳定，其发展规模受地域局限，竞争力受成员店分权的影响。

（三）合作连锁型

合作连锁是一些独立、分散的零售商通过自愿协商，共同出资开办一个或几个批发企业并通过合同形成组织的企业形态。

合作连锁与自愿连锁的主要区别是，不存在已有的核心企业，不仅以合同为纽带而且以资本为纽带，其成员店是批发公司和总部的股东。它是连锁制与合作制的结合，既有横向合作，又有纵向合作，形成组织内的民主。

五、连锁制创造规模效益的机理

连锁经营是流通领域中若干同业店铺，以共同进货或授予特许权等方式联系起来，实现服务标准化、经营专业化、管理规范化、共享规模效益的一种现代经营方式和组织形式。它的实质是把社会化大生产和专业分工的原理应用于流通领域，通过“规模化、标准化、统一化、单纯化”，达到提高经济效益、降低流通成本的目的。连锁经营创造规模效益是其迅速发展的最主要的推动力，是单个商店所无法企及的。具体有以下几方面的优势。

（一）连锁店具有大批量低价格购买优势

连锁店不仅其经营的商品可以大批量低价格购买，而且其固定设备、流动资产由于是统一设置的，也可以大批量低价格购买。大批量进货不但使连锁店进货价格低，运费也低，大批量进货还使连锁店能从生产厂家获得折扣、优质商品、延期付款、及时送货等种种好处。连锁店大批量一次进货的成本远远低于单个商店小批量多次进货的成本。

（二）连锁经营可以使企业大规模快速发展

连锁店可以不受限制地开设分店，把分散的经营主体组织起来形成群体，统一管理，统一运营，迅速扩大企业规模，实行规模经营，增加竞争力。这种用开办分店的方法使企业的规模迅速发展是单个商店无法实现的。如美国的彭尼连锁公司仅用 20 年就达到了百货商场梅西公司花了 60 年才达到的规模。

（三）连锁经营可以节省广告费用，扩大广告效益

连锁店的广告费用可由众多的分店分担，总销售额中广告成本的比重因此降低了不少，且分店散布在各地，当广告随着媒介传播到各分店时，广告效益就会辐射各地。如麦当劳的连锁分店遍布美国各地，不管走到哪儿，都可以见到其著名的标志，这极大地影响着顾客的消费。

（四）连锁经营可以节约大量流通费用

连锁店利用现代科学技术完善了专业分工，通过配送中心科学合理地组织商流，把批发和零售有机地融合在一起，从而使商品在流通过程中基本实现了最少的环节、最短的距离、最低的费用、最高的效率，节约了流通费用。

六、我国的连锁经营

（一）对我国实行连锁经营的评价

自 20 世纪 80 年代中期以来，全国大部分地区已经推行连锁经营。据统计，截至 2016 年，全国有 232 444 家连锁零售店铺，25 634 家连锁餐饮店铺。全国连锁店的商品零售额占社会零售额的 6.4%。在“新常态”背景下，我国零售业持续面临经济增速放缓、成本上涨的双重压力，连锁企业面临多方面的挑战。当人们回顾这几十年连锁经营的历程时，会达成以下共识：

1. 正确理解连锁经营模式

国内连锁店由于缺乏现代连锁经营管理理念和专有技术，对连锁经营模式认识不全面，没有在实践中真正地导入连锁经营方式和机制，导致总部对加盟店的管理力度和支持力度不够。第一，总部缺乏对加盟店的统一标准化管理。加盟店在相同的总部招牌下却没有贯彻标准化原则，造成连而不锁、无法发挥规模效益，且店面互相模仿，外观雷同、产品同质，容易产生混淆，无法形成鲜明的品牌感知。第二，受限于技术和资金，总部对加盟店缺乏系统的技术和业务指导，出现指导时间无法得到保证、解决问题拖沓、缺乏针对性指导和个性化培训等问题。

连锁店规模的迅速扩张是提高便利店市场占有率和持续收益的前提条件。便利店以日用品或即时商品为主要盈利点，特许加盟只需要总部提供统一的商品，产品质量就能得到保证，方便扩大经营规模。对比直营连锁和自愿加盟模式，特许加盟是便利店扩大规模的最主要方式。

2. 连锁经营的本质是追求规模经济效益

然而我国大部分连锁企业将目光局限在国外连锁店经营成功的表象上，认为连锁店越多，效益越多，于是没有调查就盲目扩张新店，并且不能优化组合，形成分割式小规模发展的格局，导致投入的资金无法快速收回，经济基础不稳固，造成资源浪费，无法发挥连锁经营规模发展的优势。我国连锁店和发达国家的差距不仅体现在经营规模上，更体现在支撑连锁管理系统的核心技术上，尤其是物流管理技术。国际惯例规定连锁店的统一物流配送率至少为80%。然而受限于不完善的物流配送体系，我国大多数连锁企业的统一采购率、统一配送率只有30%～60%，并且主要采用储存式物流运作方式，即商品购进门店以后存放在仓库，然后慢慢销售出去，这容易造成库存的积压和浪费。

3. 缺乏政策支持

连锁企业亏损经营引起有关部门对该行业发展潜力的质疑，甚至有人认为连锁店不适合在地域广阔、经济水平差异较大的中国发展，尤其是居民收入水平较低的二三线中小城市。由于这种对连锁店不全面的认识，国内政府部门普遍缺乏对发展连锁店的重视，经常出现企业办理政府核准业务（特别是跨区域项目）却得不到及时回复和解决的情况，政策贯彻落实的程度不够。

4. 缺乏人才支持

高素质管理人才是连锁企业发展的根本，也是连锁店的竞争优势。我国连锁经营规模的急剧扩张导致专业人才严重匮乏。尤其是中小企业由于规模小、制度不成熟，普遍存在人力资源管理体制管不住人、薪酬福利体制留不住人的现象。连锁总部缺乏高素质管理人才，难以科学地管理和指导加盟店主，从而无法实现规模效益。我国连锁店的发展迫切需要培养一批专业管理和技术人才。

（二）实行连锁经营存在的问题

（1）连而不锁，换汤不换药。许多连锁企业只满足于换换门面或者沿袭传统的联购分销方式，而不是在分配上锁定成本，改变传统的经营方式。连锁经营与联购分销是两种不同的经营方式，两者的根本区别在于连锁经营从理念到行为是现代的，而联购分销是在不改变传统经营方式下的一种措施。

（2）定点、定位缺乏科学性。连锁店的形式是多样的，既有超级市场、购物中心，又有折扣商店、货仓式商店、平价连锁店等。在采用什么样的形式上有些企业往往不进行周密的市场调研和分析，千篇一律地采用综合性百货商场连锁，很难适应我国目前多元化、多层次的消费需求状况，连锁经营难以发挥其活力和优越性。

（3）政府越俎代庖，取代企业行为。不论是自由连锁、正规连锁还是合作连锁，都应该是企业行为，企业要有动力机制。我国大多数连锁经营都是政府行为，政府搞“拉郎配”，在企业负责人对连锁的做法一无所知或懵懵懂懂的情况下，糊里糊涂地被动参与连锁，企业缺乏内在的动力机制，陷入了盲人骑瞎马的境地。

（4）企业部分当事人观念陈旧。有的当事人习惯于经营小圈子，“宁做鸡头，不做凤尾”，对连锁经营缺乏诚意和认识，即使在主管部门的撮合下参与连锁，也是貌合神离，依旧用传统经营的那一套运营。转了一个圈，又回到原地踏步。

（5）资金短缺制约配送中心的组建和其他硬件设施的建设。配送中心是实行连锁、降低营销成本的关键，电脑控制、条形码识别是连锁店现代化、简约化、专业化、规范化的必要工具和手段，建设一个配送中心需要 2 000 万元，装备一个 500 平方米的超市需要 200 万元，改造一个便民店也需要十几万元。投资不到位，凑合着办必然使连锁店走样。

（6）宏观层面的体制、机制、法制的配套尚待完善。北京、上海、广州、南京等地的连锁经营试办成功率较高，与这些城市的扶持、帮助分不开。就全国范围而言，宏观层面的体制、机制、法制的配套政策和措施还没来得及出台，因此，各地的发展参差不齐，有的地方走了样，并不是真正意义上的连锁。连锁企业不能依赖政府，但政府应该给予连锁企业必要的宏观管理和支持。

（三）规范中国连锁经营的基本思路

中国连锁经营的健康发展重在规范。规范中国连锁经营主要按以下基本思路运作：

（1）循名责实，坚持标准化、规范化。对已建或正在兴办的连锁企业逐一清点其具备的条件、经营现状、规模程度、经济效益、管理方式等。对不规范的企业进行整顿；对未达标准的企业帮助其创造条件；对纯属欺世盗名者则毫不留情地取消连锁名目。应毫不犹豫地与国际连锁业接轨。

（2）既要建场，更要建市，真正实现经营方式的转变。搞连锁绝不是形式上的改头换面，而是通过连锁实现从传统方式向现代经营方式的转变，要通过树立新的形象建立新型的、广泛的交换关系，以增强市场的流动性。店铺硬件的改善只为有利于发展交换关系服务。“市”的建设与经营方式的转换密不可分，经营方式是否转变要以顾客满意度为标准。

（3）业态分流，形成各类连锁的专业化特色，连锁店的生命力在于特色。特色关系到消费者衣、食、住、行各个方面的需要，特色可满足不同消费群体的价值追求和消费偏好。清一色的综合型既无行业特点，又无企业特色，只能混同于一般传统的百货店。没有现代感，没有文化内涵，没有艺术魅力，就没有吸引顾客的力量。

（4）量力而行，主管部门要掌握发展的规模与节奏。我国搞经济建设、搞改革有一哄而上的陋习，这也是搞连锁必须引以为戒的问题。连锁业的发展与消费者的收入及购买力直接相关。不能脱离消费者的购买力水平而盲目追随国外大型连锁业的发展。同时，连锁企业本身必须具有一定的数量规模才能取得较好的经济效益，连锁业的效益来自降低销售成本和储运成本，这需要加强硬件设施的设置和配送中心的建设，没有配送中心和电脑管理，就失去了降低成本的先决条件，连锁经营就失去了意义，因此，要办连锁必须考虑建配送中心，考虑是否具备一定的投资能力，主管部门在规划连锁业的发展中也要坚持量力而行的原则，没有条件不必勉强赶潮流，只有创造了条件才能施行。

（5）连锁店的组建必须事前进行市场调研、分析、策划和论证，未经专家团认可的企业不得以连锁企业的名义开业。为什么有的企业会从连锁退回原状，就是因为开办连锁店前未经调研、论证，盲目上马，一旦开始运营才发觉条件并不具备。这样改来变去，既破坏了连锁的名声，也带来了经济损失。专家团的论证是依据连锁的条件进行的，可避免不必要的经济损失和混乱、一哄而上的局面，政府需要有序地依据不同的连锁分店分类指导，进行科学的定点定位。

（6）普及连锁知识，提高经办者、管理者、广大消费者的认知程度。连锁知识的普及和人员培训可以减少兴办连锁业的盲目性，消除经办者、管理者在兴办过程中的盲点，避免误导。只有当各方人士对连锁业的认识提高了、准确了，行为举措才不会失当。同时，通过对连锁知识的普及，可使广大员工和管理者从小商品经济的桎梏中解脱出来，接受社会化大流通的新理论、新思路，以适应社会主义市场经济的要求。

国际连锁经营有很长的历史，其间经历过收缩阶段，但终究还是发展壮大了。中国连锁经营虽有不尽如人意之处，但毕竟还是起步了，中国社会化大生产的发展、社会主义市场经济制度的建立、城镇居民消费水平的提高、商业流通制度的创新、科技的发展与信息的普及都决定了中国连锁经营将得到进一步发展，连锁经营的前景是广阔的，只要我们锲而不舍地总结经验、克服困难、解决问题，就会迎来更加辉煌的前景。

第2节　特许制的原理及策划

特许经营是19世纪50年代以后为适应经济发展和企业经营的需要而形成的一种新的经营方式，经过100多年的发展，特许经营已成为一种相对完善的经营制度，拥有一套较完善的理论体系及众多成熟的特许制企业。特许经营为企业开拓市场、壮大实力起到了很好的促进作用，特别是为企业的国际化提供了一条有益的途径。

一、特许制的形成与发展

特许制是特许人和受许人之间的一种契约关系，即特许人允许受许人在某一特定范围内使用其公司的名称、商标及其他无形资产；相应地，受许人必须保持特许人的经营特色，严格按照特许人所制定的经营方式和方法经营企业，并定期支付权利金或其他事先约定的报酬。

特许经营是一种新兴的制度，已扩展到众多行业，包括餐饮、酒店、休闲旅游、汽车用品服务、商业服务、印刷、人力资源开发、家庭服务、住宅装饰、便利商店、洗衣店、教育用品服务、汽车租赁、机器设备租赁、健身美容、房地产中介、非食品零售（如药品、家具、服饰）等。

特许制作为一种营销制度出现在19世纪的美国。50年代，美国著名的胜家缝纫机公司遇到了营销困难，为摆脱困境，该公司首次采用特许制进行分销，创立了特许经营这种新的营销制度。

最初将特许制广泛应用于行业发展，并推动特许制与该行业一同蓬勃发展的是汽车分销业。20世纪初，随着汽车业的快速发展，其生产规模和需求量都迅速扩大，因此销售环节显得越来越重要。为解决销售问题，汽车制造商采用了各种各样的方式，如邮寄订单、寻找代理、上门推销等，但成果都不尽如人意，这是由汽车业本身的特点决定的。首先，在汽车业迅速发展初期，汽车制造商认为自己的专长是设计和生产，而不是销售。这一观点虽有失偏颇，但也说明汽车业发展中的一个问题。随着汽车业的发展，企业规模日益扩大，消费需求增加且越来越多样化，对产品的生产和销售提出越来越高的要求。销售必然要作为一个独立的环节从生产中脱离出来接受专门的管理。其次，汽车制造商必须依靠大量的地区分销商，因为地区分销商更容易与当地社区建立、维持和发展关系，从而使销售、服务、信息传播等能更加顺利地进行。最后，汽车的地区分销不适合厂商自己来做。一个汽车制造企业所需要的零售分销商众多，厂商难以筹集开设零售机构所需的庞大资金，因此，经过各种实践，汽车制造商采用特许制经营是汽车分销最理想的途径。特许制既有利于分散管理的压力，解决资金筹集问题，又能有效地保持企业特色。

第二次世界大战到 20 世纪 50 年代末，随着经济的复苏，特许制延伸到会计服务、企业服务、汽车租赁、旅馆、设备租赁、学校、咨询、休闲、快餐、清洁洗染业等众多领域，成为一种蓬勃发展的经营业态。

特许经营的发展同许多事物的发展一样是曲折的。20 世纪 60 年代，这种经营方式及其业态一度萎缩，其原因是特许经营给特许方和受许方均带来可观的经济效益，一时备受瞩目，不少不具备特许权的企业混迹其中，滥用特许权，给社会造成不良影响，于是社会各界呼吁对特许经营实行法律监督，并要求公开合同内容。在社会强大的压力下，特许经营的发展受挫，一度出现萎缩。

70 年代后，随着世界经济的国际化，以及连锁经营、跨国公司等经营方式的发展，特许经营再次受到各国的重视。不少厂商将特许制与跨国经营、连锁经营结合在一起，形成新型跨国公司和特许连锁等业态。特许经营在世界经济发展的浪潮中适应了制度创新的需要和业态变化的要求，得到了较大发展。美国特许经营的营业额自 1990 年以来，年增长率保持在 14%左右，其中经营模式型特许经营增长率大约是 14.8%，分店数目增长率为 10.5%。

截至 2006 年底，中国的特许体系数量超过 2 600 个，加盟店近 20 万家，分别比上年增长 13%和 16%。特许企业为社会提供就业岗位超过 300 万。2007 年 3 月发布的连锁百强企业中，46%的企业开展特许经营，特许经营的销售规模达 1 020 亿元。

特许制是一种特殊的经营制度，也是适应市场经济需要而出现的一种经营方式，特许方拥有独特的产品、资源、经营管理方式，具有一定的特征，在市场上呈现富有个性的业态。受许企业在特许合同的制约下，按照特许方的要求经营，这类受许企业也呈现具有自身特色的生存状态，有别于其他形式的流通企业。

二、特许经营的类型

随着特许制的不断发展，其内容越来越广泛，迄今为止，已有四种不同类型的特许经营方式。

（一）商品商标型特许

商品商标型特许是第一代特许经营方式，它的特点是特许人授权受许人对特定产品或商标进行商业开发，特许人保留所有权，享有商誉，受许人定期向特许人支付费用。

特许人通常是制造商或产品部件生产商，采用特许制是为品牌化的产品寻找销路或寻求最终产品的组装商，并把品牌化的产品分销给零售商。这种经营制度较为普遍，操作也较为简单。可口可乐、百事可乐及福特汽车公司都采用这种经营方式。

（二）经营模式特许

经营模式特许经营是第二代特许经营方式，较之商品商标型特许经营，这种方式的内容更为丰富，涉及行业更为普遍。

1. 经营模式特许是最普遍的一种特许模式

经营模式特许是在商品商标型特许模式基础上发展而来的，又是各种新特许模式的基础。经营模式特许具有如下特征：

（1）特许人与受许人双方签订合同，包括经营业务的内容与双方的权利义务，以此约束双方的行为，保证特许经营的成功。

（2）受许人只能在限定区域和时间内使用特许商标和经营方式，不能超越其特许范围。

（3）特许人提供经营的全套方案，受许人必须严格遵守，以保证一定的质量标准。

（4）特许人的经营模式需要在其直营店中全面测试并证明成功之后才能实行。

（5）受许人开业前必须接受特许人的培训。

（6）特许人在受许人开业后必须提供各种支持，如广告、宣传及促销活动。

（7）受许人除支付首期特许费和后续年金外，还应为特许人的促销提供一定资金。

（8）受许人要得到特许，必须投入一定的资金，这些资金既可保证受许人有足够的能力从事特许业务的经营，又会促使其努力工作，以满足特许人与受许人双方的利益要求，维持特许人的企业形象。

（9）特许人得益于受许人的资金投入和努力工作，受许人得益于特许人的良好商誉。

（10）受许人业务归自己所有，受许人拥有材料、设备、营业场所等的所有权，可自由处置。

2. 经营模式特许的分类

经营模式特许可按不同标准进行分类，第一种分类方式是按受许人所需投入的资金量进行分类，可分为：

（1）工作型特许经营。工作型特许经营只需受许人投入很少的资金，通常可在受许人的家中开展业务。这种类型的业务通常只需一个人，如家政服务。工作型特许经营一般不需要营业场所，受许人实际上是为自己买一份工作。

（2）业务型特许经营。业务型特许经营需要相对大的投资，用于采购产品、设备和购买或租赁营业场所，受许人需要雇用员工，这一经营方式广泛用于冲印胶卷、会计服务、洗衣、快餐外卖等多种行业。

（3）投资型特许经营。在经营模式特许经营中投资型特许经营所需资金最多，受许人不仅是为自己找一份工作，更重要的是获得投资回报。这种特许常见于快餐业，如麦当劳、肯德基等。

另一种常见的经营模式特许分类方式是按特许人和受许人的性质划分，可分为：

（1）制造商与批发商。制造商特许批发商在一定范围内经营其产品。如可口可乐公司授权批发商在一指定地区使用其提供的浓缩液装瓶并出售。

（2）制造商与零售商。这种特许方式在商品商标型特许中广泛使用，如汽车行业的特许经营通常就是在汽车制造商和零售商之间进行的。

（3）批发商与零售商。批发商特许零售商经营其商品，使用其名称等。

（4）零售商之间。一个零售商特许其他零售商采用其业务模式。

（三）分支特许

分支特许是成熟的公司将其所有的分店转换成受许人独立所有的特许经营方式。采用这种方式，公司不仅可以从分店收回投资，还能继续以年金和服务费的形式获得利润。比起传统的增开分店的方式，分支特许能减少费用及经营风险，另外，对受许人而言，拥有分店所有权能提高其经营积极性，有利于建立良好的顾客关系，促进分店及总店的共同发展。采用分支特许的方式不仅能为企业带来更多的利润，还能加快企业的增长速度。当然，采用分支特许的企业必须具有良好的声誉、成熟的经营业务和一定的经济实力。采用分支特许是改造传统企业、促进企业发展的一种有益的方式。

（四）转换型特许

转换型特许是指将现有的独立所有的业务转换成特许经营，即特许其他企业经营本企业原本独立所有的业务。转换型特许是扩展公司业务、谋求更大收益的一种有效的经营方式。采用转换型特许，企业容易进入新的经营领域。企业采用转换型特许可以减少以往为扩展业务而花在谈判、筹备、申请等事项上的时间和费用，还可获得间接收入。采用转换型特许还有一个非常有利的条件，即受许人通常具有足够的技术和经济实力，可减少特许人提供的培训和监督，并加快业务的扩展进度。特许人还能从受许人处吸收新的经验和知识。由于转换型特许的授权和被授权双方都是独立企业，特许对象为一定业务而非一种经营模式、商品或商标，这会给特许经营的成功带来一定障碍。其中最为突出和常见的问题有两方面：一方面，由于受许人是具有一定技术、经济实力的独立企业，特许人往往难以迫使受许人接受自己的意志，从而影响双方的沟通与合作；另一方面，受许人接受特许之前的一些遗留问题可能影响合作的成功，如遗留的债务、旧雇员的能力和工作作风、受许人在以往经营中留下的不良形象等。转换型特许是特许制的一种新的运用，不同于其他类型特许，转换型特许成功的关键在于对受许人的合理选择。

三、特许经营的运作原理

特许经营作为一种新的经营形式，是随着经济的发展而产生、发展起来的，它和一定的经济背景及在该经济背景下产生的经济理论相适应。特许制的产生依赖于两个重要的经济理论——经济组织发展趋势理论及组织结构和企业形态理论。

（一）经济组织发展趋势理论

20 世纪以来，随着生产的发展，经济组织出现两种发展趋势：一是生产领域垂直一体化趋势，即后向一体化和前向一体化，这为产供销一条龙的联合、为大公司的出现奠定了基础；另一种趋势是垂直分散化，即随着产业分工的加剧和市场细分化，部分生产企业和流通企业的车间分散到各地，形成国际企业，往往一个产品的零部件生产和流通横跨多个地区甚至国家，形成以全球为依托的国际企业和国际市场。原有企业的车间分散为特许制的实施提供了必要性，原来那种集中管理的办法已不适应，要根据分散拆零的现实状况形成新的管理制度，特许制就是在这种背景下应运而生的，许多传统的业态在特许制的作用下呈现新的特征。

（二）组织结构和企业形态理论

组织结构和企业形态理论中的代理理论和交易费用理论是特许制产生的基础。代理理论的核心是如何使代理人按委托人的意愿行事，这正是特许制中解决特许人和受许人关系的核心问题。交易费用理论则注重把供应商与分销商结合到同一公司内部，从而享受取消市场合同的好处，即用层级制取代市场合同，这也是特许制中常常涉及的问题。

特许经营的基本含义是拥有品牌、经营观念或经营模式的一方把名义上的企业交给所有者经营。对特许人而言，随着市场需求的扩大，由于企业本身资源有限，无法通过自身努力满足要求，这时需要借助他人的资源和能力来实现产品和服务的分销；同时，缺乏资金和经验的中小业主在竞争中难以立足而接受受许人地位，依赖现成的、经过测试的经营模式、经营观念和品牌成为一条安全可行的途径。可见，特许经营既提高了分销效率，同时也满足了特许人和受许人双方的利益。

特许经营中最引人注目的现象是广告和品牌促销等活动是集中进行的，而特许产品和服务的分销则是分散进行的。企业的最终顾客，也就是受许人的顾客将商标价值理解为，提供在此商标下最低限度的产品和服务的质量与价格保证，这样就将企业知名度与美誉度的增长同分销效率的提高有效地结合起来。

特许制的核心是工业知识产权，特许人通过知识产权的所有权控制受许人，因此保护知识产权成为企业生存的核心。保护知识产权要注意两方面的工作：一是依法保护，及时进行商标注册和专利申请；二是建立完善的监控制度，防止受许人泄露特许人的商业机密。

在特许制产生和发展的同时出现了许多其他新的制度，在同样的经济背景下产生的众多新的制度或经营方式有许多相似之处，从理论上对这些业态或经营方式进行划分是研究和完善市场营销理论所必需的。

1. 特许制与代理制

代理制是指代理人按授权人意志销售企业产品。代理人通常对所代理商品或业务无所有权，通过获取佣金的形式为企业销售产品或开拓市场。代理人的经营方式不受委托人约束，可为独家代理也可为多个委托人代理。特许制中的受许人不是特许人的代理人或伙伴，受许人只能服从特许人的意志，无权代表特许人行事，但受许人通常对自己的业务拥有所有权，除向特许人缴纳首期特许费用和年金外，受许企业的利润归自己所有。一般受许人只能接受一个特许人。

2. 特许制与许可证交易

许可证交易是指一方授予另一方执行某项特定功能，通常是授权制造某种产品或设备。与受许人不同的是被许可人可能还有其他业务，被许可制造的产品可能只是其生产的其他产品的补充或附件，而受许人不能拥有被授权业务之外的其他业务。同时，被许可人没有采纳和遵从某个模式或体系的义务，被许可人是独立商人，不需要按许可人的意志行事。

3. 特许制与连锁

特许制与连锁是最容易混淆的两种形式，它们有众多的相似之处，但作为两种不同的经营形式，它们具有一些本质的区别。

第一，两者之间最本质的区别在于连锁企业的所有权属于同一投资者，连锁企业经营同类商品和服务，连锁总店对各分店拥有所有权和决定权。而特许制的核心是特许权的转让，特许人是转让方，特许人对受许人无所有权，各受许人之间相对独立，受许人有独立的人事权和财务权。

第二，从经营范围来看，通常特许制较之连锁更为广泛，连锁企业一般限于流通业和服务业，特许企业还涉及制造业。

第三，从联结方式看，特许人与受许人之间是契约关系，通常由合同确立双方的权利和义务，而连锁总店与分店之间主要是以资产为联结纽带，总店对分店的管理是公司的内部管理。

第四，二者的运作方式不一样，特许经营依赖于经营模式、特定商品、商标等有形、无形资产的授权转让，而连锁经营则不存在上述运作方式。

需要指出的是，在现实经济活动中，特许制和连锁经营进行结合形成特许连锁的经营形式。显然这种形式兼有两种制度的特点，即垂直关系采用特许制，水平关系采用连锁制，使有关企业上下左右都通过相应的制度联结起来，充分发挥两种经营制度的优势，这种经营形式既不同于单一特许经营，也不同于一般连锁经营。

四、特许制的利弊分析

特许制作为一种新的经营方式显示出强大的生命力是由于它适应了经济发展的需要。特许制的运用为双方带来巨大的利益。就特许人而言，受许人网络的扩大为特许人带来大量的财务资源和人力资源。特许制是特权的转让，分店的开设由受许人提供资金，比起自己开设分店而言，特许人花较小的代价就可以利用受许人的大量资金。同时，由于受许人是自己业务的所有者，这样会激励其搞好经营，并在员工的招聘、培训、激励和管理上尽心尽责，使特许人间接获得大量的人力资源。

（一）特许制对特许人的利益

特许制给特许人带来的利益包括：

（1）特许人所属企业总部人员精简；

（2）不必处理各分店的日常事务，减少风险，减少大量繁杂的日常工作；

（3）由于借用他人的人力资源和财务资源，企业可以用最少的资金发展组织，扩大业务范围；

（4）特许人可充分利用受许人在受许地的社会关系及对当地社会经济、文化环境的了解来发展业务；

（5）特许人面临的人事问题较少，可以集中精力从事业务活动；

（6）各分店由其所有者管理，效果优于雇用经理；

（7）稳定的受许人网络能保证稳定的销售渠道，确保产品的销售量；

（8）可以充分利用分销渠道和各分店的仓储设施；

（9）特许制为拥有成熟连锁企业的店主提供了扩展业务的方法，可以以强补弱，优化企业结构；

（10）在特许企业中引入连锁同样可以壮大企业实力，增加企业收入，优化企业结构。

（二）特许制对特许人的不足

特许双方既是利益共同体，也存在利益分歧，因为双方是不同的利益主体，在具体业务操作过程中会遇到各种麻烦。

（1）由于特许制可能妨碍受许人获得更多的机会，因而被受许人视为多余，这将妨碍双方的合作；

（2）特许制容易导致受许人不思进取，进而阻碍特许人的业务发展；

（3）特许人必须在整个业务网络中保持产品和服务的质量标准，这往往导致其和受许人发生摩擦；

（4）特许人和受许人由于利益关系而存在种种矛盾，如：特许人对受许人的培训可能导致培养将来的竞争对手；特许人和受许人双方在设备更新等问题上难以达成共识；受许人会隐瞒账目以减少支付金额等。

（三）特许制对受许人的利益

同样，受许人在特许制中也会获得大量的益处，受许人获得的利益表现在诸多方面：

（1）受许人可以获得培训；

（2）受许人是特许体系中的独立商人，可以获得特许人持续不断的激励和协助，并获得投资收益最大化的机会；

（3）受许人可获得特许人的品牌、声誉带来的利益；

（4）比起独立开业，受许人花费资金较少；

（5）受许人可以获得特许人的服务；

（6）受许人可以得益于特许人在全国范围内的广告和营业推广活动；

（7）受许人可以受益于整个特许体系的谈判能力和大量进货的价格优惠；

（8）受许人是独立商人，其独立性得到保护；

（9）可以降低受许人的经营风险；

（10）受许人可以享受银行贷款、信息收集等方面的优惠条件。

（四）特许制对受许人的不足

在受许人享受大量独立开业、经营所不能取得的利益的同时，也将面临一些可能阻碍其自身发展的问题：

（1）受许人受特许人控制，缺少自己的经营特色，在经营中必须服从特许人的意志；

（2）受许人可能过分依赖特许人，进而阻碍自身发展；

（3）受许人必须支付为数不少的特许费；

（4）受许人缺乏评估特许人素质的能力和途径；

(5) 受许人的盈利受特许人政策的影响；

(6) 受许人对特许体系无能为力，可能会由于无法控制的原因而损害自身的商誉和形象。

五、国际特许经营

国际特许经营是特许制在企业跨国经营中的运用，即某国的特许人与别国的受许人之间的一种契约关系。特许人允许外国受许人在某一特定范围内使用其公司的名称、商标及其他无形资产；相应地，受许人必须保持特许人的经营特色，严格按照特许人所制定的经营方式和方法经营企业，并定期支付权利金及其他事先约定的报酬。

(一) 国际特许经营的产生和发展

国际化是企业发展的必然趋势，企业国际化的途径多种多样。采用国际特许经营是其中一条有益的途径，对有独特产品或服务但缺乏资金和国际经营经验的企业而言更是如此。

最先将特许经营国际化的是美国企业。20 世纪 60 年代，美国一些大公司开始以特许方式扩展国际业务，包括可口可乐、百事可乐、假日酒店及希尔顿酒店等国际大公司。除美国外，欧洲和日本等发达国家的国际特许经营业务也迅速发展起来，一些发展中国家和地区也开始运用国际特许经营方式进入国际市场，国际特许经营成为企业国际化的常用方式。

(二) 国际特许经营的适用条件

国际特许经营之所以受到企业的青睐是因为它拥有许多对外直接投资所不可比拟的优点。首先，国际特许经营能以极少的投资快速开拓国际市场，仅以著名的企业名称及产品品牌就能推动市场营销，而不需要企业投入很多的人力、物力和财力；其次，企业利用统一的产品和广告就可以得到规模经济效益，而将复杂的分销业务从企业经营中划分出来可以节省资金、时间和精力；最后，国际特许经营可以避免因直接对外投资而引起的许多风险，特别是政治风险和金融风险。因此，从事跨国经营的企业在进入新的市场时往往采用国际特许经营方式。

当然，也不是任何企业都适于从事国际特许经营业务。一方面，并不是所有企业的生产经营项目都适合采用特许方式；另一方面，采用特许经营方式会降低企业收益和对分店的控制能力。通常是在企业资金不足或国际经营经验不足或对新的经营领域不熟悉时，才采用国际特许经营的方式来开拓海外市场。一个企业必须具备以下几个基本条件才有资格以特许方式从事国际经营：

(1) 企业拥有著名的名称或产品品牌。特许通常是对无形资产使用权的特许，拥有著名的企业名称或产品品牌是让受许人和消费者接受的先决条件。

(2) 企业拥有独特的产品或服务，并且这些产品或服务通常难以以出口方式进入国际市场。肯德基为保证炸鸡的鲜嫩程度规定炸鸡出炉后一个半小时仍未卖掉就应丢弃，这种商品显然不可能用出口方式进行国际经营。

(3) 企业拥有的生产技术、管理技术、经营模式等容易转移。生产技术、管理技术难度不高，经营模式明确、易操作的产品或服务因容易转移而适合特许经营，如可乐、汉堡包、旅店服务等。需要高水平技术的产品或服务不适合特许经营，如大型设备、高新技术设施等。

（三）从事国际特许经营必须注意的几个问题

国际特许经营不同于一般的特许经营，国际特许经营业务是在全世界范围内开展的，而每一个地域市场有其不同的特点，同时由于公司规模的扩大和外延市场的扩大，内部条件变化迅速，从事国际特许经营的企业应随时注意调整生产经营，以适应企业发展的需要。

（1）从事国际特许经营必须适合目标市场的需求。国际特许经营强调的是全球一致的产品、服务，但不同的目标市场有不同的政治、经济、文化背景，因此，在必要时企业应对其产品、服务等做适当的调整，以适应目标市场的需要。美国的 Beef-A-Roo 快餐连锁店为进入澳大利亚市场更改了商标，因为 Roo 在当地的意思是袋鼠肉，而食用袋鼠肉是澳大利亚人所厌恶的，所以公司将其商标改成了 Beef-Ranch。一家企业要进入海外市场，首先应熟悉当地的文化背景和法律规定，有为目标市场的文化环境所容纳且不违反当地法律的产品、服务，才能在目标市场生存和发展起来，这是任何企业都必须遵守的经营规则。当然，作为特许经营，企业也要注意过分的地方化会破坏企业全球一致的优势。

（2）国际特许经营企业要注意对业态的选择和调整。企业选择经营某种业务是因为它能促进企业发展。只要是能推动企业发展的经营方式都是合理的选择。从事国际特许经营的企业应根据市场和自身条件的变化，适当地调整其经营方式。如对难以进入的市场可采用转换型特许；对新进入的市场，如果受许人难以接受，可以采用直接投资的形式，待企业成熟后再采取分支特许或出售部分股权等方式收回资金。另外，企业通常在经验不足或资金有限时采用特许经营，这样虽减少了投资风险，但也会减少收益，降低对业务的控制能力，因此当企业财力壮大、经验丰富时可以采用投资参股、控股等方式形成合资或独资企业。总之，随着企业的不断发展，企业应不断调整其经营结构和资产结构，才能保持利益的最大化。

（3）对特许权缺乏适度的分割。国际特许经营对特许人而言，往往产生对受许人控制不力的弊端。为解决这一问题，一方面，企业应完善双方合同，努力从制度上加强对受许人的控制，并对受许人进行检查和监督。另一方面，企业应对其拥有的特许权进行适度的分割。一个企业所拥有的人力、物力和财力总是有限的，随着跨国企业经营范围的扩大，对每个目标市场的控制能力必然会减弱，在这种情况下，从事国际特许经营的企业可以分地区赋予“再特许权”，使某一分地区自成体系，这样就可以减轻总公司的业务压力，更有利于地区业务的开拓。当然，采用这种方法要求各地区的受许企业都能保持全球一致的公司形象和管理体制。

六、我国的特许经营

在我国，传统的经营方式在生产、流通、消费等各个领域还占据主要地位，但各种新兴经营方式为适应市场经济发展的需要产生并发展起来，并在许多领域取得良好的业绩。特许经营作为一种扩展市场、创建名牌的有效形式，传入我国后获得了良好的发展。

（一）我国特许经营的兴起和发展

我国的特许经营是随着改革开放以来大量新的经营观念、市场理论和外资的涌入而产生的。1989—1992 年间，大量特许组织进入我国市场，这些企业多以独资或合资形式经营，并未采取特许经营的方式。1992 年后，国外特许组织开始以特许方式开展业务。在很短的时间内，许多著名的特许企业在中国开设了分店，取得了巨大的商业利润和良好的社会声誉。

在国外特许企业进入中国市场的同时，国内企业开始认识并接受特许这种新的经营方式，并且着手实施，全聚德的成功实践为我们提供了良好的例证。

全聚德推行品牌、扩大业务、增强企业竞争力的关键是导入 CIS 战略，实行标准化管理，即在企业形象上达到三个统一：统一经营理念、统一行为准则、统一视觉形象，并严格按此标准扩大特许业务。全聚德为企业设计了统一的商号、商标、牌匾、企业标识、卡通形象、店铺建筑风格、服务、茶酒具等，同时建立以“全聚德特许经营权”为核心内容的控制体系，成立管理分公司、配送中心、培训中心，统一供应原料、辅料、特色商品、工具用具、器皿、设备、服装面料，确定了统一的管理方式、质量标准、操作规程、服务规范、制作工艺和食品配方，还编写了《全聚德特许经营管理手册》，对原有的企业进行重新认证。

全聚德的成功得益于经营方式和经营观念。我国许多企业特别是中小企业拥有各种优质独特的产品或服务，但皆受资金不足的限制，采用特许经营无疑是值得尝试的开拓市场的重要途径。

（二）我国发展特许经营的意义和条件

1. 利用特许制改造传统企业，建立新企业

利用特许制改造我国陷入困境的老企业，可以有效地解决企业资金匮乏、负担过重、难以正常发展的问题。企业利用特许制进行改造，可以用较少的资金扩展业务，通过将分店或业务出售等形式获得大量营运资金，并分散企业经营风险。另外，还可以利用无形资产的特许使用，在不需要付出资金的前提下扩展业务，获取收入。可以利用特许制发展一些新的业务或已经存在但成长缓慢而难以形成规模的业务，如汽车租赁、健身美容、房地产中介、住宅装修等，使企业在较短时间内以较少的资金迅速扩展业务，实现成长。

利用特许制改造传统企业或建立新企业的优势包括：

（1）可利用社会上的闲散资金发展企业，如一些不成熟的、本身难以发展的中小企业的资金，将这些企业纳入特许企业范围内，既利用了资金又促进了企业成长；另外，社会上的个人资金数量少，不可能进行大规模投资，特许经营可以使企业和个人投资者双方都获取利益。

（2）可促使企业迅速成长，降低产品和服务的单位成本，获取规模效益。

（3）分散企业经营风险。

2. 利用特许制有利于打破地区行政壁垒

行政壁垒是我国市场经济发展和企业成长中的一大障碍，它是计划经济和长期封闭落后的管理方式的产物。行政壁垒主要是指区域政府为满足本地区短期经济利益的需要而人为地推行地方保护主义，限制外地产品或外地企业进入该地区。利用特许制可以有效地绕过地方保护主义，进入该地区市场，并和地方政府建立良好关系。建立行政壁垒是为了保护地方企业的发展，保护地区产品销售，保证当地的财政收入。以特许方式建立的分店由于拥有独立的人事权和财产权，可以作为一个独立的企业纳入该地区的税收体系，因此成为该地区经济的一部分，不存在外地企业进入该地区市场而抢占该地区市场份额的情况，也不像其他企业，如连锁企业，由于财务权归总部所有而不对该地区市场承担纳税义务，从而引起该地区政府的排斥。

3. 利用特许制可以促进管理观念、管理技术的更新换代

企业管理水平落后是制约我国企业发展的重要因素。特许企业拥有成熟的管理理论和许多先进的管理技术，利用特许制可以学习、借鉴先进的管理技术、管理观念，促进受许企业发展，而这些新技术、新观念的引入和使用，对非特许制企业也会起到很好的指导和促进作用。

我国已具备了进行特许经营，建立大型特许企业，以及进行特许制研究的条件。

经过 40 年的改革开放，我国的经济取得了巨大的发展，建立了成熟的工业体系，市场体系进一步完善。居民购买力不断提高，市场信息收集、处理、流通等工作初具规模。随着经济的发展，新的经营和消费观念被广泛接受，知识产权法的实施进一步强化，各种新产业和新业态发展迅速。

国际上特许经营的广泛流传和特许理论的成熟为我国企业使用特许制提供了有利的条件和丰富的资料，我国近几年特许制和其他新业态的发展，也为特许制的进一步发展积累了宝贵的经验。

特许经营形式在我国理论界得到广泛共识，各种研究项目的应用取得初步成效，一批专业人才应运而生，科研机构还在对其进行研究和探索，这是特许制适应我国国情茁壮成长的技术支撑。

大量适于采用特许制的企业和行业的存在是特许制发展的基础。如我国许多拥有特色商品或服务的老企业、“老字号”，许多极富中国文化特色的产品，可以利用特许制来开发、经营，并深入发展；大量新兴产业，如快餐业、各种服务业等也可以充分利用特许制的优势来发展。另外，大量的个人和机构投资者在寻找可靠的投资方向，这也为特许制的发展提供了有利条件。

第 3 节　代理制的原理及策划

代理的含义是行为主体把原本自己从事的某种特定活动委托给专业机构代办，代理制是代理行为的制度化。它和我国传统的买断经营方式相比，是一种全新的事物。

一、代理商的职能与分类

代理是指以他人的名义，在授权范围内实施对被代理人直接发生法律效力的法律行为。代理商又称商务代理，是在其行业范围内接受他人委托，为他人促成交易的一般代理人。

从严格意义上讲，当时的代理只是简单的商务代理，是一种商品供销形式。商务代理一般是某一商人受采购商或生产商委托，为其购买或销售商品，并根据实际销售或购买额的大小，按比例提取佣金，该商人与委托人一般有较固定、长期的业务关系，不掌握商品的所有权，不承担市场风险，对商品的价格及促销等也无决定权。经过 100 多年的发展，商务代理已经形成代理制。目前国外代理制较成熟。比较权威的概念认为代理制是一种流通体制，是由商流、物流、信息流共同组成的商品流通系统，它以商务代理为主线，通过优质的服务、低廉的费用、最短的时间和高效的供销完成商品流通。在一些市场经济比较发达的国家，代理制很活跃。如在美国，全社会商品批发总额的 80%以上是通过代理商进行的。

在我国，对代理制的定义、认识比较一致。代理制是流通企业通过合同契约的形式与生产企业订立代理协议，取得商品销售权，从而形成工商企业之间长期稳定的产销合作关系，来衔接产需、组织商品流通的贸易形式。在定义中突出了合同契约、销售权和长期稳定的产销合作关系，而对代理的具体形式不加描述，这主要是因为不同商品、不同企业代理的形式不同，也便于我国工商企业根据双方意愿选择不同的代理形式。代理商品的所有权、商品的定价权属代理商还是生产企业，由其采取的代理形式决定。

（一）代理商的特点

代理制发展到今天，已成为一种普遍的流通制度。世界各国的代理制虽不尽相同，但代理商都具有以下特点：

(1) 代理商具有法人地位，是独立经营的商业组织，并与制造商有长期、固定的关系。代理商与制造商是平等互惠的贸易伙伴关系，不是总公司与分公司、母公司与子公司的关系。它们之间的联结纽带是具有法律效力的经济合同。

(2) 代理商在指定的销售区域内只能销售其代理的商品，不能销售其他有竞争性的商品，比如，销售洗衣粉的代理商不能再销售肥皂等，但代理商仍可自由经营或代理没有竞争关系的其他商品，如代理商可同时为不同的眼镜制造商和眼镜盒制造商做代理。

(3) 代理商要严格执行制造商的商品定价。制造商为了开拓新市场或保持现有市场，对商品一般有科学的定价，代理商不能随心所欲浮动价格。对代理商来说，严格执行制造商的定价是代理制的一个重要原则。

(4) 代理商按销售额或采购额的固定百分比提取佣金。代理商买（卖）得多佣金就多，买（卖）得少佣金就少。有的代理商，每年营业额可达数千万美元，并开设了许多分支机构，雇用大量的销售人员。一般情况下，代理商不用承担市场风险（其条件是严格执行制造商的定价），但其销售过程中发生的费用需自理。在有些情况下，比如制造商想打开某一产品的销路，委托代理商进行一些促销活动（广告等），这部分费用一般由制造商出。

(5) 代理商对它代理销售或采购的商品一般不具有法律上的所有权。代理商只是作为制造商的代理人执行业务，不能对所代理销售或采购的商品进行业务以外的活动（如加工、包装、储存和拆分等）。从国外的实际情况来看，代理商可以寄存方式储存小批量商品。

（二）代理商的分类

1. 按代理权限大小分类

根据代理商代理权限的大小，可分为独家代理、一般代理和总代理。

（1）独家代理。指在约定地区和一定时期内，享有某种或某些指定商品的专营权的代理。在协议的有效期内，商品在该地区内只能由该独家代理经营。

（2）一般代理。指不享有专营权的代理，委托人可在同一市场上有多个代理商，也可超越代理商直接进行销售。

（3）总代理。总代理是委托人在指定地区的全权代表，不仅有专营权，还可以代表委托人从事签订合同、处理货物等商业活动，而且有权代表委托人从事一些非商业活动。

2. 按代理对象分类

根据代理商代理的对象不同，可分为销售代理、生产代理和采购代理。

（1）销售代理。销售代理根据合同销售某一生产企业的所有产品。销售代理常常起企业销售部门的作用，对销售产品的价格及交易条件等有一定影响。一般存在于工业机械设备、煤和焦炭、化工和金属行业。

（2）生产代理。生产代理专门经营某一产品或其互补产品，一般代表两个或若干生产企业进行销售活动，如咖啡商、电动玩具商等。生产代理常常是某种产品的专家，在该产品领域有着广泛的关系，并了解每个生产企业的生产流程和特点。生产代理一般都是小型企业，雇用的销售人员不多，但都极为干练，多存在于服饰、家具等的营销中。

（3）采购代理。采购代理与委托人有长期联系，代其进行采购，往往负责收货、验质、储运等商务活动，在很大程度上起到了厂商供应部门的作用，对购买价格和交易条件等具有影响力。

3. 按销售或采购商品的程度分类

根据代理商销售或采购商品的程度，可分为批发代理与零售代理。

（1）批发代理。指为购销双方充当商品批发交易中介的代理商。批发代理一般为总代理。

（2）零售代理。指以从事商品零售为主的代理商。零售代理一般都是小公司或专业性很强的公司，大多为一般代理。

（三）代理商的优势和职能

1. 代理商的优势

制造商采取何种营销方式是由其产品特征和成本核算决定的。一般情况下，制造商之所以使用代理商是由于代理商具有以下优势：

（1）代理商熟悉当地市场情况，与潜在顾客有良好的关系；

（2）代理商一般都有一定的销售渠道或网点，能满足那些销售量不大、自己配置销售人员在费用上不经济的制造商的需要；

（3）代理商按销售额的固定百分比公平合理地提取佣金，能锁定销售费用；

（4）代理商能通过向顾客提供成套产品来吸引顾客；

（5）代理商具有丰富的产品知识，有在一定地区内完成销售任务的优势。

2. 代理商的职能

从市场营销的角度看，代理商具有以下职能：

（1）开拓新市场。随着运输和通信的发展，产品的销售范围已突破产区走向全国乃至全世界，开拓新市场成为扩大生产的重要内容。制造商在开发新市场时会遇到两个难题：一是对当地市场不熟悉，无法确知产品在当地销售情况；二是在当地建立新的营销渠道费用高、风险大，而这些问题代理商却容易解决。对贸易公司来说，制造商的产品在当地市场是个未知数，它们不愿冒占压库存的风险，更愿采用代理方式。因此，在国际贸易中采用代理制形式开发新市场已成为现代市场营销学的成功案例。

（2）增强竞争力。随着商品种类的增多、销售距离的扩大以及替代商品的竞争越来越激烈，商品的销售费用越来越高。为了取得竞争优势，生产企业往往选择优秀的代理公司为其销售产品，进行竞争，而生产企业则专心于研制新产品，提高产品质量，降低生产成本，从而在生产和流通上取得双重竞争优势。

（3）减少商业风险。商业风险通常由市场风险、仓储风险和结算风险三部分组成。市场风险分为买方风险和卖方风险，代理制在一定程度上可以靠“平均利润”原则使买卖双方分担市场风险。代理制变传统的现金交易为信誉交易，代理商按销售额的比例提取佣金，在一定程度上降低了结算风险。

（4）保持市场占有率。现代营销学强调，宁可让利也要保持市场占有率。保持市场占有率的方法很多，推出新产品、有奖销售、降价、折扣、送货上门等办法有时很有效，但需要牵扯经营者的许多精力，而且费用不菲，有时还得不偿失。事实证明，对某些产品，采用代理制往往可保持市场占有率。

（5）集中结算。代理商作为生产企业和成千上万用户的桥梁，充当代理地区结算中心的收款人。

（6）信息反馈。代理商能及时将商品供求情况和用户对商品质量的评价等信息反馈给生产企业，以便生产企业及时调整产品结构和提高产品质量。

（7）售后服务。代理商有较强的维修等售后服务功能。代理商十分注意搞好售后服务，因为售后服务的好坏直接决定着能否抓住用户，能否继续取得生产企业的代理权，依靠售后服务还可以取得可观的经济效益。

（8）融通资金。代理商往往拥有较强的融资能力，与银行的关系十分密切，在金融机构融资的多少代表着一个代理商的实力。

二、代理制产生的背景

代理制具有鲜明的特征：第一，生产企业与流通企业实行社会分工并长期稳定合作；第二，流通企业在不拥有商品所有权的情况下，由生产企业授权从事商品买卖活动；第三，双方以平均利润率为原则确定工商利益分配。代理制的这些特征表明，这种新型产销方式只能建立在商品经济基础之上，是商品经济高度发达的产物。

（1）商品经济促进了生产与流通的分工与协作的发展，形成代理制产生的前提。在简单商品经济条件下，商品交易数量少、范围小，交易活动简单，生产者可以同时从事生产与交换活动。商品经济的发展使得生产完全服从于交换，交换由追求使用价值变为追求价值，这时，为提高生产效率、获取更大的利益，产生了生产与流通的社会分工以及在分工基础上的协作。商品经济的进一步发展又促进了流通职能的分化，从而形成丰富多样的生产与流通之间的分工协作，代理制就是其中之一。从分工与协作的角度来看，代理制与生产企业自销及流通企业买断经销的比较见表14-1。

表14-1　　三种经营方式的比较

类型	产销方式	分工特征	流通职能承担者	协作特征
自销	生产—流通—用户	企业内部	生产企业自销机构	永久固定
代理	生产—流通—用户	企业外部	生产企业与代理商	长期稳定
经销	生产—流通—用户	企业外部	流通企业	短期变化

从上述区别中不难看出，代理制的产生是生产与流通分工协作发展的结果。

（2）商品经济促进了信用关系的发展，为代理制提供可能。简单商品经济条件下的货物交换不存在信用关系。随着货币的出现，商品经济的发展，为解决买者与卖者之间的矛盾，产生了买方信用与卖方信用。随着商品经济进一步发展，产生了中间商与生产者及用户之间的信用关系，商业代理制是生产企业与流通企业在商品销售上的委托代理，这种委托代理的实质就是生产者与代理商相互提供信用。生产企业预付生产资本从事商品生产活动而将商品销售的任务交给代理商，代理商则垫付流通费用（不包括购买商品的费用）为生产企业寻找用户。流通企业按既定的价格与生产企业签订代理销售合同并从中提取佣金，生产企业得到承认建立在生产者信用基础之上，而流通企业为生产企业开拓市场及回收货款等建立在代理商信用基础之上。离开信用关系，代理制就不能形成。

（3）商品经济促进了平均利润率的形成，为工商利益的协调及代理制的形成和稳定提供了手段。在商品经济发展史上，工商利益并不容易协调。早期商品经济社会中，由于商人对交换的垄断，形成了商人对小生产者的盘剥，工商矛盾突出。近代商品经济社会中，由于生产企业规模的扩大及垄断的形成，交换的主动权掌握在生产企业手中，生产企业通过自设销售机构垄断产品销售，获取高额垄断利润，工商矛盾依然突出。现代商品经济社会中，原先的卖方市场已转化为买方市场，在这种情况下无论是生产组织还是流通组织企图独占市场已不可能。双方需要建立一种长期稳定的协作关系，并要有一个明确的原则合理分配工商利益。平均利润率的出现解决了上述矛盾。平均利润率是商品经济发达的产物，它的形成和运用使得工商双方确立利益分配关系，从而使代理制得以形成和维护。

三、代理制的双重效应

（一）代理制可以给流通企业带来经济效益

代理制的推行使流通企业获得良好的效益，增添新的活力。

（1）有利于降低销售商的经营风险。在卖方市场，许多流通企业习惯于抓住一批俏货，赚一大笔钱。在买方市场，这样的机会就很少，追求的利润越高，风险也越大。过去的流通企业基本上实行买断制，即先购买商品的所有权，再进行销售。在这种情况下，鉴于市场变化的不确定性和企业对市场预测的主观臆断，企业会遭受巨大的损失。而推行代理制后，流通企业一般不拥有商品的所有权，而是代为销售，这样可使生产企业与流通企业共同承担由于市场价格涨跌所带来的风险，提高经营灵活性。

（2）有利于提高流通企业的市场占有率，巩固流通主渠道的作用。流通企业的生存发展都取决于市场占有。没有市场就没有流通企业，流通企业在长期的经营活动中具有了信息、人才、服务、仓储等生产企业不可比拟的优势，依靠这些优势对生产企业进行代理，凭借自身实力积极促销，不但符合社会分工的要求，而且能提高流通企业的市场占有率，发挥其流通主渠道的作用。

（3）有利于缓解流通企业资金紧张的问题。按代理制的要求，一般都是售后定期与委托人结算，代理商可不投入或少投入资金，少负担或不负担银行利息费用，另外，运杂费、仓储费、广告宣传费、“三包”服务费等应与委托人协商，由委托人承担。这样，流通企业可减少资金占用，免除银行贷款的利息，减轻亏损的压力。

（4）有利于流通企业建立更加有效的营销渠道、稳定销售关系。在市场经济条件下，由计划经济体制转轨而来的流通企业把原有的计划渠道作为市场营销渠道，这种营销渠道常常是不稳定的，不仅难以应付复杂多变的市场需求，而且不利于企业的经营，同时也不能很好地为用户服务。因此，流通企业要发展壮大，必须在市场体系中重新定位，重整自己的营销渠道。流通企业与生产企业通过签订代理合同，明确双方的权利与义务，流通企业为生产企业提供服务，生产企业为流通企业定时定量提供产品。这样，既帮助生产企业赢得了市场，又建立了生产企业自己的营销渠道，稳定了产销关系。

（二）代理制可以给生产企业带来活力与效益

对生产企业来讲，经营活动中最重要的一环是商品销售，马克思称之为惊险的一跃。企业只有产品销售顺畅，才能进行再生产活动。然而，在市场销售过程中，生产企业常常会遇到一系列难题，而代理制的推行可解决这些问题。

（1）生产企业对市场不甚熟悉，无论其能力有多大，受销售区域的局限，对市场波动的分析与对消费者需求的研究往往带有片面性。通过代理则可以加速信息反馈，扩大销售范围，提高市场占有率。代理商反馈的信息面广、量大、快捷、准确，加之商业代理网络将触角伸向全国各地，可以更翔实、准确地把不同地域的销售情况反馈回来，以便生产企业合理配置不同地区所需的不同产品，避免出现畅滞现象，即有的产品积压，有的产品供不应求。

（2）如果生产企业自己建立一套营销系统，则费用较高，资金占用量大，并且容易分散精力，无法专心进行生产。代理则解决了上述问题，使生产企业不必再投入力量新建销售网络，能集中精力搞好生产，抓好管理，提高产品质量，开发新产品，降低生产成本。

（3）生产企业自销需要承担较大的市场风险以及资金回收的压力。因此，除某些大宗用户或专用商品采用自销外，对于流通量大、使用面广的一般商品，企业情愿采用代理制，以充分利用流通企业在资金、人才、网点、信誉等多方面的优势，减少流通费用，降低经营风险。

从一定意义上讲，生产企业更迫切需要代理制。实行代理制，生产企业与流通企业以共同的经济效益为基础，有利于形成良好的商业信誉，有利于形成长期稳定的供销渠道，有利于建立良好的流通秩序，有利于平抑物价，防止生产资料价格升高等。

四、实行代理制需要具备的条件

作为市场经济中的一种贸易形式，代理制不仅涉及生产企业和流通企业的相互选择问题，而且对社会经济环境和法律环境有一定的要求，尤其是我国正处于从计划经济体制向社会主义市场经济体制转变的过程中，政府对经济的宏观引导作用更为重要，推行代理制既要求生产企业和流通企业端正认识，从企业自我调整入手，达成合理分工、平均利润的共识，也要求政府在宏观层面做一些调整，为代理制的发展创造一个良好的环境。

（一）代理制发展需要的宏观政策

（1）贷款政策。国际经验表明，强有力的金融支持是流通企业进行大规模代理的前提。为此，国家应适当调整金融政策，增加对流通企业的贷款规模，实行一定的利息优惠政策，增强流通企业的实力，使代理制能顺利开展。

（2）结算政策。根据国际惯例，代理制实行银行信用证担保后结算，风险由生产企业和流通企业共同承担。通过这种结算方式，银行给代理商必要的贷款规模，代理商可以尽快为生产企业回笼资金，而银行集中贷款给有实力的流通企业，自己也减少了贷款风险。因此，建议金融机构配合代理制试点，在结算方式上实行银行承兑汇票和信用证担保的办法。

（3）税收政策。实行代理制，流通企业通过自己的服务得到佣金，这不同于产品的加价销售，是一种商业服务。考虑到其服务性质，对代理部分不是按增值税标准而是按服务业标准来征收税金。

（4）产业政策。发达的信息网络、销售网络、现代化的流通基础设施和良好的服务是生产企业选择代理商的基本条件。目前，我国流通企业普遍存在基础设施落后、加工能力差和服务水平低的情况，若能借鉴日本的做法，制定相应的流通产业发展政策，增加流通企业的技改专项贷款和网点建设基金，推动流通产业的现代化进程，可为代理制的推行打下良好的物质基础。

（5）规范流通环境，整顿流通秩序。流通领域秩序混乱已成为亟待解决的问题。应建立钢材、煤炭、化肥、汽车等重要资料的经营资格许可证制度，从规模、资金、仓储设施和经营场地等方面对经营者的经营资格进行审查，合格的方可发给证书。

（6）完善流通领域的法制建设。借鉴国外的经验，逐步建立和完善代理制方面的法律法规，规范代理行为。在代理法中对代理与被代理方的权利与义务、仲裁规则等进行详细的规定，使代理制有法可依、有据可查。

（二）流通企业发展代理制需要具备的条件

发展代理制不仅要求政府创造一个良好的宏观环境，更重要的是企业应加快发展，达到代理制所要求的水平。对于流通企业来说，发展代理制需要具备如下条件：

（1）对代理制有一个正确的认识。流通企业要发展代理制，首先要对市场的大形势有正确的认识，从根本上转变观念，彻底放弃通过生产资料价格的大起大落来赚取高额利润的幻想，享受社会平均利润。在经营方式上，要变吃政策饭为吃服务饭，从抓资源变为抓用户，通过建立销售网络来获得发展，提高市场占有率。

（2）加强流通设施建设，增强代理能力。大型批发中心、加工中心、配送中心、立体仓库、集装箱中转站等是流通企业能够吸引生产企业委托代理的硬件基础，也是流通企业自身实力的具体体现。从长远的观点来看，现代化的流通设施也是专业流通企业的标志。因此，流通企业要花大力气，从争取国家贷款倾斜政策到加强自身的积累，多管齐下，建立先进的流通设施，提高代理能力。

（3）发展规模经营，壮大资金实力。我国的工商格局是大生产、小流通，从流通渠道理论来看，容易形成生产企业主导流通的局面，但在具体的品种上情况又有所不同。流通企业要按照组织结构，逐步改变物资企业小、散、差、竞争力弱的状况，组建企业集团，走集约化的规模经营道路，争取在几个主要品种上成为以大规模销售推动大规模生产的生产企业代理商。

（4）完善多方位功能。一个合格的代理商所承担的功能绝不是简单的销售，它要有广泛的用户网络，能够为用户提供加工和售后服务，要有商流、物流、信息流和资金流相贯通的市场需求信息，并将用户对产品的意见及时反馈。总的来说，代理商提供的服务越全面，代理能力就越强，越受生产企业的欢迎。为此，流通企业要尽快改变目前功能单一的状况，完善多方位的功能，在建设加工配送中心、销售网点、信息网络和售后服务网点建设方面多做工作。

（5）树立良好的商业形象。生产企业选择代理商的一个标准是代理企业在行业中的信誉和形象。履约率高、商业信誉良好的企业可以获得银行的信任与支持，有较强的融资能力，从而成为生产企业可靠的合作伙伴。因此，流通企业要从长远发展的角度出发，遵守商业道德，树立良好的商业形象，提高企业的信誉。

五、我国实行代理制的现状

代理制在我国并不是一个陌生的概念，以往流通企业开展过的委托代购、代销、代加工、代储、代托运以及寄售等皆可归入代理制范畴。由于种种原因，代理制无论在理论上还是实践中，一直未受到应有的重视。即使在现有推荐代理业务中，仍缺少规范化的代理商。大多数代理业务仍停留在产后代购代销的低级阶段，产前代理基本是处女地。随着经济体制改革的深入和市场环境的转变，流通系统的市场占有率逐年下降，迅速发展代理制成为目前流通体制改革的关键。代理制的种种优越性促使我国一些因陷入困境而失去独立能力的企业，或一些通过“母体裂变”等方式新成立的资金规模较小的小型公司乃至经济效益较好的中小型公司积极推行代理制，有的以此作为生存和发展的主要业务活动方式，有的将此作为补充性的经营方式。总结我国代理制的实践，主要有以下几种情况。

（一）公司内部代理商

公司内部代理商即在一个公司内部设置专门的销售公司或经营部，实行独立核算，专门负责为本公司其他部门推销库存积压商品，按经销回款额的一定比例提取代理手续费。这是我国国有批发企业在特定条件下创造的一种形式。在计划经济体制下，国营批发商为了完成国家分配的职能、发挥蓄水池作用而形成的积压商品成为企业发展的沉重包袱，通过内部代理商集中推销和处理，既有利于尽快消化企业库存，又有利于各个部门腾出精力求发展。同时，我们也要看到，内部代理商实际上使商品增加了一道流通环节，发展下去不利于企业优化商品经营结构。因此，从发展来看，内部代理商只是一种应急的形式，应向厂家代理商转变。

（二）厂家代理商

厂家代理商即商业批发企业接受厂家委托，在双方同意的条件下，代厂商推销其产品，收取佣金。按代理主体不同，厂家代理商有如下几种：

（1）商业批发企业兼厂家总代理。总代理的形式一般有两种：一种是全权代理，由该代理商独家向各地批发商品或组织对外出口，该生产厂家仅同一家代理商发生经济关系；另一种是当地代理，即厂商同时委托不同地区的几家商业批发企业做当地代理，向各地推销商品。

（2）批发市场兼代理业务。一些批发市场改变过去单纯提供交易场所、收取场地费的传统做法，发展自营与代理相结合的经营方式。

（3）专职代理商。专职代理商即专门以代理为经营方式的批发商。

◎小 结

营销活动的发展要求不断创造适宜的营销制度。连锁制、特许制、代理制是当前营销活动中最常见的几种制度。

连锁制是依据社会化大生产原理，实现流通领域在专业分工基础上的系统化和规模化并达到规模效益和灵活方便相统一的营销制度。中国发展连锁制要认真总结前一阶段的成败得失，明确实行连锁制的理论依据和核心、要点，实事求是地加以推进。

特许制的实质是一种在一定时间内有偿转让无形资产部分使用权的营销制度。能成为特许人，必须具备足够的无形资产、有“特权”许可，特许人必须是人们心目中的成功企业。特许人与受许人之间的契约关系是有时间限制的，特许人与受许人的权利和义务在一定时间内由合同加以明确。我国推行特许制切忌盲目。

代理制是相对于买断经营的经销制而言的，代理制有助于生产企业借助流通企业的优势疏通商品销售渠道，稳定产销关系。成功的代理制可以收到双重积极效应，使产销双赢，中国推行代理制同样要消除一些认识上的误区。

◎习 题

1. 连锁制是在怎样的背景下产生和发展的？

2. 连锁制的本质特征是什么？连锁制如何分类？
3. 如何理解连锁制创造规模效益的机理？
4. 中国发展连锁经营存在哪些问题？应该如何解决？
5. 特许制是如何产生和发展的？
6. 特许制的运作原理是什么？
7. 我国推行特许制应注意什么？
8. 代理商具有哪些特征和职能？
9. 为什么说代理制有双重积极效应？
10. 实行代理制的企业应具备什么条件？

◎ 案　例

周黑鸭“O2O”模式下的物流体系策划

一、公司介绍

湖北周黑鸭国际控股有限公司是一家专门从事鸭类、鹅类、鸭副产品和素食产品等熟卤制品生产的品牌企业，打着“会娱乐、更快乐”的口号，将品牌定位为休闲零食。周黑鸭系列产品始创于 1996 年，生产基地现位于湖北省东西湖区走马岭汇通大道 8－1 号，注册资金 1.56 亿元，年生产加工鸭类产品 50 000 吨以上。公司主要经营“周黑鸭”牌鸭系列卤制品，其独特的风味深受广大消费者喜爱，系列产品畅销湖北、辐射全国。

公司一直秉持直营的经营理念，有着很高的知名度和美誉度。在互联网营销的发展狂潮下，周黑鸭开设了自己的官方网站、微博、微信平台，在淘宝、1 号店等平台都有网店。就公司的发展战略而言，线上线下的融合互补无疑是重要的一个模块。在坚持直营的同时，物流运输也由公司负责，全国范围内的产品在上海、武汉等地区统一生产，统一配送。

二、周黑鸭“O2O”短板再现

建设“O2O”，线上流量是关键，线上流量依托一个完整而便捷的平台。周黑鸭现有移动端平台——微信公众号，实际调查数据显示，在周黑鸭的微信平台上只能购买保质期在 1 个月以上的真空装。而真空装销量远远落后于锁鲜装，锁鲜装在天猫旗舰店的销量均在 5 万盒以上。

三、销售平台建设

电子商务“O2O”模式是将线上流量和线下消费结合起来，线下商家通过线上发布的信息将线上客户引导到线下，通过线上渠道快速有效地推广产品。随着微信的发展，许多企业越来越重视将线上与线下结合来吸引顾客。

（一）销售平台推广方案

1. 做好活动策划方案

在做活动之前写好活动策划方案，方案包括主题、时间、推广方式和推广效果的估计。活动吸引用户的主要方法是利益诱导，只要关注就有奖品，在这之前，先做一些策划方案，从中挑选可行性强的作为最后的活动方案。

2. 引发广泛关注

朋友圈是一个很大的分享平台，一条信息在朋友圈的阅读数量非常高，在朋友阅读并转发后，效果更是成倍提高。通过朋友圈转发，可以很好地将线下活动告知受众，实现线上线下的结合。

3. 推广二维码

周黑鸭拥有自己的实体店，但其二维码并没有出现在店内显眼的地方。顾客进入门店了解产品活动时，可引导其关注二维码，通过鼓励顾客在朋友圈转发，让更多的人得知企业线下活动的信息。

4. 游戏扩散

带有趣味性的小游戏会引起用户的兴趣，在朋友圈，这样的小游戏并不少见。这种小游戏可以融入企业的线下活动，宣传效果更好。

（二）构建微信商城

微信商城是第三方平台基于微信研发的一款社会化电子商务系统，同时也是一款集传统互联网、移动互联网、微信商城、易信商城、App商城于一体的企业购物系统。

经过多个版本的更新与完善，当前版本的微信商城已经成为拥有完善的会员系统、产品管理系统，整合了支付、促销等多种功能的线上购物平台。

在周黑鸭未来的微信平台建设中，我们希望为线上和线下用户提供更多个性化的购买体验。

周黑鸭的调查报告显示，周黑鸭产品的消费群体为18～40岁，包括大学生、上班族。为解决顾客空闲时间短、距离远等一系列问题，我们制定了以下方案。

1. 线上下单，实体店体验

在时间并不充裕的情况下，顾客可以在周黑鸭网上店铺直接选购自己满意的食品，付款成功后，网上订单会直接反馈给相应的门店。同时，门店员工运用LBS（基于位置的服务）了解顾客信息，对顾客选定的产品进行包装。这样既解决了实体店顾客拥挤问题，也大大提高了消费者的时间利用率。

2. 私人定制——建立“周黑鸭小黑送”

“互联网＋”概念席卷各行各业后，对商品和服务的需求剧增，各行各业都在争抢市场。市场环境的变化将影响物流需求。传统的线下物流运营模式已经一去不复返。

周黑鸭门店数量有限，2015年门店刚达600余家，相对于竞争者来说显得铺货不够，顾客只有在人流量很大的地方才能买到产品。竞争者小胡鸭已经与美团、淘宝开展全面合作，实现线上线下高度融合，建立起即买即送的配送体系，最大限度地提升了服务质量，扩展了市场；而绝味依托众多的门店也实现了即买即送，紧跟行业发展步伐。

在这种形势下，周黑鸭公司亟待建立“周黑鸭小黑送”模式。送餐距离等于以门店为中心的方圆 15 分钟（算上等红灯的时间）自行车（或电动车）车程。

四、“O2O”模式下的物流战略部署

（一）供应链型“O2O”

在供应链方面，如何结合自身优势实现差异化，“O2O”是关键。目前，周黑鸭的产品质量有保障，自营物流体系运行良好，消费群体的口碑较好。后期应逐渐扩展线上线下物流各节点之间的联动，实现整条供应链的差异化运行。

（二）自营物流＋第三方物流

周黑鸭由于大力推进产品质量控制策略，其直营店数量较少，加之产品体积小，物流配送批次不大，在干线运输方面周黑鸭自营的物流体系目前看来是一种比较成熟的体系，也取得了较好的效果。当前物流系统最大的问题在于，采用“O2O”模式后，对物流的需求将大幅增加，自营物流体系将面临巨大压力。因此要引进第三方物流体系来缓解压力，同时为后续各个环节的推进提供可能。

（三）LBS 系统＋线上平台搭建

LBS 系统提供的定点服务将与周黑鸭正在开发的线上平台进行联动，消费者可以享受到在家订餐即可迅速点对点送达的服务。需搭建全国配送、同城配送以及实时点对点的联合配送体系。

（四）“社区高校包围城市”策略

结合当下市场需求，传统的直营店模式已经满足不了消费者的需求，周黑鸭计划与各大高校、社区、人口密集地及商业中心的便利店合作，更加接近消费者，以适应不断变化发展的互联网时代。

（1）消除物流配送最末端的盲点。如推出 1 小时标准服务、30 分钟急速服务。渠道下沉有助于解决“配送最后一公里”的问题。

（2）占领便利店的市场份额，在推销产品的同时扩大产品的影响力。

（3）利用全渠道占领卤制品配送移动端，如微信＋App＋便利店＋线上平台＋LBS 定位服务等。

五、周黑鸭物流系统的整体规划方案——全方位的直营物流＋第三方物流模式

（一）周黑鸭物流系统的整体规划

“O2O”是把新的互联网体验模式融入传统模式中。随着互联网的发展，从末端基地或者工厂到末端消费者的速度越来越快。

我们认真分析了周黑鸭的传统配送路线，结合现阶段的“中央厨房＋物流配送”模式，针对“互联网＋”观念的变化，推出全方位的直营物流＋第三方物流模式（见图 14C－1）。

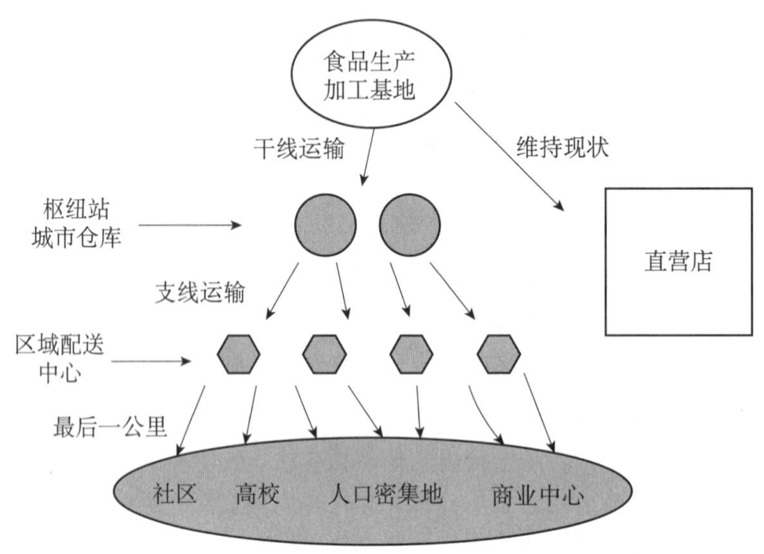

图 14C－1　全方位的直营物流＋第三方物流模式

1. 干线运输

建议在原有的基础上增加车次数量，以适应不断增加的市场需求，整体路线与布局不做大的改变。

2. 支线运输

建议采用原有的自营物流与第三方物流协作的方式。

3. 最后一公里的运输

这一部分是我们此次规划的重点。我们建议当前阶段以“LBS 系统＋线上平台搭建”为主，将物流配送环节完全外包给第三方物流专业团队来运营。一方面，第三方物流专业团队的运营会提升效率，为客户带来更优质的服务，有助于品牌文化建设，有助于企业供应链 O2O 闭环的形成，为后续战略打下基础。另一方面，不断加深与第三方物流公司的合作有利于公司物流水平的提高，实现保质保量的物流配送，而且能够省出大批资金来支援其他项目建设，使公司资金得到优化配置。

（二）周黑鸭物流系统结构的建立

多枢纽站轴幅式网络结构是从配送中心中转的物流网络结构演变而来的，采用多级“物流中心＋配送中心”（Logistics Center＋Distribution Center）的模式，简称 LD。LD 物流网络结构中存在多个枢纽节点，包括物流园区、物流中心和配送中心。物流园区和物流中心侧重于为上游供应厂商提供服务，而配送中心侧重于为下游客户提供服务。这些枢纽节点是物流活动的核心，大量的物流信息汇集到核心节点，然后被有效传递。

多枢纽站轴辐式网络结构以站点和枢纽站为核心。这些站点与枢纽站或转运中心相连。多枢纽站轴辐式网络系统中商品的流转方式如下：

第一个运输阶段：食品加工基地将产品包装完毕后，经由主干线运送到各个枢纽站（城际仓库）。

第二个运输阶段：不同枢纽站收到产品后，综合配送中心分批次将产品准时送到各个配送中心。

第三个运输阶段：各配送中心收到仓库发来的产品，进行货物分拣，然后选择适合的方式配送到各个网点。

第四个运输阶段：各个商业网点运用第三方物流手段，整合订单需求，结合 LBS 系统规划路线，保质保量地完成配送任务，将产品交到消费者手中。

这种网络模式下，产品的整个移动过程可以划分成主要干线运输、干线运输和本地运输：主要干线运输是指枢纽站与枢纽站间的长途运输，一般采用大运量运输方式；干线运输是指枢纽站与枢纽站间和枢纽站与配送中心间的运输，一般采用中型运输方式；本地运输是指在小型商业网点或送货服务区域内采用小型车辆的短途公路运输方式。

资料来源：根据湖北经济学院学生调研和策划方案整理。

讨论题：

1. 周黑鸭公司的渠道策划推广方案能不能达到预期效果？
2. 周黑鸭公司构建“O2O”模式下的营销渠道应采取哪些策略？
3. 周黑鸭公司的物流整体规划还有哪些可改进之处？

第 15 章

营销业态策划

随着企业间市场竞争的深化，营销业态由单一向多样化发展，业态成为企业间竞争的新焦点。本章所要阐述的是企业间为什么形成业态竞争，企业在竞争中如何选择最适合自身发展的业态，选择合适的业态要依据哪些条件，有哪些新型业态可供选择。

第 1 节　营销业态竞争的背景分析

一、业态竞争是同业竞争加剧的市场现象

业态是企业形态的简称，它是企业以其经营方式和经营特点在市场上表现出来的存在形态。业态竞争是流通企业利用业态的变化争夺市场、争夺消费者的行为。业态之所以是流通企业特别是零售企业展开竞争的工具，就在于业态的变化能起到适应市场需求、吸引购买者、扩大销售的作用。

业态有别于业种。业种是以经营商品的种类来区分企业的概念。一般来说，业种指卖什么，业态指怎么卖。业种与产业结构和产品结构有密切的联系。产业结构与产品结构的不断细化会分出更多的业种。业种是行业形成的基础，业态则与经营方式关系密切。经营方式越是多样化，业态就会随之变换形态而呈现多样化。业种的变化受制于产业结构和产品结构的宏观大局。企业选择业种是战略行为，是决定企业的归属问题，一经选定，要改动就是经营方向的改变。业态的变更则是企业经营方式、经营特色的变化，是策略行为，企业可以随时依据市场情况变换业态，这就为业态竞争提供了前提。

业态竞争是同行业竞争加剧导致的。我国几十年零售业的竞争加剧主要表现为：

（1）非国有零售业发展很快，使国有零售业市场份额锐减。国有零售业产生危机感，不得不在多方面寻求竞争优势，其中也包括业态方面。

（2）国有大型零售商店的数量远远超过社会商品购买力，已建和在建的项目面临严重过剩。

（3）境外商业资本的正规渠道与非正规渠道的涌入，给我国零售业带来巨大冲击。

我国零售企业在市场营销中迫于形势，在实施降价、大赠送、CIS 之后，本能地展开了业态竞争。

业态竞争构成市场上新的风景线。市场上再不是单体独立、面貌陈旧的单一业态，而出现各种新业态，如连锁店、专卖店、代销店、超级市场、购物中心、仓储式商店（或称量贩店）、平价商场等。同业竞争加剧导致业态竞争，业态竞争给市场带来了新的

景象。

二、业态竞争是流通组织形式革新的产物

由单一业态向多种业态转变是发达的市场经济国家均经历的过程。1852 年在巴黎出现世界上第一家百货店，被称作“现代零售组织形式的第一次革命”。百货商店取代小摊贩、集市、乡村杂货店成为社会零售组织的代表，表明了商品流通的发展和工业化进程的水平，也体现了零售业在销售方法、经营方式、组织管理上的革新。

进入 20 世纪，随着现代制造业向城市集结，城市化进程大大加快。流通企业要寻求与现代工业相适应的企业规模和经营管理特色，相继产生了超级市场、连锁店、专卖店等业态。多样性业态是继百货商店之后商业组织形式的进一步发展与革新。

百货商店对传统商业的革新以综合性经营为重要特征，是适应生产的发展和消费水平的提高而采用的业态。多样性业态对百货商店的进一步革新则以组织上的系列化、规模化和销售方式上的分散化、多样化结合在一起为特征，它更贴近消费层次多级化这一时代特点。

我国零售业已完成从传统商业向百货商店的过渡。

零售业态的多样化从根本上分析，是适应消费行为多样化、消费心理个性化的需要产生的。20 世纪 90 年代以后，我国消费市场表现为分散化，总的消费水平提高导致恩格尔系数下降，人们用于非商品的文化、教育、旅游、娱乐的支出比重有一定的提高；在商品性支出中吃、用的支出比例下降，住、行的支出比例上升，使全社会消费支出分散到各个方面，客观上要求零售业提供不同档次的、满足不同需求的专业化零售店。

零售业态的多样化也是企业奉行现代营销理念——顾客满意理念的结果。零售企业要招徕各层次的消费者，既要满足部分高收入者的高消费追求和超值需要（包括显示需要、自尊需要等精神需要），又要满足另一部分低收入者的廉价需要、方便需要，就必然出现精品专卖店、平价仓储店。商店令顾客满意不仅包括销售服务让人满意，还包括满足顾客心理和精神上的需要。

同时，业态的多样性正是零售业异质竞争的表现。市场上零售业组织形式的雷同不利于竞争制胜，只有在组织形式上别具一格，充分形成自身的专业化特色，才更有吸引力。

业态多样化是对零售企业以百货商店为主体的综合性组织形式的革新，使市场形成百货业与其他形态的专业化零售店百态纷呈、各种形态互补的格局。这样的格局有利于综合性的百货店和各种形态的专业店分别在各自的范围内发挥作用，避免因组织形式的趋同而削弱百货店的综合性和规模化的优势。

三、业态竞争是企业争夺市场主导权的关键

零售是流通的最终环节，也是商品价值实现、企业收回货款并获取利润的关键，是各类企业控制市场、掌握市场主导权的闸门。零售不仅是外商垂涎的领域，也是国内制造企业与流通企业（或称工商企业）争夺主动权的关键。

商家控制零售环节，一方面是纵向对百货店进行供货链的改善，一方面是横向发展

多种零售业态如超级市场、仓储店等。制造商进入零售环节往往采取代理买卖、特许经营、平价连锁、配送连锁等业态。可以说在争夺零售市场主导权上工商企业各显神通，殊途同归，共同推动了业态的多样化发展。

我国经济发展过程中还有两类特殊市场现象：一是大型百货店的引厂进店；二是生产行业的业种复合性经营。这两类市场现象同样是市场业态竞争的表现。

百货店的引厂进店表面上看是工商合作，厂商直接享用商业设施及网点，利用商店的市场优势，流通企业则免除进货的麻烦，采用以物业管理取代自营业务的办法锁定商业成本，旱涝保收。实质上，合作即竞争。制造企业通过进店占据一定的市场份额，流通企业通过商店空心化、物业管理化，以图控制厂家。百货店引厂进店本身是对百货店单一业态独占市场的否定，是向零售市场业态多样化的过渡。

生产行业的业种复合经营更是以表象的复合来体现竞争的行为。生产行业的业种复合化是指企业除生产经营某种产品外，还前向或后向进行延伸，形成设计、生产、销售、安装、维修的系列化，企业行为跨越两个或两个以上业种。从形式上看，业种复合经营是业种的组合，实际上，制造企业正是以业种复合来体现本身亦工亦商的优势，以便控制市场主导权，置纯粹的零售企业于被动地位。业种复合经营往往通过特许经营、代理经营、专卖等体现出来，在市场上形成既供应商品又提供服务等具有特色的业态。生产行业的业种复合经营以其复合优势给消费者带来方便和让渡价值，很受欢迎。

可见，业态竞争既是零售业同业竞争加剧的表现，是零售业对百货业单一业态的组织形式的革新，也是工商企业争夺市场主导权的表现。

业态竞争有利于推动工商企业的发展，推动市场的繁荣，有利于消费者购买行为的实现。业态是可变换的，某种业态的存在期是有限的，业态的竞争当然会导致业态的优胜劣汰，其结果必然是给企业、消费者、社会带来利益。

人们在长期的经营实践中深感单一的百货业已不能满足不同层次、不同消费取向的需要，自20世纪60年代以来，发达国家率先发动了对单一百货业的革命，陆续创建了能适应各种消费者群需要的业态，形成了营销业态多样化的格局及趋势。

第2节　直复营销业态策划

在我们以往的认识中，企业主要通过四种促销手段——广告、营业推广、人员推销、公共关系来出售自己的商品或服务。企业利用广告、公共关系来提高知名度或引起目标顾客的重视，通过营业推广促使消费者立即采取购买行动，或者利用推销员来达成交易。直复营销的长处就是将上述四种促销手段的优点集中在一起，不需要通过中间步骤就可达到销售目的。消费者在接触直复营销管理人员设计的广告传播工具（包括产品目录、直邮信函、电话、报纸、杂志或广播）之后，就可以拨打直复营销人员提供的免费电话，附上信用卡号码或利用邮政付款等方式便可订购产品，不仅十分方便，而且双方均可得到利益，这就是直复营销的魅力所在。

一、直复营销的定义

直复营销作为一种营销思想早就存在了。邮购（mail order）作为直复营销最常见、最古老的方式在 1872 年就出现了，但在很长一段时间内，直复营销这个概念不被人们熟知，主要是由两方面的原因造成的。首先，最早出现的直复营销方式——邮购常常吸引一些不法之徒，他们买空卖空，或出售一些并不存在的商品或服务，骗取钱财，使很多消费者、经营者对直复营销产生了偏见。其次，市场营销专家、学者对直复营销的发展前途估计不足，以为直复营销仅仅是一种临时的、补充性的营销手段，对它的研究没有给予足够的重视。

随着商业竞争空前激烈，市场营销十分强调市场细分化，直复营销是与最佳目标市场建立联系的一种最直接、最经济的方式。因此，直复营销作为一种营销技术和方法越来越受到人们的青睐，直复营销的概念也渐渐深入人心。

然而，直复营销的概念经常被人们误解和不正确地使用。

例如，有些人将直复营销称作直销，这不但不符合直复营销英文的原意，而且会使人们产生误解，将直复营销与直接营销（直销）混为一谈。其实，直复营销与直销是两个完全不同的概念，直复营销与直销是无店铺零售的两种形态。直销是推销员以个人方式面向消费者，直复营销则是以非个人方式（如通过电话、目录等）向消费者推销商品，买者和卖者之间没有推销员的介入。

有些人将直复营销误认为直效市场营销或直接营销，也是不准确的。因为直复营销的基本精神就是“双向交流信息”，“复”字恰好准确地表达了这种精神，而“直效”和“直接”体现出来的精神仍是“单向信息传递”，不过是把原来的信息间接传递变成了直接传递。

美国直复营销协会给直复营销下的定义是：为了在任何地方产生可度量的反应和（或）达成交易而使用一种或多种广告媒体的互相作用的市场营销体系。这个定义包含以下四个要素，值得进一步研究。

（1）直复营销是一个互相作用的体系。这是指直复营销人员和目标顾客之间是以“双向信息交流”的方式进行联系的，而在传统的市场营销活动中，营销人员总是试图将信息传递给目标顾客，却无法了解这些信息究竟对目标顾客产生了何种影响，这种传递信息的方式称为“单向信息交流”。因此，传统的市场营销人员只能根据广告的效果（如广告的注意率）进行决策，存在很大的误差；直复营销人员则能根据市场营销活动的效果（如订货量）进行决策，十分精确。

（2）直复营销活动为每个目标顾客提供直接向营销人员反馈的机会。顾客可通过多种方式（如电话、邮件等）将自己的意见传达给直复营销人员。值得一提的是，没有反应的目标顾客人数对于直复营销人员来说也是十分重要的，他们可据此找出不足，为成功地开展下一次直复营销活动做准备。

（3）在直复营销活动中，在任何时间、任何地点都可进行双向信息交流。在传统的营销活动中，只有当顾客到商店购物或推销员亲自上门时才能与顾客进行双向沟通；在直复营销中，只要媒体能将顾客和直复营销人员联系起来，双向信息交流就可进行。

（4）直复营销一个最重要的特性就是所有的直复营销活动的效果都可测定。在直复营销活动中，媒体使消费者产生的直接反应是很容易确定的，因此，直复营销人员能确切地知道何种信息交流方式使目标顾客作出反应，并能知道反应的具体内容是什么，如目标顾客是想订货，还是要获取更详细的资料等。

通过目标顾客的反应得到信息，与这个目标顾客原来的相关信息一起存入数据库，作为直复营销人员进行下次直复营销活动的依据。直复营销人员分析目标顾客的有关数据，根据这些数据为下一次营销活动制定计划，与每位顾客联系之后还要重新修订这个顾客的有关数据。可以说，直复营销活动之所以效率很高，就是因为存在数据库。

直复营销在国外十分盛行，后来传入我国。

直复营销通常可分为：

（1）直接邮购（direct-mail shopping）。销售商将图文并茂的宣传单、样品、杂志等直接寄给预先选择好的消费者。消费者可以用支票、信用卡等付款方法直接购买所需商品。

（2）目录购货（catalog shopping）。销售商将商品目录寄给预先选定的顾客。目录印刷精美，所列的商品琳琅满目。销售商同时也会请人在街头派发商品目录，或将商品目录放置在街头供人索取。消费者可用邮购或打电话的方式直接购货。

（3）电话行销（telemarketing）。销售商直接用电话向消费者推销商品，亦有销售商提供免费直拨电话或接听者收费电话，让消费者直接通过电话购物。

（4）电子购物（electronic shopping）。销售商通过电视节目直接向消费者推销商品，亦有销售商让专业公司设计商品的推销广告，然后请知名人士（如电影明星、体育明星等）在电视中推销该商品。

销售商亦可利用专为推销商品而设的电视台，每天不停地向消费者推销各种不同的商品。销售商在电视推销节目上采用拍卖、降价等方法招徕顾客，消费者可以立即拨打免费电话订购商品。

除使用电视外，销售商还可以先将目录存入电话，然后用电话将消费者和电脑连接起来。消费者可按照电脑所提供的资料分析某种商品的特点，然后用信用卡订购所需商品。

二、直复营销的特性

直复营销之所以具有多方面的优越性，最根本的原因只有一个，直复营销人员直接针对每一个目标顾客开展营销活动。直复营销具有如下特性：

（1）精确的目标顾客。利用仔细挑选出的顾客名单以及数据库中的一些信息，直复营销人员能将其中有可能成为自己顾客的人作为目标顾客，然后与单个目标顾客或特定的商业用户进行直接的信息交流。这种做法可大大减少传统营销由于目标顾客不精确而造成的浪费。

（2）人情味更浓。在直复营销中，每个独立的顾客就是一个细分市场，直复营销人员可根据每个顾客的不同购买习惯、需求进行有针对性的营销活动。一对一的服务使直复营销活动更具人情味，直复营销人员更注重与顾客保持良好的关系，而不像传统营销那样只注重将产品推销出去。例如，直复营销人员通过查询数据库，得知某位顾客刚刚买了辆汽车，他就可以向该顾客建议购买一些配套产品，如汽车防盗装置。

（3）号召顾客立即反应。直复营销总是号召广告接受者立即采取某种特定的行动，最典型的行动是购买某种产品或进一步查询广告提供的信息。直复营销的这个特性与消费者正常购买习惯是相反的，通常消费者接受广告之后，总是要延迟一段时间才采取购买行动，因此，直复营销人员需要采取更多、更有效的手段来改变消费者的行为模式。

(4) 营销战略具有隐蔽性。传统的市场营销战略、战术都通过大众传播媒体实施，故不具有隐蔽性，策略易被竞争对手掌握。直复营销则通过“秘密”方式进行，十分隐蔽，不易被竞争对手察觉，即使竞争对手掌握了自己的营销策略也为时已晚，因为直复营销广告和销售是同时进行的。这种隐蔽性对于试验某种新的营销策略十分有效，可以避免营销策略在试验阶段就被竞争对手察觉，招致竞争对手的报复。

(5) 可测性。由前述内容可知，由于直复营销活动在实施前就能预测其效果，故直复营销具有很高的效率，可避免无谓的浪费。

三、直复营销的发展脉络

（一）直复营销的概况

直复营销起源于美国。美国第一家邮购商店蒙哥马利·沃德创办于 1872 年。1886 年，美国第二家邮购商店西尔斯-罗巴克问世。当时这两家大型邮购商店兴起的背景是：一家一户的农场主处于孤立分散的状态，不可能随时去商业中心区选购商品，而横贯美洲大陆的铁路已经建成，农村邮件投递顺畅。邮购零售业的产生使广大农场主在家里就可以买到所需商品。因此，邮购商店逐渐排挤并代替了货车零售商。1921 年，蒙哥马利·沃德在城市商业中心开办了零售店。1925 年，西尔斯-罗巴克也在城市商业中心开办了零售店，这两家公司开始主要经营有店铺的零售业务，同时继续经营邮购业务。

到 20 世纪三四十年代，连锁商店向中小城镇扩张，开设分店，同时现代化公路和私人汽车大大增加了，零售商店邮购销售额只占整个零售业销售额的 1%，许多大公司视邮购零售业为小生意，不屑一顾。

80 年代以后，美国的直复营销业趋于兴旺，销售额以每年 15%的速度增长，比整个零售业销售额增长的速度快 4 倍。

90 年代以后，直复营销的发展趋缓，平均每年的增长速度为 6%～10%。这主要是受美国经济不景气的影响，尽管如此，直复营销的发展速度仍是整个零售业发展速度的两倍。对于已发展了 100 多年的直复营销来说，是相当了不起的成绩。

美国目前有数千家直复营销公司，其中一些为大型直复营销公司，如彭尼等，其余绝大部分是小型直复营销公司。运用直复营销的公司大体上可分为两类：第一类公司将直复营销作为自己主要的营销方式；第二类公司将直复营销作为一种辅助的、次要的营销方式。

（二）促进直复营销发展的有利因素

直复营销的目的就是直接与特定的消费者群联系，建立长期的品牌忠诚度。

从市场营销的发展趋势来看，有四个因素对直复营销的发展十分有利，分别是：

(1) 商品的同质化增强。商品同质化使得消费者对商品质量的印象模糊，并且降低忠诚度，而直复营销可以协助厂商掌握目标顾客的资料，让企业更了解消费者的需求，进而不断研究开发出满足顾客需求的商品，使得消费者与品牌间的关系更加密切，并提高消费者对品牌的忠诚度。

（2）大众传播媒体的成本增加。大众传播媒体的费用年年提高，广告主在媒体上高额投资却往往达不到预期效果，如此一来，广告主在不能确定广告是否有用的情况下，会缩减媒体广告预算，减少广告代理商的佣金，或将预算转到其他促销活动上。

（3）营销渠道变化。考虑到外出购物会遇到堵车以及拥挤的人潮，越来越多的人宁愿在家中度过悠闲的节假日。消费者行为模式的变化导致企业营销渠道的改变。有不少企业采用了直复营销之类的无店铺零售方式。

（4）推销费用上升。推销人员的成本不断提高，所得到的收益却没提高多少，这也是经营者采用直复营销的因素之一。

四、直复营销与传统市场营销的区别

传统广告强调的是树立企业形象和引起人们对产品的注意，直复营销广告则强调购买某产品给消费者带来的利益，并且给顾客提供了向公司直接反馈的工具，例如，直复营销人员向顾客提供免费的电话号码，或者附上一张优惠券或反馈卡。

直复营销与传统的市场营销相比，有以下几个独特性：

（1）直复营销更强调与顾客建立并维持良好的关系。直复营销与传统的市场营销相比，一个最根本的区别就是前者能使直复营销人员和顾客之间建立直接的关系，只有这样，直复营销人员才能了解每一位顾客的偏好和购买习惯，更有针对性地开展营销。

直复营销人员并非采取大众营销策略促使更多人购买某件产品，而是努力创造一个稳定的、经常购买的消费者群。为了吸引经常购买的顾客并且促使他们建立对自己品牌的忠诚，直复营销人员总是试图将营销手段变得更富人情味。

（2）直复营销的服务提高了产品的附加值。直复营销具有独一无二的功能，就是能将单一的产品转变成一种综合的服务和令人满意的享受。

（3）媒体就是销售场所。传统广告传递的是与产品和服务有关的信息，实际的销售活动要在广告播出一段时间后在其他场所发生，例如通过零售店销售，或通过人员推销进行销售等，但直复营销不是这样，它将广告活动和销售活动统一在一起，进行广告的同时也销售商品。例如，在直接邮购中，消费者收到邮购的广告后就能用信用卡付款的方式直接购买广告上宣传的产品，而无须再到其他场所如零售店购买。

广告活动与销售活动高度统一的结果，就是广告费用占了销售额较大的比例。邮购公司的广告费用占整个销售额的比例通常在15%～25%之间，而传统的市场营销中，广告费仅占销售额的2%～4%。这意味着直复营销中必须编制一个较高的广告预算。

（4）直复营销刺激顾客立刻查询或订货。研究表明，消费者的大部分购买行为属于有计划的购买。直复营销人员深知，顾客不会被动地待在家中等着广告到来，因此，直复营销人员总是集中全力刺激消费者的无计划购买或冲动型购买，为消费者立即反应提供尽可能的方便。

传统广告的目的在于树立产品或品牌的形象，引起消费者的注意。当消费者准备购买产品时，他会倾向于广告宣传的产品或品牌。然而，传统的广告主必须等几个月甚至几年才能看到广告的最终效果。

相反，直复营销人员却想将产品立即卖出去，他们利用一切促销手段来刺激顾客，使之立即作出反应。基于这样的考虑，直复营销中必须使订货尽可能地简化，诸如在回复卡或信封上贴好邮票，提供免费电话、免费传真服务等。

（5）直复营销具有效果反馈的功能。直复营销与传统市场营销的区别就是前者具有效果反馈的功能。顾客通过电话等方式进行查询、订货或付款，这样，相关信息就反馈到管理人员手中，每个直复营销活动的效果就很容易测定了。

在直复营销中，下一次营销计划的制定以上一次营销活动的效果为基础，从这个意义上讲，直复营销是最科学的营销方法。通过直复营销广告，管理人员可发现何种广告形式能使大多数的顾客作出直接反应，也可判断激光打印的广告是否比普通的印刷广告具有明显的优势，还可确定奖券促销是否经济等。

简而言之，直复营销人员能清楚地判断何种广告具有效果，何种广告效果甚微，这对于他们编制正确的广告预算是十分重要的。

直复营销与传统市场营销的区别见表 15－1。

表 15－1　直复营销与传统市场营销的区别

直复营销	传统市场营销
以单个顾客为单位进行推销	以目标顾客群为单位进行推销
细分顾客的基础是顾客的名字、住址及其购买习惯	细分目标顾客群的基础是人口因素、心理因素等
具有送货上门服务带来的附加值	不具有送货上门的优点
通过媒体销售	通过零售店销售
在产品被送到消费者手中的整个过程中，营销人员都能对产品实施很好的控制	产品一旦进入分销渠道，营销人员就无法控制
主要利用针对性很强的媒体	利用大众媒体
广告的目的是让消费者立即订货或查询	广告的目的在于树立企业形象，引起顾客兴趣，使顾客建立对品牌的忠诚等，顾客接受广告和采取购买行为之间有一段时间间隔
促销手段具有隐蔽性	促销手段比较公开
决策所需的资料不全	决策所需的资料很全面
因无法看到产品，顾客感到受骗的可能性大	因与产品的联系很直接，顾客感到受骗的可能性小

第 3 节　仓储式营销业态策划

一、仓储式业态的基本特征

仓储式商场在 1968 年起源于荷兰，最具代表性的是 SHV 集团的“万客隆”（Makro）。“万客隆”货仓式批发零售自选商场大多位于城乡接合部，营业面积可达 2 万平方米，并设大型停车场。商场只做简易装修，开架售货，以经营实用性商品为主。其业务现已拓展到欧洲和东南亚，平均年销售额 4 亿～5 亿美元。

美国仓储式连锁销售的概念是由 Price Club 的创始人普莱斯（Soloman Price）于 20 世纪 70 年代提出的。普莱斯最初设想：建立一个购物俱乐部，将个别会员的零散购买力聚集起来，统一直接向生产厂家大批量订货，在省去中间分销商及批发商的层层附加成本的同时获得更大的价格折扣，将给会员的零售价格降到最低水平。1976 年，他在美国圣迭戈开办了第一家 Price Club。好市多超市（Costco）是美国第一大会员制连锁仓储式超市，截至 2016 年，好市多在美国、英国、加拿大、日本、韩国、澳大利亚、西班牙等地共有 600 多家门店，付费会员超过 7 640 万人，年营业额约 1 200 亿美元。2014 年 10 月好市多正式入驻天猫国际，并表示天猫旗舰店为其海外授权的唯一网店。好市多主要服务中高端客户群。2005—2015 年间，好市多的股价涨幅高达 322%，相比之下，沃尔玛仅为 47%。

仓储式商场是一种价格低廉、服务有限的销售形式。它的店铺面积庞大，平均营业面积上万平方米。仓储式商场一般设在地价、租金便宜的城乡接合部，有大型停车场。它的外观普通，装修简单，建筑装修费比百货商店低一半，比超市低四成，比折扣店低两成。经营商品种类广泛，食品、日用品、办公用品、汽车用品、美容品等无所不包，但每类品种少，一般不超过 3～4 种，甚至只有 1 种，品种少才能大量进货和减少人工成本。鉴于以上原因，仓储式商场前期投入和经营管理费用很低，因此商品售价低廉。商品以原包装（箱、盒、桶等）陈列在简单的货架上（如铁制货架），店里通道宽敞，便于叉车、托盘将商品送到货架上（最低层先打开供选购，再将上层商品下移）。仓储式商场是批零合一的配销企业，其会员既有个人也有团体，以拥有私家车的消费者和接受其配货的零售店及小型批发企业为主。一般会费收入足以抵消房租等固定支出，是维持仓储式商场正常运转的基础。会员自然有资格对俱乐部的价廉物美提出更高的要求。事实上，仓储式商场的售价确实很低，属“低成本-低价格”类零售形式。

从营销角度来看，仓储式业态主要具有以下特征：

（1）价格低廉。国外仓储式商场的销售价格一般低于市场价格 20%以上，毛利率为 10%左右，低价赋予仓储式商场较强的竞争力。在经营过程中，商店会刻意创造条件以使经营成本和各项费用最低，通过低成本达到低价格。一般的仓储式商场通过以下途径降低成本和价格：

1）将商店建在城乡接合部或远离闹市区，这样地价便宜；

2）商店内外进行简单装修，可降低费用；

3）从厂家大批量进货，省去中间销售环节，可降低进货价格；

4）定量包装，批量销售，实行顾客自助服务，开架售货，可以节约大量人工成本；

5）仓场合一，商场即仓库，可节约仓储费用；

6）一般不做商业性广告，而以报刊跟踪报道和实际营业质量吸引消费者，可节约大量开支。

（2）实行会员制。国外仓储式商场大都实行会员制，即向特定的消费者发放会员卡，收取少量费用，会员持卡可获得信息，享受价格优惠，通过这种形式，可以稳定基本客源和骨干客源。从另一个角度看，会员制也是一种价格促销制度，因此外国的许多仓储式商场又叫“价格俱乐部”。

（3）实行连锁经营。仓储式商场兼有百货商店、超级市场和连锁商店的多重功能，集批发、零售于一身，有利于实现规模经营。作为现代化大企业，仓储式商场生存和盈利的基础就在于规模化和连锁化，这样，可以大幅节约流动资金，并提高资金的周转率，还可通过加大进货批量享受更优惠的价格折扣，从总体上保证薄利多销目标的实现。国外的仓储式商场大都实行连锁经营，往往在一个城市或同一国家的不同地区开设多家分店，有的还开拓国际市场，到其他国家寻求发展。连锁经营的另一个效果是树立企业的整体形象，在较短时间内提高企业的知名度。

（4）精选畅销商品。与大型百货商店相比，仓储式商场经营的商品种类并不多，但形成了自己的商品特色：

1）商品质量好。通过从厂家直接进货，可以严把质量关，确保向顾客出售的商品不出现质量问题。

2）从商品大类中筛选出最畅销的商品，在经营的过程中根据消费者需求的变化不断调整，以使其销售的商品占有较大的市场份额，同时保证商品高速流转。

3）市场上出现的新产品，仓储式商场都领先于其他商店经营，让消费者获得新鲜感。

二、我国仓储式业态的发展

（一）我国仓储式业态的种类

我国仓储式业态可以分为以下几种类型：

（1）仓储式连锁商店。这类商店在经营和管理方法上同国外的仓储式商场接近，规模不是很大，但通过连锁提高了整体规模和效益，而且较多采用会员制，便于迅速发展。

（2）大型平价商场。这种商店经营商品的种类较多，价格也较便宜，与国外仓储式商场的单店规模接近，但在经营思想、管理方法、销售服务等方面存在较大差异。

（3）小型仓储式商店。这种商店营业面积小，销售额小，多为小区域范围内的商店，也具备仓储式商场的一些特征，如价格便宜、经营畅销商品等，但不代表仓储式商场的发展方向。

（二）我国发展仓储式业态应注意的问题

仓储式商场在我国出现和发展有一定的客观必然性，尤其以低价取胜，采用大众化经营方式，既能满足广大消费者的需要，又可以节省人、财、物力，符合我国现实国力的客观要求，有着广阔的发展前景。为促使仓储式商场健康发展，应注意以下几点：

（1）发展仓储式商场要从实际出发，切忌一哄而上、盲目发展，尤其要考察影响仓储式商场发展的主要因素，如交通条件、管理水平、目标顾客数量等。

（2）借鉴国外仓储式商场的先进经验，从我国国情出发，逐步摸索出一条中国特色的仓储式商场经营模式。如在单店经营、内部管理机制、进货、配货、财务核算等方面探索有效的管理模式。

（3）注意发挥仓储式商场的优势：一是仓场合一，便于进货和批量购买；二是低价销售；三是设施简易；四是连锁经营，提高规模效益，这样才有利于提高竞争力。

（4）合理确定仓储式商场的商品结构和营业面积。从国外的经验看，仓储式商场主要经营食品和日用品，其他选购品较少，这是因为食品、日用品购买频率高，购买批量大，大多采用自选销售，节省人力，但这未必适合我国国情，企业应根据自身条件合理确定。营业面积和经营商品的数量、结构有很大关系，面积大小是确定商品结构的重要因素。确定营业面积大小应考虑竞争对手情况、目标顾客、管理水平、交通条件等因素。一般而言，营业面积大容易产生较大的规模效益，但如果营业面积超过了实际需要，则会适得其反，如有些仓储式商场地处远郊，营业面积很大，即使价格便宜也无法吸引足够的顾客。

第4节　购物中心及超市策划

一、百货商店

19世纪初，传统的零售方式以摊贩、集市、乡村杂货店等为特征。18世纪60年代，首先在英国发生了工业革命，生产的集中化导致农村人口向城市聚集。落后的零售方式已不能适应新形势的需要。百货商店作为零售业最早的革命形式，在资本主义经济发展和城市化的条件下诞生了。

1852年在巴黎开设的邦·马尔谢商店是世界上第一家百货商店。它的创建者A. 希西哥提出了一些颇具创新性的经营方法，包括薄利多销、明码标价、商品大量陈列供顾客任意挑选、购买的商品如不满意可以退换，并实行自由提意见政策。19世纪60年代以后，欧美一些先进国家相继出现了百货商店。这些大商店坐落于上流社会的中心区域，在陈设和装潢上颇为讲究。与其他商业形式相比，其主要特点是服务精良。在经营管理上，百货商店将售卖活动集中于一栋建筑物中，以生活用品为中心，实行综合经营。它将商品按类别分成部门，由部门负责进货、管理和销售。这种全新的管理方法很快就使百货商店取得经营优势，赢得了市场地位，逐渐成为城市商业区的重要零售机构。到19世纪末20世纪初，欧美百货店的发展达到了高峰。

然而，人口的无限膨胀导致城市拥挤，城市化进程发生重大转折。大城市郊区人口剧增，汽车的迅速发展和大众消费市场的发达使社会购买力逐渐转移。地处市中心的百货商店由于停车场严重不足，那些能够吸引人的功能迅速减退。同时，反垄断法与反不正当竞争法在一定程度上也限制了大型百货商店的扩张，百货商店开始走向没落。第二次世界大战以后，百货商店的盈利及其在总零售额中所占比重均有所下降，逐渐进入零售生命周期的衰退阶段。现有百货商店霸占市场的原因，除了百货商店之间日益加剧的竞争使经营管理费用不断攀升之外，还有来自其他类别零售商（特别是折扣店、连锁店和超级市场）的竞争。于是，百货商店改变过去只在城市中心建设独立营业场所的决策，开始在郊区购物中心开设分店，或增设其他类型的商店，如专业店和折扣店等。这样逐渐形成了百货商店多店经营、连锁经营的新格局。

进入 20 世纪以后，大型百货商店的组织管理更趋定型化、标准化和现代化。借助于股份制度，通过横向兼并和纵向结合，现代百货商店实现了资本积聚和集中，其内部组织结构变成一种多分支公司的分权化结构。由于组织结构更加庞杂分散，经济规模急剧扩大，现代百货商店的经营管理发生了重大变化：一是实行两权分离（所有权和管理权分离）制度；二是实行总店集中进货制度。随着新型零售组织的发展壮大，流通领域的竞争日趋激烈，百货商店逐渐陷入困境。

二、超级市场

超级市场是一种规模较大、低成本、低毛利、高销售额的零售组织。美国超级市场学会的定义是：年销售额在 100 万美元以上，至少设有自选杂货销售部，完全按经营部划分的商店。在英国，超级市场是指主要经营食品杂货的自助服务商店，通常采用连锁经营，也有独家经营的。

超级市场诞生于 20 世纪 30 年代最大且最成熟的美国市场。1930 年，麦克·古伦在纽约皇后区将一座 6 000 平方英尺（约为 557 平方米）的废弃车库改为商场。他把 1916 年由零售商桑德斯创造的自助式购物和消费者要求一次购齐所需食品的愿望结合起来，实行开架自选、现款、自运，其销售利润率为 9%～10%，只相当于传统食杂店利润的一半。商场宽敞通风，有停车场。开业之初，顾客驾车前来选购，盛况空前，生意极为兴隆。

超级市场以其革命性的经营方式出现后，立即刺激了消费需求。1939 年美国有 5 000 多家超级市场，其销售额占整个食品杂货店销售额的 20%。1980 年，这个比例上升到 84%，当时全美有 39 462 家超级市场。20 世纪 50 年代以后，超级市场在流通领域开始发挥核心作用。

超级市场一问世便获得人们的认可，享有“现代化零售方式”的美誉，主要原因在于：(1) 自助售货方式给消费者以更大的挑选余地，比之以往依靠售货员递送和介绍商品的方式更加自如，消费者基本能一次购全所需物品，这大大节省了购物时间和精力，提高了购物效率；(2) 由于减少了服务人员，销售费用下降，超级市场能以较低的价格销售商品，这成为吸引顾客的一个重要条件。

超级市场的出现和发展与社会经济发展水平密切相关。社会物质产品丰富后，超级市场所需货源有了保障。第二次世界大战后，人们的生活工作节奏都很紧张，日常购货次数减少，每次购货数量增加，这为超级市场扩大销售提供了有利条件。制冷设备的发展、包装技术的完善为销售带来了便利。汽车等个人运输工具普及程度的提高，为顾客一次性大量购买创造了条件。

20 世纪 60 年代以来，超级市场经过创新、快速发展阶段后进入成熟期，开始朝着巨型超级市场方向发展。巨型超级市场融合了超级市场、折扣店和仓储式商场的零售原则，经营品种远远超出食品，几乎应有尽有。它的经营方式就是大面积陈列商品，使用最少的店员，对那些愿意将所购物品自行运回家的顾客给予一定的价格优惠。

便利店是作为超级市场的补充而产生和发展的。人们到超级市场几乎可以买到全部日常生活用品，但有时是为买一两种急需商品。便利店的基本特征是：时间便利——最初的便利店营业时间是从早上7点到晚上11点，故称“7-11”商店，后来演变成全天24小时营业且无休息日；地点便利——位于住宅区，顾客距离商店只有几分钟路程，商圈范围通常为500米；购物便利——经营周转快的日常生活必需品，如香烟、药品、食品、杂货等，规模较小，营业面积一般不超过300平方米。第二次世界大战后，便利店在欧美及日本发展很快。美国便利店的毛利、价格比超级市场高出10%～20%，利润率为4%，而现代超级市场的利润率只有1%。便利店满足了一种重要的消费需求，成为人们生活中不可缺少的零售组织形式。

三、专营店

专营店是指专门经营某类或某种品牌商品的商店。前者称专业店，如服务店、化妆品店，后者称专卖店。较成熟的专营店具有如下特点：

（1）专而全。专营店经营一条窄的产品线，但该产品线所包含的花色品种较多、技术含量高，能够满足某一市场的特殊需求，专门吸引目的性强的顾客来购买。这种经营优势是综合性商店不能比拟的。

（2）新颖独特。专营店有条件对专业化市场进行追踪研究，掌握最新的市场流行趋势，销售新颖和独特的商品。例如，专业服装店能比百货店更早地展现新潮服装。

（3）服务方式灵活。专营店能够提供针对性服务。在专营店里，每个导购员都是某类商品的行家，他们能够提供个性化服务，这是其他商店难以做到的。

（4）规模既小又大。“小”是指单体规模小。在欧美虽不乏上万平方米的大型专营店，但更多的是规模较小的商店。店面过大会因为难以真正做到“专”而失去经营特色。“大”是指专营店可以通过连锁的形式使店铺数量增加，实现规模效益，甚至垄断某一地区、某类商品的市场。

（5）突出特色。超级市场的模式几乎都一样，但专营店各有各的绝招，其生命力在于创意，注意渲染文化内涵，不仅卖产品，而且卖文化。这是单店成功的基础，也是连锁店充满生机和活力的保障。

专营店的成长是与购物中心的大量涌现分不开的。专营店占据购物中心空间的60%～70%。分析家认为，专营店在未来的发展将非常迅速，它在市场细分和市场目标的制定方面将获得很多机会。

四、购物中心

购物中心实际上是超大型的商业群体组合，它通常以几家百货商店作为标志物，两头为几百家专营店。目前，具有至少4个百货商店、300家专营店，营业面积在10万平方米以上的购物中心并不鲜见。

统一开发商业区的先驱是美国人巴桑。大型区域性购物中心出现于20世纪50年代中期，由于大城市人口过剩，从城内迁往郊区，零售商在城市边缘聚集，购物中心开始在各地出现。现代化购物中心已由早期的露天式发展为如今的封闭式，交通便利，购物环境舒适，内部设施完善，品种丰富齐全，从零售商店到餐厅、停车场、银行、饭店、图书馆、电影院等各类娱乐休闲设施应有尽有。美国明尼苏达州布卢明顿市的大型购物中心占地 39 万平方米，有百货商店 4 家，专卖店 520 家，餐厅 80 多家，还有小型高尔夫球场、电影院、水族馆等，实行多功能一体化经营，充分满足了消费者衣、食、住、行及娱乐一站式的消费需求。

一家规范的购物中心通常由房地产商或房地产商与大零售商合资开发，业主并不进行零售经营，而是出租场地给专业零售商，并委托专业管理公司负责整个商业物业的统一规划，如市场定位、商品布局、营运规程的制定等。购物中心一经产生，就实现了所有者、管理者与经营者的分离，从而保证了物业所有者能拥有较高的投资回报。美国零售业的净利润只有 5%左右，专业管理公司管理购物中心，能使购物中心以统一的社会形象面对消费者，承租商由于独立经营，可以保持自己的独特风格，不至于湮没在大众产品之中。

所有者、管理者与经营者高度分工的购物中心模式给商业管理提出了更高的要求，它需要严谨的开发规划、密切的整体配合、更协调的市场推动及广告方案，刺激并协助厂商销售产品，使厂商间良性竞争。专业管理公司对购物中心实行统一管理的目的是最大限度地增加单位营业面积的销售额，而达到这一管理目标的科学途径是根据市场行情制定切实可行的商品布局规划，并以此为统领精心招商，顺应最新流行趋势，随时调整业种比例，以高超的管理艺术管理整个购物中心的日常经营活动。

◎ 小　结

市场竞争发展为业态竞争是市场竞争深化的表现。业态竞争就是由单一业态向多样业态发展的过程。

营销业态竞争有其背景，它是同业竞争加剧、流通组织形式革新和工商企业争夺市场主导权的表现。

营销业态包括无店铺营销业态与有店铺营销业态，有店铺营销业态表现为购物中心、超级市场、专营店、仓储店、百货商店等。具有零售或批发性质的商店之所以频繁推出不同的业态，就在于通过新型业态寻找新的消费者群，赢得新的市场。营销业态策划就是帮助企业寻求新的市场和发展机会。

◎ 习　题

1. 试分析业态竞争的背景。
2. 直复营销有何特征？可分为哪几种类型？
3. 直复营销与传统的市场营销有何区别？
4. 仓储式业态有哪些基本特征？
5. 试比较购物中心、超级市场和专营店这几种不同的业态。

◎案　例

盒马鲜生：生鲜行业“新零售”践行者

盒马鲜生由创始人侯毅（前京东首席物流规划师）亲自操刀，是阿里巴巴投资的“新零售”项目。创新性的O2O生鲜零售经营模式被认为将颠覆传统超市、改变生鲜业竞争格局。盒马鲜生分为线上与线下两部分业务：线下开设门店，以场景定位的方式销售来自103个国家的超过3 000种商品；线上依托实体店，提供五公里以内半小时送达的快速物流配送服务。

盒马鲜生作为O2O生鲜零售商，对传统零售超市以及B2C生鲜电商都产生了冲击。相对于传统零售超市，盒马鲜生线下实体店的创新点在于体验式消费。如盒马集市（盒马鲜生的线下实体店），生鲜与餐饮类商品的占比非常高（餐饮占比达到50%），消费者到店不仅可以买到所需的生鲜、食品半成品，还可以将挑选的原料（如海鲜）在餐饮区加工，直接堂吃或者带回家吃。这种新鲜的体验式消费解决了年轻上班族的吃饭问题，是对家庭厨房的革命。相对于老牌B2C生鲜电商，盒马鲜生依托线下实体店进行快速配送，确保产品更新鲜，购物模式更方便，且实体店“所见即所得”，使顾客对线上购物更加信赖。

一、盒马模式为生鲜零售提供新思路

（一）精准的客户定位重构消费价值观

传统超市的目标客户群主要是为家庭采购的中老年人，而盒马鲜生的客户更接近年轻人这一电商消费主体。盒马鲜生的创始人侯毅表示，消费者中有80%是80后、90后这批“互联网原住民”，这群目标客户既有庞大的数量，又有特殊的消费需求。国家统计局的数据显示，80后人数高达2.28亿，90后人数高达1.74亿。作为在物质条件丰富的时代生活的年轻人，他们更关注商品的品质和功能，对价格的敏感度相对不高，他们将成为推动中国进入新消费时代的中坚力量。因此，盒马鲜生的定位是“精品超市”：产品质量好，包装精美，从世界各地运送过来，相应地，价格更高。

为了满足目标客户群的需求，盒马鲜生设计了新的消费价值观：第一是“新鲜每一刻”。将售卖的商品做成小包装，使购物方便、配送快捷，可以当天买当天吃完，并保证买到、吃到的商品都是新鲜的。第二是“所想即所得”。线上购买与线下购买的商品是同一品质、价格，直接从超市包装配送。手机下单让消费者可以随时随地购买。第三是“一站式购物”。线上线下高度融合，产品的种类非常丰富，在线下超市买不到的东西可以在线上订购，甚至还可以买到稀有产品——5 000元一条的野生黄鱼。第四是“让做饭变成一种娱乐”。针对上班族没时间做饭的情况，推出直接在超市购买并加工制作的模式，这种新鲜、健康、即时的餐饮体验非常吸引年轻消费者。

盒马鲜生围绕精准的目标客户群定位，推出最能吸引当下年轻人的快消产品。比如，推出盒马外卖，为上班族提供新的用餐选择。明晰的客户定位是盒马鲜生能够成为“网络爆款”、吸引大客流量的前提。

（二）线下体验式消费为超市注入新活力

盒马鲜生的第一家店（金桥国际广场店）有一个曦牛海鲜餐厅，既可以直接在餐厅下单，也可以先在店内超市挑选食材，然后在餐厅享用。高性价比的海鲜大餐和新奇的用餐形式吸引大量顾客来“拔草”。将餐饮与零售紧密结合，首先大大提高了利润率（餐饮业的毛利率高）；其次吸引了大量客流，从而为超市引流；再次，由于餐饮店大多属于联营，将餐饮区域外包可降低经营成本；最后，与餐饮店合作可以降低生鲜商品的损耗，一些快要过期的生鲜商品可销售给餐饮商家。

（三）O2O 高度融合对传统生鲜电商产生冲击

盒马鲜生将线上与线下经营高度融合，开辟了全新的经营模式，对传统生鲜电商形成冲击。一是配送时间短、效率高，更为快捷便利；二是有助于增加顾客的信任度，线上购物让人更加放心。

盒马鲜生的高效率有赖于全自动物流模式。它在门店后台设置了 300 多平方米的合流区，前后台采用自动传输系统，在门店中消费者可以看到头顶上方的传送带上有包裹飞来飞去。店铺接到 App 订单后，在门店分拣取货，放入专用保温袋，通过自动传输系统把商品传送到后台合流区，装入专用的配送箱，用垂直升降系统送到一楼出货，从接单到装箱只需 10 分钟即可完成。盒马鲜生的线上 App 从早上 7 点配送到晚上 9 点。在下班路上通过 App 下单，回到家，购买的新鲜蔬菜水果和处理好的海鲜鱼肉即可同步送到，只要稍微加工，一顿丰富的晚餐就完成了。这样的配送速度和便利程度，传统电商无法与之相比。

另一方面，盒马鲜生提供新奇的体验式消费和便捷的配送服务，使得至少 5 公里范围内的客户对其有较高的信任度，他们的大部分消费需求在盒马鲜生就能得以满足。而且，这些用户大都逛过盒马鲜生的实体店，对店内环境、卫生、产品质量有直观感受，在线上购买时会更放心，不会有顾虑。

从盈利角度看，盒马鲜生将需求量大但利润率较低的零售行业与利润率高的餐饮行业相结合，并有效利用其发达的物流运输系统，自营外卖品牌，最大化利用资源。从成本角度看，盒马鲜生在仓储、损耗、引流客户等方面尽可能降低成本。盒马鲜生直接从门店发货，不另设仓库，仓储成本较低，其门店大多设在市中心的大型购物广场，对于辐射范围 5 公里的超市来说，在市中心区域不可能找到比购物广场更加便宜的仓库（购物广场给超市的租金有优惠，因为超市能为其吸引客流）。在生鲜产品的损耗方面，首先，采用“零售＋餐饮”模式，餐饮可以消化零售行业临期的生鲜商品，降低损耗；其次，商品都事先包装好，降低了顾客挑拣所产生的损耗。在引流方面，B2C 电商往往需要花大量的营销费用推广品牌、建立信用度，通过各种“满减”或“红包”活动来吸引流量；而盒马鲜生依靠线下实体店吸引线上客流，并且这些顾客大多具有忠诚度，这极大地降低了营销成本。

当然，盒马鲜生作为第一个支付宝会员生鲜体验店，其成功与资本支持密不可分。

阿里巴巴对盒马鲜生的背书，不仅增强了人们对品牌的认同，也使得盒马鲜生在初期无须过度担心盈亏。阿里巴巴甚至在盒马集市中专门为三只松鼠、百草味等天猫品牌设立了专卖场，被调侃为“天猫下凡”。对阿里巴巴来说，建立一个证明“所见即所得”的鲜活范本，其价值可能远远超过盈利。

二、创新理念遇上现实困境

自2016年1月开设第一家店以来，盒马鲜生的门店已扩展至上海7家、宁波1家、北京1家。金桥国际广场店线上平均每天4 000单，客单价70元；线下平均每天2 000单，客单价120元（2016年6月数据）。总体来看，盒马鲜生是可以自负盈亏、自我造血、自我发展的零售“新业态”，为生鲜零售行业的发展提供了很多思路和启发。然而不可否认，盒马鲜生还有很多问题亟待解决。

零售的本质永远关乎顾客和商品。盒马鲜生的目标群体为80后、90后，他们虽然价格敏感度较低，这意味着能接受较高的价格定位，但是对价格的不甚在意一定伴随着对产品、服务质量和消费体验的极高要求，这才是盒马模式要抓住的核心。但现实是，盒马鲜生的经营仍有很多缺陷。从大众点评的用户评价来看，它的App付款备受诟病。采用App付款有助于推广App，将线下客户引流至线上，也有利于更好地掌握客户数据，战略意义不言而喻。但过于单一（虽然现在也允许使用现金）的付款模式会给顾客强买强卖的感觉，在崇尚自由的年轻群体中容易引起反感。

除了支付不方便外，顾客抱怨较多的还有服务问题。超市生意火爆，人流量巨大，但员工素质及服务质量却不能与之相匹配。盒马集市最大的“爆款”，即餐饮消费区的设计也不是很合理。餐饮区往往在零售区附近，且桌椅较少，在用餐高峰期等位需要很长时间；顾客在餐饮区点的一般是价格昂贵的海鲜、牛排，商家却使用一次性餐盘，置身于人来人往的“大排档”般的环境中用餐体验必然差。作为一个以用户体验为服务核心的生鲜品牌，如果不提供优质的消费体验，长此以往，品牌必然不能长久生存下去。这些问题都是盒马鲜生迫在眉睫需要解决的。

竞争的本质永远关乎效率和成本。定位年轻群体、重视用户体验，盒马鲜生的成功很难复制。这一方面造就了它独一无二的竞争优势，另一方面又限制了它的发展。为了实现阿里巴巴对零售行业的野心，也为了占有更大的市场份额，颠覆传统生鲜零售行业格局，只在5公里范围内配送的盒马鲜生必然要继续设立新网点，扩大覆盖网络。但若增加线下店数量，租金成本必然增加，而为了保证生鲜品质、高质量消费体验，采集、物流、人员培养等方面的成本就会几何级增加。成本增加如果通过提高售价转移给消费者，就会损失大量客户。扩张需求与其带来的高昂成本之间产生矛盾，阻碍了盒马鲜生迅速扩容。

因此，作为新型O2O生鲜零售平台，究竟能不能延续现在的发展态势，对传统超市和B2C生鲜电商造成冲击，成为行业“扛把子”，关键要看它能否突破自身缺陷和发展困境。盒马鲜生复杂的模式，对自动化物流体系、作业流程、团队管理、质量控制等环节都有很高的要求。尽管背后有阿里巴巴的资本支持，但将来的发展要求更多地考虑输出运营模式，与本地投资者合作，以解决高昂的成本问题。

除此之外，盒马鲜生也要做好迎接激烈竞争的准备。比如，大润发与合作电商平台飞牛网近年来发展势头强劲，大润发具有良好的群众基础，品牌推广更易被群众接受；永辉超市 2017 年 3 月在福州建立了“超级物种”体验店，模式与盒马鲜生类似，是“未来超市＋餐饮”模式；京东到家电商平台虽然也有传统生鲜电商的缺陷，但其物流网络发达、服务系统完善，竞争力较强。在激烈的市场竞争下，盒马鲜生是否能够克服缺陷，在市场中站稳脚跟，真正颠覆传统生鲜零售行业，让我们拭目以待。

资料来源：曹祎遐，刘志莉．盒马鲜生 生鲜行业“新零售”践行者．上海信息化，2017（6）：23－26.

第 16 章

企业扩张策划

如同任何事物一样，企业也要经历从幼稚、成长、鼎盛到衰落的发展演变过程。成长期是企业最富有理想和希望、最需要对发展战略审慎选择的时期。对专业化或多角化的战略选择应因企业而异、因条件而择善从之。同时，企业成长的过程也是从产品营销到资本营运的过程，企业要统筹谋划产品营销和资本营运战略，要注意资本营运的方式方法。企业扩张策划既要从营销战略的选择入手，又要从资本营运的角度着眼。

第 1 节　企业扩张战略策划

一、企业专业化经营

企业专业化经营或称集中化战略，是指企业将全部资源用于最能代表自身优势的某一技术、某一市场或某种产品上的一种战略。经营集中化或专业化既是各企业生产逐渐分离而形成许多独立企业的过程，也是同类产品由分散生产趋向集中生产的过程。经营集中化是企业分散经营和集中经营的统一。没有专业分解，就没有同类专业的集中，但只有分解没有同类生产的集中，就不能实现专业化大批量生产的经济效益。

（一）协同效应的内容

经营集中化所强调的核心问题是生产过程的协同效应。协同效应是指生产过程的不同环节、不同方面共同利用同一资源（原材料、设备、管理、技术、信息等）产生的整体效应。其内容包括：

（1）生产技术方面的协同效应，即在产品设计与开发、生产技术、生产设备、原材料和零部件的利用上可以共享，从而减少投资，节约开发和生产成本。

（2）产品销售方面的协同效应，即新老产品的销售有相互促进的作用，老产品能带动新产品销售，新产品又能为老产品开拓市场，从而增加销售额，减少营销费用。

（3）经营管理方面的协同效应，即经营决策的基准大致相同，管理方法和手段比较一致，从而节省企业管理人员熟悉新产品、新业务的时间和精力，提高管理效率。

（二）集中化战略运用的条件

集中化战略是企业普遍采用的战略，也是企业刚刚建立时首选的战略。之所以能普遍采用或为企业首选，原因在于集中化战略有利于增加主要业务的销售量，提高市场占有率，培养用户对企业的好感，同时有利于企业不断扩大产品线，以满足不同细分市场的需要，不断扩大经营的地域范围。

1. 集中化战略的前提条件

集中专业化经营与协作是现代企业先进的组织形式，但集中化战略的实施是有前提条件的，选择实施集中化战略应该考虑的条件是：

（1）只有当市场需求具有较大规模时，才适于选用集中化战略，因为市场需求是制约专业化协作发展的根本因素。

（2）只有生产技术特点适于专业化经营，才能选用集中化战略。这里的生产技术特点涉及产品、劳动手段、工艺和劳动对象等。由于不同行业、不同企业的生产技术特点不同，所采取的专业化形式和发展水平也就不同。

（3）只有按标准化要求生产的企业才适合选用集中化战略，因为企业的标准化水平是制约企业标准化协作发展的重要条件。标准化不仅有利于加快新产品设计、开发产品品种、提高产品质量、方便产品使用和维修、减少备件储备，而且可以简化品种、扩大零部件的通用范围、增加生产批量、提高专业化程度。

2. 集中化战略的积极意义

企业采取集中化战略所收到的效果是明显的，其积极意义表现为：

（1）由于资源的集中，能保证生产技术的优势，提高企业的知名度和对市场了解的程度。

（2）集中化意味着企业活动范围的缩小，这迫使企业采取更科学的管理方式，以最高的效益和最经济的价格提高产品的质量。

（3）使企业的经营方向、目标都十分明确，从而聚集企业的智力、劳动力，努力实现目标。

（4）风险较小，对追加资源的要求最低，最能发挥企业已有能力。

3. 集中化战略的局限性

集中化战略也有其局限性，主要表现在：

（1）竞争范围狭窄，当产业趋势发生变化时，采用这一战略容易受到较大的打击。

（2）应变能力较差，经营的单一化不利于应对市场、技术、购买者需求的变化，一旦出现较大变化，企业转换战略较难。

集中化战略是企业进入国际市场可供选择的战略，但不是唯一可供选择的战略。企业选用集中化战略要从宏观和微观两个方面考虑其可能性和合理性，不能不顾企业自身的条件而作出决断。

二、企业多角化经营

多角化经营成长（亦称多元化经营战略）是指一个企业同时经营两个以上行业的产品的市场经营战略，或者表述为同时生产和提供两种以上基本经济用途不同的产品、服务的经营战略。

企业多角化经营的核心问题是分散风险。采取多角化经营战略的企业参与多种商品和服务的生产和销售活动。多角化经营不局限于产品品种的增加，还包括生产和市场范围的扩大。多角化经营之所以能分散风险，就在于企业避免出现产品高度相关的组合。

高度相关的产品组合会导致出现以下几种情况：

（1）所有产品都处于市场生命周期的同一阶段；

（2）所有产品都是风险产品或滞销产品；

（3）所有产品都存在对某种资源的严重依赖。

企业多角化经营可以分散风险只能是以下几种情况：

（1）不相关多角化。一个企业的主要业务收入低于企业全部收入的70%，而且其他业务与主业之间不具备相关性，这类企业亦称为混合企业。

（2）相关—关联型多角化。主业收入占总收入的比例低于70%，但是与其他相关业务（不与主业直接相关）总共所占的比例超过70%。

（3）相关—延长限制型多角化。主业收入不超过70%，但与其他直接和主业相关的业务一起占的比例超过70%。

（4）优势—垂直型多角化。垂直整合的业务收入占总收入的70%以上。

相应地，可将所有实行多角化经营的企业分为同心多角化企业、水平多角化企业、混合型多角化企业。

企业多角化经营战略是指对企业内部的资源、结构进行合理调整，使企业内部各项功能高度分化和专业化，而企业（通常是集团）作为一个系统整体拥有新的协调方式，使得各个子系统、环节有效衔接，确保企业运作稳定高效。因此，企业多角化经营战略是伴随着企业的成长、集团化发展而出现的。发达国家企业在20世纪50年代就开始出现多角化经营，但由于整个世界经济形势不断变化，在不同时期，多角化经营呈现不同的特点和变化趋势。概括起来，多角化经营经历了发散—有序—集中的变化历程。

企业多角化经营是与集中化经营相对应的一种战略。这两种战略可以交替实施，相互转化。不同的企业可以采取不同的战略，同一企业在不同的阶段亦可选取不同的战略。多角化经营和集中化经营各有优势和劣势，这就要求企业在恰当的时间作出恰当的选择，适者生存，适者发展，否则只能事与愿违。

三、中国企业扩张战略的选择

中国企业扩张战略的选择既有两难，又有两利。两难即国际企业组织化的潮流与自身组织化程序存在巨大的反差，企业在战略选择上是以集中化战略为主还是以多角化战略为主难以决断。两利即国际企业在战略转换中的利弊得失显而易见，我国可以根据自身条件择善从之，关键是选择过程，两种不同的方案均可选择，均有取胜的可能，而不必重新摸索。

（一）企业发展需要考虑的因素

（1）环境。包括企业所处的地域、所进入的行业、行业的竞争、目标市场的社会文化环境等。环境不同，生产经营的效果就不尽相同。

（2）制定战略的动机。企业发展的动机是生产某一主导产品，然后渐次开发新产品，还是有意识地进行产品战略转移，进而考虑怎样才能实现企业的利益最大化、风险最小化。

（3）组合方案。多角化经营能否成功取决于资产组合方案，集中化经营能否成功取决于新产品开发和新市场拓展组合方案。不论是投资组合还是产品市场组合，都要紧密结合企业实际，对企业的发展有准确的把握。

（4）时机。宏观时机，包括国际市场的发展潮流、国内经济发展所处的阶段及政策导向；微观时机，即企业自身成长的阶段、企业资产重组、企业领导变更等。

企业的发展战略不能由企业决策人拍脑袋而定，应在分析企业内外部条件的前提下作出决定。综合考虑上述影响因素有助于企业作出正确决策。

（二）实行多角化经营或集中化经营战略进入国际市场的条件

中国企业要进入国际市场，必须做到自身强大且富有竞争力，战略明确。实行多角化经营或集中化经营战略进入国际市场的企业还必须具备以下条件：

（1）成功经营某一产品；

（2）能够形成某一方面的竞争优势；

（3）有明确的目标市场，了解海外市场情况；

（4）有国际领先的技术，产品有高附加值；

（5）有完备的战略经营方案。

战略是企业行为的灵魂和方向，战略错误会导致企业行为失当。当然，战略正确并不能保证企业行为成效显著，还需要有完善的策略措施。

第 2 节　企业的产品营销与资本运营综合策划

一、产品营销导致资本运营的必然性

企业是资源的转化体。企业对资源加工后，实现从产品到商品的转化。资源的转化不是一次性的，而是有两次，即资源—产品，产品—商品。产品营销主要关注的是第二次转化，即如何使产品进入市场实现其价值与使用价值，而资源向产品转化既涉及营销问题，也涉及资本运营问题。

资本运营就是把企业的全部资源即全部生产经营要素都转化为可以经营的价值资本，以获取最大的价值增值。资本运营战略则是以资本为运营对象，以实现资本最大限度保值增值为目标的整体的、长期的谋划。

资本运营是一种现代经营管理方式，是市场经济发展到一定阶段的产物，是市场经济发展的高层次的企业行为。

产品营销与资本运营是依次出现的，或者说资本运营是在产品营销基础上产生的，这是因为：

（1）产品营销是伴随着企业的出现而出现的，但企业的出现并不意味着资本运营相伴而生。市场经济初期，市场发育有限，产权流动困难，资产配置的市场机制尚未形成，资本运营不具备市场条件。

（2）企业在入市之初并不具备从事资本运营的条件。当企业处于生命周期的最初阶段，企业的生存主要依赖产品，不可能在产品营销的同时进行资本运营。

（3）企业不可能自发地形成资本运营的观念。观念的形成来自客观实际。当企业尚

处于生产观念阶段、推销观念阶段时，企业的中心是生产和推销产品，不可能意识到资本运营的问题。

当市场经济发展到一定时期，企业处于生命周期的成长发展阶段时，企业随着产权的明晰真正成为市场主体，市场体系的发育不仅促进商品市场的成熟，而且促进生产要素市场的发展，这为企业真正实现资源配置的市场化提供了前提条件，企业才有可能全面促成人、财、物资源向人力资本、金融资本、生产资本和无形资产转化，企业才有必要和可能通过资本运营把资本投入到社会急需的、报酬率高的部门和行业，以谋求企业的良性循环和最大经济效益。企业只有处于成长期和成熟期时，才有自我拓展、自我壮大、跃上新台阶的冲动和可能。也就是说，企业只有发展到一定阶段才有从事资本运营的内在要求和必备条件。

产品营销的发展可能导致资本运营的产生，但是资本运营与产品营销并非此消彼长、相互取代，而是彼此共存、相互渗透。资本运营是产品营销的延伸与拓展，资本运营又可以促进产品营销持续发展。

资本运营与产品营销有明显的区别，具体表现为：

（1）企业运作重点不同。产品营销以产品决策为重点，围绕产品制定战略和策略，企业行为是谋求产品价值的实现。资本运营的重点是加速资本周转，尽量缩短各环节的物流时间，企业行为是谋求资本增值。

（2）关注企业资产的角度不同。产品营销关注资产增量投入的多少，资本运营则重视盘活存量，加速存量的流动和重组，以突破原有经营范围的局限。

（3）在经营着力点上，产品营销着力于企业内部，谋求实现资源自我配置，强调量力而行。资本运营则是外向型的，充分利用社会化大协作的宏观环境，以合纵连横、借船出海、借鸡下蛋等方法谋求资本增值。

（4）风险大小与分散风险的手段不同。产品营销的风险来自产品在市场上的营销过程，企业只要正确地把握市场行情和正确地决策，就可以规避风险。资本运营的风险远比产品营销大，一失手就可能导致满盘皆输，但是资本运营在分散风险上有更多的办法：一方面由若干不同产业支撑的企业可分散产业风险；另一方面由若干投资者合作兴办的企业可分散投资风险。

二、产品营销与资本运营构成企业发展战略系统

马克思关于资本的来源、资本的本质、资本的运行等一系列理论是企业实行资本运营的理论依据。

马克思关于资本运行即资本的积累、集中、循环与周转的论述为企业资本运营提供了途径、方式与方法，企业的发展一方面要进行资本积累，使剩余价值不断转化为资本，表现为生产过程中资本的不断增长，这种增长又成为不断扩大生产规模的基础，成为随之出现的提高劳动生产率和加速剩余价值生产的基础。另一方面要适时地进行资本集中。资本的集中是通过资本的兼并、联合、控股、收购等形式实现的。资本集中的途径就是将资本从利润长期低于平均水平的部门投到利润高于平均水平的部门，或者逐渐按不同比例把追加资本分配在这些部门之中。

将资本运营作为企业发展战略的重要组成部分，实质上是摒弃了只有产品才能作为商品进入市场获取效益的观念，企业的资源（或称生产要素）包括场地、厂房、设备、人才、技术、资金等要素及企业的知名度、信誉等无形资产均可进入市场获取效益。这样，资源的转化便有两条途径，即资源—产品，资源—商品。资源直接转化为商品同样可以获取经济效益。

相应地，企业发展战略也应该是两条途径。第一，营销战略发展途径：资源—产品—商品。第二，资本运营战略发展途径：资源—商品。这两条途径应互为补充，并行不悖，使企业的有效运作既体现在企业生产的结果上，又体现在企业生产的源头上，使企业全方位地获取效益。

三、综合谋划产品营销和资本运营战略

企业成长是依其生命周期有规律地进行的。企业要在严酷的市场竞争中生存、成长、壮大，就要综合谋划产品营销和资本运营战略，一方面控制好企业内部的可控因素，另一方面充分利用外部环境中的不可控因素，使企业进入新境界。综合谋划产品营销和资本运营战略有如下意义：

（1）综合谋划双战略可以加速企业成长壮大，实现企业的规模化和国际化。企业资本在产品营销中充当生产要素，所经历的是资源—产品—商品的转化过程，这是一个重要的过程，也是一个较长的过程，企业仅靠这个过程实现成长是缓慢的。在资本运营中，企业资本却成了特殊的商品，通过资本运营，企业将其资产由实物化、存量化、封闭化转化为价值化、货币化、证券化、社会化，以推进企业资本的增值，推进企业跨行业、跨地区经营，形成多角化、集团化的格局，进而进军国际市场，获取资本规模优势和国际化竞争优势。长虹集团、海尔集团、小天鹅集团、春兰集团等走的都是这样一条道路。

（2）综合谋划双战略有助于缓解企业资金短缺。企业单纯实施产品营销战略往往受到资金紧缺的制约，有时甚至陷入困境。企业资金紧张除了投资失误、产品结构不合理等原因外，还有一个很重要的原因是企业资产闲置。企业在实施产品营销战略的同时实施资本运营战略，就可以另辟一个市场，另谋一条生路，促进资产的流动和重组，通过资本运营的各种方式聚集资金，加速资金的周转、循环和增值，为保证企业的快速运转而造血、输血，以弥补单纯产品营销的不足。

（3）综合谋划双战略可以推进企业制度创新和经营管理方式创新同步发展。企业制度和企业经营管理制度要适应社会主义市场经济的变化，产权制度是企业制度的基础和前提，而经营管理制度则是产权制度的支撑点。现代企业制度的确立要求管理组织、管理人才、管理方法等方面的全面创新，企业只有同时谋划和实施产品营销战略和资本营运战略，才能推进企业制度和经营管理方式的同步创新。

（4）综合谋划双战略有利于造就一支既懂营销又善于运营资本的企业家队伍。仅仅会策划营销产品还不算是合格的现代企业家，只有既善于营销产品，又善于运营资本的人，才算是具有现代经营管理素质的企业家。营销管理固然有一定的风险，可以考验企业家的经营管理水平，但是资本运营的责任和风险更大，更需要高超的经营管理艺术，更能体现企业家的远见卓识和驾驭风险的能力，资本运营更能锻炼人、造就人。

第3节　企业资本运营的方式方法策划

资本运营的目标是决定资本运营方式的前提。资本运营方式是多种多样的，对资本运营方式的选择必须围绕目标展开。

一、资本运营的目标

资本运营以资本为运营对象，以实现资本最大限度保值增值为目标。

资本是带来剩余价值的价值。在社会主义市场经济条件下，资本不仅包括企业融资性资产即有价证券，而且包括企业的有形资产（厂房、设备、土地）和无形资产（声誉、商标）。或者说，企业一切可以利用的生产经营要素都在进入市场的营运过程中转化为价值资本，如人的要素转化为人力资本，财的要素转化为金融资本，物的要素转化为生产经营资本。

在现代经营实践中，作为价值形态的资本与同样作为价值形态或货币形态的资金在经济内涵上的区别在于：资本包括代表所有者权益的自有资本和进行负债经营的借入资本，企业的自有资本是企业原始资金与新增价值之和；资金仅是企业自有固定资金、流动资金和专项基金之和。资产是资金的物化形态。静态的资产不会带来剩余价值，只有动态的资本才有可能带来剩余价值，使价值增值。资本运营就是使静态的资产及其他生产经营要素转为动态，谋求价值的增值。静态资产非但不能增值，反而因时间的损耗造成减值，资产要保值也需要通过资本运营来实现。

资本的保值增值是指投资者投入的资本金在企业的生产经营过程中得以保全并在此基础上获取投资收益。资本的保值增值不只是见于会计账面，还必须是真正意义上的，即企业的资产不能处于闲置状态，而要通过生产经营要素的流动和重组，寻找新的经济增长点，形成新的生产能力，增加企业的价值总量，使企业的预付资本得到足额补偿，并在再生产能力不断扩大的基础上使运营资本能连续积累。

资本运营目标是一种综合性目标，而不是单一目标。谋求最大限度的保值增值是一个多层次的综合指标，包括利润最大化、每股盈利最大化、所有者财富或企业价值最大化、管理者报酬最大化、社会财富最大化等内涵。资本运营目标是企业各利益主体所追求目标的综合体现。

资本运营的目标与社会主义的生产目的是一致的，社会主义的生产目的就是尽可能地满足人们日益提高的物质文化生活需要，就是要在坚持公有制的前提下实现共同富裕。资本运营谋求的最高层次目标，可以在“国家得大头，企业得中头，个人得小头”的原则下，实现企业财富的增加，并通过税收的形式使国家聚集财富，从而提高整个国民经济发展水平，实现全体人民的共同富裕。

二、资本运营的方式

（一）有形资产运营

有形资产运营是使企业的有形资产如厂房、土地、设备等进入市场，促使其流动、重组以便保值增值。具体方式包括以下几种。

1. 资产租赁

资产租赁分经营性租赁和融资性租赁两种方式。经营性租赁是指将资产以实物形态出租，定期收取租金，到期后将实物收回。这是一种使用权暂时让渡，而所有权无根本变化并在租期届满时收回使用权的方式。

融资性租赁是指将出租物评估作价，以同值价值形态出租，除定期收取利息外，还分期收回本金，在租期内将本金全部收回后，到期不再收回实物。这实质上是租售结合的方式。出租人只在名义上享有出租物所有权，实际上由承租人享有出租物的所有权，因此，这是一种资产永久性转让方式。

融资租赁的程序如下：

（1）选择租赁公司；

（2）办理租赁委托；

（3）签订购货协议；

（4）办理验货与担保；

（5）收取租金；

（6）租赁期满的设备处理。

融资性租赁不同于企业收购与兼并。

2. 企业收购与兼并

企业收购或兼并亏损严重的企业，对其闲置、沉淀的存量资产进行重组和利用，使其保值增值。

企业破产或严重亏损，或因行业处于衰落状态而企业过剩；或因企业产品结构不合理，生产的主导产品已遭淘汰；或因企业本身经营管理不善，企业状态不佳，不适应新形势的发展等。企业收购与兼并虽在形式上有所不同，即企业收购以买下亏损企业的生产资料为特征，企业兼并则表现为一个企业吃掉另一个企业，但二者的实质是一致的，都是优势企业的壮大，劣势企业的转移或消失，形成生产要素合理流动，经济效益提高的结果。

企业收购或兼并大致有以下步骤：

（1）酝酿和筹划以收购与兼并为主要方式的资本运营战略及其实现方式。主要确定如何进入产权市场，如何通过这种方式来改善企业的资源配置、壮大企业实力。

（2）对产权市场目标的搜寻与机会分析。通过市场调查，捕捉并购对象，并对可供选择的对象进行初步评价和比较分析。

（3）对企业进行评价与评估。主要对企业的技术水平、管理水平、财务状况、劳资状况、资产的流动性及抗风险能力进行评价与评估，以确定资产价值。

（4）税务与法律评价。评价收购或兼并后对买方总体税务的影响，确认和防范原企业未了断的或遗留的潜在法律纠纷对买方的影响。

（5）交易谈判并核查账目。

（6）融资。买方为收购准备资金或为兼并重组准备资金。

（7）签约成交。

3. 嫁接改造

嫁接改造是以转让部分产权和市场为代价，以换取先进技术为目标，嫁接新技术，吸引外资与外商组合并发展长期战略性合作关系的资本营运方式。这种方式应以嫁接新技术为手段，以改造原企业为目的，实现原企业的资金、技术、管理、研发等的全面创新和发展。

重点是选好合作伙伴，坚持中方控股的原则，坚持保护国有企业的商号和名牌，坚持合作前的资产评估，新产品力图外销，以进入国际市场，提高企业经营管理水平和竞争实力，以便收到嫁接改造的预期效益，达到提升企业素质和实力的目的。

4. 剥离辅体

长期以来企业承担许多社会职能，依附各类服务性组织。剥离辅体就是将这些服务性组织甚至一些辅助性的可以独立经营的组织从企业母体中分离出去，以使企业主体更精干，剥离出去的辅体还可以繁殖出新的经济增长点。这些被分离出去的部分成为独立经营的子公司或二级法人单位。剥离辅体的具体步骤如下：

（1）将服务性组织或辅助性生产组织从母体中分离出去，成立子公司或二级法人单位。

（2）分别确定其经营责任目标，建立各自配套的目标责任体系。

（3）确定内部结算价格和结算方式。

（4）定期进行经营管理业绩考核。

（二）融资性资产运营

融资性资产运营是资本货币化、证券化的营运方式。具体方式包括：

1. 股份制改造及股票上市

企业采用股份制的办法，吸纳资金，促进联合，加大资金流量，推动资本运转，使企业从封闭走向开放。

国有大中型企业通过股份制改造，可以广泛吸纳国有、集体、个体资金，形成有限责任公司或股份有限公司，实现规模经营及规模效益。企业通过控股和参股发展纵横联合。股票上市是股份公司经营业绩的标志，也是公司进一步融资的途径。企业股票的上市及上市后的运作，是资本运营的重要方面。企业资本运营能否跃上新的台阶，取决于股票运作的成败。

2. 负债经营与经营债权

企业要适时把握发展机会，充分利用各种专业银行信贷功能，不失时机地筹措发展资金。企业负债经营必须纳入企业发展战略规划，不能陷入盲目的境地，同时还要管好和用好债权。在我国当前债权债务清理机制不健全和地方保护主义的庇护下，管好和用好债权显得十分重要。具体应处理好以下问题：

（1）加强应收账款的内部控制，建立赊销审批制度和销售责任制度；

（2）树立风险意识，加强风险防范，建立完善的风险防范机制；

（3）运用法律武器和行政管理制度，针对账款纠纷寻求合理解决途径；

（4）促进债权债务关系转换为投资关系。

3. 多角化经营，多渠道融资

企业利用新的市场机会，新增与现有业务有一定联系或毫无联系的业务，实行跨行业多样化经营，以便多方受益，多渠道融资，分散投资风险和业务经营风险。

多角化经营可以形成两种优势：

(1) 多角俱优，即企业所经营的各个行业都很景气，全面兴旺繁荣，这可以推动企业发展壮大。

(2) 多角互补，即企业所跨行业，有的景气，经营效果佳；有的不景气，经营效果差。多角经营可以以优补劣，增加企业整体效益。

多角化经营为企业在众多行业和领域积累和融通资金提供了渠道。

(三) 无形资产运营

无形资产是指可供企业长期使用而没有实物形态的资产，包括专利权、非专利技术、商标权、商誉等。具体运营方式如下。

1. 专利权与非专利技术的有偿转让和特许经营

专利权代表企业所拥有的法定权利，非专利技术是企业所拥有的特殊技术。企业的专利和非专利技术是企业获利能力超过同行业平均投资回报率的前提条件和保证。企业可通过对专利权和非专利技术的有偿转让或者采取特许经营的方式，谋求无形资产的增值。有偿转让是买断所有权的行为，特许经营是暂时转让特殊技术或产品的特殊配方、独特的经营管理方式的行为。专利权与非专利技术的有偿转让或特许经营是能带来无可估量的经济效益的企业行为。

2. 商标输出与名牌运作

商标是品牌的法律名称，商标经市场的检验和有关部门的认定成为驰名商标便拥有超出企业有形资产许多倍的价值。企业常以商标权入股，商标权出售等方式使商标成为企业资产增值的途径。

商标价值实现的关键在于对商标价值的权威性的评估和认定。商标有了公认的价值，企业的无形资产才为社会所承认，企业才可能利用商标去筹资、参股或控股、转让，充分利用名牌产品的声誉吸引资金、招揽合作、扩大影响、赚取利润。

3. 企业形象与声誉的价值利用

现代市场竞争除了产品力、促销力的竞争外，还有形象力的竞争。企业形象的树立和声誉的赢得是企业长期努力、苦心经营的结果。企业一旦拥有了独特的形象与良好的声誉，无疑就拥有了无形资产，拥有了在竞争中占据优势的条件。企业形象是企业的整体形象，包括企业的视觉形象、理念形象和企业行为在内的方方面面。企业声誉的赢得与企业美好的形象、优良的产品和周到的服务分不开。企业一方面要努力塑造自身美好的形象，另一方面要充分利用美好的形象和声誉在营销活动中寻求合作伙伴，扩大流通渠道，推动资源的优化流动和配置。

三、资本运营的方法

资本运营的方式是指企业采取什么样的经济形态或模式实现资本的保值增值。资本运营的方法则是指企业采取什么样的手段和技巧运营以实现资本的保值增值。资本运营的方式与方法有着内在的联系，不同的方式会有不同的方法，一种方式也会有不同的方法实施，方法可以在实践中不断创造发展。资本运营常用的方法有如下几种。

（一）扎木成排法

将分散的资产聚集在一起，形成合力。这是随着生产社会化程度的提高，需要集中资本，以较大的资本实现规模经营而使用的方法。这种方法表现在现实经济生活中就是推进企业联合形成企业集团。企业联合是多方面的，而资本的联合是实质性的，只有资本扎木成排，才能在新的、更高的水平上运营并获取效益。扎木成排的效益并不是各个企业效益的累加，而是超出各个企业效益的总和。

（二）强手领先法

在同行业中，以经营实力强、效益好的企业为领头羊，通过采取控股的方法，将实力弱、效益差的企业纳入经营好的企业的麾下，实现以强带弱、强者更强、双方获利、共同发展。强手领先法强调利用强手的技术优势、管理优势、市场优势带动弱者，同时强手可以在控股中通过盘活弱者的资产存量获取经济效益。

（三）小蛇吞象法

经营势头好的企业通过兼并、收购等资本营运方式，可以吃掉资产存量庞大但经营不善的企业。小蛇吞大象看似不可能，实际上时有发生，前提是小蛇有极大的生存活力，吞掉大象后实力猛增。

（四）金蝉脱壳法

金蝉脱壳法是指产业结构调整中，夕阳行业中的某些企业通过转让土地、设施设备转向其他行业。采取这种方法要妥善处理原有的有形资产和无形资产，要进行评估，还要审慎地选择新的经营方向和行业，以便原有资本在新的领域和条件下得以保值和增值。

（五）剥离枝蔓法

国有企业在传统计划经济体制下承担了许多社会职能和政治职能，这使国有企业组织横生出许多枝枝蔓蔓，担负一些非企业的经济职能。通过资本运营和企业深化改革，采取剥离枝蔓的方法，将企业的一些辅助性组织剥离出去，使之在市场经济中求生存、求发展，企业自身则专司经济职能，以摆脱额外负担的羁绊。

（六）借船出海法

企业本身虽有技术、产品优势，但缺乏营销能力，可以通过与具有较强营销能力的企业联合，把产品推向市场。企业或者借用别人的驰名商标，或者借用别人的营销网络，或者借用别人的商誉。他人之船既可能是有形资产也可能是无形资产，这当然只能是暂时的措施。

（七）强占高点法

企业在战略谋划和资本运作中，始终把目标瞄准本领域、本行业的最高点，通过占领制高点来集合力量，聚集资本，形成强大的实力，求得超乎寻常的发展。企业资本的投放主要是为了实现拥有竞争力的产品的发展，在市场上形成遥遥领先之势。

（八）投资排序法

企业实施资本运营除了在积累、扩大、集中资本和加速资本运行等方面进行运作外，还包括确定资本运用的轻重缓急。营销管理中所涉及的波士顿矩阵法和多因素投资组合矩阵法就是为企业进行投资排序所提供的具体操作方法。投资排序法通过科学安排企业对各部门或产品的投资顺序，促使企业资源有效流动和合理配置，并能尽快产生效益，推动企业发展壮大。

（九）资本分散法

企业的多角化经营是为了分散资本，资本分散法的目的就是分散风险。多角化经营既可以分散投资风险，又可以分散经营风险，规避市场不利因素造成的影响。

◎小　结

企业如同其他万事万物一样也经历着从幼稚到成长、衰老的过程。成长期是一个较漫长的历史过程。健康成长要靠正确的选择与策划。企业既可以沿着专业化的方向发展，也可以选取多角化经营的道路，一切因企业的条件而定。营销策划就是要帮助企业作出正确的选择和妥善的规划。

企业的成长既是产品营销的过程，又是企业资本运营的过程，综合谋划产品营销与资本运营是企业成长的必经之路。企业家不能只盯着产品营销，还要谋划如何进行资本运营。

资本运营是推进企业成长的强大动力和重要举措。要审时度势确定企业资本运营的目标，根据企业自身的情况和外部环境选择合适的方式方法。

◎习　题

1. 企业专业化成长的具体内容及理论依据是什么？所考虑的条件有哪些？
2. 企业多角化经营的具体内容及理论依据是什么？所考虑的条件有哪些？
3. 试比较企业专业化经营和多角化经营的利弊。
4. 为什么说企业扩张战略选择中否定多角化经营的主张是片面的？
5. 企业扩张战略选择的依据是什么？
6. 为什么要综合谋划产品营销和资本运营战略？
7. 资本运营的方式有哪些？
8. 资本运营的方法有哪些？

◎案　例

海尔的国际化市场扩张之路

2016 年 6 月 7 日，海尔收购美国通用电气公司家电业务及相关资产的交易完成，最终收购价55.8亿美元。此次对通用家电的收购，潜在买家众多，其中不乏三星、伊莱克斯、LG、美的等全球知名企业，最后被低调行事的海尔一举拿下，既在意料之外又在意料之中。这是中国家电业最大的一笔海外并购。

一、海尔的发展之路

海尔的前身是一个濒临倒闭的集体小厂，1984年引进德国利勃海尔电冰箱生产技术成立了青岛电冰箱总厂。1985年张瑞敏怒砸冰箱的举动震惊了海尔人，也唤醒了海尔人对质量的重视。多年来，在创世界名牌的思想指导下，通过产品经营、资本运营和国际化战略，海尔迅速成长为拥有白色家电、黑色家电和米色家电的企业。海尔的发展历程可以分为五个阶段。

（一）名牌战略阶段（1984—1991年）

这个阶段主要是增强质量的核心竞争力。海尔用7年的时间专心致志做好冰箱。1988年海尔摘取了中国冰箱行业历史上第一枚质量金牌，名牌战略初步成功。海尔通过做冰箱积累了一套经验，形成了“OEC”管理模式，更重要的是，锻炼、培养了一大批人才，为海尔的战略发展打下了良好的基础。

（二）多元化战略阶段（1992—1998年）

这一阶段是增强整体的核心竞争力。海尔在名牌战略成功的基础上，进行新的战略创新和转移。海尔按“东方亮了再亮西方”的战略指导思想，发挥企业文化的优势，以吃“休克鱼”的方式进行多元化扩张，由一个名牌产品发展成为全部系列家电名牌产品群，增强了企业的整体实力。

（三）国际化战略阶段（1999—2005年）

这个阶段旨在增强企业在国际上的核心竞争力。以1999年为转折点，海尔在多元化战略成功的基础上，又一次进行战略创新和转移。

（四）全球化品牌战略发展阶段（2006—2012年）

海尔整合全球的研发、制造、营销资源，创全球化品牌。这一阶段，海尔探索的互联网时代创造顾客的商业模式是“人单合一双赢”模式。

（五）网络化战略发展阶段（2013—2019年）

在海尔看来，网络化企业发展战略的实施路径主要体现在三个方面：企业无边界、管理无领导、供应链无尺度。

二、海尔的收购历程

（一）海尔公司的海外第一次收购

2011年10月，海尔以100亿日元（约合8亿元人民币）的价格收购了松下旗下三洋电机（以下简称三洋）的白色家电业务，包括三洋洗衣机品牌AQUA及相关品牌。

三洋是最早进入中国的跨国企业之一，也是全球化的老牌家电企业，而海尔的海外事业拓展开始较晚。2010年，三洋洗衣机在日本市场有超过10%的市场份额，冰箱、洗衣机在越南一国就有超过 30%的市场份额。而海尔冰箱和洗衣机的市场占有率一直落后于三洋。2010 年，海尔在日本的销售额约 100 亿日元，主要产品既包括价格在 3 万日元（约合 2 400 元人民币）以下的低端小家电，也包括 2010 年启动的百余款高端新品。鉴于这一情况，这次交易被看作是“徒弟对师傅的收购”。但是分析双方的实际需求便可以发现，三洋面临国内业务的重组，海尔希望开拓更广袤的海外市场，并试图寻求全球先进技术，成为可信赖的品牌，两方可谓一拍即合。

2011 年 10 月 18 日，中国制造企业首次完成了对日本制造企业主力事业的收购。这一天，中国海尔集团与日本松下电器集团达成了关于购买松下旗下的三洋电机在日本和东南亚地区的白色家电的制造与销售权的最终协议。经过半年的谈判，这笔价值 100 亿日元的交易最终达成。海尔在日本市场实施双品牌战略——AQUA＋Haier，以争夺日本家电市场份额。海尔希望在 2012 年推出三洋的白色家电后，在日本的销售额能够达到 300 亿日元的规模。

随着海尔正式接手老牌家电企业三洋的白电市场，全球白色家电第一品牌在覆盖国际市场的征途上达到新的高度，与此同时，海尔也完成了近年来最重要的扩张行动。

2013 年 1 月，海尔日本方面宣布，2012 年海尔在日本的销售额年增长约 4.5 倍，达 483 亿日元。其中三洋 AQUA 品牌销售额为 348 亿日元，占 7 成，海尔自主品牌销售额为 135 亿日元。此外，海尔调高 2013 年在日本的销售预期，销售目标为 560 亿日元，其中 AQUA 品牌 400 亿日元，海尔自主品牌 160 亿日元。

（二）海尔公司的海外第二次收购

2012 年 9 月，青岛海尔宣布以超过 7 亿美元的价格全盘收购新西兰家电品牌斐雪派克。

斐雪派克创立于 1934 年，业务遍及全球 60 个国家和地区，拥有新西兰、意大利、泰国、墨西哥、美国五大生产基地，主要生产高端白电（冰箱、洗衣机）以及厨房电器，属于新西兰“国宝”级别的家电厂商。但是，在 2009 年全球金融危机期间，由于债务沉重和销量大降，斐雪派克陷入困境。2009 年 5 月，海尔以 2 850 万美元收购了斐雪派克 20%的股权，在董事会占有两席。在此后的三年多时间里，双方合作逐渐深入：在中国市场，海尔将斐雪派克定位为高端子品牌，帮助其白电产品进入中国高端百货商场；而在澳大利亚、新西兰等市场，斐雪派克则帮助拓展海尔的品牌和产品。

2012 年 9 月，海尔提出以每股 1.20 新西兰元的价格收购斐雪派克剩余股权，总计出资约 7 亿美元。不过该收购意向在获得新西兰海外投资办公室、中国国家发改委等政府部门的批准之后，却遭到斐雪派克主要机构投资者的拒绝。2012 年 10 月，海尔将每股收购价格由 1.20 新西兰元上调到 1.28 新西兰元，较要约前斐雪派克的股价溢价 71%，才与斐雪派克的主要机构投资者达成了统一意见。

海尔新西兰投资控股有限公司董事长、海尔白电集团总裁梁海山表示，此次收购斐雪派克是海尔全球化品牌战略发展的重要步骤之一，随着海尔和斐雪派克更紧密地合作，双方将在研发、制造和营销等多方面实现双赢，这有助于海尔增强全球竞争优势。

海尔成功整合以上两个家电品牌以及与其合作拓展国际市场的经验为它和通用电气的合作提供了参考。

（三）海尔公司的海外第三次收购

2014年9月，通用电气希望将家电部门出售给欧洲家电巨头伊莱克斯，伊莱克斯当时的报价是33亿美元。但历经一年多的调查，美国司法部在2015年12月叫停了这项交易。随后通用电气家电业务重新挂牌出售，据称参与竞价的买家包括韩国的三星、LG以及中国白电企业海尔和美的。

2016年1月15日晚间，青岛海尔（600690）发布重大资产购买预案，宣布公司于美国东部时间1月14日与通用电气签署了股权与资产购买协议。方案显示，海尔将花54亿美元获得通用电气及其子公司所持有的家电业务资产。其中包括通用电气家电全部的研发制造能力、在美国的9家工厂以及遍布全球的渠道和售后网络。作为交易的一部分，在青岛海尔的控股下，通用电气家电将继续使用通用电气旗下的品牌组合向市场销售产品，初始使用期限为40年（包括两个为期10年的延长使用期）。2016年6月7日，海尔收购通用电气公司的交易完成，最终收购价为55.8亿美元。通用电气家电正式更名为“GE Appliances，a Haier Company”，据悉，通用电气就是看中了海尔资源整合的能力才最终选择了它。

海尔收购通用电气家电业务，既是海尔国际化进程的里程碑事件，也是中国家电进军国际市场的重大事件。

张瑞敏一直认为，“国门之内无名牌”，所以，他的理想是将海尔打造成世界名牌。张瑞敏说：“长久以来，我们有一个荒唐的观念，把产品分为合格品、二等品、三等品以及等外品，好东西卖给外国人，劣等品出口转内销自己用。难道我们天生就比外国人贱，只配用残次品？这种观念助长了我们的自卑、懒惰和不负责任，难怪人家看不起我们。从今往后，海尔的产品不再分等级，有缺陷的产品就是废品，把这些废品都砸了！只有砸得心里流血，才能长点记性！”一场砸冰箱的事件，不仅使海尔成为当时注重质量的代名词，同时也震惊了所有人。张瑞敏有着严格的产品质量意识，认为只有严格要求，企业才能朝着正确的方向迈进。

为深入执行国际化战略，海尔在不少国家实行本土化战略，包括直接在海外建立生产基地、设计中心、贸易公司以及研发中心等，形成设计、生产、销售三位一体的经营组合，以便更好地了解市场并作出反应。世界权威市场调查机构欧睿国际（Euromonitor）发布的2015年全球大型家用电器品牌零售量数据显示，海尔大型家电品牌零售量连续七次蝉联全球第一。目前海尔在全球有5个研发中心、21个工业园、66家贸易公司、143 330个销售网点，用户遍布全球100多个国家和地区。

借船出海是中国企业国际化惯常使用的手段。此次整合通用电气家电是海尔扩大其在美业务的一项重要投资，使海尔在西方市场的业务增长提速。通用电气家电总部仍保留在美国肯塔基州的路易斯维尔，并继续独立运营，由现有高级管理团队引领企业的战略方向和业务经营。海尔承诺将继续投资在美国的业务以推动其增长，同时不会因此交易导致任何工厂关闭或岗位流失。

如今，海尔冰箱成为世界电冰箱行业中销量排名第一的品牌，海尔集团成为世界第四大白色家电制造商。海尔已经进入全球100多个国家和地区的市场，并在美国、意大利、巴基斯坦、约旦等国家建立了30个制造基地，形成全球化的网络。

今天的海尔创造了逾千亿元人民币的年收入，晋级全球 500 强。原来通用电气是全世界学习的榜样，现在海尔把人单合一模式输出到通用电气，采用自主管理，使其变成一个自主的创业团队。2017 年 1—9 月，它的营业收入和利润增长速度较 2016 年增长了 2～3 倍。张瑞敏说："我们一定要让中国模式成为最好的模式。"

资料来源：根据新华网资料整理。

讨论题：

1. 试分析海尔集团扩张国际市场的做法。
2. 试说明各种扩张方式的适用条件。

第 17 章

营销避险策划

企业营销是一个遭遇风险的过程，要规避恶性价格竞争，妥善对货物运输实行保险，灵活地利用期货规避。营销避险策划是保证企业成长的重要环节。

第 1 节　企业规避恶性价格竞争的策划

一、恶性价格竞争及其危害

价格竞争是依靠低廉的价格争取销路、占领市场、战胜竞争对手的一种竞争形式。当一个企业与另一企业生产的产品在性能、效用、样式、提供的服务、广告宣传等方面都相同或无差异时，往往会以低于竞争对手的价格销售产品，吸引顾客，占领市场。

一个有效率的市场一定是以竞争为基本特征，价格竞争是市场竞争中最常用也比较有效的手段。市场欢迎合法的价格竞争，坚决反对不正当的价格竞争——恶性价格竞争。恶性价格竞争通常指企业不顾国内外市场状况，为争夺市场，不顾成本和利润而采取的以低价为核心的竞争行为。采取这种竞争方式时所依据的往往不是商品的质量、服务、品种、技术含量，而是仅仅通过大幅降价来达到排挤竞争对手的目的，是短期的不计后果的自毁行为。目前，国内市场上大量存在这种不正常的竞争，如各种形式的降价大战、硝烟四起的打折风潮，以及名目繁多的回扣与佣金等。

从恶性价格竞争在中国市场上形成的原因来看，一是长期实行计划经济体制造成的必然后果。改革开放虽有 40 年时间，但长期形成的固有观念一时难以彻底消除，竞争者对竞争了解不够，急功近利，舍本逐末，在危机感存在又无法以正常心态对待的情况下，不能潜心打造企业的质量、技术、服务以求长期占据市场，而是单纯以降低价格来赢得市场占有率，缺乏长远的眼光与创建大事业的气度，这也是长期封闭、高度集中的经济体制一经打破而无法避免的后果。二是法律法规对恶性价格竞争的规制不力。在我国有关价格竞争的法律法规中，更重视对暴利、价格欺诈的规制，也即我国立法的重点在于反高价竞争、反价格虚假，对低价竞争约束极少，即使有规范也不具可操作性。难怪有些行业的某些竞争者甚至将低价竞争当作一种有效的竞争手段加以推广，这不能不说是立法者认识的偏差。三是外国产品在中国市场上倾销诱发恶性价格竞争。由于市场秩序不规范，法律规制不力，外国产品在中国市场上倾销而未受到应有的法律制裁，引发并加剧了中国不成熟市场经济体制中业已存在的低价竞争，而这种恶性竞争反过来又成为外国产品倾销的温床，如此恶性循环造成目前中国市场秩序混乱的局面。

一些业内人士开始反思，价格战带来双重危机。一是财务危机，巨大的库存，越来越多的应收账款正在侵蚀着企业；二是创新危机，没有力量投入研发，当然也就没有机会分享高技术的利润。

总而言之，恶性的价格竞争对行业和企业而言都是愚蠢的自杀行为，它使企业无利润可言，使企业的持续发展缺乏后劲。恶性价格竞争还会扰乱社会正常经济秩序，带来巨大的社会成本，最终损害消费者的利益。

二、企业如何规避恶性价格竞争

（一）规避恶性价格竞争的战略

1. 阻止进入的战略

如果一个企业开创了一个新的行业或者开辟了一个新的市场，那么首选的战略应该是阻止其他企业进入的战略，因为市场进入者过多是发生恶性价格竞争的根本原因。首先，企业应保持合理的盈利水平，而把经营毛利中的相当一部分用于建立进入壁垒；其次，企业应该在认真分析行业技术、市场结构特点的基础上，选择正确的方式，提高规模经济、初始投入的资本要求、技术难度、销售渠道进入难度、顾客忠诚度等方面的“门槛”。

2. 反击战略

如果有新的进入者采用低价策略突破了障碍，那么大企业并不会马上采取掠夺性定价的方式进行反击。因为全面降价的行为首先会使自己的损失比新的进入者大得多，其次会导致整个行业或者一个区域市场的价格永远无法恢复到原有的水平，所以大企业通常会让新进入的中小企业在它们的市场上互相竞争，而与其他大企业一起发挥自己先入的优势和对市场的领导作用，把竞争引向非价格因素，或者及时改变行业竞争的规则。

3. 多点竞争战略

如果竞争是在两个以上行业或者选择多个市场经营的企业之间进行的，就可以采用多点竞争战略去规避恶性价格竞争。多点竞争中的“点”就是一个区域市场或产品。

假定 A 企业和 B 企业有至少两个区域市场或者两种产品是相同的，而且存在竞争关系，那么这两个企业之间实际上存在相互制约的关系。正是因为 A 企业和 B 企业之间存在跨市场/产品报复的可能性，所以多点竞争者可以避免你死我活的恶性价格竞争。例如，上述两企业在同一行业相互竞争，其中 A 企业在甲市场的份额大，B 企业在乙市场的份额大，双方就处于暂时的均衡状态。如果 A 企业采取降低价格的方法在乙市场攻击 B 企业，那么 B 企业为了保护本地市场或主要市场就有两个选择：一是以同样的策略在乙市场上进行反击，那么在乙市场的价格竞争中，B 企业能够得到的最好结果是保住了份额，但是失去了大量的利润和自己的价格定位；二是在甲市场降低价格，对 A 企业进行还击，侵蚀 A 企业的市场份额，这样就把同样的决策推给 A 企业。同样道理，A 企业也不敢在甲市场上做正面回击，否则也会失去大量利润和自己的价格定位。如果两个企业的竞争力一样，就没有一个企业在这个回合中能获得优势，最后双方决定放弃这个回合的价格竞争，重新回到均衡状态。正是因为两个企业在受到攻击时都没有正面回击，它们才可能在价格竞争结束后回到原来的价格水平。从这个意义上说，多点竞争战略对于解决我国各个行业普遍存在的恶性价格竞争具有重要的现实意义。

（二）将价格竞争转向非价格竞争

非价格竞争是指在产品的价格以外或销售价格不变的情况下，借助于产品有形和无形的差异、销售服务、广告宣传及其他推销手段等非价格形式销售产品，参与市场竞争。由于社会经济迅速发展，产品生命周期不断缩短，单靠价格竞争很难获得超额利润，同时，生产力的提高使消费结构发生显著变化，因此非价格竞争成为扩大商品销路的重要手段。

（1）培育生产资源优势。企业生产资源就是企业价值创新能力与创新成本的对比。如显示器厂商的生产资源表现为制造工艺、制造规模与制造成本的对比关系。

（2）提升顾客资源。顾客资源体现为顾客对产品使用价值和价格的认识以及对品牌的忠诚度。

总之，企业要想取得长期竞争优势，必须在生产资源和顾客资源上取得双重优势，这才是企业真正的核心竞争力。

第2节　企业货物运输保险策划

企业货物在运输过程中会遇到各种风险而造成货物损失。货物运输保险是以运输过程中的货物作为保险标的，保险人承担因自然灾害或意外事件造成的损失的一种保险。货物运输保险是随着海上贸易的发展而产生和发展起来的，随着运输技术的不断提高以及国际贸易方式的变化，货物运输保险获得了全面的发展。

根据运输方式和适用对象的不同，货物运输保险有五类险种：海洋运输货物保险，陆上运输货物保险（火车、汽车），航空运输货物保险，国内航空货物运输保险，国内水路、陆路运输保险。

本节就主要险种进行介绍，企业应根据实际情况选择使用。

一、海洋运输货物保险

（一）主要险别

1. 平安险

平安险（free from particular average，FPA）的英文原意是指单独海损不负责赔偿。根据国际保险界对单独海损的解释，它是指部分损失，因此，平安险的原来保障范围只赔全部损失，但在长期实践过程中对平安险的责任范围进行了补充和修订，当前平安险的责任范围已经超出只赔全损的限制。概括起来，这一险别的责任范围主要包括：

（1）在运输过程中，由于自然灾害和运输工具发生意外，造成被保险货物的实际全损或推定全损。

（2）由于运输工具遭搁浅、触礁、沉没、互撞以及失火、爆炸等意外事故造成被保险货物的全部或部分损失。

（3）在运输工具已经发生搁浅、触礁、沉没、焚毁等意外事故的情况下，被保险货物在此前后又在海上遭恶劣气候、雷电、海啸等自然灾害所造成的部分损失。

（4）在装卸转船过程中，被保险货物一件或数件落海所造成的全部损失或部分损失。

（5）运输工具遭自然灾害或意外事故，在避难港卸货所引起被保险货物的全部或部分损失。

（6）运输工具遭自然灾害或意外事故，需要在中途的港口或者避难港口停靠，因而引起的卸货、装货、存仓以及运送货物所产生的特别费用。

（7）发生共同海损所引起的牺牲、公摊费和救助费用。

（8）发生了保险责任范围内的危险，被保险人对货物采取抢救、防止或少受损失的各种措施，因而产生的合理施救费用，但是，保险公司承担费用的额度不能超过这批被救货物的保险金额。施救费用可以在赔款金额以外的一个保险金额限度内承担。

2. 水渍险

水渍险（with particular average，WPA）的责任范围除了包括平安险的各项责任外，还包括被保险货物由于恶劣气候、雷电、海啸、地震、洪水等自然灾害而遭受的部分损失。

3. 一切险

一切险（all risks）的责任范围除包括上列平安险和水渍险的所有责任外，还包括在运输过程中因各种外来原因所造成的被保险货物的损失。不论全损还是部分损失，除对某些有运输损耗的货物，经保险公司与被保险人双方约定在保险单上载明免赔率外，保险公司都给予赔偿。

此外，保险人还可以要求扩展保险期。例如，对某些内陆国家出口货物，如在港口卸货转运内陆，无法在保险条款规定的保险期内到达目的地，即可申请扩展。经保险公司出立凭证予以延长，每日需加收一定的保险费。

（二）附加险别

一般附加险包括：

（1）偷窃提货不着险（theft，pilferage and non delivery，TPND）。在保险有效期内，被保险货物被偷走，以及货物运抵目的地以后整件未交的损失。

（2）淡水雨淋险（fresh water rain damage，FWRD）。货物在运输中，由于淡水、雨水、雪融所造成的损失。淡水包括船上淡水舱、水管漏水以及汗等。

（3）短量险（risk of shortage）。被保险货物数量短少和重量的损失。保险公司必须查清外包装是否有异常现象，如破口、破袋、扯缝等。

（4）混杂、沾污险（risk of intermixture & contamination）。被保险货物在运输过程中混进了杂质所造成的损失。例如，矿石等混进了泥土、草屑等，致使质量等级受到影响。被保险货物因为和其他物质接触而被沾污所引起的经济损失。

（5）渗漏险（risk of leakage）。流质、半流质的液体物质和油类物质在运输过程中因为容器损坏而产生的渗漏损失。如以液体装存的湿肠衣，因为液体渗漏致使肠衣发生腐烂、变质等，均由保险公司负责赔偿。

（6）碰损、破碎险（risk of clash & breakage）。碰损主要是针对金属、木质等货物而言，破碎则主要是针对易碎物质而言。前者是指在运输途中因为受到震动、颠簸、挤压而造成货物本身的损失；后者是指运输途中由于野蛮装卸、运输工具的颠簸造成货物本身破裂、断碎的损失。

（7）串味险（risk of odour）。例如，茶叶、香料、药材等在运输途中受到一起堆储的皮革、樟脑等异味的影响，致使品质受损。

（8）受热、受潮险（damage caused by heating & sweating）。例如，船舶在航行途中，由于气温骤变或者船上通风设备失灵等原因致使船舱内水汽凝结、发潮、发热引起货物的损失。

（9）钩损险（hook damage）。被保险货物在装卸过程中因为使用手钩、吊钩等工具所造成的损失，例如，粮食包装袋因吊钩钩坏而导致粮食外漏所造成的损失。

（10）包装破裂险（loss for damage by breakage of packing）。因为包装破裂造成物资的短少、沾污等损失。此外，对于被保险货物运输中因安全需要而产生的候补包装、调换包装等费用，保险公司也应负责。

（11）锈损险（risk of rust）。被保险货物在运输过程中因为生锈造成的损失。不过这种生锈必须在保险期内发生，如包装时就已生锈，保险公司不负责任。

上述11种附加险不能独立承保，必须附属于主要险别。只有在投保了主要险别以后才允许投保附加险。投保一切险后，上述险别均包括在内。

特别附加险也属附加险，但不在一切险的范围之内。目前中国人民保险公司承保的特别附加险有交货不到险（failure to delivery risk）、进口关税险（import duty risk）、黄曲霉素险（aflatoxin risk）、战争险（war risk）、罢工险（strike risk）等。

二、陆上运输货物保险

陆上运输货物保险是货物运输保险的一种，分为陆运险和陆运一切险两种。

（一）陆运险的责任范围

被保险货物在运输途中遭受暴雨、雷电、地震、洪水等自然灾害，或由于陆上运输工具（主要指火车、汽车）遭受碰撞、倾覆或出轨等意外事故所造成的全部损失或部分损失。保险公司对陆运险的承保范围大致相当于海运险中的水渍险。

（二）陆运一切险的责任范围

除包括上述陆运险的责任外，保险公司对被保险货物在运输途中由于外来原因造成的短少、短量、偷窃、渗漏、碰损、钩损、雨淋、生锈、受潮、串味、沾污等全部或部分损失，也负责赔偿。

（三）陆上运输货物保险的除外责任

（1）被保险人的故意行为或过失所造成的损失。

（2）属于发货人所负责或被保险货物的自然消耗所引起的损失。

（3）由于战争、工人罢工或运输延迟所造成的损失。

三、航空运输货物保险

保险公司承保通过航空运输的货物，保险责任是以飞机作为主体加以规定的，分为航空运输险和航空运输一切险两种。

航空运输货物保险（air transportation cargo insurance）从被保险货物运离保险单所载明的起运地开始生效。在正常运输过程中继续有效，直至该货物抵运目的地交到收货人仓库为止。与上述陆运货物保险一样，被保险货物在投保航空运输险和航空运输一切险后，还可经协商加保战争险等附加险。

四、保险费与保险单据

对保险险别的选择，必须根据货物的性质、包装、运输、装载、季节、气候以及安全等具体情况全面考虑，做到既要使货物得到充分的保险保障，又要注意保险费用的合理负担。例如，易碎的玉器应保一切险。

（一）保险金额的确定与保险费的计算

中国人民保险公司办理进出口货物运输保险有两种办法，一种是逐笔投保，另一种是签订预约保险总合同。我国进口货物的保险全部采取预约保险的方法。不论采用哪种办法，在货物进行投保时都要确定保险金额。

保险金额系被保险人与保险公司所订契约中的投保额，也是最高的赔偿额。习惯上，按发票金额加 10%的预期利润和业务费用计算，也可根据国外客户要求提高成数，但要防止有人企图从高额投保中取巧。

（1）凡按 CIF 或 CIP 条件订立的出口合同，由我方负责投保。

保险费＝CIF（或 CIP）价格×（1＋投保加成率）×保险费率

（2）凡按 FOB，FCA，CFR，CPT 条件订立的合同，由我方投保。

保险费＝保险金额×保险费率

（二）保险单据

保险单据既是保险公司对被保险人的承保证明，又是双方权利和义务的契约。保险单据有以下几种：

（1）保险单（insurance policy）。保险单是一种正规的保险合同，用于承保一个指定的运程内某一批货物发生的损失。

（2）保险凭证（insurance certificate）。保险凭证是简化的保险契约，是表示保险公司已经接受保险的一种证明文件。保险凭证具有与保险单同样的效力，但是，如果信用证内规定提交的是保险单，一般不能以保险凭证代替。

（3）联合凭证（confined certificate）。它是比保险凭证更为简化的保险单据。保险公司仅将承保险别和保险金额及保险编号加注在我国经贸企业开具的出口货物发票上。

（4）预约保险单（open policy）。它是保险公司承保被保险人在一定时期内发运的，以 CIF 价格条件成交的出口货物或以船上交货或成本加运费价格条件成交的进口货物的保险单。目前在我国多适用于以 FOB 或 CIF 条件成交的进口货物以及出国展览品。

第 3 节　企业利用期货避险策划

西方国家的市场经验告诉我们，市场经济越发达，期货市场显得越重要，因为市场复杂了，可预见性差了，需要规避风险，而能帮助投资者做到这一点的只有期货市场。在发达国家，期货业真正发展是从20世纪70年代金融期货诞生开始的，这说明对金融市场依赖程度极大的现代市场经济越来越离不开期货避险功能的发挥。

一、期货市场的基本概念

从广义上讲，期货市场是期货交易关系的总和。从狭义上讲，期货市场是指进行期货合约交易的场所。要了解期货市场的含义，首先必须了解何为期货交易，何为期货合约。

（一）期货交易

期货交易是贸易形式发展的必然结果。贸易活动总体上可分为现货交易和期货交易两大类。

现货交易是在任意地点进行任意交换的行为。它既包括物物交换、即期交易，也包括远期交易。一般来讲，现货交易要签订现货合同。现货合同作为一种协议，明确规定了交易双方的权利与义务，包括双方交易商品的品质、数量、价格和交货日期等。买卖双方签约后，应严格执行合同。在合同期内，即使市场行情朝着不利于交易的一方发展，这一方也不能违约。另外，因缺乏资金或发生意外事件有可能出现难以履约的情况。

期货交易则不然，它交易的不是具体的实物商品，而是统一的“标准合同”，即期货合约。在交易所成交后，并没有真正转移商品的所有权。在合同期内，交易的任何一方都可以及时转让合同，而不需要征得任何人的同意。履约可以采取实物交割的方式，亦可以采取对冲期货合约的方式。参与交易的双方可以拥有实物商品，也可以没有实物商品。交易的目的不是获取实物，而是规避价格波动的风险或投机盈利。

（二）期货合约

期货合约是指在交易所内达成的一种公认的交易者必须遵守的契约，它是一种标准化的受法律和规则约束的契约。期货合约明确规定了交易单位、交易时间、报价单位、最小变动价位、每日价格最大波动限制、最后交易日、交割地点等内容。其最大特点就是标准化。除交易价格是在成交当时确定之外，合约中所列各项条款都是既定的。

（三）期货市场

期货市场是进行标准化合约买卖的场所。这种买卖的参与者主要是转移价格波动风险的生产经营者和因承受价格波动风险而获利的投机者，他们在交易所内依法公平交易，并且以保证金制度为保障。这种买卖的目的不是获得实物，一般较少实物交割。

在期货市场上，买方称为“多头”，卖方称为“空头”。

期货交易中的商品可分为软商品、硬商品、金融商品三大类。

软商品是指农副产品和能源产品。农副产品主要包括：谷物类，如玉米、小麦、燕麦、大麦、黑麦、油菜籽、向日葵籽等；豆类，如大豆、大豆油、大豆粉、红小豆、绿豆等；热带作物类，如咖啡、可可、天然橡胶等；畜产品类，如生猪、活牛、鸡及其制成品等；纤维产品，如棉花、干茧、生丝、人造纤维等；其他，如木材、胶合板、糖、橙汁等。能源产品主要包括：原油、取暖油、无铅与含铅汽油、丙烷等。

硬产品主要指各种金属产品，包括铜、铅、锌、镍、黄金、白银、铂、钯等。

金融产品是指金融市场上的金融工具，如证券市场上的各种证券、外汇市场上的各种外币、股票市场上的各种股票价格平均指数等。

二、期货市场的功能

期货市场最主要的功能有两个：转移风险和发现价格。

（一）转移风险

期货市场的转移风险功能亦称规避风险功能，主要是针对期货市场中的套期保值者。套期保值者通过期货合约的买卖，将价格波动可能造成的风险转移到期货市场的投机者身上。当然与此同时，套期保值者将价格波动可能造成的收益也转移出去，从而为期货市场上的投机者提供了获利的机会。在市场经济活动中，无论是商品的生产者、经营者还是消费者，无论是债权人还是债务人，都会遇到这样或那样的风险，包括自然灾害风险、信用风险、购买力风险、财务风险、汇率风险、管理风险、市场风险等。这些风险的存在不仅会使当事人蒙受损失，而且会对社会经济的正常活动产生不利影响。期货市场的出现为人们有效地规避风险提供了一个重要工具。由于期货市场价格与现货市场价格走势的一致性和二者时间上的差异性，商品的生产经营者、消费者、债权人和债务人，可以在现货市场与期货市场上分别以两种完全不同的身份出现，进行数量相同或相近的同一商品或类似商品的反向交易，即如果在现货市场上为买方，那么在期货市场上就是卖方；反之，如果在现货市场上为卖方，在期货市场上就是买方。这样一来，交易者在一个市场上蒙受的损失就可以通过另一市场上的收益来弥补。期货市场上的套期保值者转移风险的程度取决于投机者的多少以及投机的程度。如果投机者的数量多、投机量大，那么套期保值者转移风险的可能性就越大，转移的程度也就越高。

（二）发现价格

发现价格的功能是指期货市场上的价格不是人为规定的，而是根据商品的供求，在交易所内通过公开竞价“发现”的，即自发形成的。它客观上反映了众多的买方和卖方对当前乃至未来一段时间供求状况的综合观点。商品价格要受到政治、经济、心理等多方面因素的影响，因此，价格的形成是一个复杂的过程。期货市场的出现为快速形成公正、合理的市场价格创造了有利的条件。在期货市场上，大量的商品生产者、经营者通过委托指令把各自掌握的有关商品成本、供求状况、发展趋势等信息集中地反映出来，通过公开竞价的方式形成一个公认的较为公平合理的价格。这种公平的价格是期货市场公平竞争的结果。首先，期货市场集中了大量具有不同目的的交易者，确保了市场的流动性，能够较客观地反映市场供求状况。其次，期货市场为公平竞争提供了可靠的法律保障，如禁止操纵市场、平等竞争、场内公开交易等，使形成的价格能够真实地反映供求双方的意向和预测。再次，期货市场还提供一系列体制上的保障，如会员制、保证金制、公开喊价、层层分担风险等，使公平竞争的原则得以贯彻执行。正是由于上述原因，期货市场形成的价格对社会生产经营具有较强的指导性。以此为基础，商品生产经营者可以不断改善经营管理，努力提高经济效益。最后，期货市场价格作为一种迅速可靠的经济信息资料，对分析和预测国内国际经济的发展趋势起到重要的作用。

三、企业利用期货市场规避风险的方法

套期保值是期货市场的一个重要功能，它为商品生产经营者提供了转移风险的手段。套期保值就是套用期货合约，为现货市场上的商品买卖交易进行保值。具体来讲，就是在期货市场上采取与现货市场上相反的买卖行动，从而将现货市场的价格风险转移出去，以达到保值目的的一种交易行为。

在套期保值中，有一个重要的概念："基差"，它是指某一特定地点某种商品的现货价格与同种商品某一时期期货价格之间的差额，是通过现货价格减去期货价格得出的。基差值可以是正值，也可以是负值或零。在正常的市场中，某种商品的期货价格高于其现货价格，主要是因为期货价格中包含了到交割日这段时间的仓储保管等费用（持仓费），此时基差为负值，这种情况称为"溢价市况"。在逆转的市场中，某种商品的期货价格会低于其现货价格，此时，基差为正值，这种情况称为"削价市况"。下面我们分别在正常市场与逆转市场中分析基差缩小、基差扩大情况下卖期保值和买期保值的不同效果。

（一）正常市场中的卖期保值

1. 基差缩小的情况

例：3月，铜现货市场的价格为每吨2 210美元。某铜材厂有30万吨铜待售，但一时找不到买主，厂商担心价格下跌的风险，经考虑决定利用铜期货交易防范价格下跌的风险，于是请经纪人代为卖出期货合约，即卖出11月铜期货合约3份，每张合约10万吨，价格为每吨2 230美元。8月，该厂商找到买主，而现货市场铜价跌为每吨2 190美元，期货市场11月铜价也跌至每吨2 200美元，厂商在现货市场低价卖出现货的同时，在期货市场低价买入平仓。整个交易情况见表17-1。

表17-1　卖期保值时基差缩小交易情况表

日期	现货市场	期货市场	基差
3月	价格为每吨2 210美元	卖出11月铜期货合约3份，价格为每吨2 230美元	−20美元
8月	卖出30万吨铜，价格为每吨2 190美元	买入11月铜期货合约3份，价格为每吨2 200美元	−10美元
结果	亏损：20美元/吨×30万吨=600万美元	盈利：30美元/吨×3×10万吨=900万美元	
	净盈利：300万美元（佣金除外）		

可见，在现货价格与期货价格均下跌，而现货价格下跌幅度小于期货价格的下跌幅度，即基差缩小的情况下，现货市场上蒙受的损失要小于期货市场上的盈利，这样不仅达到了预期目的，而且有300万美元的额外利润。如果现货价格与期货价格不是下跌而是上升，只要基差缩小，结果是一样的，差别仅在于盈利出现在现货市场，而亏损出现

在期货市场。

在正常市场上进行卖期保值，当基差缩小时，不仅可以实现保值，而且可以获得额外的盈利。

2. 基差扩大的情况

例：某粮食经销商 6 月 1 日在现货市场买入 5 000 蒲式耳小麦，价格为每蒲式耳 6.8 美元。为避免价格下跌的风险，该经销商当日卖出一份 12 月份小麦期货合约（每张合约的交易单位为 5 000 蒲式耳），价格为每蒲式耳 7 美元，基差为－0.2 美元。7 月，现货市场小麦价格跌为每蒲式耳 6.5 美元，期货市场跌为 6.75 美元，该经销商卖出现货，买入期货。整个交易情况见表 17－2。

表 17－2　　卖期保值时基差扩大交易情况表

日期	现货市场	期货市场	基差
6 月 1 日	买入 5 000 蒲式耳小麦，每蒲式耳 6.8 美元	卖出 12 月份小麦期货合约一份，每蒲式耳 7 美元	－0.20 美元
7 月 1 日	卖出 5 000 蒲式耳小麦，每蒲式耳 6.5 美元	买入 12 月份小麦期货合约一份，每蒲式耳 6.75 美元	－0.25 美元
结果	亏损：0.3 美元/蒲式耳×5 000 蒲式耳＝1 500 美元	盈利：0.25 美元/蒲式耳×5 000 蒲式耳＝1 250 美元	
	净亏损：250 美元（佣金除外）		

可见，现货价格与期货价格均下跌，但现货价格的下跌幅度大于期货价格的下跌幅度，基差扩大，经销商在现货市场的亏损大于在期货市场的盈利，出现净损失。

（二）正常市场中的买期保值

1. 基差缩小的情况

例：某饲料加工商的整个交易情况见表 17－3。

表 17－3　　买期保值时基差缩小交易情况表

日期	现货市场	期货市场	基差
11 月 1 日	价格为每蒲式耳 2.3 美元	买入来年 3 月份玉米期货合约一份，每蒲式耳 2.5 美元	－0.2 美元
12 月 1 日	买入 5 000 蒲式耳玉米，每蒲式耳 2.4 美元	卖出来年 3 月份玉米期货合约一份，每蒲式耳 2.55 美元	－0.15 美元
结果	亏损：0.1 美元/蒲式耳×5 000 蒲式耳＝500 美元	盈利：0.05 美元/蒲式耳×5 000 蒲式耳＝250 美元	
	净亏损：250 美元（佣金除外）		

可见，现货价格与期货价格均上升，但现货价格的升幅大于期货价格的升幅，基差缩小，该饲料加工商在现货市场的亏损大于在期货市场的盈利，出现净损失。

2. 基差扩大的情况

例：某饲料加工商的整个交易情况见表 17－4。

表 17-4 买期保值时基差扩大交易情况表

日期	现货市场	期货市场	基差
11月1日	价格为每蒲式耳2.3美元	买入来年3月份玉米期货合约一份，每蒲式耳2.4美元	−0.10美元
12月1日	买入5 000蒲式耳玉米，每蒲式耳2.4美元	卖出来年3月份玉米期货合约一份，每蒲式耳2.55美元	−0.15美元
结果	亏损：0.1美元/蒲式耳×5 000蒲式耳=500美元	盈利：0.15美元/蒲式耳×5 000蒲式耳=750美元	
	净盈利：250美元（佣金除外）		

可见，现货价格与期货价格均上升，但现货价格的升幅小于期货价格的升幅，基差扩大，该加工商在现货市场的亏损小于在期货市场的盈利，出现净盈利。

（三）逆转市场中的卖期保值

逆转市场中，基差为正值。在基差缩小、基差扩大的情况下，卖期保值与买期保值的效果和正常市场条件下正好相反。

在基差缩小的情况下，无论现货价格、期货价格是上升还是下降，卖期保值只能实现部分保值。

在基差扩大的情况下，卖期保值可以实现完全保值。当然，这种完全保值只在短期内有效。由于现货价格和期货价格的收敛性，基差终会缩小，从而使卖期保值出现净损失。

（四）逆转市场中的买期保值

在基差缩小的情况下，无论现货价格、期货价格是上升还是下降，买期保值均可实现完全保值。由于现货价格与期货价格终会趋于一致，所以买入合约后持有的时间越长，基差越小，买入套期保值的效果越好。

在基差扩大的情况下，买期保值只能实现部分保值。若延长持有合约的时间，因基差缩小，可获得完全保护。

在全球经济日益一体化的今天，我国企业及相关贸易商对大宗商品期货及金融期货的需求越来越迫切，而期货市场的种种功能得到越来越多有识之士的认同。国内众多商家、企业要避险、要盈利、要发展都需要期货市场。

◎ 小 结

一个企业在生存和发展壮大的过程中会遇到各种各样的风险：市场风险、经营风险、投资风险、外汇风险、自然灾害风险、财务风险等。如何规避风险成为企业一个永恒的话题。

规避风险的一个办法是利用期货市场进行套期保值，这主要是规避企业主要原材料和外汇价格波动带来的损失。

还有一个规避风险的方法是向保险公司投保，对企业而言，主要是投保货物运输保险。企业应根据自身财力，权衡应投保的险种和缴纳的保费，测算总体保费支出和受益金额。有条件的企业可运用一些量化的风险决策分析方法和工具来优化保险方案。

在当今中国，市场竞争日趋激烈，很多行业趋于饱和甚至过于饱和，因此价格竞争就成为一些企业参与市场竞争的利剑，但价格竞争是一把双刃剑，如果陷入恶性价格竞争的泥潭，就是竭泽而渔，会给企业和行业带来巨大风险。因此，除了价格战，我们更应提倡非价格竞争，这样，一个企业、一个行业才能持续健康发展。

◎习　题

1. 什么是恶性价格竞争？它对企业发展有何危害？
2. 从战略和策略两个层面思考企业如何规避恶性价格竞争？
3. 海洋运输货物保险的主要险别有哪些？其责任范围是什么？
4. 简述陆上运输货物保险的责任范围。
5. 什么是期货市场？什么是期货合约？
6. 请讨论正常市场中的卖期保值。

参考文献

1. 波特．竞争优势．北京：华夏出版社，1997.
2. 陈初友．POT 创意学经典教程．北京：北京出版社，1998.
3. 陈惠湘．策划中国．北京：中国经济出版社，1998.
4. 陈火金．企业成功策划的学问．北京：中国经济出版社，1995.
5. Dean Prebble. 特许经营的国际趋势．中国经贸画报，1999（10）.
6. 戴维．战略管理．北京：经济科学出版社，2001.
7. 范云峰．营销广告策划．北京：中国经济出版社，2004.
8. 冯耕中．现代物流规划理论与实践．北京：清华大学出版社，2005.
9. 胡其辉．市场营销策划．大连：东北财经大学出版社，1999.
10. 黄春．一种具有潜力的商业经营形式——特许经营．企业经济，1996（12）.
11. 科特，赫斯克特．企业文化与经营业绩．北京：华夏出版社，1997.
12. 科特勒．市场营销原理（亚洲版）．北京：机械工业出版社，2016.
13. 邝鸿．现代市场营销大全．北京：经济管理出版社，1990.
14. 厉以宁，曹凤岐．中国企业管理教学案例．北京：北京大学出版社，1999.
15. 梁朝晖．POT 策划学经典教程．北京：北京出版社，1998.
16. 梁琳娜．营销策划与创新．兰州：甘肃民族出版社，2009.
17. 梁宪．现代企业集团经营管理方式．北京：经济科学出版社，1995.
18. 刘思华．创建中国特色的可持续发展经济学．中南财经大学学报，1997（4）.
19. 罗伯特．影响力．沈阳：万卷出版公司，2010.
20. 马洪．中国市场发展报告．北京：中国发展出版社，1999.
21. 马同斌．现代企业营销策划．北京：中国时代经济出版社，2004.
22. 年小山．品牌学．北京：清华大学出版社，2003.
23. 牛海鹏．特许经营．北京：企业管理出版社，1996.
24. 普赖德．营销观念与战略．北京：中国人民大学出版社，2005.
25. 全国连锁经营发展规划．商场现代化，1995（8）.
26. 盛安之．营销的 58 个创新策划．北京：企业管理出版社，2008.
27. 松楷．国内外连锁经营发展的比较与启示．企业活力，2007（6）.
28. 宋之苓．连锁经营与管理．北京：北京大学出版社，2010.
29. 孙黎．策划家——商界传奇的创造者．北京：中国经济出版社，1993.
30. 孙尚清．中国市场．北京：科学出版社，1989.
31. 万后芬．市场营销学．武汉：华中科技大学出版社，2011.
32. 王超．竞争战略．北京：中国对外经济贸易出版社，1999.

33. 王超．跨国战略．北京：中国对外经济贸易出版社，1999.
34. 王方华．营销渠道．上海：上海交通大学出版社，2005.
35. 卫军英．整合营销传播：观念与方法．杭州：浙江大学出版社，2005.
36. 吴晓云．全球营销管理．天津：天津大学出版社，1999.
37. 杨树德．连锁经营与管理．北京：中国三峡出版社，1996.
38. 杨为民．现代企业营销创新．北京：中国时代经济出版社，2004.
39. 叶万春，万后芬，蔡嘉清．企业形象策划——CIS导入．4版．大连：东北财经大学出版社，2015.
40. 叶万春．国际市场营销学．武汉：武汉工业大学出版社，1999.
41. 叶万春．企业营销策划．广州：广东经济出版社，2001.
42. 伊立．著名企业营销与广告策划方案．北京：蓝天出版社，2004.
43. 于荀宽．论知识经济下的企业管理．经济日报，1998-12-14.
44. 余明阳．辉煌的创造：名牌战略．深圳：海天出版社，1997.
45. 张文贤．市场营销创新．上海：复旦大学出版社，2002.
46. 庄贵军．企业营销策划．北京：清华大学出版社，2005.
47. 庄贵军．中国企业的营销渠道行为研究．北京：北京大学出版社，2007.

教师教学服务说明

中国人民大学出版社工商管理分社以出版经典、高品质的工商管理、财务会计、统计、市场营销、人力资源管理、运营管理、物流管理、旅游管理等领域的各层次教材为宗旨。

为了更好地为一线教师服务，近年来工商管理分社着力建设了一批数字化、立体化的网络教学资源。教师可以通过以下方式获得免费下载教学资源的权限：

在中国人民大学出版社网站 www. crup. com. cn 进行注册，注册后进入“会员中心”，在左侧点击“我的教师认证”，填写相关信息，提交后等待审核。我们将在一个工作日内为您开通相关资源的下载权限。

如您急需教学资源或需要其他帮助，请在工作时间与我们联络：

中国人民大学出版社　工商管理分社

联系电话：010-62515735，82501048，62515782，62515987

电子邮箱：rdcbsjg@crup. com. cn

通讯地址：北京市海淀区中关村大街甲 59 号文化大厦 1501 室（100872）